놀랍도록 새롭고, 더욱 편리해진! 윈도우 10 핵심 사용법 대공개!

윈도우 10 가이드북

권순만 저

WINDOWS 10 GUIDEBOOK

YoungJin.com Y.
영진닷컴

윈도우 10 가이드북

Copyright ⓒ2018 by Youngjin.com Inc.
1016, 10F. Worldmerdian Venture Center 2nd, 123, Gasan-digital 2-ro, Geumcheon-gu,
Seoul 08505, Korea.

저작권법에 의해 한국 내에서 보호를 받는 저작물이므로 무단 전재와 복제를 금합니다.

ISBN : 978-89-314-4973-0

독자님의 의견을 받습니다.
이 책을 구입한 독자님은 영진닷컴의 가장 중요한 비평가이자 조언가입니다. 저희 책의 장점과 문제점이 무엇인지, 어떤 책이 출판되기를 바라는지, 책을 더욱 알차게 꾸밀 수 있는 아이디어가 있으면 이메일, 또는 우편으로 연락주시기 바랍니다. 의견을 주실 때에는 책 제목 및 독자님의 성함과 연락처(전화번호나 이메일)를 꼭 남겨 주시기 바랍니다. 독자님의 의견에 대해 바로 답변을 드리고, 또 독자님의 의견을 다음 책에 충분히 반영하도록 늘 노력하겠습니다.

이 메 일 : support@youngjin.com
주   소 : (우)08505 서울시 금천구 가산디지털2로 123 월드메르디앙벤처센터 2차 10층 1016호
등   록 : 2007. 4. 27. 제16-4189호

STAFF
저자 권순만 | **총괄** 김태경 | **진행** 성민 | **본문 편집** 고은애 | **본문 디자인** 지화경 | **표지 디자인** 임정원

INTRODUCTION 들어가면서

윈도우 '9'가 아닌 왜 윈도우 '10'이라고 했을까? 많은 이야기들이 있지만, 우선 첫 번째는 모든 디바이스 환경에서 하나의 플랫폼, 하나의 스토어, 하나의 사용자 경험을 제공하기 위하여 대대적인 변화에 따라 한 단계가 아닌 두 발 앞서 나간다는 혁신의 의미가 아닐까 생각해봅니다.

윈도우 10이 출시되기 전부터 마이크로소프트에서는 'Windows as a Service'라는 부분을 언급하며 앞으로의 윈도우는 시장과 소비자의 요구에 발맞춰 빠른 대응을 위하여 새로운 제품 출시를 장기간에 걸쳐서 하는 것이 아니라, 기능 및 보안의 업데이트를 하는 방향으로 포커스를 잡았기 때문에 많은 변화가 있을 것으로 예상되고 있으며, 출시 버전 이전부터 관련 증거를 보여줬었습니다.

디바이스 사용 환경의 변화도 윈도우 10에 많은 영향을 끼친 것으로 보입니다. 최근 현실화되고 있는 BYOD(Bring Your Own Device) 환경으로 인하여, 가정의 윈도우 환경과 기업의 윈도우 환경에 경계는 점점 무너지고 있고, 일반적인 소비자의 요구가 기업까지 영향을 받게 되면서 기업 입장에서는 생산성을 높일 수 있는 컴퓨팅 환경으로 변화시키지 않을 수 없게 되었다는 것입니다.

윈도우 10은 일반적인 데스크톱 중심의 클라이언트 운영체제에서 벗어나 폰, 여러 다양한 크기의 컴퓨터 및 터치 디바이스에서부터 게임, 사물인터넷장비(IoT)까지 모두 충족하면서 통합된 생태계를 만들 것으로 예상하고 있습니다.

이번 윈도우 10을 집필하면서 개인적으로 가장 힘들었던 점은 기존에 윈도우가 베타, RC(배포 후보군), RTM(정식 버전) 형태의 개발 패턴이었던 것에 반해, Windows as a Service 정책으로 인해 최신의 빌드 버전이 월 단위에서 주 단위, 주 단위에서 일 단위까지 업데이트되면서 기능이나 메뉴의 위치가 변경되는 바람에 수없이 재작업을 했던 것입니다. 그렇기 때문에 목표했었던 윈도우 10 출시와 함께 도서를 출간하지 못하게 된 점이 아쉽습니다.

마지막으로 책 출간과 함께 평소에 많은 관심과 도움을 주신 모든 분들에게 이 기회를 빌려 그 동안 표현하지 못한 고마움을 조금이나마 표현할 수 있는 기회가 마련되어 저에게 큰 영광입니다.

항상 곁에서 응원하고, 테스트 대상이 되었던 아내 황유경, 모델이 되어 준 아들 예찬, 친구 및 동료 여러분과 늘 가족 모두를 위하여 기도해주시는 어머니에게 감사 인사를 드립니다. IT의 기초가 되었고, 발전시켜준 만 10년 된 직장에 테크데이타 김홍태, 강운식 사장님, PTS팀원과 임직원의 아낌없는 지원과 함께 Microsoft 제품의 최신 정보를 얻을 수 있는 MVP 선정과 갱신을 도와주시는 한국 MVP 리더 소영 부장님, 진아 대리, 케빈과 온/오프라인에서 함께 일하면서 많은 정보 공유한 IT 엔반젤리스트 Microsoft 승주 부장님, Microsoft 임직원과 한국 및 해외의 MVP 여러분들께 감사 인사를 드리며, 책을 쓰는데 아이디어와 팁을 주셨던 윈도우 10 사용자 여러분들과 생각지도 못한 많은 질문을 통하여 내용을 채워나갈 수 있었음에 감사드립니다. 끝으로 이 책이 출간될 수 있도록 많은 도움을 주신 영진닷컴 관계자분들에게도 다시 한 번 고개 숙여 감사드립니다.

— 저자 권순만 —

WINDOWS 10 가이드북

미리보기

이 책은 윈도우 10을 처음 사용하는 입문자들이 체계적으로 학습할 수 있도록 8개의 PART로 구성되어 있으며 각각의 PART 는 Lesson과 따라하기 형식의 Step으로 세분화되어 있습니다. 그리고 Tip을 통해 톡톡 튀는 윈도우 10 활용 노하우를 소개하며, 마지막 PART SUMMARY에서는 앞서 배운 내용들을 복습할 수 있도록 구성했습니다. 그럼 미리 보기 내용을 통해 '윈도우 10 가이드북'을 간략하게 소개합니다.

Lesson
윈도우 10의 다양한 기능을 Lesson으로 구성합니다.

Step
본격적인 학습 코너로써 따라하기 형식으로 구성하여 윈도우 10의 기능을 쉽게 익힐 수 있도록 유도합니다.

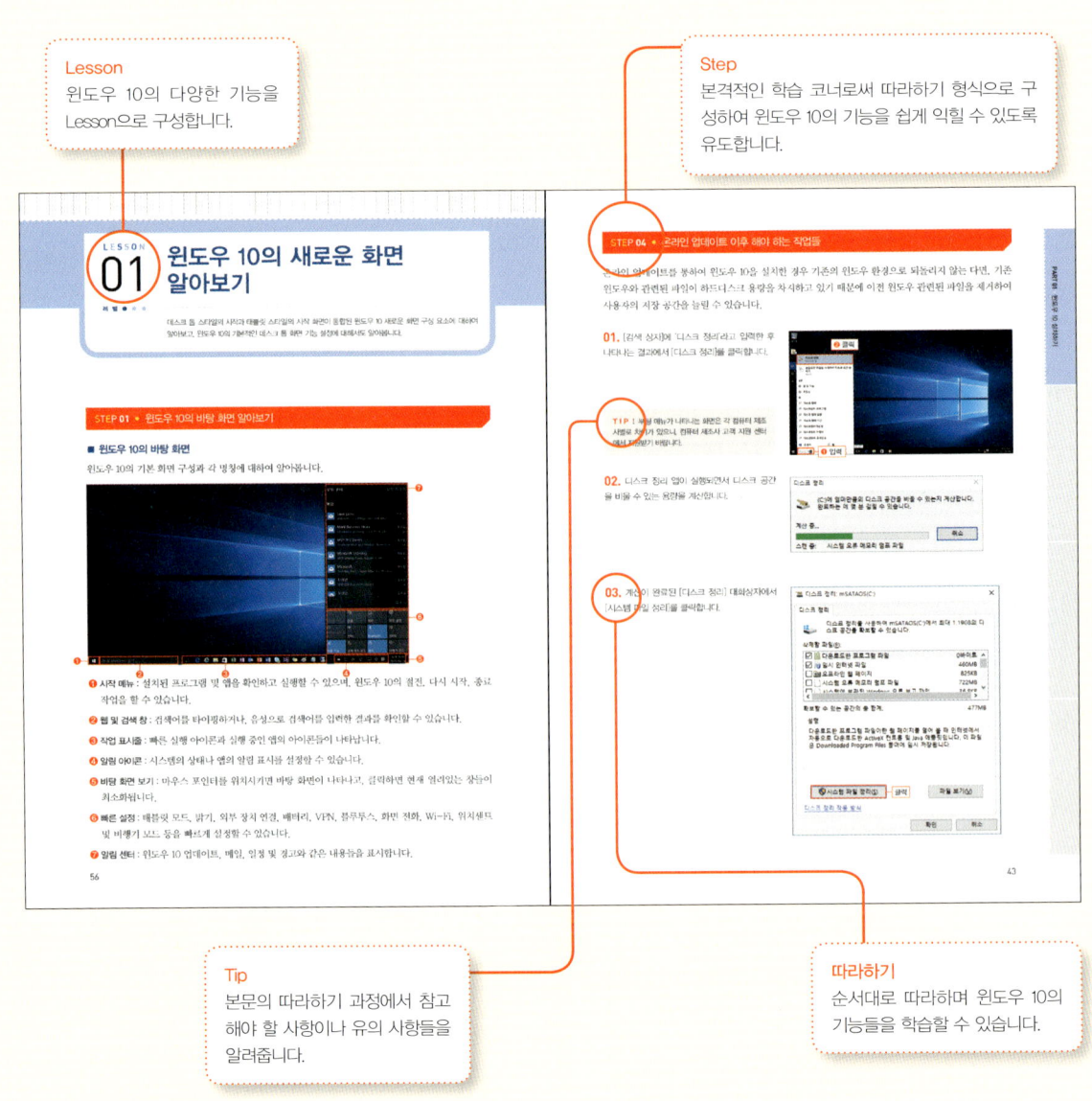

Tip
본문의 따라하기 과정에서 참고해야 할 사항이나 유의 사항들을 알려줍니다.

따라하기
순서대로 따라하며 윈도우 10의 기능들을 학습할 수 있습니다.

PART
총 8개의 PART로 구성되어 있으며 PART의 시작 전에 배우게 될 내용을 간략하게 살펴봅니다.

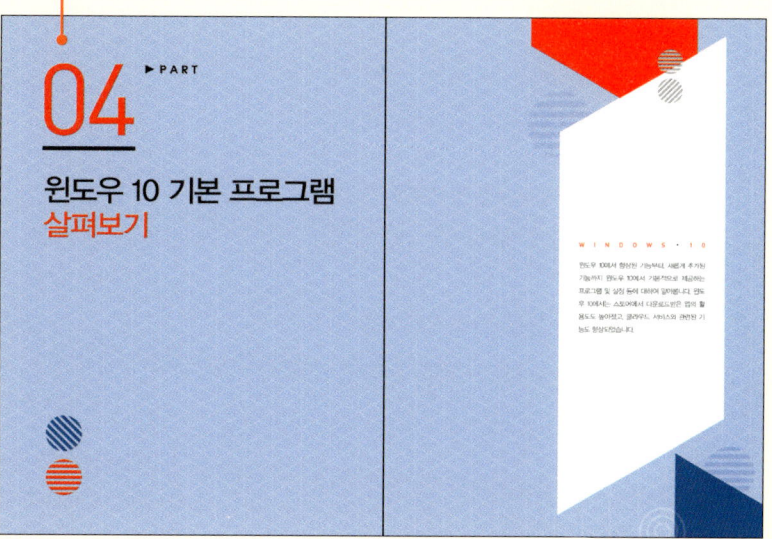

PART Summary
PART에서 배운 윈도우 10의 핵심 내용들을 다시 한 번 복습할 수 있도록 간단히 요약해서 소개합니다.

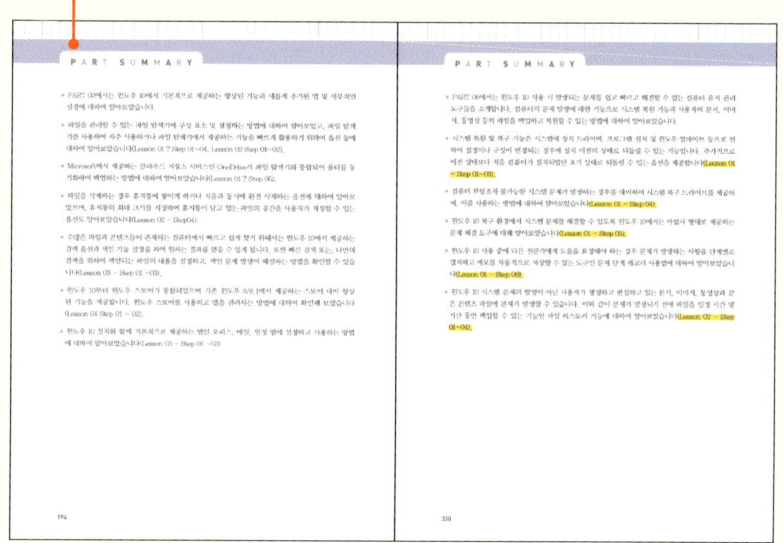

WINDOWS 10 가이드북

특징

원도우 10을 제대로 학습할 수 있도록 구성되어 있는 '원도우 10 가이드북'의 PART별 구성을 간단하게 소개합니다.

PART 01

내 컴퓨터에 원도우 10 설치하기
원도우 10을 설치하기 전에 체크해야 하는 사항을 알아보고, 원도우 7, 원도우 8.1 환경에서 업그레이드하는 방법이나, 컴퓨터를 초기화시켜서 새롭게 원도우 10을 설치하는 방법에서 대하여 알아봅니다.

PART 02

원도우 10의 새로운 화면과 기능 살펴보기
원도우 10의 기본 화면은 원도우 7의 시작 화면과 원도우 8.1의 시작 화면이 통합되어 있는 형태로 변경되었습니다. 이와 같이 통합된 시작 화면으로 기존 데스크톱 환경에서 마우스와 키보드를 사용하는 작업에 용이했던 원도우 7 사용자들과 터치 중심의 태블릿을 위한 원도우 8.1 사용자들 모두 큰 변화 없이 쉽게 사용할 수 있게 되었습니다. 이렇게 변화된 원도우 10의 새로운 화면 구성과 기능에 대하여 알아봅니다.

PART 03

컴퓨터 설정하기(제어판 알아보기)
원도우 10에서는 기존에 전통적인 제어판 기능은 물론, 태블릿 또는, 터치에서 쉽고 간편하게 설정할 수 있도록 새로운 제어판 설정 기능을 제공합니다. 원도우 10에서 새롭게 제공하는 설정 기능을 통해 사용자들은 자신에게 적합한 원도우 10 환경을 구축할 수 있습니다.

PART 04

원도우 10 기본 프로그램 살펴보기
원도우 10에서 변화되고, 향상된 기능부터 새롭게 추가된 기능까지 기본적으로 제공하는 프로그램 및 설정 등에 대하여 알아봅니다. 원도우 10에서는 스토어에서 다운로드받은 앱의 활용도도 높아졌고, 클라우드 서비스와 관련된 기능도 향상되었습니다.

PART 05

인터넷 익스플로러 11과 새로운 인터넷 브라우저 엣지
원도우 10에 기본적으로 탑재된 인터넷 브라우저는 인터넷 익스플로러 11과 마이크로소프트 엣지가 있습니다. 인터넷 익스플로러 11은 기존에 인터넷 브라우저처럼 추가 기능이나 ActiveX 등을 설치할 수 있어 표준성과 호환성 모두를 제공하며, 새로운 마이크로소프트 엣지는 표준 지향의 인터넷 브라우저 기능과 태블릿 또는, 터치 디바이스에 최적화된 기능을 제공합니다.

PART 06 | 윈도우 10 사용자 계정 관리와 보안 기능 알아보기

윈도우 10에서 제공하는 보안 기능과 사용자 계정, 하드디스크, 이동식 저장 장치 및 Windows 방화벽 등을 사용하여 안전한 윈도우 10 작업 환경을 설정하는 방법에 대해 알아봅니다.

PART 07 | 홈 네트워크 환경 설정하기

사무실에서는 여러 사용자들이 협업을 위하여 자료를 공유 폴더에 공유합니다. 또한, 여러 대의 컴퓨터를 사용하는 가정이 늘어나고 있어 음악, 비디오 및 문서 등의 파일을 공유하는 경우 또는, 프린터와 같은 외부 장치를 공유하는 경우 등 윈도우 10의 네트워크 기능을 활용하기 위한 환경 설정 방법을 알아봅니다. 그리고, 스마트워크 환경으로 점점 변화되면서 가정 또는, 원격지에서도 작업이 필요한 경우에 네트워크를 설정하는 방법도 소개합니다.

PART 08 | 컴퓨터 유지 관리하기

컴퓨터 사용 시 발생할 수 있는 문제들을 고려하여 윈도우 10에서 기본적으로 제공하는 컴퓨터 유지 관리 도구의 사용법에 대해 알아봅니다. 또한, 시스템 문제에 대비한 기능으로 시스템 복원과 사용자의 문서, 이미지, 동영상 등의 콘텐츠들을 백업하고 복원하는 방법도 알아봅니다.

목차

WINDOWS 10 가이드북

PART 01
내 컴퓨터에 윈도우 10 설치하기

LESSON 01 | 윈도우 10 설치 전 준비 사항 확인하기   16
- STEP 01 : 윈도우 10 설치 사항   16
- STEP 02 : 윈도우 10 업그레이드 가능 경로 확인하기   19
- STEP 03 : 윈도우 10 에디션별 기능   20
- STEP 04 : 사용 중인 윈도우 버전 확인하기   22
- STEP 05 : 윈도우10 미디어 생성 도구 사용하기   24

LESSON 02 | 윈도우 10 설치하기   29
- STEP 01 : 윈도우 8.1에서 윈도우 10으로 업그레이드하기   29
- STEP 02 : 윈도우 7에서 윈도우 10으로 업그레이드하기   34
- STEP 03 : Mac OS의 부트캠프를 사용하여 윈도우 10 설치하기   36
- STEP 04 : 온라인 업데이트 이후 해야 하는 작업들   43
- STEP 05 : 새롭게 윈도우 10 설치하기   45
- STEP 06 : 윈도우 10 제품 키를 사용하여 상위 에디션으로 업그레이드하기   50

● PART SUMMARY   53

PART 02
윈도우 10의 새로운 화면과 기능 살펴보기

LESSON 01 | 윈도우 10의 새로운 화면 알아보기   56
- STEP 01 : 윈도우 10의 바탕 화면 알아보기   56
- STEP 02 : 윈도우 10의 앱 시작 화면에 고정하기   58
- STEP 03 : 윈도우 10 시작 앱의 그룹 이름 지정하기   59
- STEP 04 : 윈도우 10 시작 앱의 크기 조정하기   60
- STEP 05 : 시작 메뉴에서 문자로 빠르게 앱 찾기   61

LESSON 02 | 윈도우 10의 데스크톱 화면 구성하기   63
- STEP 01 : 윈도우 10의 배경 화면 설정하기   63
- STEP 02 : 온라인 테마 적용하기   65
- STEP 03 : 잠금 화면 설정하기   68
- STEP 04 : 알림 설정하기   70
- STEP 05 : 디스플레이에 작업 표시줄 표시 설정하기   72
- STEP 06 : 빠른 목록에 고정/제거하기   74
- STEP 07 : 작업 표시줄에서 아이콘 설정하기   75

LESSON 03 | 윈도우 10 화면 제어하기 — 76
- **STEP 01**: 윈도우 10의 스냅 기능 사용하기 — 76
- **STEP 02**: 윈도우 10 화면 전환하기 — 79
- **STEP 03**: 새로운 데스크톱 화면 사용하기 — 80
- **PART SUMMARY** — 82

PART 03 컴퓨터 설정하기 (제어판 알아보기)

LESSON 01 | 시스템 설정 알아보기 — 86
- **STEP 01**: 시스템 설정 이해하기 — 86
- **STEP 02**: 시스템 이해하기 — 88
- **STEP 03**: 장치 설정 이해하기 — 97
- **STEP 04**: 네트워크 및 인터넷 설정 이해하기 — 103
- **STEP 05**: 개인 설정 이해하기 — 108
- **STEP 06**: 계정 설정 이해하기 — 112
- **STEP 07**: 시간 및 언어 설정 이해하기 — 116
- **STEP 08**: 접근성 설정 이해하기 — 119
- **STEP 09**: 개인 정보 설정 이해하기 — 124
- **STEP 10**: 업데이트 및 복구 설정 이해하기 — 131
- **PART SUMMARY** — 135

PART 04 윈도우 10 기본 프로그램 살펴보기

LESSON 01 | 향상된 파일 탐색기 알아보기 — 138
- **STEP 01**: 파일 탐색기의 구성 요소 알아보기 — 138
- **STEP 02**: 파일 탐색기 설정하기 — 143
- **STEP 03**: 파일 탐색기 기본 화면 변경하기 — 144
- **STEP 04**: 빠른 실행 도구 추가하기 — 146
- **STEP 05**: 클라우드 저장소 OneDrive와 동기화하기 — 147
- **STEP 06**: 파티션 용량 확인 및 정리 — 149

LESSON 02 | 파일 탐색기 활용하기 — 151
- **STEP 01**: 파일 및 폴더 선택하기 — 151
- **STEP 02**: 파일 및 폴더 복사/이동하기 — 152
- **STEP 03**: 지운 파일 휴지통에서 복원하기 — 154
- **STEP 04**: 휴지통 옵션 설정하기 — 155

LESSON 03 | 윈도우 10의 검색 기능 설정하기   156
- STEP 01 : 색인할 위치 지정하기   156
- STEP 02 : 색인 파일 형식 지정하기   158
- STEP 03 : 색인 파일 위치 변경하기   159

LESSON 04 | 윈도우 스토어 사용하기   162
- STEP 01 : 윈도우 스토어 이용하기   162
- STEP 02 : 앱 관리하기   165

LESSON 05 | 윈도우 10의 앱 사용하기   167
- STEP 01 : 오피스 앱 사용하기   167
- STEP 02 : 메일 앱 사용하기   169
- STEP 03 : 일정 앱 사용하기   173
- STEP 04 : Xbox One과 게임 스트리밍하기   175
- STEP 05 : 게임 캡처 및 레코딩   177
- STEP 06 : 윈도우 캡처 도구   178

LESSON 06 | Windows to Go 사용하기   179
- STEP 01 : Windows to Go 제약 사항 알아보기   179
- STEP 02 : Windows To Go 만들기   180
- STEP 03 : Windows To Go 시작 설정하기   183

LESSON 07 | Hyper-V 기능 사용하기   184
- STEP 01 : Hyper-V의 구성 이해하기   184
- STEP 02 : Hyper-V 가상 스위치 생성하기   186
- STEP 03 : Hyper-V에 가상 컴퓨터 생성하기   188
- STEP 04 : Hyper-V 기능 끄기   193

- ● PART SUMMARY   194

PART 05
인터넷 익스플로러 11과 새로운 인터넷 브라우저 엣지

LESSON 01 | 마이크로소프트 엣지(Microsoft Edge) 살펴보기 198
- STEP 01 : 마이크로소프트 엣지의 화면 구성 살펴보기 198
- STEP 02 : 웹 메모 기능 사용하기 200
- STEP 03 : 읽기용 보기 사용하기 202
- STEP 04 : 즐겨찾기 및 읽기 목록에 추가 사용하기 203
- STEP 05 : 허브 기능 알아보기 204
- STEP 06 : 공유 기능 알아보기 206
- STEP 07 : InPrivate 기능 사용하기 207
- STEP 08 : 다른 브라우저에서 즐겨찾기 가져오기 208
- STEP 09 : 마이크로소프트 엣지 주소 입력창에서 검색 사이트 설정하기 210
- STEP 10 : 마이크로소프트 엣지 세부 설정하기 212

LESSON 02 | 인터넷 익스플로러 11 사용하기 215
- STEP 01 : 인터넷 익스플로러 11의 화면 구성 살펴보기 215
- STEP 02 : 명령 도구 모음 설정하기 01 217
- STEP 03 : 명령 도구 모음 설정하기 02 218
- STEP 04 : 홈 페이지 설정하기 219
- STEP 05 : 즐겨찾기 동기화하기 221
- STEP 06 : 색상별로 구분되는 탭 그룹 기능 활용하기 222
- STEP 07 : 탭 분리하여 새 창에 띄우거나 병합하기 223
- STEP 08 : 고정된 사이트 아이콘 추가하기 224

● PART SUMMARY 225

PART 06
윈도우 10 사용자 계정 관리와 보안 기능 알아보기

LESSON 01 | 사용자 계정 관리하기 … 228
- STEP 01 : 로컬 사용자 계정 생성하기 … 228
- STEP 02 : Microsoft 사용자 계정 생성하기 … 231
- STEP 03 : 윈도우 10 로컬 계정에 Microsoft 계정을 연결하기 … 234
- STEP 04 : 사용자 계정 권한 변경하기 … 236
- STEP 05 : 사용자 로그인 사진 변경하기 … 237
- STEP 06 : 가족 보호 모드 사용하기 … 239
- STEP 07 : 사용자 암호 옵션 설정하기 … 244
- STEP 08 : 사용자 암호 변경하기 … 253
- STEP 09 : 사용자 계정 제거하기 … 256

LESSON 02 | 데이터 암호화하기 … 258
- STEP 01 : 하드디스크 암호화하기(Bitlocker) … 258
- STEP 02 : 이동식 저장 장치 암호화하기(Bitlocker to Go) … 262
- STEP 03 : 암호화 변경하기 … 266
- STEP 04 : 암호화 해제하기 … 267

LESSON 03 | Windows 방화벽을 통한 컴퓨터 보안 설정하기 … 269
- STEP 01 : Windows 방화벽 상태 및 알림 설정하기 … 269
- STEP 02 : Windows 방화벽 추가 및 예외 설정하기 … 271

LESSON 04 | 최신의 보안 상태 유지하기 … 273
- STEP 01 : 최신 보안 업데이트 확인 및 다운로드 설정하기 … 273
- STEP 02 : 보안 업데이트 다운로드 설정하기 … 276
- STEP 03 : 악성 소프트웨어로부터 컴퓨터 보호하기 … 277

● **PART SUMMARY** … 280

PART 07
홈 네트워크 환경 설정하기

LESSON 01 | 윈도우 10 네트워크 환경 설정하기   284
STEP 01 : 기본 네트워크 환경 확인하기   284
STEP 02 : 무선 네트워크 접속하기   286
STEP 03 : 비행기 모드 설정하기   289

LESSON 02 | 홈 그룹을 사용하여 파일 및 장치 공유하기   290
STEP 01 : 홈 그룹 생성하기   290
STEP 02 : 홈 그룹 공유 라이브러리 설정하기   293
STEP 03 : 홈 그룹 연결하기   294
STEP 04 : 홈 그룹 암호 관리하기   298
STEP 05 : 홈 그룹 나가기   300

LESSON 03 | 네트워크 프린터 설정하기   301
STEP 01 : 네트워크 프린터 공유 설정하기   301
STEP 02 : 공유 프린터 연결하기   303

● PART SUMMARY   305

PART 08
컴퓨터 유지 관리하기

LESSON 01 | 시스템 복원 및 복구 기능 사용하기   308
STEP 01 : 컴퓨터 복구 지점 기능 설정하기   308
STEP 02 : 복구 지점으로 컴퓨터 복원하기   311
STEP 03 : 컴퓨터 초기화하기   314
STEP 04 : 시스템 복구 드라이브 만들기   317
STEP 05 : 문제 해결 도구의 고급 기능 사용하기   319
STEP 06 : 문제 단계 레코더 사용하기   321

LESSON 02 | 데이터 백업 및 복원하기   323
STEP 01 : 파일 히스토리 활성화하기   323
STEP 02 : 파일 히스토리 설정하기   325
STEP 02 : 파일 히스토리를 사용하여 파일 복원하기   328
STEP 04 : 파일 히스토리 기능 끄기   329

● PART SUMMARY   330

▶ PART

01

내 컴퓨터에
윈도우 10 설치하기

WINDOWS · 10

윈도우 10을 설치하기 전에 체크해야 하는 사항에 대하여 알아보고, 윈도우 7, 윈도우 8.1 환경에서 업그레이드하는 방법이나, 컴퓨터를 초기화시켜서 새롭게 설치하는 방법에서 대하여 알아봅니다.

LESSON 01 윈도우 10 설치 전 준비 사항 확인하기

레벨 ●●●

윈도우 10을 설치하기 전에 사용자가 확인해야 하는 사항에 대하여 알아보고, 사용자가 컴퓨터를 사용하는 환경이나 기능에 따라 선택해야 하는 윈도우 10 에디션별 특징을 소개합니다.

STEP 01 • 윈도우 10 설치 사항

윈도우 10을 설치하기 위한 시스템 요구 사항에 대하여 알아봅니다. 현재 최신의 윈도우 8.1을 실행할 수 있는 컴퓨터를 사용한다면 윈도우 10의 설치는 문제없습니다.

■ 시스템 요구 사항

- 프로세서 : 1GHz 이상
- 램(RAM) : 1GB(32비트) 또는, 2GB(64비트)
- 하드디스크 공간 : 16GB(32비트) 또는, 20GB(64비트)
- 그래픽카드 : DirectX 9 이상 지원(WDDM 1.0 드라이버 포함)
- 디스플레이 : 1024 x 600
- Microsoft 계정과 인터넷
- 최신 윈도우 : 윈도우 7 서비스 팩 1이상 또는, 윈도우 8.1 업데이트 최신 버전

TIP : 참고로 기존 윈도우에서 현재 시스템의 상태를 확인한 후 윈도우 10 설치 가능 여부도 확인할 수 있습니다.

■ 윈도우 10 업그레이드 기능 유의 사항

- 윈도우 7 홈 프리미엄, 윈도우 7 프로페셔널, 윈도우 얼티메이트, 윈도우 8 프로, 윈도우 8.1 프로가 설치된 컴퓨터에서 윈도우 10을 설치하는 경우 윈도우 미디어 센터가 제거됩니다.
- DVD를 보려면 별도의 재생 소프트웨어가 필요합니다.
- 윈도우 7에서 업그레이드하는 경우에, 윈도우 7 바탕 화면 가젯은 윈도우 10을 설치하는 과정에서 제거됩니다.
- 윈도우 10 홈 사용자는 자동으로 제공되는 윈도우 업데이트를 통해 업데이트됩니다.
- USB 플래시 드라이브가 있는 경우 윈도우 업데이트 또는, 제조 업체의 웹 사이트에서 최신 드라이버를 다운로드해야 합니다.
- 컴퓨터에 윈도우 라이브 에센셜이 설치된 경우 OneDrive 응용 프로그램이 제거되고 OneDrive의 받은 편지함 버전으로 대체됩니다.

■ **특정 기능을 사용하기 위한 추가 요구 사항**

- 코타나(Cortana)는 현재 미국, 영국, 중국, 프랑스, 이탈리아, 독일과 스페인어로 사용되는 윈도우 10에서만 사용할 수 있습니다.
- 음성 인식은 디바이스 마이크에 따라 달라질 수 있기 때문에 마이크 하드웨어 드라이버 등의 설치가 필요할 수 있습니다.
- Windows Hello를 사용하려면 안면 인식이나 홍채 감지 또는, Windows Biometric Framework를 지원하는 지문 판독기용의 특수한 적외선 카메라가 필요합니다.
- 컨티뉴(Continuum)은 관리 센터를 통해 태블릿 모드를 수동으로 켜고 끔으로써 모든 윈도우 10 버전에서 사용할 수 있습니다. GPIO 표시기 또는, 노트북과 슬레이트 표시기가 있는 태블릿과 2-in-1은 자동으로 태블릿 모드로 들어가도록 구성할 수 있습니다.
- 음악과 비디오는 특정 지역에서 사용할 수 있는 Xbox 음악 또는, Xbox 비디오를 통해 스트리밍 됩니다. Xbox 음악 스토어는 아르헨티나, 오스트레일리아, 오스트리아, 벨기에, 브라질, 캐나다, 덴마크, 핀란드, 프랑스, 독일, 아일랜드, 이탈리아, 일본, 멕시코, 네덜란드, 뉴질랜드, 노르웨이, 포르투갈, 스페인, 스웨덴, 스위스, 터키, 영국 및 미국에서 사용할 수 있습니다. Xbox 음악 Pass는 아르헨티나, 오스트레일리아, 오스트리아, 벨기에, 브라질, 캐나다, 덴마크, 핀란드, 프랑스, 독일, 아일랜드, 이탈리아, 멕시코, 네덜란드, 뉴질랜드, 노르웨이, 폴란드, 포르투갈, 스페인, 스웨덴, 스위스, 터키, 영국 및 미국에서 사용할 수 있습니다.
- 2단계 인증에는 PIN, 신체 특성(지문 판독기 또는, 적외선 카메라) 또는, WiFi나 Bluetooth 기능이 있는 전화기가 필요합니다.
- 스냅(분할)할 수 있는 응용 프로그램 개수는 응용 프로그램의 최소 해상도에 따라 달라집니다.
- 터치 기능을 사용하려면 멀티 터치를 지원하는 태블릿이나 모니터가 필요합니다(추가 정보).
- 일부 기능의 경우 Microsoft 계정이 필요합니다.
- 인터넷 접속(ISP 요금이 적용될 수 있음)이 필요할 수 있습니다.
- 보안 부팅을 사용하려면 UEFI v2.3.1 Errata B를 지원하는 펌웨어가 필요하며, UEFI 서명 데이터베이스에 마이크로소프트 윈도우 인증 기관을 등록해야 합니다.
- 일부 IT 관리자는 화면에서 로그인하기 전에 보안 로그온(Ctrl + Alt + Delete)을 사용할 수 있습니다. 태블릿의 키 조합은 Windows 단추 + 전원 단추이므로 키보드가 없는 태블릿에서는 Windows 단추가 있는 태블릿이 필요할 수 있습니다.
- 일부 게임과 프로그램에는 최적의 성능을 위해 DirectX 10 이상과 호환되는 그래픽카드가 필요할 수 있습니다.
- BitLocker To Go에는 USB 플래시 드라이브가 필요합니다(윈도우 10 프로 에디션에만 해당).
- BitLocker에는 TPM(신뢰할 수 있는 플랫폼 모듈) 1.2, TPM 2.0 또는, USB 플래시 드라이브가 필요합니다(윈도우 10 프로 및 윈도우 10 엔터프라이즈에만 해당).
- 클라이언트 Hyper-V에는 SLAT(두 번째 수준 주소 변환) 기능이 있는 64비트 시스템과 추가로 2GB RAM이 필요합니다(윈도우 10 프로 및 윈도우 10 엔터프라이즈에만 해당).
- Miracast는 WDDM(Windows Display Driver Model) 1.3을 지원하는 디스플레이 어댑터와 Wi-Fi Direct를 지원하는 Wi-Fi 어댑터가 필요합니다.
- Wi-Fi Direct Printing은 Wi-Fi Direct를 지원하는 Wi-Fi 어댑터와 Wi-Fi Direct Printing을 지원

하는 디바이스가 필요합니다.
- 64비트 PC에 64비트 OS를 설치하려면 프로세서에서 CMPXCHG16b, PrefetchW, LAHF/SAHF를 지원해야 합니다.
- InstantGo는 연결된 대기 모드가 가능한 컴퓨터에서만 작동합니다.
- 디바이스를 암호화하려면 InstantGo 및 TPM 2.0이 있는 컴퓨터가 필요합니다.

참고 URL : https://www.microsoft.com/ko-kr/windows/windows-10-specifications

TIP : 윈도우 10에서는 기존의 윈도우 8.1과 비교하였을 때 어떤 새로운 기능이나 향상된 기능을 제공하는지 그리고, 제거된 기능에 대하여 알아봅니다.

앱 또는 기능	제거된 기능	향상된 기능	새로운 기능
Microsoft 계정		O	
관리 센터			O
자동으로 설치된 업데이트			O
코타나			O
검색		O	
데이터 사용량			O
시작 화면		O	
지도 앱		O	
메일		O	
일정		O	
미디어 센터	O		
마이크로소프트 엣지			O
다중 데스크톱			O
음악 앱		O	
영화 및 TV앱		O	
유니버설 오피스 앱			O
Microsoft Passport			O
Skype 앱		O	
Windows Hello			O
Xbox 앱			O

STEP 02 • 윈도우 10 업그레이드 가능 경로 확인하기

기존에 사용하던 윈도우 시스템은 새롭게 출시된 윈도우 10 에디션에 매칭되어 윈도우 10으로 업그레이드할 수 있습니다. 이전에 정품 윈도우 사용자의 경우는 윈도우 10으로 무상 업그레이드가 가능하며, 윈도우 10이 정식 출시된 이후 1년 안에 업그레이드를 진행해야 합니다.

■ **윈도우 7에서 업그레이드**

다음에서	다음 에디션으로
윈도우 7 스타터	윈도우 10 홈
윈도우 7 홈 베이직	
윈도우 7 홈 프리미엄	
윈도우 7 프로패셔널	윈도우 10 프로
윈도우 7 얼티메이트	

■ **윈도우 8/8.1에서 업그레이드**

다음에서	다음 에디션으로
윈도우 8/8.1	윈도우 10 홈
윈도우 8/8.1 프로	윈도우 10
윈도우 8/8.1 프로 Student	
윈도우 8/8.1 프로 WMC	윈도우 모바일
윈도우 폰 8.1	

TIP : 'N' 및 'KN' 버전은 상위 버전의 업그레이드 경로를 따릅니다(즉, 윈도우 7 프로패셔널 N은 윈도우 10 프로로 업그레이드).

윈도우 7 엔터프라이즈, 윈도우 8/8.1 엔터프라이즈 및 윈도우 RT 일부 버전은 제외됩니다. 윈도우 10 엔터프라이즈 에디션은 현재 기업의 볼륨 라이선스로 계약되어 있는 경우에서만 업그레이드가 가능합니다.

STEP 03 • 윈도우 10 에디션별 기능

윈도우 10은 사용자의 환경에 따라 윈도우 10 에디션을 선택할 수 있습니다. 윈도우 10 에디션별로 포함되는 기능에 대하여 알아봅니다.

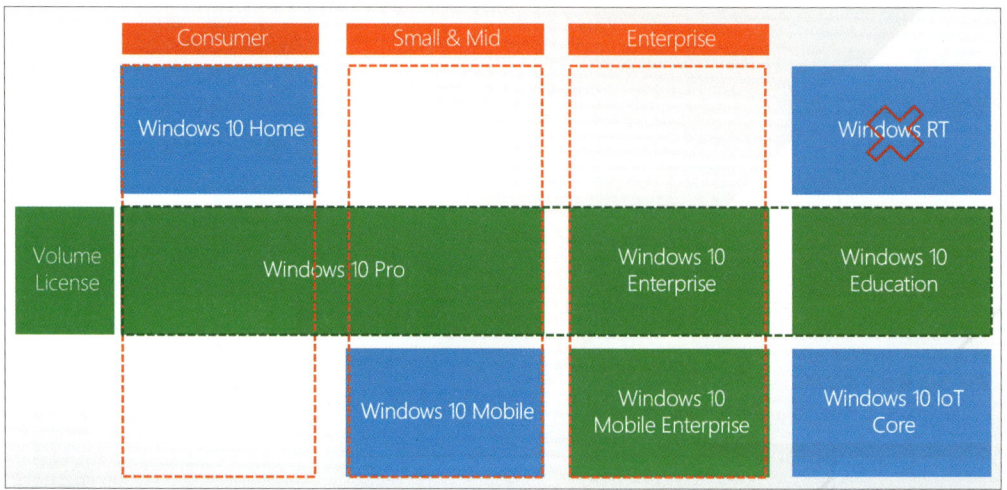

▲ 사용자 환경이나 라이선스 계약 따라 사용되는 윈도우 10 에디션

■ 윈도우 10 에디션에 따른 기능

윈도우 10 에디션	대상 사용자	장점	구매 방법
윈도우 10 홈	개인 소비자 및 BYOD	• 친근하고 익숙하며 개인화된 사용자 경험 • 온라인 작업을 위해 만들어진 새로운 브라우저 • 업무 생산성과 조직적인 가치를 얻는 새로운 방법 • 최신의 보안 및 기능을 지속적으로 업데이트 • OEM • 도소매/ESD • 무료 업그레이드	• OEM • 도소매/ESD
윈도우 10 프로	소규모 기업	• 디바이스와 앱 관리 • 원격 및 모바일 업무 시나리오 지원 • 기업 고객을 위한 클라우드 기술 채택 • 광범위한 고객에게서 검증 받은 업데이트만 적용	• 볼륨 라이선스 • 무료 업그레이드
윈도우 10 엔터프라이즈	중견 규모 및 대규모 기업	• 고급 보안 기술 • 확장된 디바이스 및 앱 관리 • OS 배포 및 업데이트 제어를 위한 다양한 방법 제공 • Microsoft Desktop Optimization Pack (MDOP)	• 볼륨 라이선스

윈도우 10 에듀케이션	교육 기관, 학생,교사 및 관리자	• 윈도우 10 엔터프라이즈의 모든 기능 • 윈도우 10 홈의 단순화된 업그레이드와 배포 기능	• 볼륨 라이선스
윈도우 10 모바일	개인 소비자, 소기업, 중견기업, 대기업, 교육 기관	• 코타나 • 윈도우 모바일용 오피스 • 최신의 보안 공격에 대한 보호	• OEM
윈도우 10 모바일 엔터프라이즈	IoT 시나리오를 가진 중견기업, 대기업	• 업데이트 제어 가능 • 통합된 주변기기 • 다중 역할 지원 및 잠금 기능	• OEM(IoT), 볼륨 라이선스
윈도우 10 IoT 코어	ATM, 유통 업체들의 POS (Point of Sales) 시스템, 핸드헬드 터미널과 산업용 로봇 같은 산업 장치용 윈도우 10 엔터프라이즈와 윈도우 10 모바일 엔터프라이즈 버전, 그리고 게이트웨이 같은 저가의 디바이스		

- 윈도우 7/8.1 디바이스는 윈도우 10 출시 후 1년 동안 윈도우 업데이트를 제공
- Software Assurance(SA)가 필요
- 참고 URL : http://blogs.windows.com/bloggingwindows/2015/05/13/introducing-windows-10-editions/

■ 윈도우 10 에디션 비교 표

구분	윈도우 10 홈	윈도우 10 프로	윈도우 10 엔터프라이즈	윈도우 10 에듀케이션
Windows 7/ Windows 8.1에 포함된 기존의 차별화된 기능				
도메인 등록 및 그룹 정책 관리		○	○	○
이전 윈도우의 엔터프라이즈 기능			○	○
윈도우 10 관리 및 배포				
회사 업무용 앱의 사이드 로딩	○	○	○	○
MDM 활성화	○	○	○	○
Azure AD 등록		○	○	○
비즈니스 스토어		○	○	○
프라이빗 카달로그		○	○	○
세부적인 UX제어 및 잠금 기능		○	○	○
윈도우 10 보안		○	○	○
Microsoft 패스포트	○	○	○	○
엔터프라이즈 데이터 프로텍션(EDP)		○	○	○
하드웨어 기반 Hyper-V			○	○
디바이스 가드			○	○
윈도우 10 서비스로써의 윈도우(WaaS)				
윈도우 업데이트	○	○	○	○
비즈니스용 윈도우 업데이트		○	○	○
Long Term Service Branch			○	

STEP 04 • 사용 중인 윈도우 버전 확인하기

윈도우 10으로 업그레이드하기 전에 사용 중인 윈도우의 버전과 에디션 등을 확인해야만 알맞은 윈도우 10으로 업그레이드 할 수 있습니다.

■ **윈도우 7**

01. [시작]( ) 단추를 클릭하고 시작 메뉴에서 [컴퓨터]를 마우스 오른쪽 버튼으로 클릭한 후 [속성]을 선택합니다.

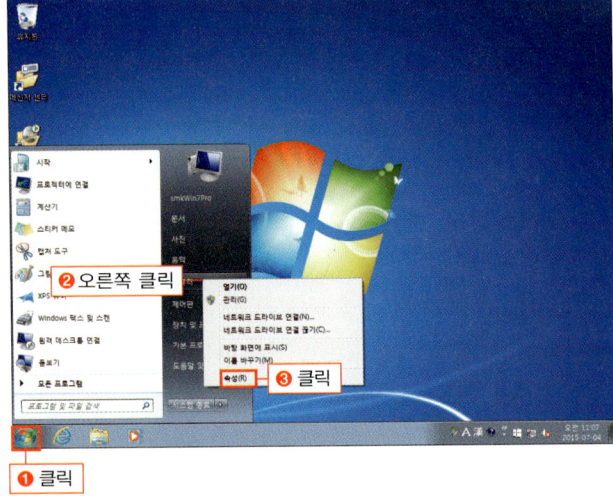

02. [시스템] 창에서 현재 윈도우 버전을 확인하고, 윈도우의 32비트 또는, 64비트도 확인할 수 있습니다.

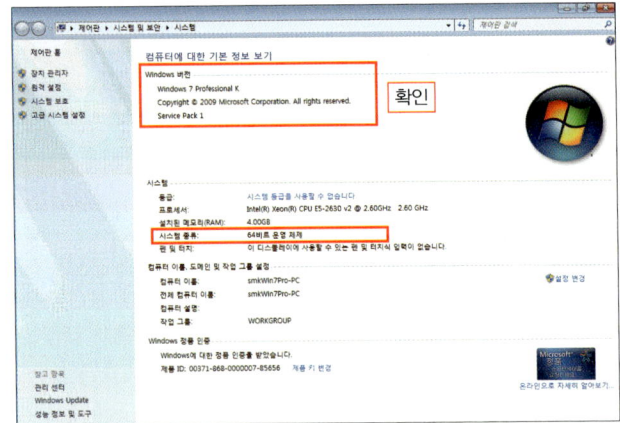

■ 윈도우 8/8.1

01. Windows 8/8.1 화면의 왼쪽 상단 또는, 하단 모서리로 마우스 포인터를 이동하거나, ⊞+C 를 누르면 나타나는 참(Charm) 메뉴에서 [설정]을 클릭합니다.

> **TIP :** 태블릿 기능이 있는 컴퓨터에서는 화면의 오른쪽 끝에서 왼쪽으로 밀기 동작하면 역시 참(Charm) 메뉴가 나타납니다.

02. 설정 화면에서 [PC 정보]를 클릭합니다.

03. [시스템] 창에서 현재 윈도우 버전을 확인하고, 윈도우의 32비트 또는, 64비트도 확인할 수 있습니다.

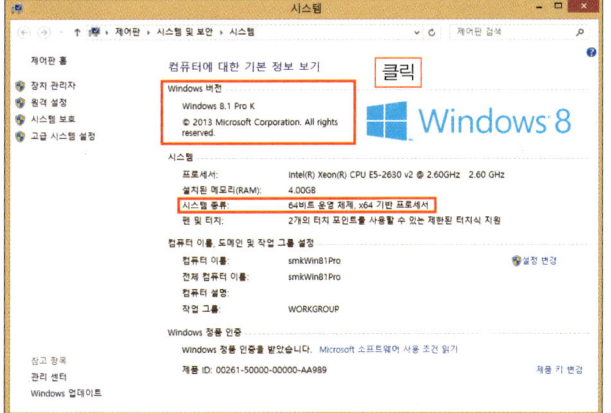

STEP 05 • 윈도우 10 미디어 생성 도구 사용하기

윈도우 10 미디어 생성 도구를 사용하면, 윈도우 10을 업그레이드하거나 새롭게 설치할 때 DVD 또는, USB 플래시 메모리를 사용하여 윈도우 10을 손쉽게 설치할 수 있습니다.

01. 다운로드 링크(https://www.microsoft.com/ko-kr/software-download/windows10)에서 미디어 생성 도구를 현재 사용 중인 컴퓨터에 알맞은 비트로 다운로드합니다.

02. 다운로드가 완료된 파일을 실행하면 윈도우 10 설치 프로그램 마법사가 실행됩니다. [다른 PC용 설치 미디어 만들기]를 선택한 후 [다음]을 클릭합니다.

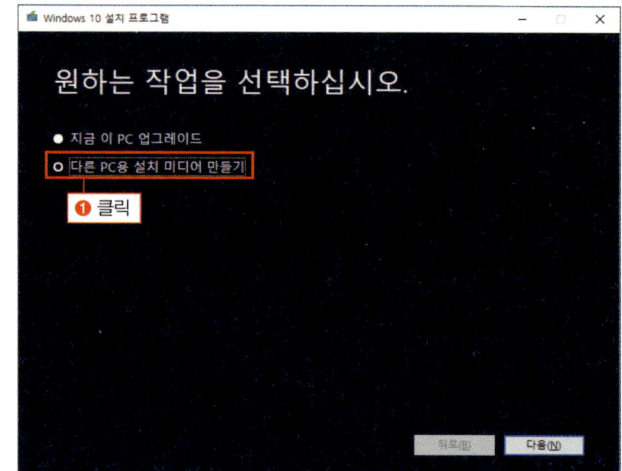

03. 윈도우 10의 언어, 버전, 아키텍처를 각각 선택한 후 [다음]을 클릭합니다.

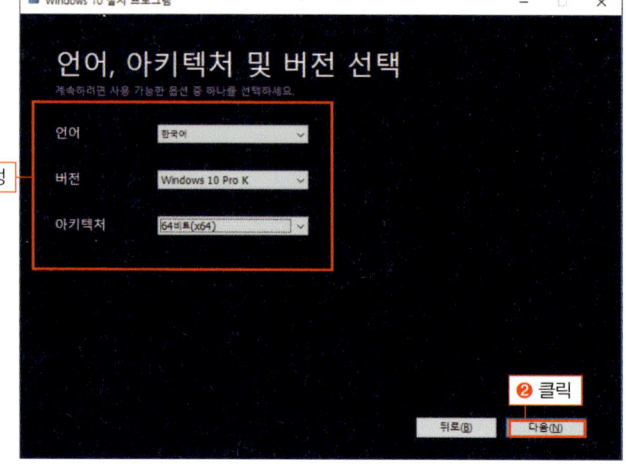

04. '사용할 미디어 선택' 화면에서 USB 플래시 드라이브 또는, ISO 파일을 선택하여 생성할 수 있습니다.

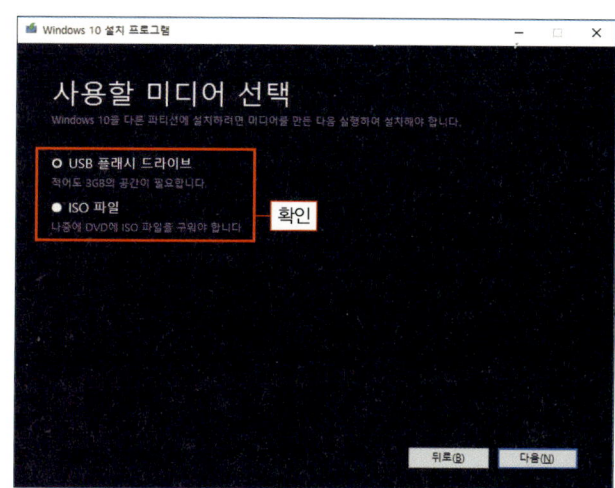

■ **USB 플래시 드라이브**

01. USB 플래시 드라이브를 선택하면, 연결되어 있는 USB 목록에서 적용할 USB 플래시 드라이브를 선택한 후 [다음]을 클릭합니다.

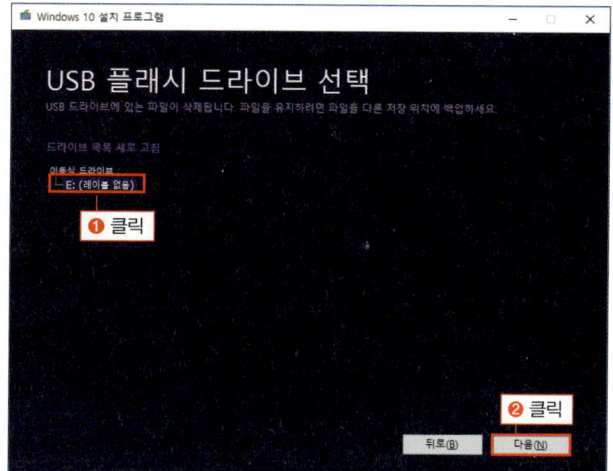

02. 'Windows 10 다운로드 중' 화면에서 진행률이 나타납니다.

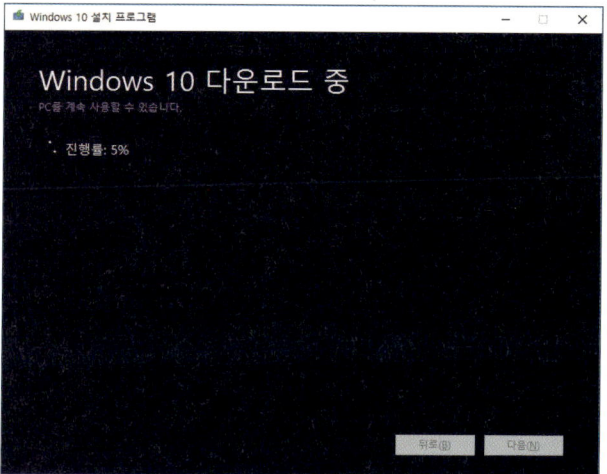

03. 'Windows 10 미디어를 만드는 중' 화면이 나타나며 진행률이 나타납니다.

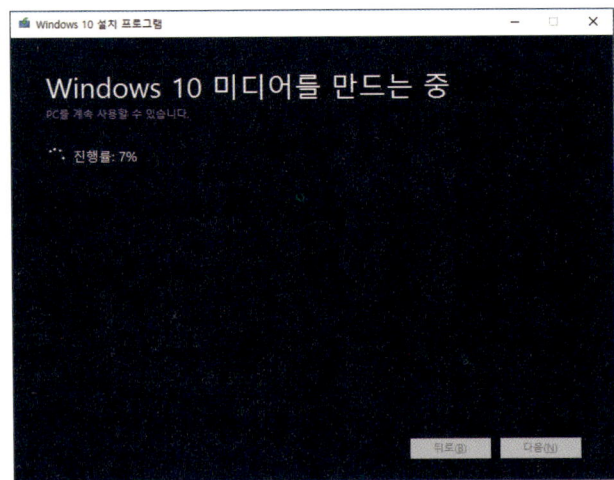

04. USB 플래시 드라이브 준비되었습니다. 메시지 확인 후 [마침]을 클릭하여 완료합니다.

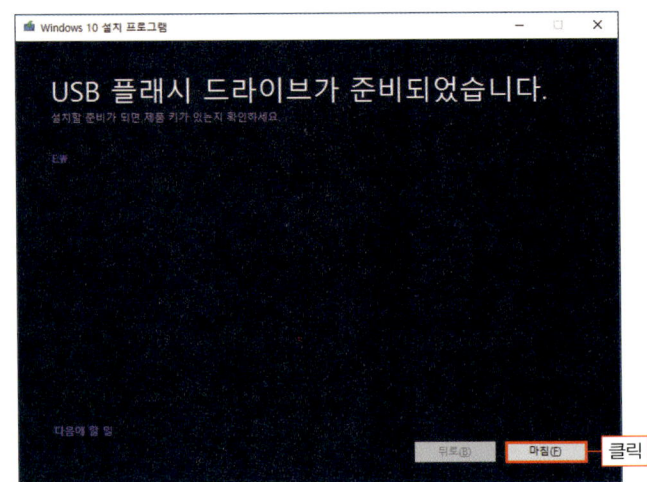

■ ISO 파일

01. '사용할 미디어 선택' 화면에서 ISO 파일을 선택한 후 [다음]을 클릭합니다.

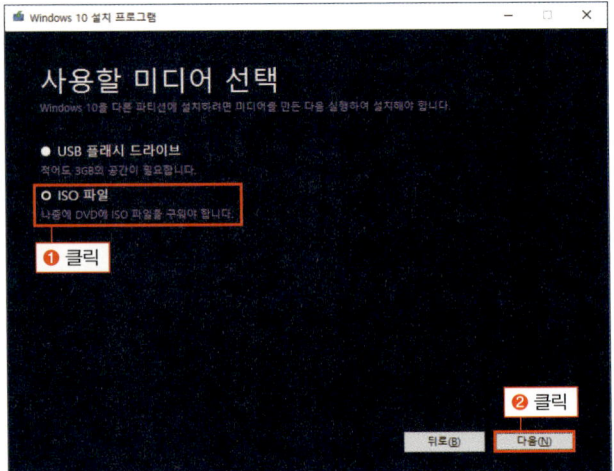

02. 파일 탐색기에서 ISO 파일 저장할 위치를 지정한 후 [저장]을 클릭합니다.

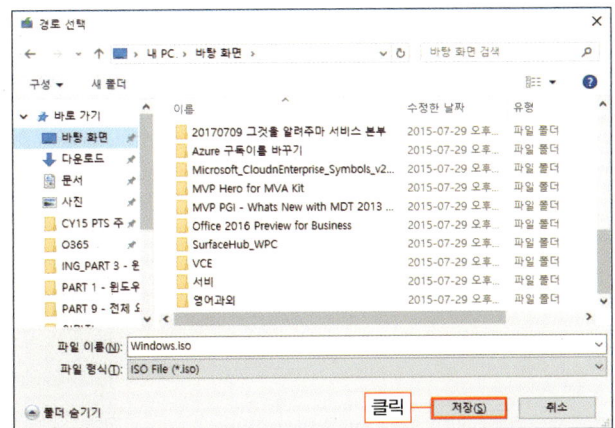

03. 'Windows 10 다운로드 중' 화면이 나타나며 진행률이 나타납니다.

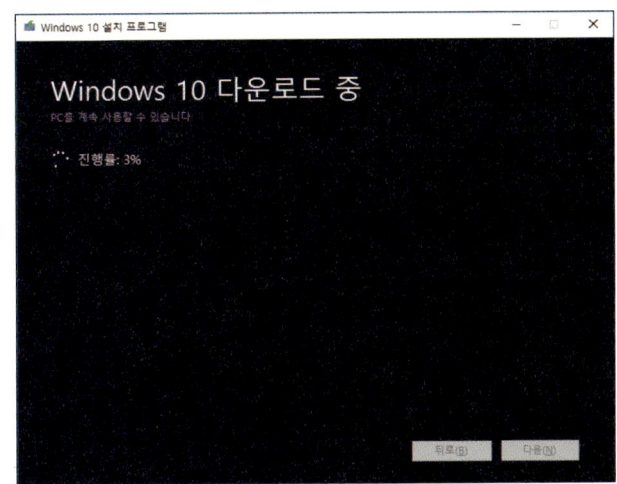

04. Windows 10 미디어를 만드는 중이라는 메시지가 나타나고 진행률도 확인됩니다.

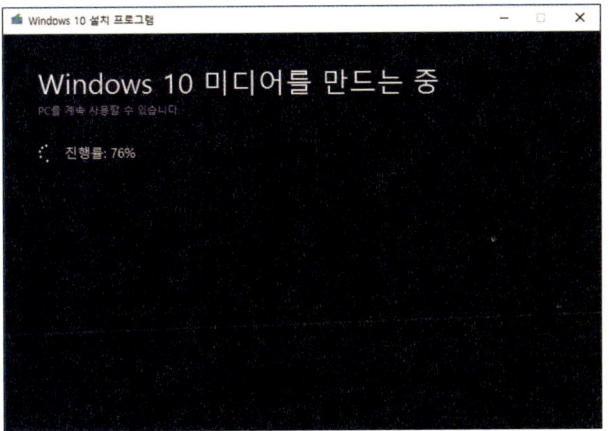

05. 윈도우 10 ISO 생성이 완료되면 바로 DVD로 굽거나 추후 필요 시 구워서 사용할 수 있게 됩니다. [마침]을 클릭하여 작업을 완료합니다.

06. 위에서 [DVD 버너 열기]를 클릭하면 방금 생성된 윈도우 10 ISO 파일을 구울 수 있는 Windows 디스크 이미지 버너가 실행됩니다.

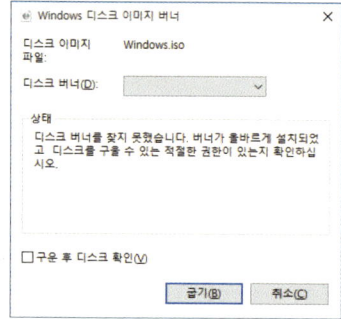

TIP : 윈도우 10에 별도의 CD 또는, DVD 굽기 프로그램이 설치되어 있는 경우 디스크 이미지 파일을 두 번 클릭할 때 이 프로그램이 열릴 수 있습니다. 이 경우 대신 윈도우 디스크 이미지 버너를 사용하여 디스크 이미지 파일에서 CD 또는, DVD를 구우려면 디스크 이미지 파일을 마우스 오른쪽 버튼으로 클릭한 후 [디스크 이미지 굽기]를 선택합니다.

윈도우 10에서 기본적으로 제공하는 윈도우 디스크 이미지 버너로는 디스크 이미지 파일 ISO 또는, IMG 파일을 생성할 수 없습니다. 디스크 이미지 파일을 만들려면 타사 CD 또는, DVD 굽기 프로그램이나 이미지 파일을 만들 수 있는 다른 프로그램을 사용해야 합니다.

무료로 디스크 이미지 파일을 생성할 수 있는 툴은 추천합니다.

다운로드 URL : http://www.imgburn.com/index.php?act=download

LESSON 02 윈도우 10 설치하기

레 벨 ● ● ●

윈도우 10은 기존 윈도우 7, 윈도우 8, 윈도우 8.1 환경에서 온라인으로 업그레이드가 가능하며, USB나 DVD 등을 사용하여 처음부터 새롭게 설치할 수도 있습니다.

STEP 01 • 윈도우 8.1에서 윈도우 10으로 업그레이드하기

현재 설치되어 있는 윈도우 7, 윈도우 8, 윈도우 8.1에서 윈도우 10으로 업그레이드하는 방법에 대하여 알아봅니다. 아래 단계는 윈도우 8.1 환경에서 업그레이드할 방법을 설명합니다.

01. [Windows 10 설치 프로그램] 창이 나타나면 중요 업데이트 받기 단계에서 [업데이트 다운로드 및 설치(권장)]을 선택한 후 [다음]을 클릭합니다.

02. 윈도우 10 설치 전에 필요한 업데이트 데이터 내용을 확인합니다.

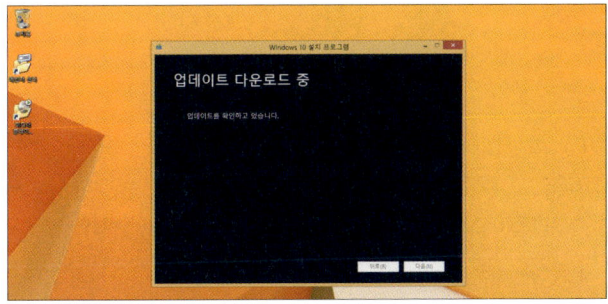

TIP : 윈도우 10 무료 업그레이드를 신청한 사용자의 경우 작업 표시줄의 윈도우 10 알림 아이콘에서 다음과 같은 메시지가 나타납니다.

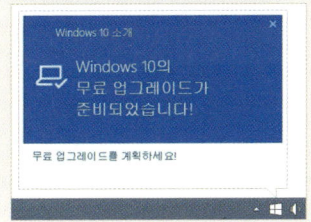

03. 사용 조건 단계에서 윈도우 10 사용 조건 내용을 확인한 후 [사용 조건에 동의함]을 체크하고 [동의]를 클릭합니다.

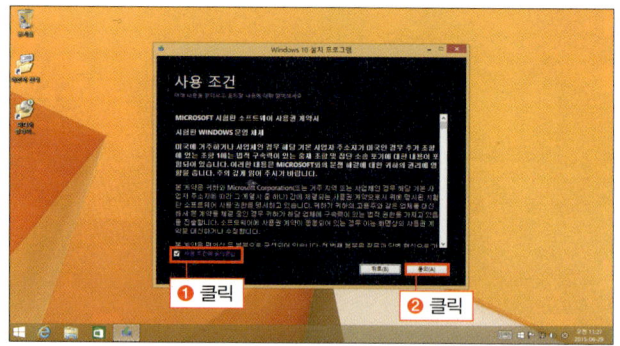

04. 윈도우 10을 설치하기 위한 파일 다운로드가 진행됩니다.

05. 설치 준비 완료 화면이 나타나면 내용을 확인한 후 [설치]를 클릭합니다.

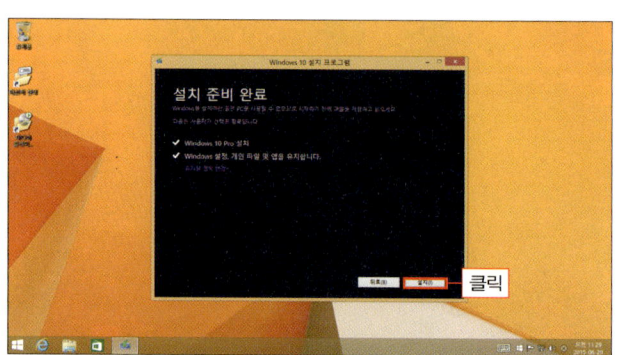

06. 윈도우 10 설치가 진행됩니다. 만약, 윈도우 10으로 업그레이드를 취소하려면, [취소]를 클릭하여 윈도우 10 업그레이드 설치를 취소할 수도 있습니다.

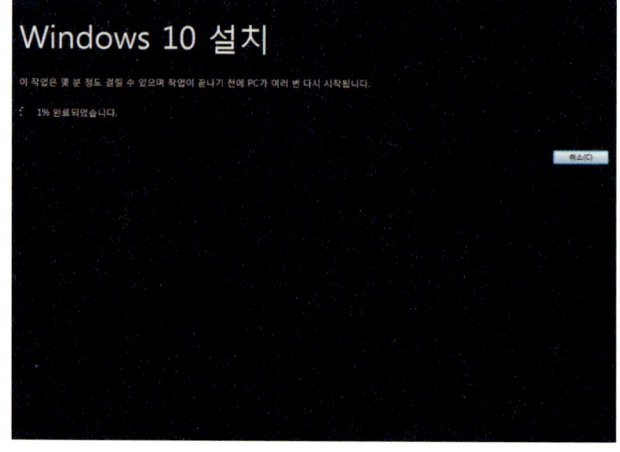

07. 몇 번의 재부팅과 함께 파일 복사, 윈도우 적용, 설정 구성의 3단계를 걸치면서 윈도우 10 설치가 진행됩니다.

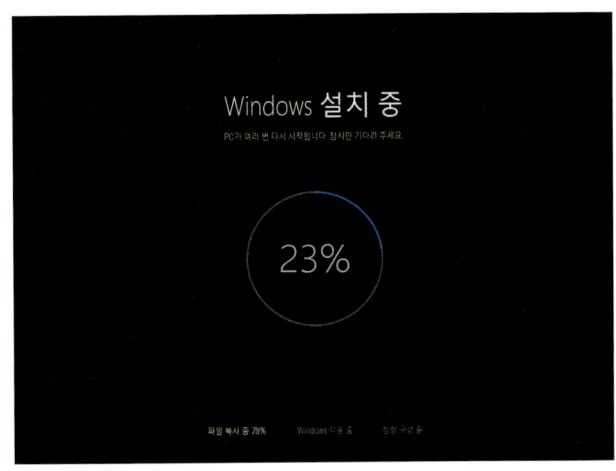

08. 환영합니다! 메시지가 나타나고 이전의 윈도우 8에서 사용했던 사용자 계정들이 나열된 화면에서 [다음]을 클릭합니다.

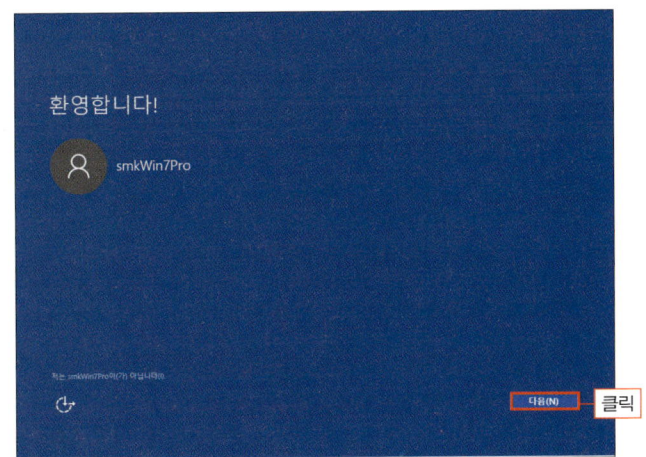

09. 빠른 시작 화면에서 윈도우 10의 [기본 설정 사용]을 클릭합니다. 만약 세부적인 설정의 필요한 경우는 [설정 사용자 지정]을 클릭하여 설정할 수 있습니다.

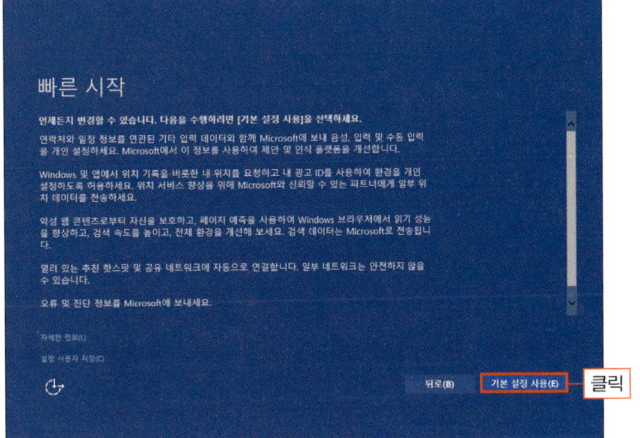

10. 새 윈도우에 대한 새 앱 화면에서 윈도우 10에서 새롭게 제공하는 앱에 대한 내용을 확인한 후 [다음]을 클릭합니다.

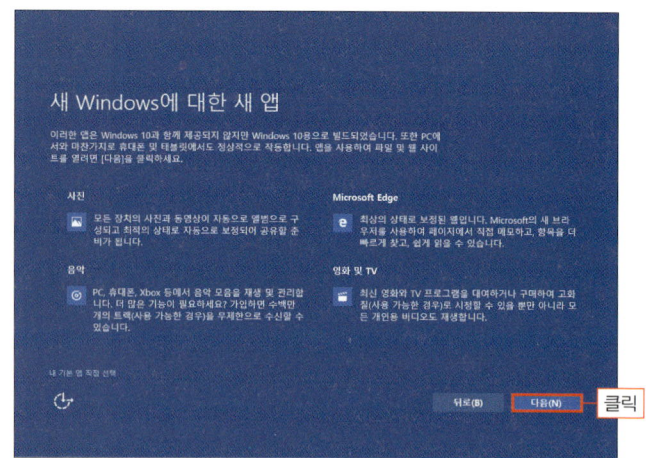

11. 윈도우 10의 새로운 잠금 화면이 나타납니다.

12. 로그인 화면이 나타나면 계정을 선택하고 [암호]를 입력하여 로그인합니다. 만약, 선택한 계정의 암호가 없는 경우는 바로 로그인이 됩니다.

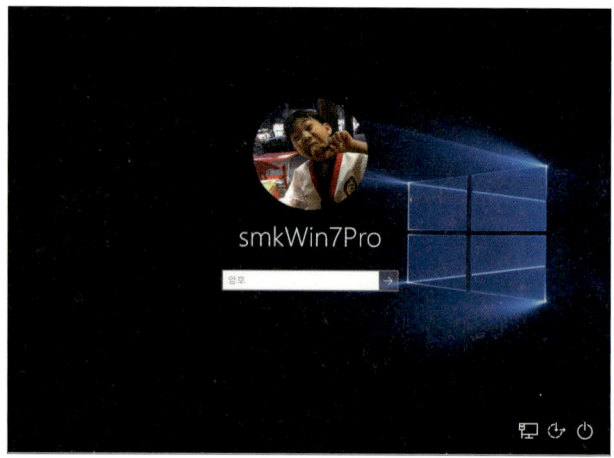

13. 사용자 계정 설정 및 앱 설정이 진행됩니다.

14. 이전 윈도우에서 윈도우 10으로 업그레이드가 완료됩니다.

TIP : 기존에 설치되어 있던 윈도우 환경으로 되돌아가려면 다음과 같은 방법으로 복원이 가능합니다. 단, 임의적으로 [Windows.old] 폴더를 삭제한 경우는 이전 상태의 복원이 불가능합니다. 만약, 업그레이드 이후 기존 환경으로 복원하지 않는 다면, 불필요하게 차지하고 있는 [Windows.old] 폴더를 제거하는 작업을 진행하여 저장 공간을 확보할 수 있습니다. STEP 04를 참고하세요.

❖+Ⅰ를 누르면 '설정' 화면이 나타납니다. [업데이트 및 복구]-[복구] 메뉴에서 [Windows 8.1/Windows 7]로 돌아가기의 [시작]을 클릭합니다.

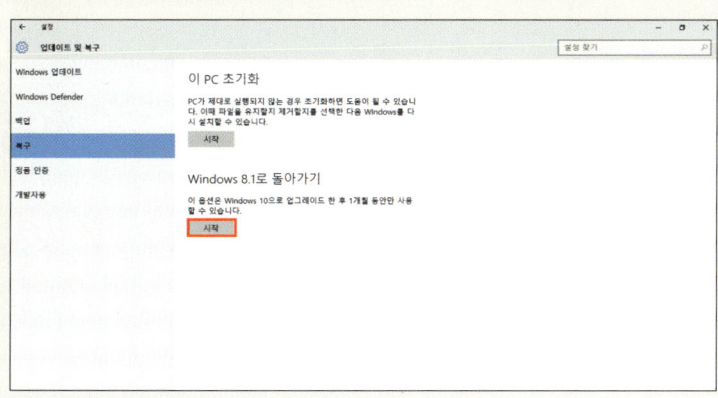

STEP 02 • 윈도우 7에서 윈도우 10으로 업그레이드하기

현재 설치되어 있는 윈도우 7에서 윈도우 10으로 업그레이드하는 방법에 대하여 알아봅니다.

01. [Windows 10 설치 프로그램] 창이 실행되면 중요 업데이트 받기 단계에서 [업데이트 다운로드 및 설치(권장)]을 선택한 후 [다음]을 클릭합니다.

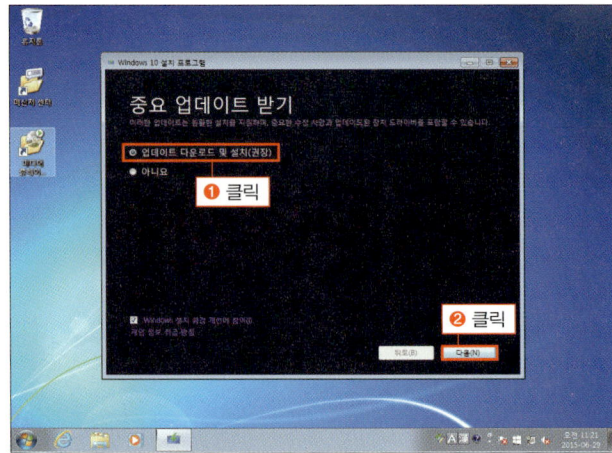

02. 윈도우 10 설치 전 사전에 필요한 업데이트를 다운로드가 진행됩니다.

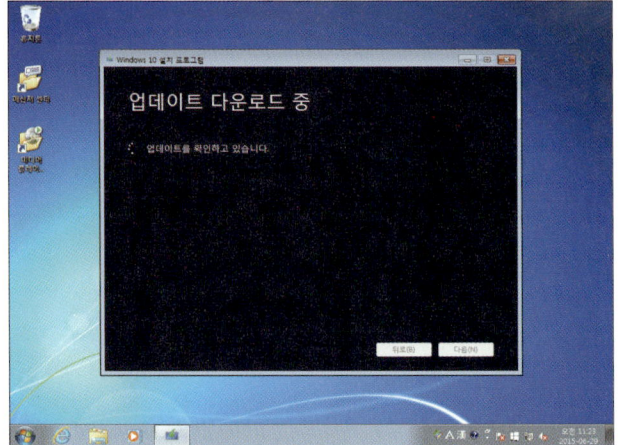

03. '사용 조건' 화면에서 윈도우 10 사용 조건의 내용을 확인한 후 [사용 조건에 동의함]에 체크하고 [동의]를 클릭합니다.

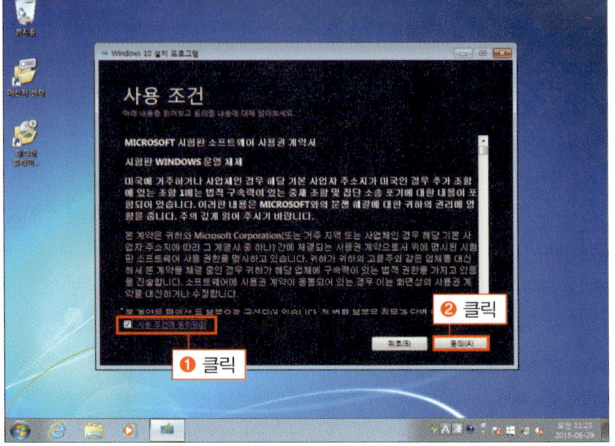

04. 윈도우 10을 설치하기 위한 파일 다운로드가 진행됩니다.

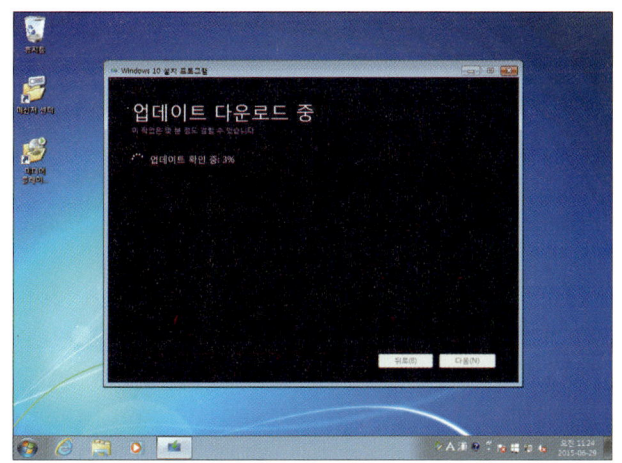

05. '설치 준비 완료' 화면이 나타나면 내용을 확인한 후 [설치]를 클릭합니다.

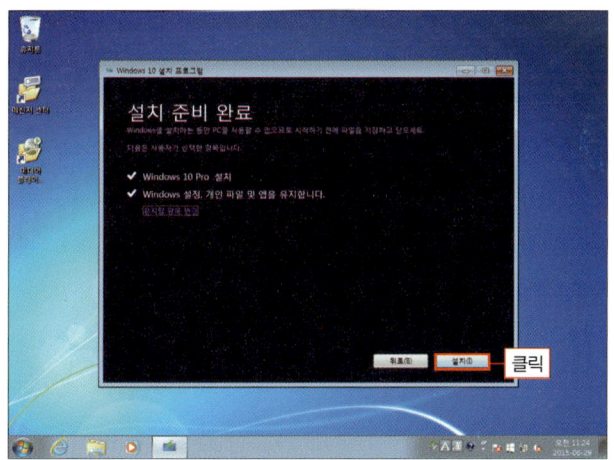

06. 윈도우 10 설치가 진행됩니다. 만약, 윈도우 10으로 업그레이드를 취소하려면 [취소]를 클릭합니다. 나머지 단계는 'Step 01의 윈도우 8.1에서 업그레이드'하는 방법과 동일합니다.

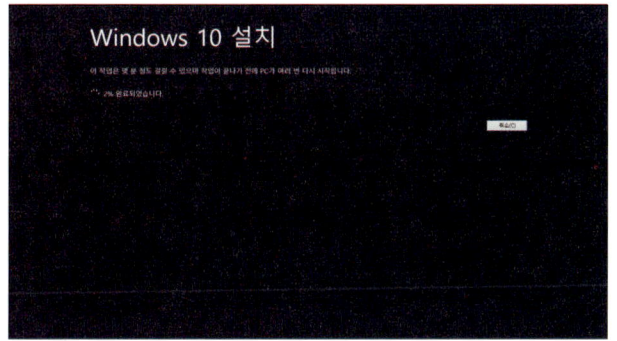

STEP 03 • Mac OS의 부트캠프를 사용하여 윈도우 10 설치하기

Mac OS의 부트캠프를 사용하여 윈도우 10을 설치하는 방법에 대하여 알아봅니다. 부트캠프를 사용하여 윈도우 10을 설치할 때 지원되는 기종에 대한 사항은 다음 URL에서 참고하기 바랍니다(https://support.apple.com/ko-kr/HT204990).

01. 부트캠프를 실행하면 나타나는 화면에서 [계속]을 클릭합니다.

02. '작업 선택' 화면에서 모두 선택한 후 [계속]을 클릭합니다.

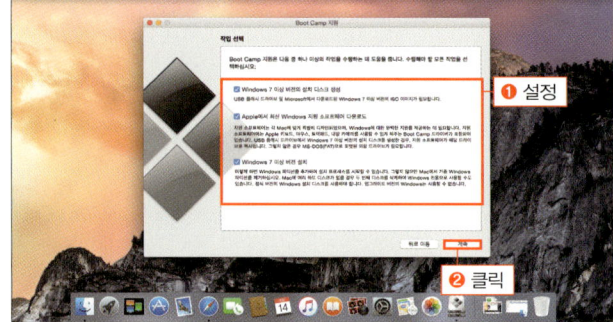

> **TIP :** 윈도우 7 이상의 설치 디스크 생성을 선택한 경우는 USB 플래시 저장 장치를 연결해야 합니다.

03. 사용 가능한 윈도우 설치용 USB 드라이브 생성 단계에서 윈도우 10 ISO 이미지를 추가한 후 [계속]을 클릭합니다.

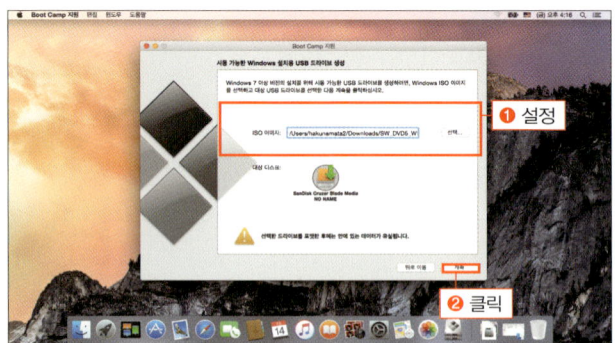

04. '드라이브가 지워집니다.'라는 메시지 화면에서 [계속]을 클릭합니다.

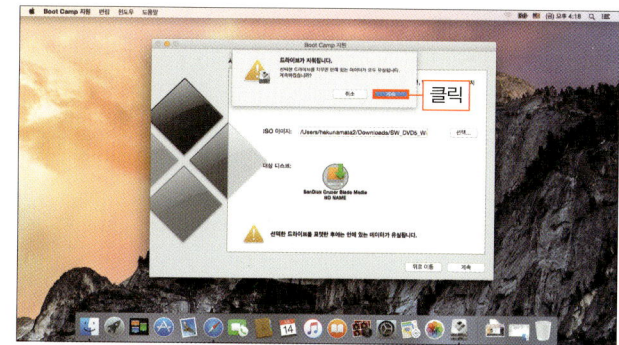

05. USB 장치가 포맷 및 파일 복사가 진행됩니다.

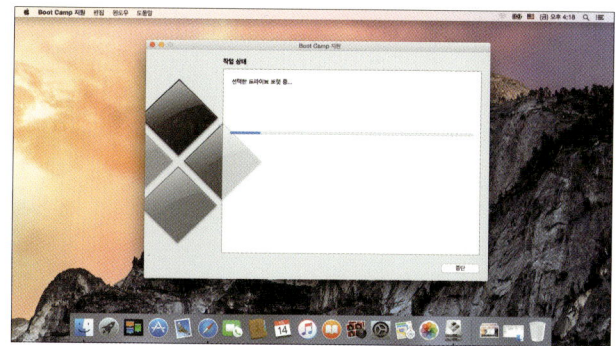

06. 부트캠프 지원이 새로운 도움말 도구를 추가하려고 합니다. 메시지 화면에서 [사용자 이름], [암호]를 입력한 후 [보조 프로그램 추가]를 클릭합니다.

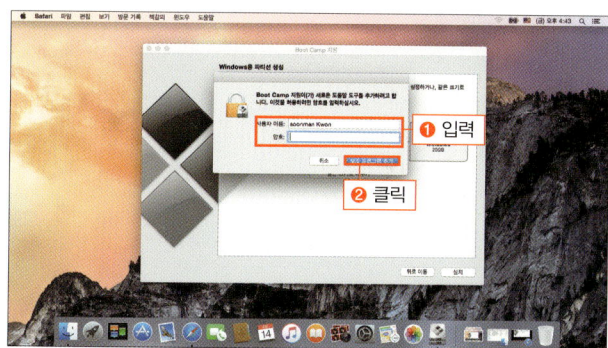

07. 'Windows용 파티션 생성' 화면에서 MacOS와 Windows 공간을 조정한 후 [설치]를 클릭합니다.

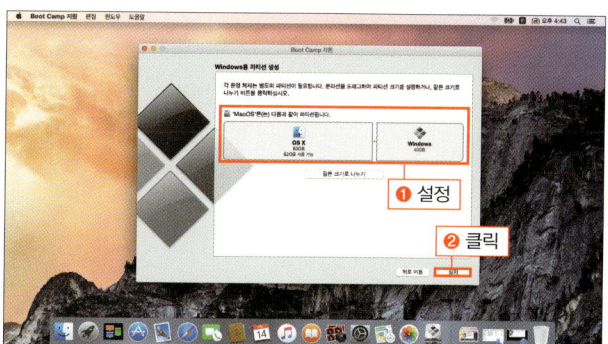

08. 지정한 파티션 크기로 나누는 작업이 진행되면, 재부팅이 됩니다.

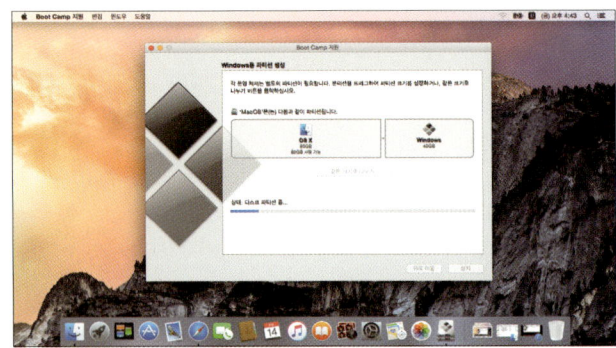

09. 재부팅 시 맥북의 [Option] 키를 5초 정도 누르고 있다 떼면, 다음과 같이 파티션이 나열되는데, 여기서 [EFI Boot]를 선택합니다.

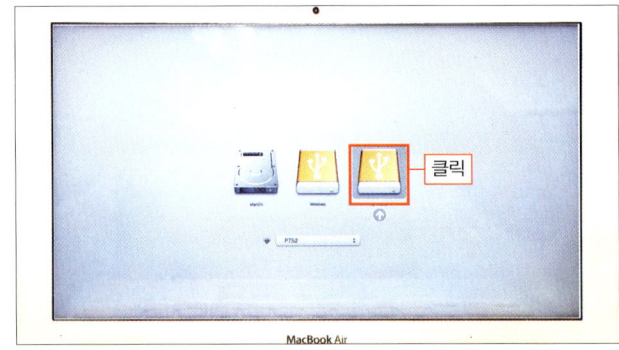

10. 'Windows 설치' 화면에서 [설치할 언어, 시간 및 통화 형식, 키보드 또는 입력 방법, 키보드 종류]를 선택한 후 [다음]을 클릭합니다.

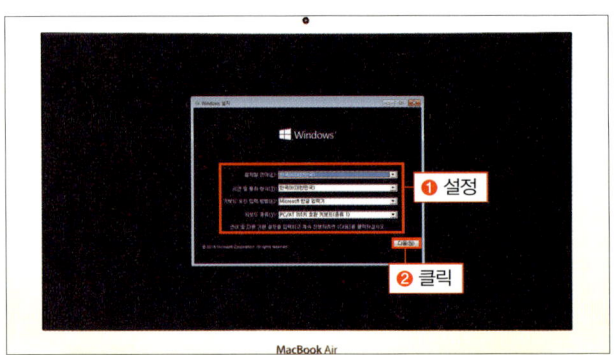

11. [지금 설치]를 클릭합니다.

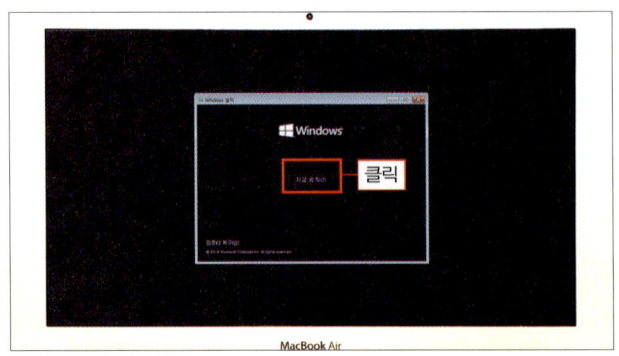

12. '사용 조건' 화면에서 [동의함]을 체크한 후 [다음]을 클릭합니다.

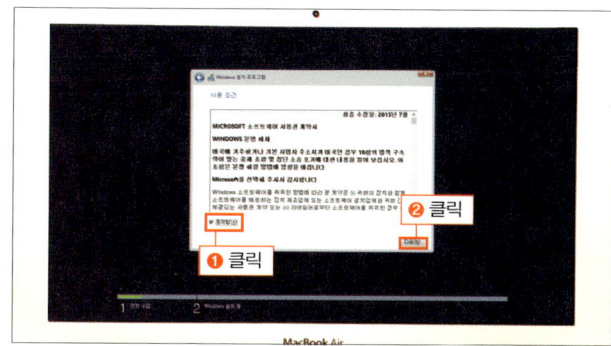

13. 'Windows를 설치할 위치를 지정하세요' 화면에서 BOOTCAMP 파티션을 선택한 후 [포맷]을 클릭합니다.

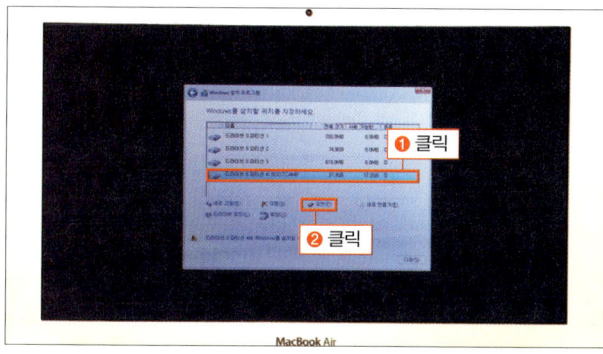

14. 포맷을 실행하면 데이터가 삭제된다는 경고 메시지를 확인한 후 [확인]을 클릭합니다.

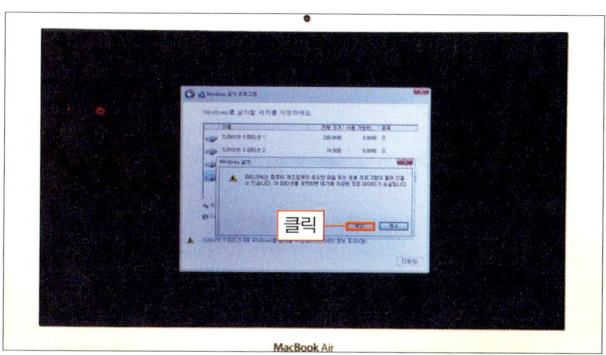

15. 포맷이 완료된 파티션을 선택한 후 [다음]을 클릭합니다.

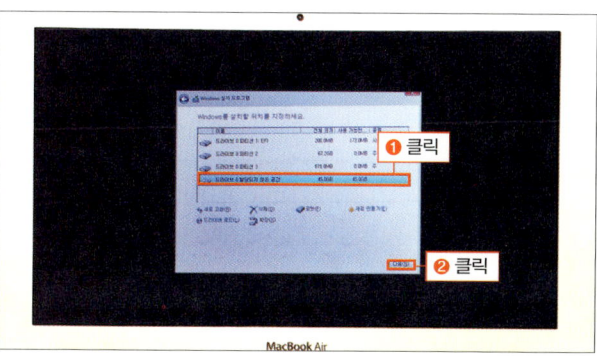

16. 'Windows 설치 중' 화면에서 윈도우 10이 설치되는 단계를 확인할 수 있습니다.

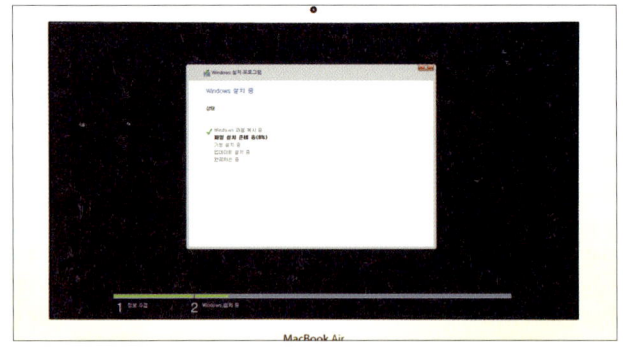

17. '빠른 시작' 화면에서 [기본 설정 사용]을 클릭합니다. 만약, 세부적인 윈도우 10 설정을 하려면 [설정 사용자 지정]을 클릭하여 진행할 수 있고, 윈도우 10 설치가 완료된 상태에서 관련 설정 변경이 가능합니다.

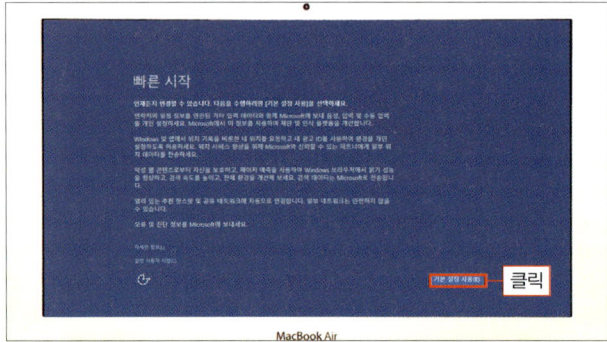

18. '내 PC용 계정 만들기' 화면에서 윈도우 10에서 사용할 [사용자 이름], [암호]를 입력한 후 [다음]을 클릭합니다.

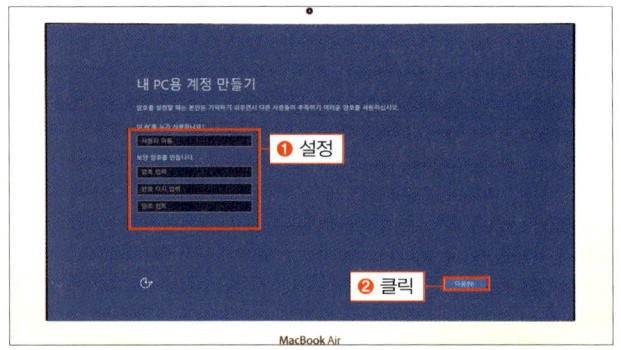

19. 사용자 계정 설정 및 앱 설정이 진행됩니다.

20. 윈도우 10 설치가 완료됩니다.

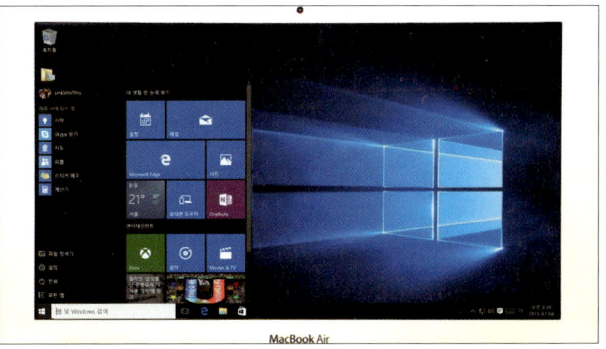

21. 윈도우 10 설치가 완료되면, 파일 탐색기를 실행하고, USB 플래시 메모리에서 [BootCamp] 폴더의 'setep.exe' 파일을 실행합니다.

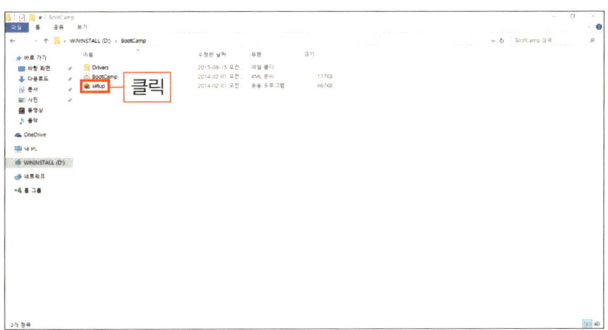

22. Boot Camp 설치 마법사가 나타나면 [다음]을 클릭합니다.

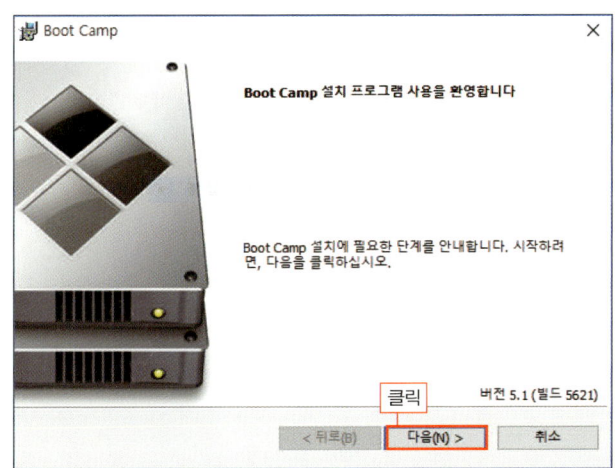

23. 사용자 계약 단계에서 내용을 확인한 후 [사용권 계약의 약관에 동의합니다]를 체크하고 [설치]를 클릭합니다.

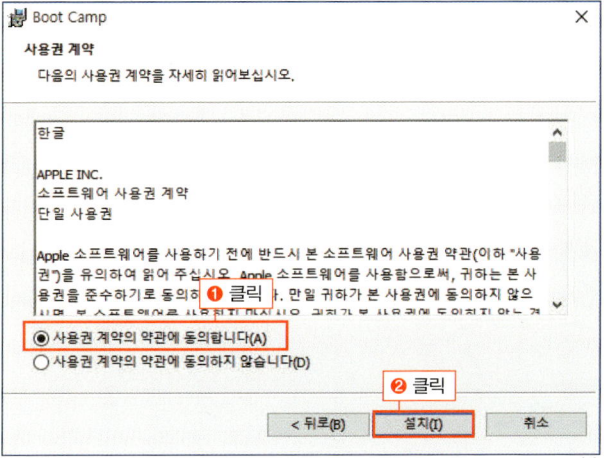

24. 장치 드라이브 및 관련 구성 요소의 설치 작업이 진행됩니다.

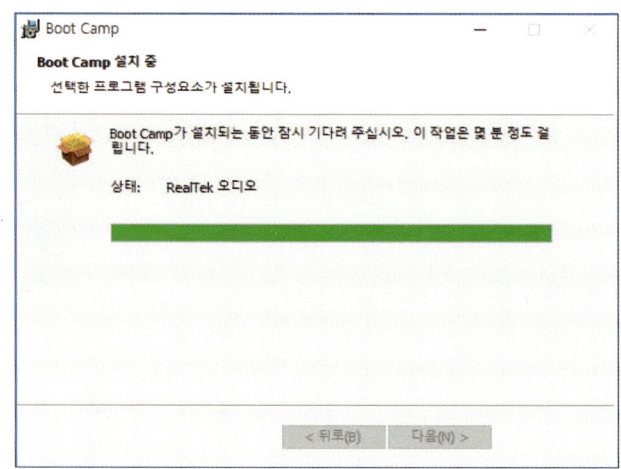

25. 구성 요소 설치가 완료된 메시지를 확인한 후 [완료]를 클릭합니다.

26. 설치된 구성 요소를 적용하기 위한 재부팅 메시지를 확인한 후 [예]를 클릭하여 설치를 완료합니다.

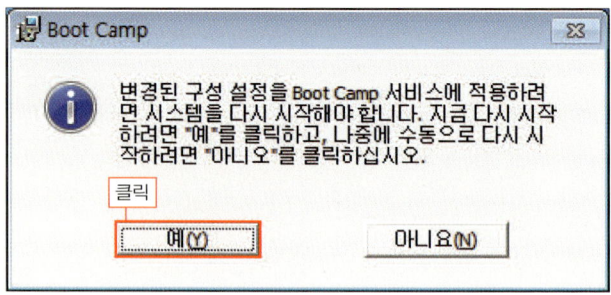

STEP 04 • 온라인 업데이트 이후 해야 하는 작업들

온라인 업데이트를 통하여 윈도우 10을 설치한 경우 기존의 윈도우 환경으로 되돌리지 않는 다면, 기존 윈도우와 관련된 파일이 하드디스크 용량을 차지하고 있기 때문에 관련된 파일을 제거하여 사용자의 저장 공간을 늘릴 수 있습니다.

01. 검색 창에 '디스크 정리'라고 입력한 후 나타나는 결과에서 [디스크 정리]를 클릭합니다.

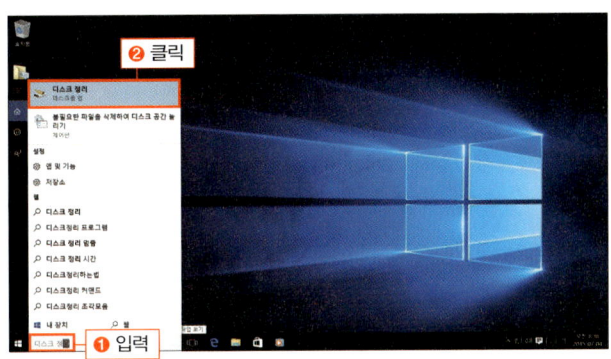

02. 디스크 정리 앱이 실행되면서 디스크 공간을 비울 수 있는 용량을 계산합니다.

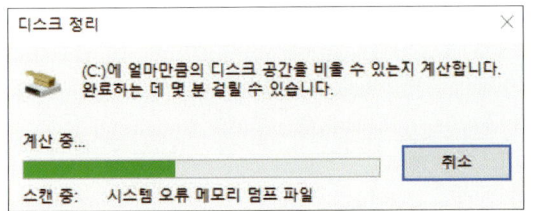

03. 계산이 완료된 [디스크 정리] 대화상자에서 [시스템 파일 정리]를 클릭합니다.

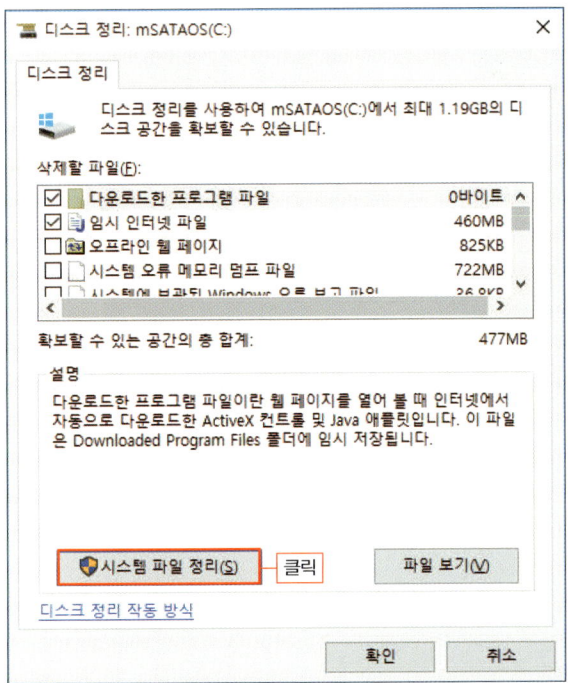

04. 추가적으로 정리가 가능한 시스템 파일이 나열됩니다. 여기서 [이전 Windows 설치], [임시 Windows 설치 파일], [Windows 업그레이드 로그 파일]를 선택한 후 [확인]을 클릭합니다.

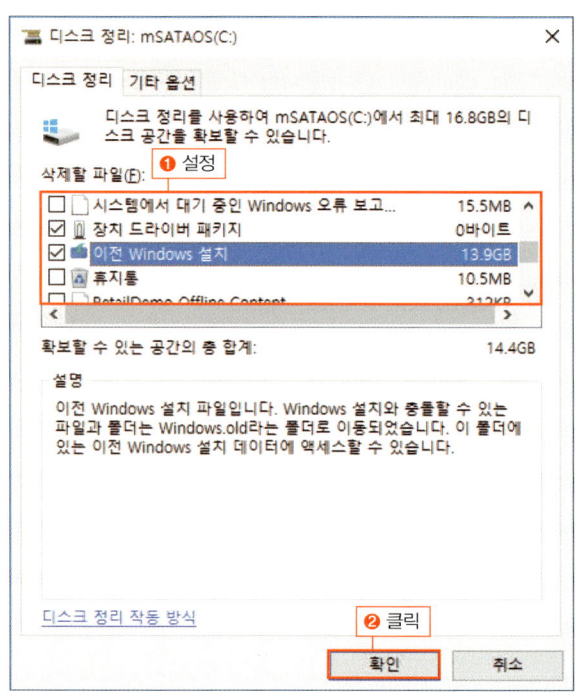

05. [이 파일을 완전히 삭제하시겠습니까?] 메시지 창이 나타나면 [파일 삭제]를 클릭합니다.

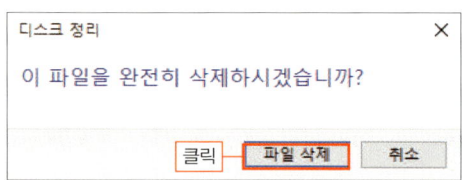

06. 다음과 같이 이전 Windows 설치 및 임시 파일을 정리하는 경우 이전 윈도우로 더 이상 복원할 수 없다는 메시지를 확인한 후 [예]를 클릭합니다.

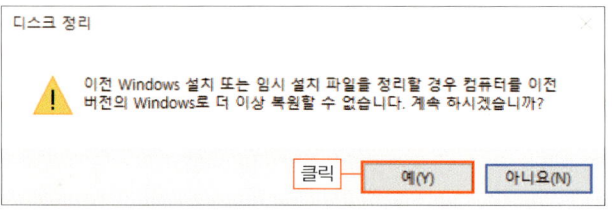

07. 디스크 정리가 진행됩니다. 컴퓨터 성능과 정리하려는 용량 크기에 따라 정리 시간이 다를 수 있습니다. 정리가 완료되면 파일 탐색기에서 [Windows.old] 폴더가 없어진 것을 확인할 수 있고, 디스크 사용 가능한 용량이 늘어난 것을 확인할 수 있습니다.

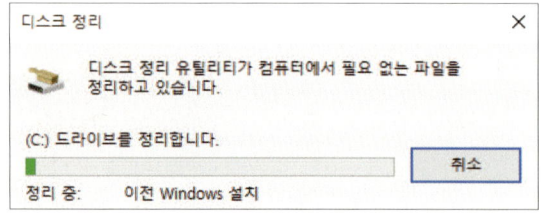

STEP 05 • 새롭게 윈도우 10 설치하기

USB 메모리 또는, DVD로 윈도우 10을 새롭게 설치하는 방법에 대하여 알아봅니다.

01. 윈도우 10 설치 파일의 USB 메모리 또는, DVD를 삽입한 후 부팅하면 나타나는 'Press any key to boot from CD or DVD' 화면에서 아무 키나 누릅니다.

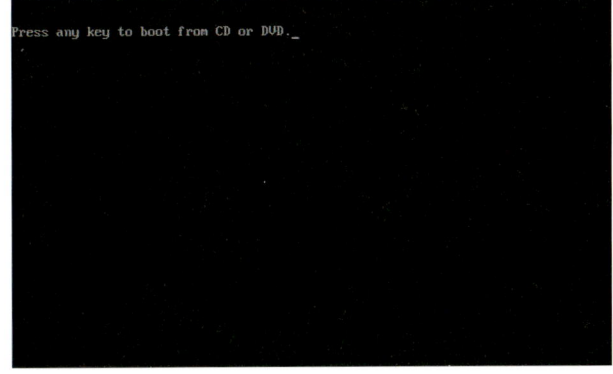

> **TIP :** 부팅 메뉴가 나타나는 화면은 각 컴퓨터 제조사별로 차이가 있으니, 컴퓨터 제조사 고객 센터에서 지원받기 바랍니다.

02. 'Windows 설치' 화면이 나타나면 [설치할 언어, 시간 및 통화 형식, 키보드 또는 입력 방법, 키보드 종류]를 선택한 후 [다음]을 클릭합니다.

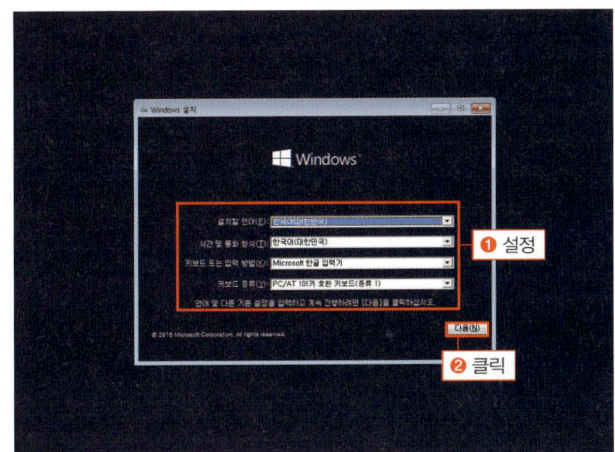

03. [지금 설치]를 클릭합니다.

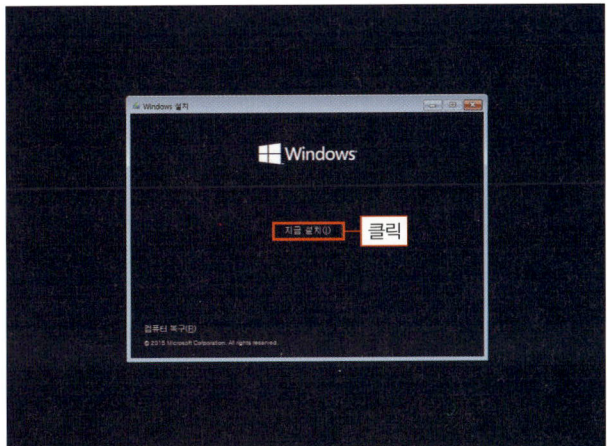

04. '사용 조건' 화면에서 [동의함]을 체크한 후 [다음]을 클릭합니다.

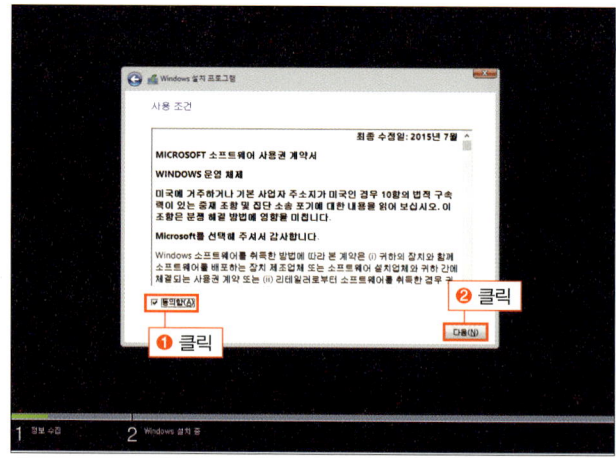

05. '설치 유형을 선택하세요' 화면에서 [사용자 지정]을 클릭합니다.

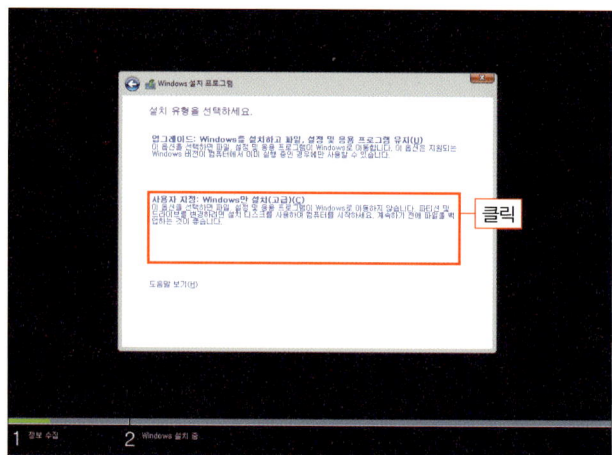

06. 'Windows를 설치할 위치를 지정하세요' 화면에서 윈도우 10을 설치할 하드디스크를 선택한 후 [다음]을 클릭합니다. 이 단계에서 하드디스크의 파티션의 용량을 조정할 수 있지만, 윈도우 10이 설치가 완료된 상태에서도 파티션 용량의 변경이 가능하기 때문에 이 단계에서는 바로 진행합니다.

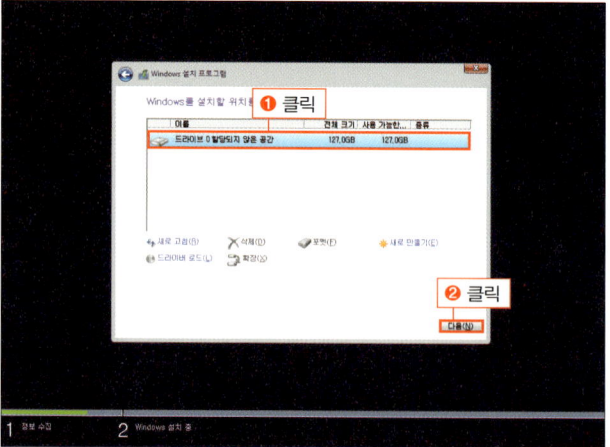

07. 'Windows 설치 중' 화면에서 윈도우 10이 설치되는 단계를 확인할 수 있습니다.

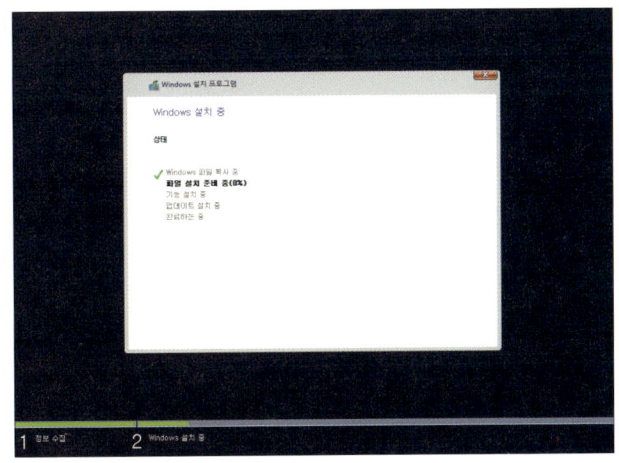

08. '계속하려면 Windows를 다시 시작해야 합니다' 화면에서 [다시 시작]을 클릭하여 재부팅을 진행합니다. 재부팅 시에 '01번 따라하기'의 화면이 나타나는 화면은 무시하고 진행합니다.

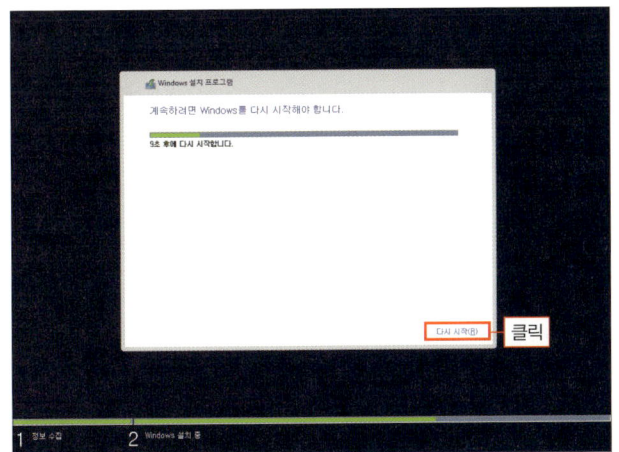

09. 재부팅이 되면서 윈도우 10을 구성하는 화면이 나타납니다.

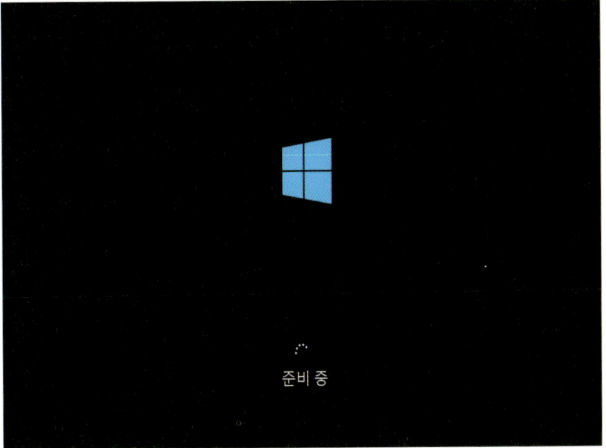

10. 무선 네트워크 장치가 활성화되면 온라인 연결 화면에서 연결할 Wi-Fi를 선택합니다.

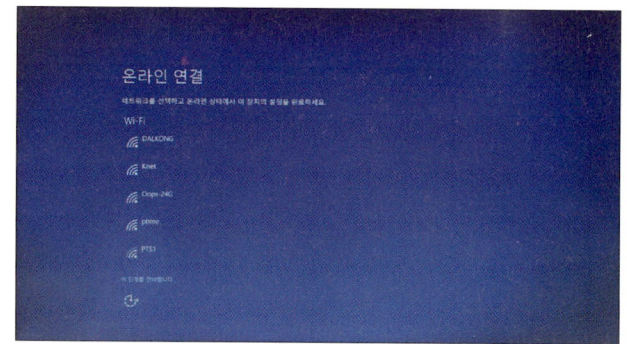

11. 선택한 Wi-Fi의 암호를 입력한 후 [다음]을 클릭합니다.

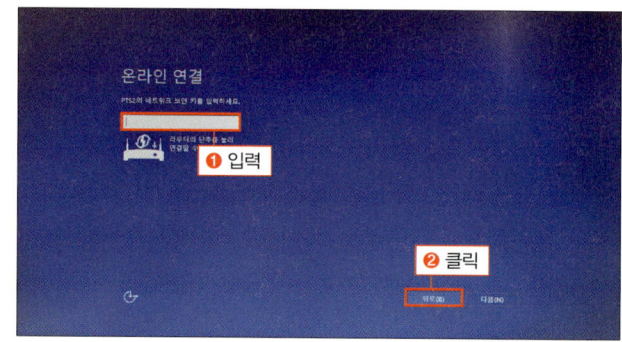

12. '빠른 시작' 화면에서 [기본 설정 사용]을 클릭합니다. 만약, 세부적인 윈도우 10 설정을 하려면 [설정 사용자 지정]을 클릭하여 진행할 수 있고, 윈도우 10 설치가 완료된 상태에서 관련 설정 변경이 가능합니다.

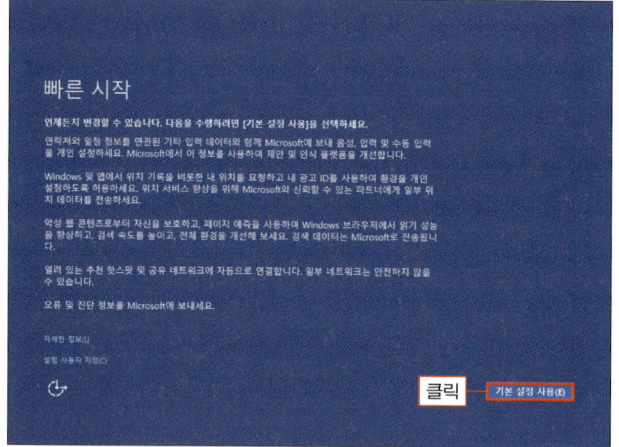

13. '내 PC용 계정 만들기' 화면에서 윈도우 10에서 사용할 [사용자 이름], [암호]를 입력한 후 [다음]을 클릭합니다.

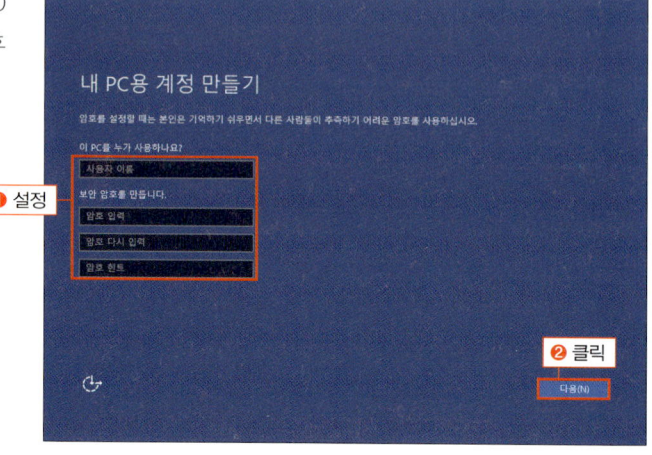

14. 사용자 계정 설정 및 앱 설정이 진행됩니다.

15. 새로운 컴퓨터에 윈도우 10 설치가 완료됩니다.

TIP : 윈도우 10 조직에 연결하는 방법

윈도우 10 프로, 엔터프라이즈, 에듀케이션 에디션을 사용하는 경우는 위의 설치 방법 중, '12번 따라하기'에서 아래와 같은 연결 방법 선택 화면이 나타나게 되고, 다음 두 가지 방법 중에 하나를 선택하여 윈도우 10을 조직에 연결할 수 있습니다.

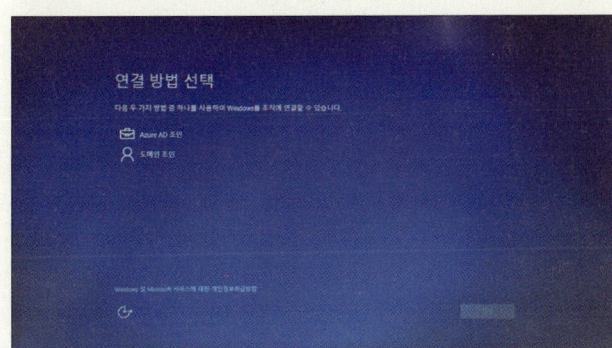

- Azure AD 조인 : Microsoft 클라우드 Active Directory에 컴퓨터를 연결하여 관리합니다.
- 도메인 조인 : 사내 구축되어 있는 Active Directory에 컴퓨터를 연결하여 관리합니다.

두 연결 방법 모두 중앙의 서버에서 IT 관리자가 윈도우 10이 설치되어 있는 컴퓨터를 관리 및 통제할 수 있습니다.

STEP 06 • 윈도우 10 제품 키를 사용하여 상위 에디션으로 업그레이드하기

윈도우 10 제품 키를 사용하면 상위 에디션으로 업그레이드 할 수 있습니다. 예를 들어, 윈도우 10 프로가 설치되어 있는 경우 기업에서는 마이크로소프트의 라이선스 계약을 통하여 사용할 수 있는 윈도우 10의 최상의 에디션으로 모든 기능을 사용할 수 있는 윈도우 10 엔터프라이즈 에디션을 새롭게 설치하는 것이 아닌 제품 키만을 사용하여 업그레이드가 가능합니다.

01. ⊞+Ⅰ를 누르면 나타나는 '설정' 화면에서 [시스템]을 클릭합니다.

02. '시스템' 화면에서 [정보]를 클릭하면 나타나는 정보에서 [제품 키 변경 또는 Windows 버전 업그레이드]를 클릭합니다.

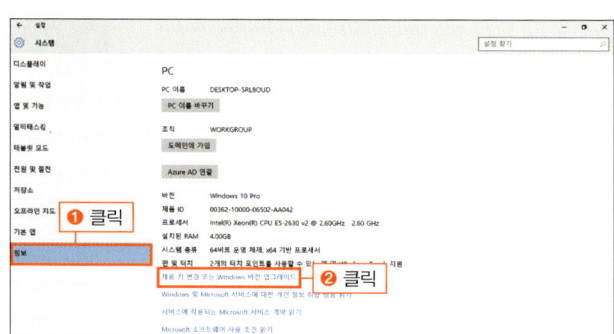

03. '업데이트 및 복구' 화면의 [정품 인증]에서 [제품 키 변경]을 클릭합니다.

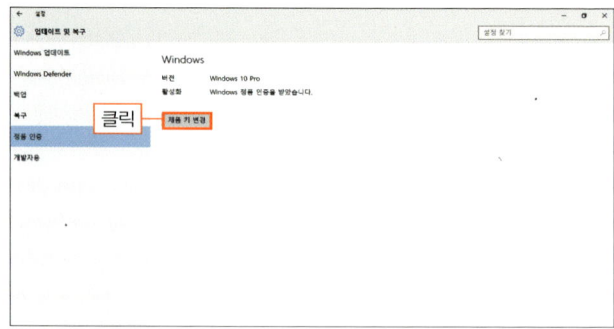

04. '제품 키 입력' 화면이 나타나면 상위 버전으로 업그레이드 할 제품 키를 입력합니다.

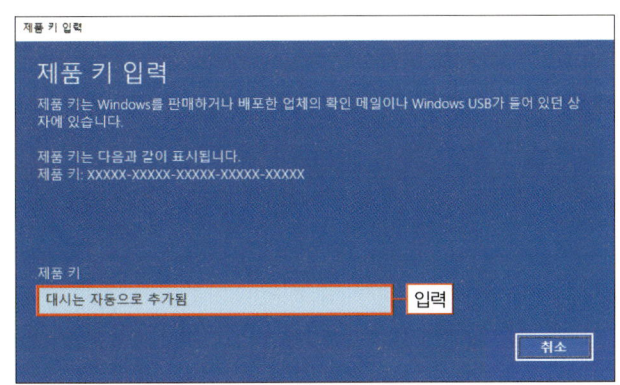

05. 'Windows 버전 업그레이드' 화면에서 내용을 확인한 후 [업그레이드 시작]을 클릭합니다.

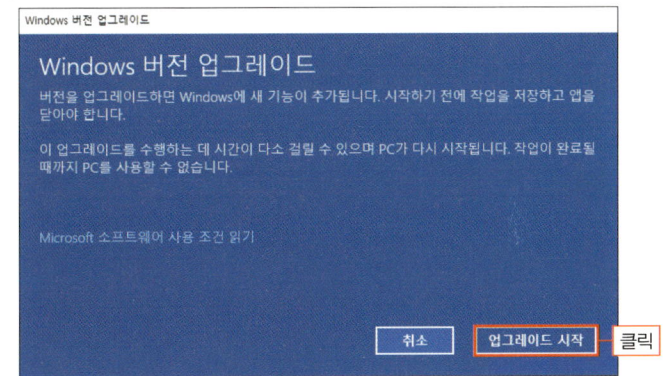

06. '업그레이드 준비 중' 화면이 나타납니다.

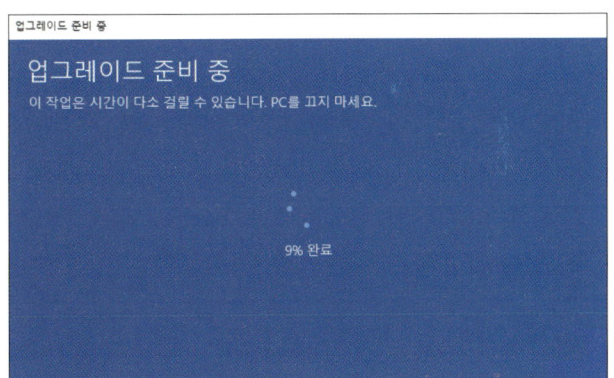

07. 컴퓨터가 재부팅되면서 업그레이드 작업이 진행됩니다.

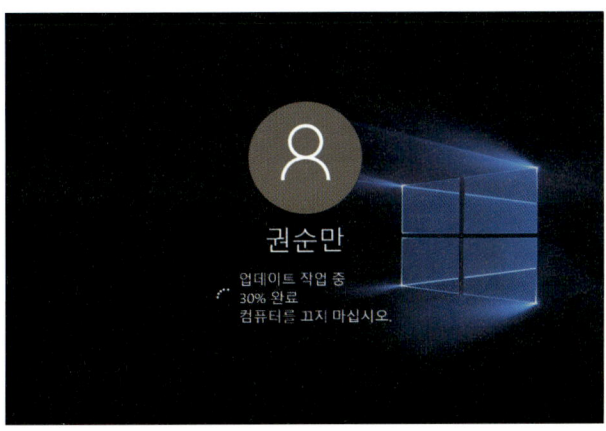

08. 상위 버전의 기능 추가 작업이 진행됩니다.

09. 입력한 제품 키의 상위 버전의 윈도우 10 에디션으로 버전 업그레이드 완료되었다는 메시지를 확인한 후 [닫기]를 클릭합니다.

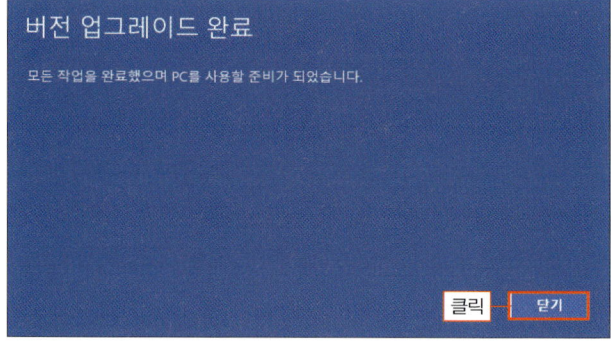

10. '시스템' 화면의 [정보]를 클릭하면 업그레이드된 윈도우 10 버전을 확인할 수 있습니다.

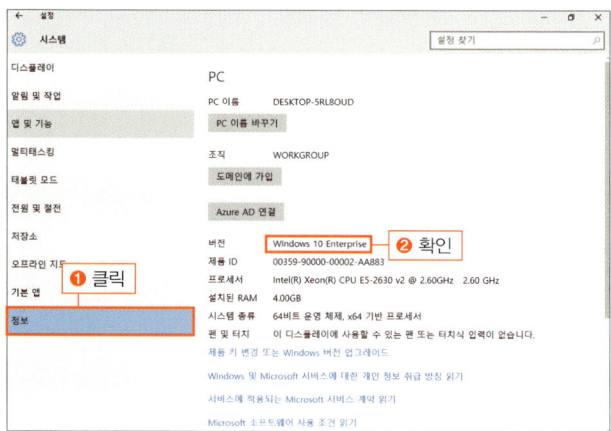

PART SUMMARY

- PART 01에서는 현재 사용하고 있는 컴퓨터에서 윈도우 10으로 업그레이드를 하기 위한 사전 준비 단계로써 윈도우 10 설치 시 요구되는 하드웨어 장치의 사양을 확인할 수 있었습니다(Lesson 01 - Step 01, Step 04).

- 현재 사용 중인 윈도우 환경에서 새롭게 출시된 윈도우 10 업그레이드 절차와 에디션별로 업그레이드가 가능한 에디션에 대하여 확인해 보았습니다(Lesson 01 - Step 02).

- 윈도우 10의 에디션은 윈도우 10 홈, 윈도우 10 프로, 윈도우 10 엔터프라이즈 그리고, 윈도우 10 에듀케이션이 있으며, 각각의 기능, 사용하는 환경, 구매 방법 등에 대하여 확인해 보았습니다(Lesson 01 - Step 03).

- 윈도우 10을 설치하기 위한 방법은 기존의 윈도우에서 바로 업그레이드하는 방법과 데이터를 백업 후 포맷하여 새롭게 설치하는 방법 외에도 온라인 업데이트를 통하여 윈도우 10을 설치할 수 있습니다(Lesson 02 - Step 01, Step 02, Step 03).

- 마지막으로 윈도우 10이 설치되어 있는 환경에서 제품 키만을 사용하여 상위 버전으로 업그레이드가 가능한 방법에 대하여 알아보았습니다(Lesson 02 - Step 04).

▶ PART

02

윈도우 10의 새로운 화면과 기능 살펴보기

WINDOWS · 10

윈도우 10의 기본 화면은 윈도우 7의 시작 화면과 윈도우 8.1의 시작 화면이 통합되어 있는 형태로 변경되었습니다. 이와 같이 통합된 시작 화면을 통하여 기존 데스크톱 환경에서 마우스와 키보드를 사용하여 작업이 용이했던 윈도우 7의 사용자들과 터치 중심의 태블릿을 위한 윈도우 8.1 사용자들 모두 쉽게 변화 없이 사용할 수 있게 되었습니다. 이렇게 변화된 윈도우 10의 새로운 화면 구성과 기능에 대하여 살펴봅니다.

LESSON 01 윈도우 10의 새로운 화면 알아보기

레벨 ●○○

데스크톱 스타일의 시작 화면과 태블릿 스타일의 시작 화면이 통합된 윈도우 10의 새로운 화면 구성 요소에 대하여 알아보고, 윈도우 10의 기본적인 데스크톱 화면 기능 설정에 대해서도 알아봅니다.

STEP 01 ● 윈도우 10의 바탕 화면 알아보기

■ 윈도우 10의 바탕 화면

윈도우 10의 기본 화면 구성과 각 명칭에 대하여 알아봅니다.

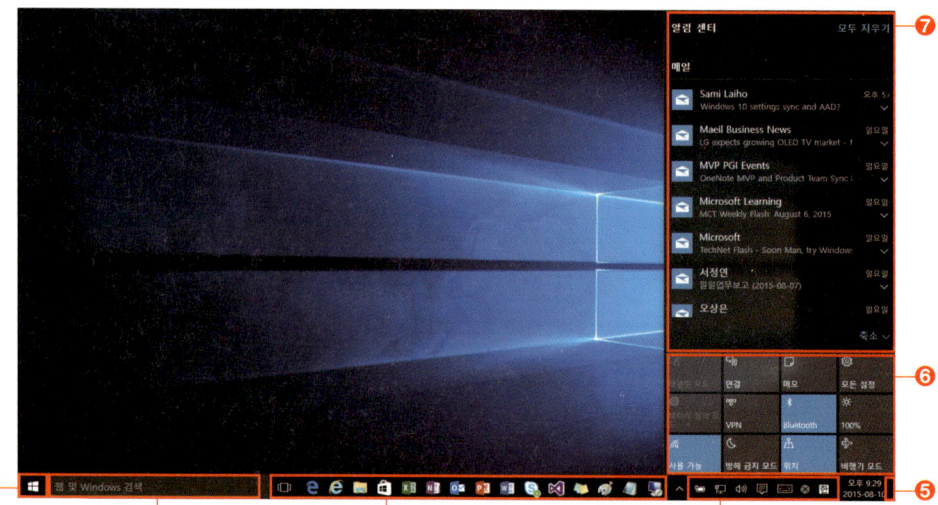

❶ **시작 메뉴** : 설치된 프로그램 및 앱을 확인하고 실행할 수 있으며, 윈도우 10의 절전, 다시 시작, 종료 작업을 할 수 있습니다.

❷ **웹 및 검색 창** : 검색어를 타이핑하거나, 음성으로 검색어를 입력한 결과를 확인할 수 있습니다.

❸ **작업 표시줄** : 빠른 실행 아이콘과 실행 중인 앱의 아이콘들이 나타납니다.

❹ **알림 아이콘** : 시스템의 상태나 앱의 알림 표시를 설정할 수 있습니다.

❺ **바탕 화면 보기** : 마우스 포인터를 위치시키면 바탕 화면이 나타나고, 클릭하면 현재 열려있는 창들이 최소화됩니다.

❻ **빠른 설정** : 태블릿 모드, 밝기, 외부 장치 연결, 배터리, VPN, 블루투스, 화면 전환, Wi-Fi, 위치센트 및 비행기 모드 등을 빠르게 설정할 수 있습니다.

❼ **알림 센터** : 윈도우 10 업데이트, 메일, 일정 및 경고와 같은 내용들을 표시합니다.

TIP : 태블릿 사용자의 경우는 다음과 같이 화면 오른쪽 끝에서 중앙으로 밀면 알림 창이 나타납니다.

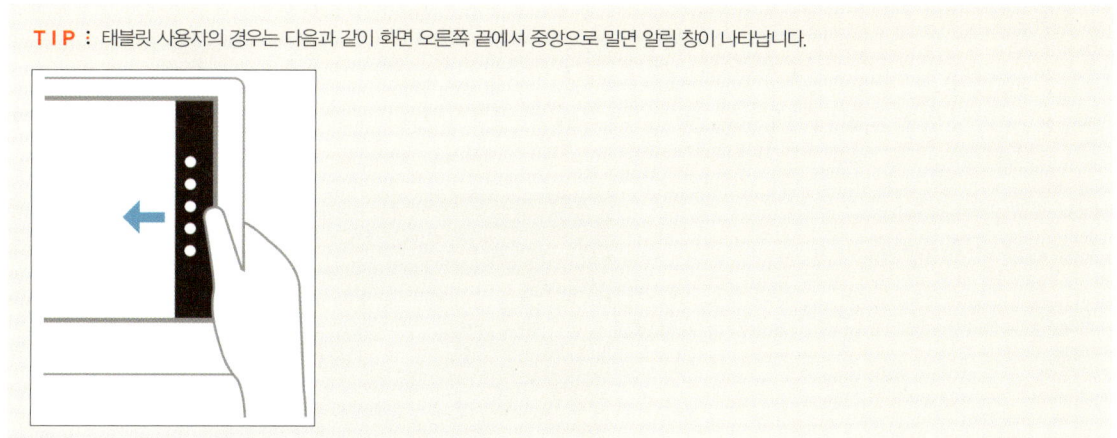

■ **윈도우 10의 시작 화면**

윈도우 10의 시작 화면 구성에 대하여 알아봅니다.

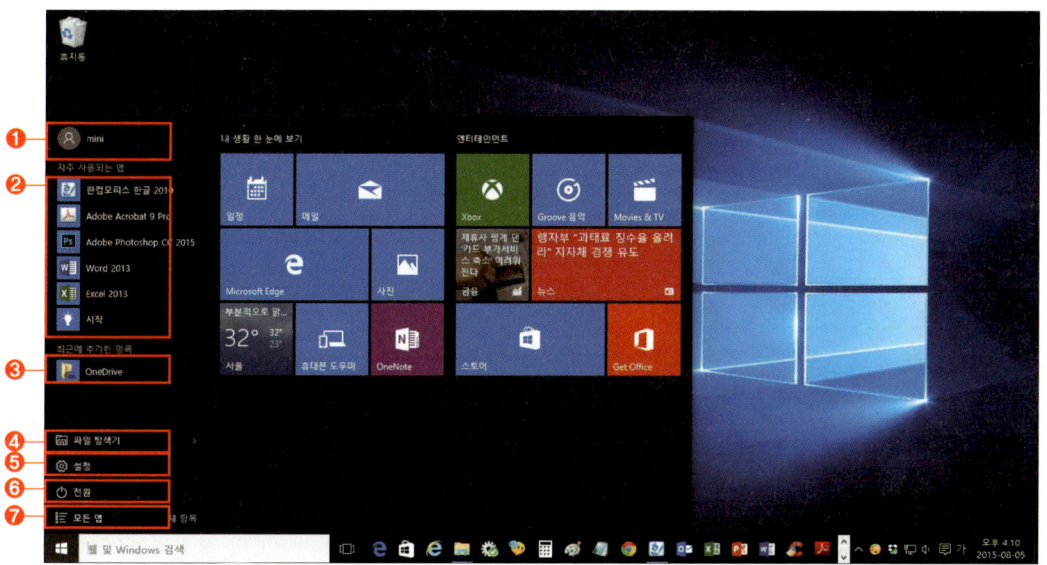

❶ **사용자 계정** : 로그인된 사용자 계정의 이름이 나타나며, 계정 설정 변경, 잠금, 로그아웃 및 계정 전환이 가능합니다.

❷ **자주 사용되는 앱** : 자주 실행한 앱 목록이 나열됩니다.

❸ **최근에 추가한 항목** : 최근에 설치된 앱 목록이 나열됩니다.

❹ **파일 탐색기** : 파일을 관리할 수 있는 파일 탐색기를 실행합니다.

❺ **설정** : 윈도우 10 시스템의 설정을 할 수 있는 제어판이 실행됩니다.

❻ **전원** : 절전, 다시 시작 및 시스템 종료를 실행할 수 있습니다.

❼ **모든 앱** : 현재 컴퓨터에 설치된 모든 앱을 확인할 수 있습니다.

STEP 02 • 윈도우 10의 앱 시작 화면에 고정하기

윈도우 10 시작 화면에 자주 사용하는 앱을 지정하여 빠르게 실행할 수 있습니다.

01. [시작] 단추를 클릭하면 나타나는 앱을 마우스 오른쪽 버튼으로 클릭합니다.

TIP : 하단의 [모든 앱]을 클릭하면 내 컴퓨터에 설치되어 있는 앱들을 모두 확인할 수 있습니다.

02. 나타나는 메뉴 화면에서 [시작 화면에 고정]을 클릭하면, 시작 메뉴에 앱이 추가됩니다.

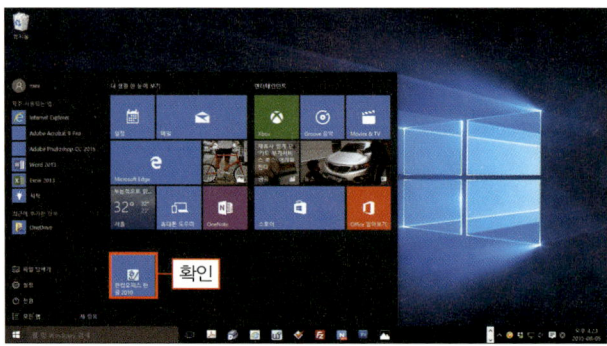

TIP : 앱을 선택하여 라이브 타일 시작 화면으로 드래그하면 원하는 위치에 놓을 수도 있습니다.

STEP 03 • 윈도우 10 시작 앱의 그룹 이름 지정하기

시작 라이브 타일 화면에서 배치되어 있는 여러 앱들 중에서 연관성 있는 앱들을 모아 그룹을 만들고 이름을 입력하여 관리할 수 있습니다.

01. 시작 메뉴에서 그룹으로 지정할 앱을 이동시킨 후 그룹의 오른쪽 모서리 부분을 마우스 포인터로 클릭합니다.

02. 그룹 이름 상자에 그룹 이름을 입력하여 그룹 앱 이름을 지정합니다.

TIP : 앱 그룹 이동하기

그룹으로 되어 있다면, 그룹 앱 이름을 드래그하여 원하는 위치로 한 번에 그룹 전체를 이동시킬 수 있습니다.

STEP 04 • 윈도우 10 시작 앱의 크기 조정하기

윈도우 10 라이브 타일에 앱의 크기를 4가지 스타일로 지정할 수 있습니다. 지정된 크기에 따라 앱을 실행하지 않고도 실시간으로 데이터를 확인할 수 있습니다.

01. 라이브 타일 앱의 크기를 설정하기 위해 마우스 포인터를 이동시키고, 마우스 오른쪽 버튼을 클릭합니다.

02. 라이브 타일의 앱 크기를 [작게], [보통], [넓게], [크게] 중에 하나를 선택하여 크기를 설정할 수 있습니다.

▲작게

▲보통

▲넓게

▲크게

TIP : 윈도우 앱 완전히 제거하기

시작 화면에서 나타나는 앱의 아이콘을 제거하는 방법은 마우스 오른쪽 버튼을 클릭한 후 나타나는 메뉴에서 [시작 화면에서 제거]를 선택하는 것이 아니라, ⊞+Ⅰ를 누르면 나타나는 '설정' 화면에서 [시스템]-[앱 및 기능]을 선택한 후 나열되는 앱에서 완전히 삭제할 앱을 클릭하고 [제거]를 선택하면 완전히 제거할 수 있습니다.

STEP 05 • 시작 메뉴에서 문자로 빠르게 앱 찾기

설치된 많은 앱을 빠르게 찾을 수 있도록 윈도우 10에서는 앱의 첫 번째 숫자나 문자를 선택하여 빠르게 정렬시킬 수 있습니다.

01. [시작] 단추를 클릭하면 나타나는 시작 메뉴에서 [모든 앱]을 클릭합니다.

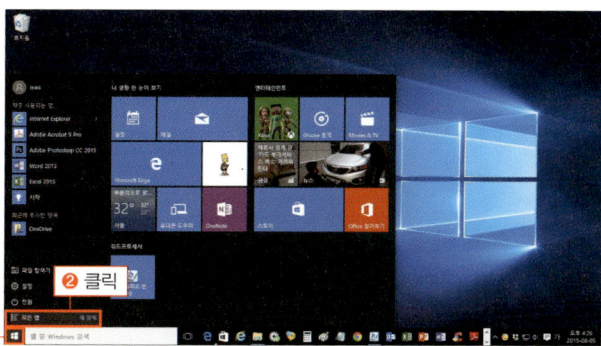

02. 숫자, 알파벳, 한글 자음으로 정렬되어 있는 앱 목록이 나타나게 됩니다. 여기서 숫자, 알파벳, 한글 자음을 클릭합니다.

03. 다음과 같이 앱 목록이 숫자, 알파벳, 한글 자음 화면으로 나타나게 되는데, 찾으려는 앱의 첫 번째 시작하는 문자를 선택합니다.

04. 선택한 문자가 포함되어 있는 앱의 위치로 빠르게 이동하여 앱이 나열됩니다.

TIP : 윈도우 10의 시작 화면을 기존 윈도우 8/8.1과 같은 시작 화면으로 나타나게 설정하는 방법

■+I 를 누르면 나타나는 '설정' 화면에서 [개인 설정]-[시작]의 [전체 시작 화면 사용]을 [켜짐]으로 설정하면 전체 화면이 앱 스타일의 시작 화면으로 변경됩니다.

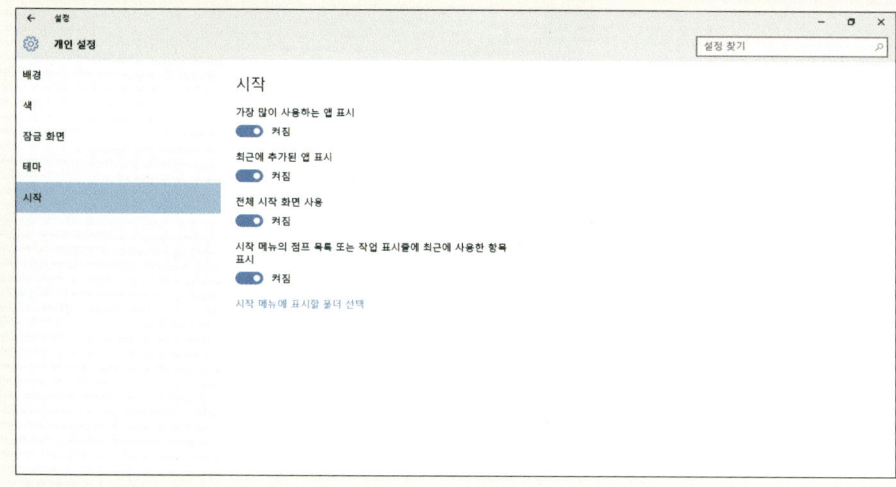

LESSON 02 윈도우 10의 데스크톱 화면 구성하기

레벨 ● ● ●

윈도우 10 데스크톱의 잠금, 배경 화면 등 사용자가 원하는 형태의 테마로 적용하는 방법에 대하여 알아봅니다.

STEP 01 • 윈도우 10의 배경 화면 설정하기

자신만의 윈도우 10 배경 화면을 설정하는 방법에 대하여 알아봅니다.

01. 바탕 화면에서 마우스 오른쪽 버튼을 클릭하면 나타나는 메뉴에서 [개인 설정]을 클릭합니다.

TIP : ⊞+Ⅰ를 누르면 나타나는 '설정' 화면에서 [개인 설정]을 클릭해도 됩니다.

02. [배경]의 [미리 보기]에서 설정된 배경 사진과 배경 색을 확인할 수 있습니다. 여기서 [찾아보기]를 클릭합니다.

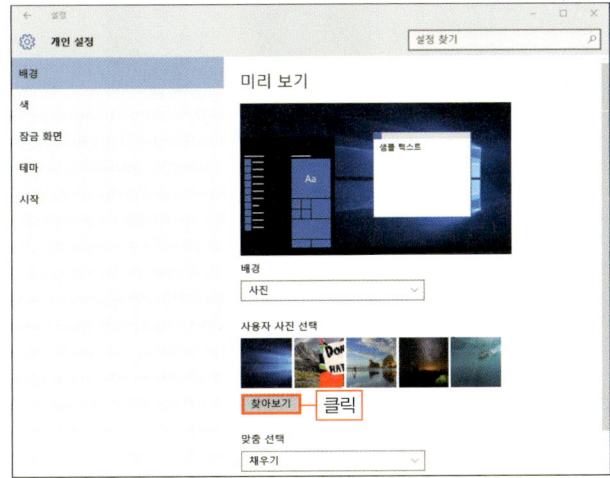

63

03. [열기] 창이 나타나면 배경 화면으로 지정하려는 파일 위치로 이동한 후 파일을 선택하고 [사진 선택]을 클릭합니다.

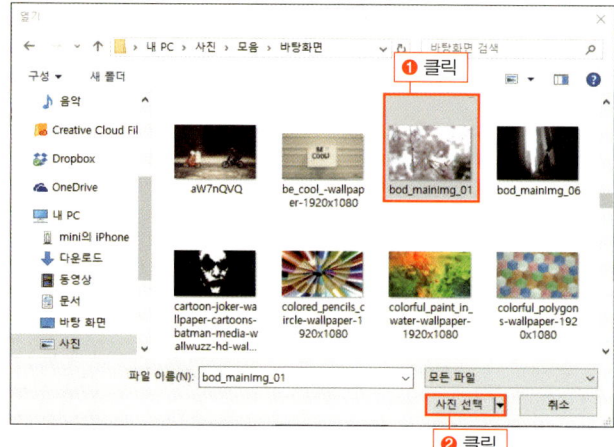

04. 바탕 화면이 선택한 이미지로 설정됩니다.

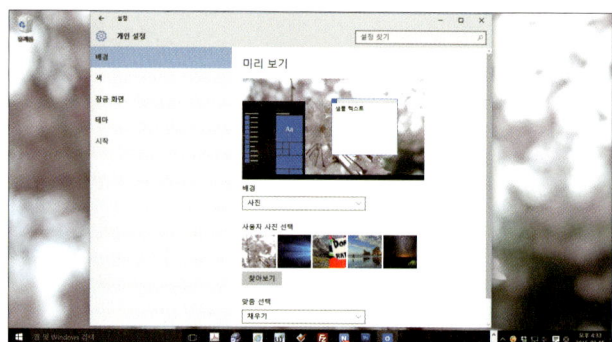

TIP : 하나의 배경 이미지가 아닌 여러 이미지 사진을 사용하여 배경 화면을 바꾸고 싶은 경우에는 배경의 [슬라이드 쇼]를 선택하면 나타나는 슬라이드 쇼용 앨범 위치를 지정하고, 변경되는 이미지 간격 시간을 선택하면 됩니다.

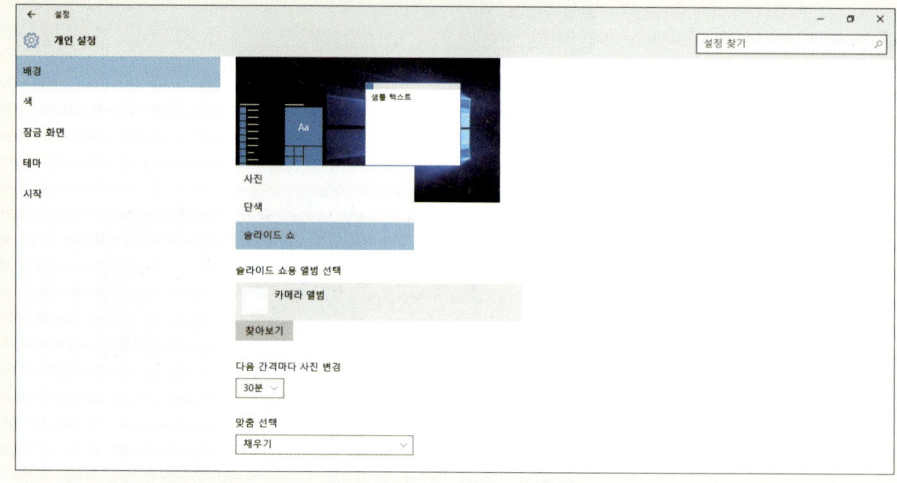

STEP 02 ● 온라인 테마 적용하기

마이크로소프트 공식 테마 웹 사이트에서 제공하는 테마를 무료로 다운로드 받아 윈도우 10 환경에 적용하는 방법에 대하여 알아봅니다.

01. [시작] 단추를 클릭한 후 시작 메뉴에서 [설정]을 클릭합니다.

02. '설정' 화면에서 [개인 설정]을 클릭합니다.

03. '개인 설정' 화면에서 [테마]를 선택하고 나타나는 메뉴에서 [테마 설정]을 클릭합니다.

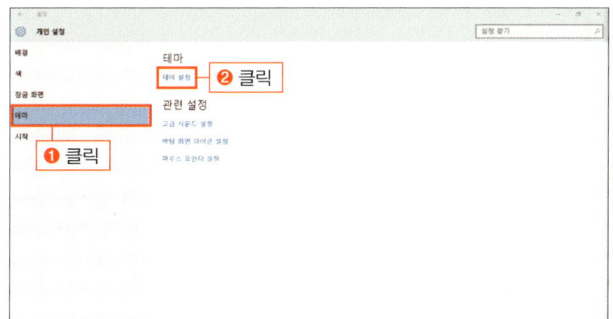

04. 이전 윈도우에서 보았던 테마를 설정할 수 있는 화면이 나타납니다. 여기서 [온라인으로 추가 테마 보기]를 클릭합니다.

05. 윈도우 테마 웹 사이트로 이동하면 카테고리별로 되어 있는 테마에서 원하는 테마를 선택하고 [다운로드]를 클릭합니다.

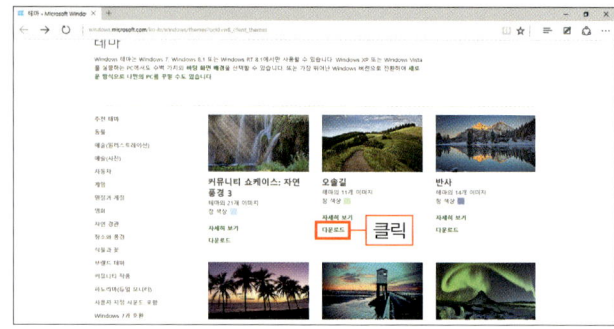

06. 테마가 다운로드가 완료되면 나타나는 완료 메시지 창에서 [열기]를 클릭합니다.

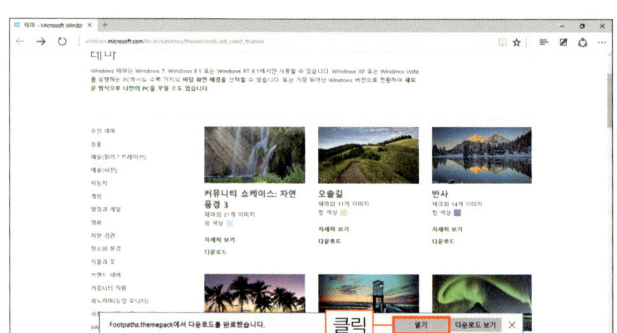

07. 다운로드된 테마가 내 테마에 추가된 것을 확인할 수 있습니다.

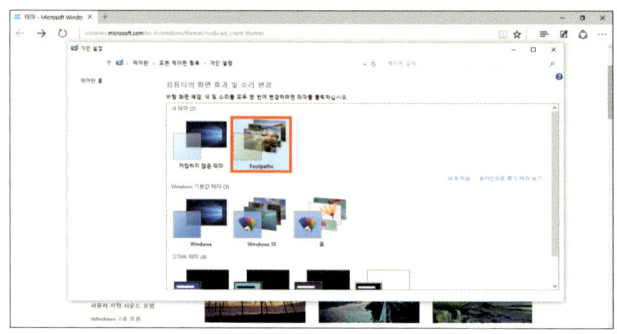

08. 적용한 온라인 테마로 바탕 화면이 적용된 것을 확인할 수 있습니다.

TIP : 고대비 테마

윈도우 10에서 기본적으로 제공하고 있는 고대비 테마는 컴퓨터 화면에서 일부 텍스트와 이미지의 색상 대비를 강조하여 해당 항목이 보다 뚜렷하고 쉽게 식별되도록 하는 기능입니다. 일반적으로 낮은 시력을 가진 사용자를 위하여 고려된 모드이지만, 개인의 취향에 따라 쉽게 설정하여 사용할 수 있습니다.

Shift + Alt + Print Screen 를 누르면 빠르게 고대비 효과를 적용할 수 있습니다.

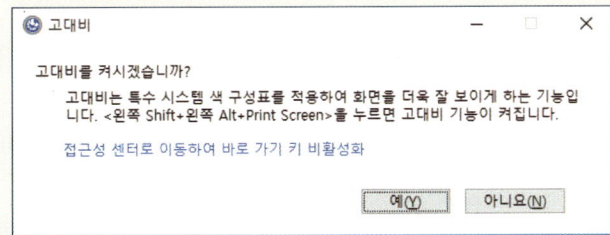

STEP 03 • 잠금 화면 설정하기

윈도우 10을 로그 오프하거나 잠금 상태의 경우에 보여주는 정보를 사용자가 지정하여 로그인하지 않은 상태에서도 윈도우 10의 상태를 확인할 수 있습니다.

01. [설정]-[개인 설정]의 [잠금 화면]을 클릭합니다.

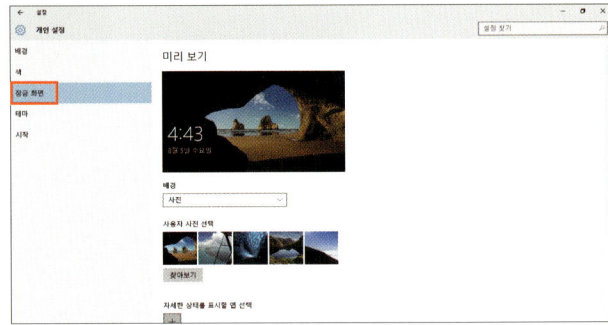

02. [바로 가기를 표시할 앱 선택]에서 [+]를 클릭하여 잠금 화면에서 나타낼 앱을 선택합니다.

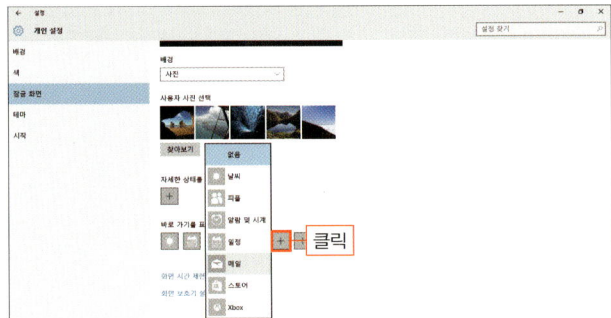

03. [자세한 상태를 표시할 앱 선택]에서 [+]를 클릭하여 잠금 화면에서 세부적인 정보가 나타나게 할 앱을 선택하여 설정합니다.

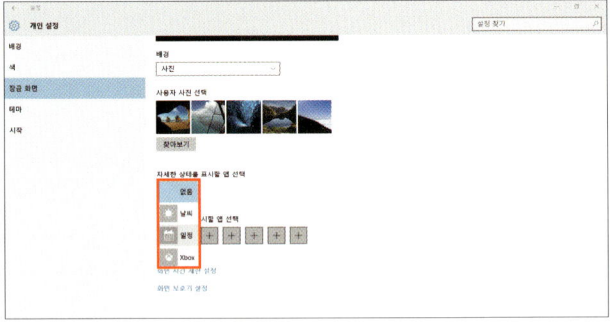

04. 잠금 화면에 다음과 왼쪽 하단에서는 자세한 상태를 표시할 앱의 정보를 확인할 수 있습니다.

TIP : 잠금 화면 배경 변경하는 앱

Microsoft 스토어에서 Amazing Lock Screen 앱을 검색하여 설치한 후 실행하면 최신의 Microsoft Bing 홈 페이지 이미지로 업데이트하여 잠금 화면을 변경할 수 있습니다.

STEP 04 • 알림 설정하기

윈도우 10은 새로워진 알림 기능으로 더욱 많은 정보의 알림을 받아볼 수 있으며, 사용자가 알림 메시지의 수신 유무도 설정할 수 있습니다.

01. [시작] 단추를 클릭한 후 시작 메뉴에서 [설정]을 선택하면 나타나는 '설정' 화면에서 [시스템]을 클릭합니다.

02. '시스템' 화면에서 [알림 및 작업] 메뉴를 클릭하면, 알림에서 [앱 알림 표시]를 설정할 수 있고, 개별적인 앱 알림도 설정이 가능합니다.

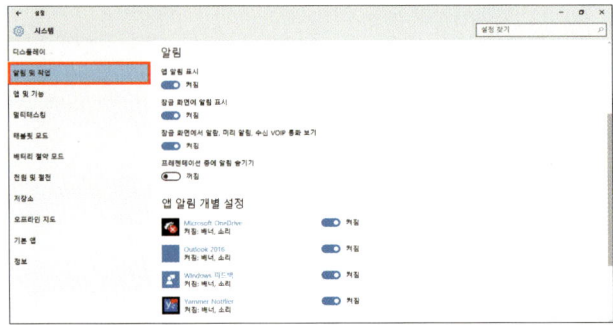

03. 개별 앱 알림 설정에서 [고급]을 클릭하면, [알림]과 [알림 창]에 대해서 세부적인 설정을 할 수 있습니다.

04. 작업 표시줄 상단에 다음과 같이 설정된 알림 창이 나타납니다.

05. 알림 설정한 앱의 상태를 알림 센터에서 확인할 수 있습니다.

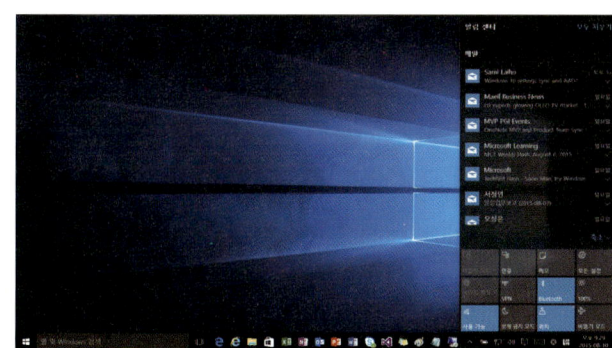

> **TIP : 알림 소리 변경하는 방법**
>
> 검색 창에 '시스템 소리 변경'을 입력하면 나타나는 결과에서 [시스템 소리 변경]을 실행한 후 [프로그램 이벤트]의 [알림]을 선택하여 변경할 수 있습니다.

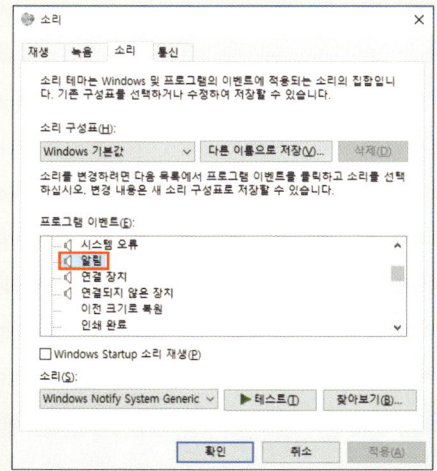

STEP 05 • 디스플레이에 작업 표시줄 표시 설정하기

기본 디스플레이 장치 외에 추가적으로 디스플레이 장치를 연결한 경우에 작업 표시줄이 나타나게 하는 설정에 대하여 알아봅니다.

01. 작업 표시줄에서 마우스 오른쪽 버튼을 클릭한 후 [속성]을 선택합니다.

02. [작업 표시줄 및 시작 메뉴 속성] 대화상자에서 [작업 표시줄] 탭의 [다중 디스플레이]-[모든 디스플레이에 작업 표시줄 표시]를 선택합니다.

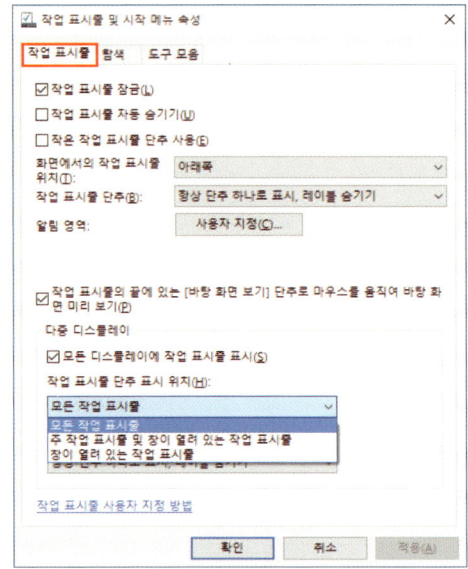

03. 기본 메인 화면에서 추가되어 있는 아이콘이 확장된 화면에서도 동일하게 나타납니다.

'모든 작업 표시줄'로 설정한 작업 표시줄 화면

04. 기본 작업 표시줄 화면에서 실행된 앱이 추가 화면에서 나타납니다.

'주 작업 표시줄 및 창이 열려 있는 작업 표시줄'로 설정한 작업 표시줄 화면

05. 각 화면별로 실행된 앱의 아이콘이 작업 표시줄에 나타납니다.

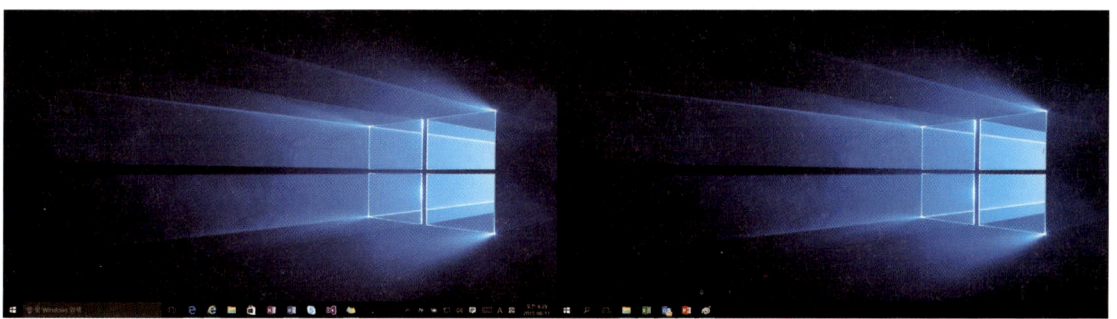

'창이 열려 있는 작업 표시줄'로 설정한 작업 표시줄 화면

TIP : 시작 명령어 메뉴에 Windows PowerSehll 명령 프롬프트로 변경 설정하기

[작업 표시줄 및 시작 메뉴 속성] 대화상자에서 [탐색] 탭의 [모서리 탐색]을 선택하여 설정합니다.

■+**X** 또는, 마우스를 왼쪽 아래 모서리로 마우스 포인트를 이동시키면 나타나는 메뉴에 명령 프롬프트 대신 Windows PowerShell/Windows PowerShell(관리자)로 변경됩니다.

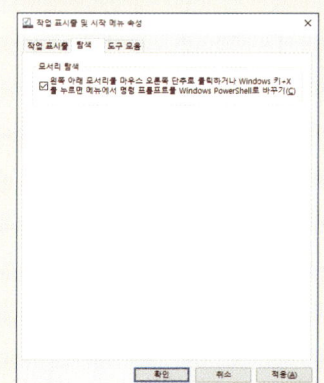

STEP 06 • 빠른 목록에 고정/제거하기

작업 표시줄에 나열된 앱들 중에서 최근에 실행된 콘텐츠를 빠른 목록에 고정시켜서 다음 빠르게 실행하거나 목록에서 제거할 수도 있습니다.

01. 작업 표시줄에 나열된 빠른 실행 아이콘에서 마우스 오른쪽 버튼을 클릭한 후 최근에 실행된 문서나 명령어의 끝에 마우스 포인터를 위치시키고 [이 목록에 고정]을 선택하면, 고정 위치로 이동합니다.

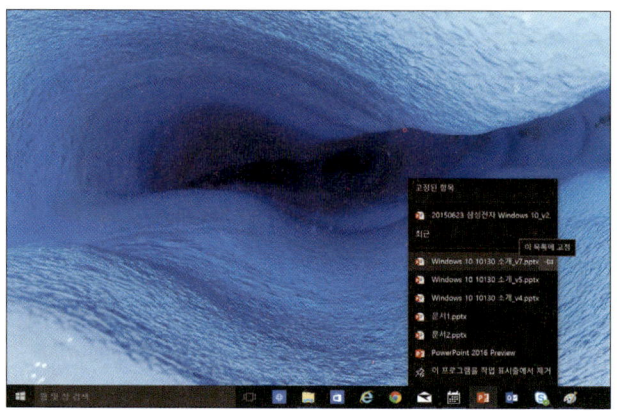

> **TIP : 점프 목록에 최근 사용한 항목 나타나지 않게 하기**
> 점프 목록에 최근 사용한 파일들의 항목을 나타나지 않게 하는 방법은 [설정]-[개인 설정]-[시작]에서 [시작 메뉴의 점프 목록 또는 작업 표시줄에 최근에 사용한 항목 표시]를 [끔]으로 설정합니다.

02. 반대로 고정되어 있는 목록 중에서 마우스 포인터를 위치시킨 후 [이 목록에서 제거]를 선택하면, 고정 위치에서 제거됩니다.

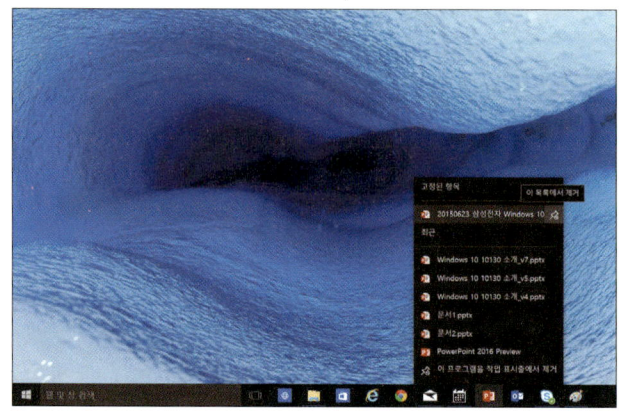

TIP : 작업 표시줄에 추가된 앱에 따라 빠른 목록이 앱에서 실행할 수 있는 명령의 집합으로 나타날 수 있어 앱 실행 시 앱에서 작업할 수 있는 명령어를 빠르게 실행할 수도 있습니다.

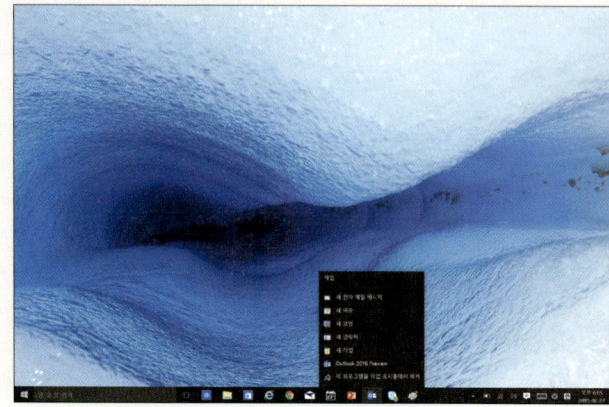

STEP 07 • 작업 표시줄에서 아이콘 설정하기

작업 표시줄 끝에 나열되는 시스템 및 앱 아이콘의 표시 여부를 설정하는 방법에 대하여 알아봅니다.

01. [시작] 단추를 클릭한 후 시작 메뉴에서 [설정]을 클릭하면 나타나는 '설정' 화면에서 [시스템]을 클릭합니다.

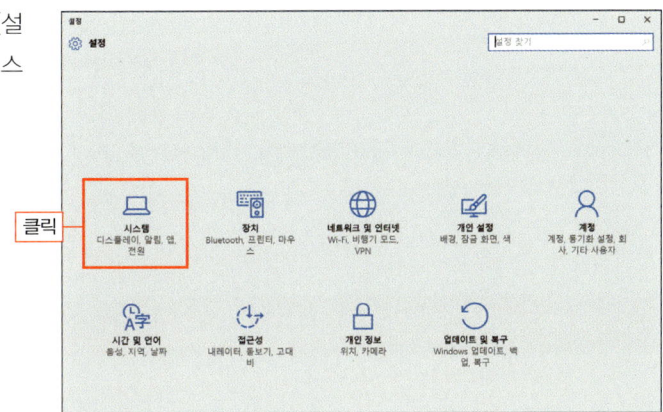

02. '시스템' 화면에서 [알림 및 작업]을 클릭한 후 [작업 표시줄에 표시되는 아이콘 선택]을 선택합니다.

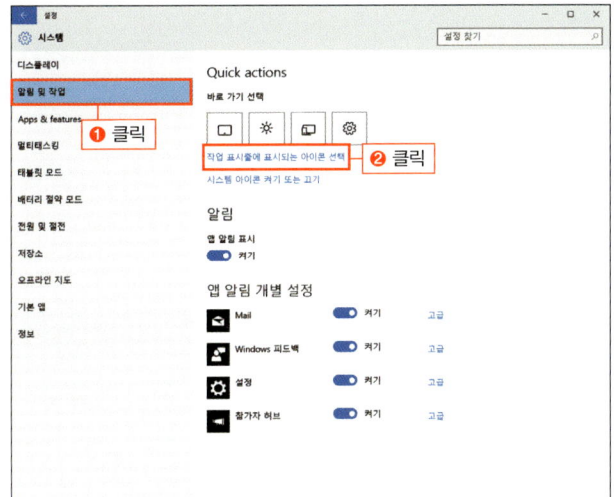

03. '작업 표시줄에 표시되는 아이콘 선택' 화면에서 작업 표시줄 끝에 나타나는 아이콘의 표시 여부를 그림과 같이 선택할 수 있습니다.

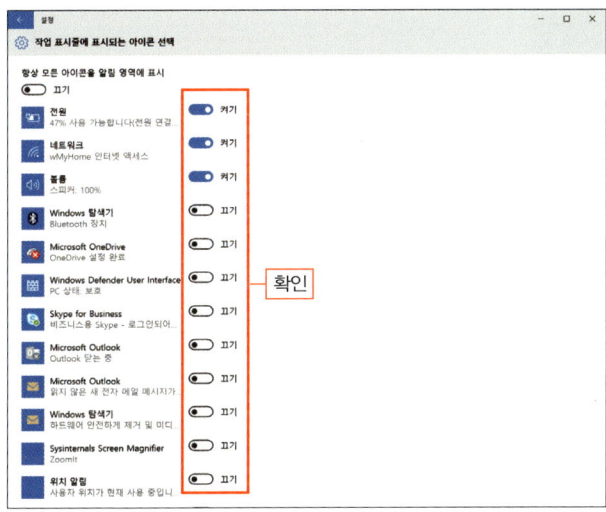

LESSON 03 윈도우 10 화면 제어하기

레벨 ● ● ●

윈도우 10에서 새롭게 추가된 화면 제어 기능과 기존 윈도우에서 더욱 향상된 화면 제어 기능에 대하여 알아봅니다.

STEP 01 • 윈도우 10의 스냅 기능 사용하기

윈도우 10은 앞선 윈도우 8/8.1에 비해 스냅 기능의 성능이 대폭 향상되어 여러 앱을 빠르게 화면에 띄울 수 있게 되었습니다. 스냅 기능을 사용하게 되면 선택한 윈도우 창을 빠르게 화면의 최대 창으로 변경하거나 두 개의 윈도우 창을 비교할 수 있는 5:5 비율로 전환하는 등의 작업을 쉽게 할 수 있습니다.

■ 윈도우 창을 최대화하기

선택한 윈도우 창을 화면 위로 드래그하면 투명하게 최대화된 창이 나타날 때 마우스 단추에서 손을 떼면 선택한 창이 최대화로 나타납니다.

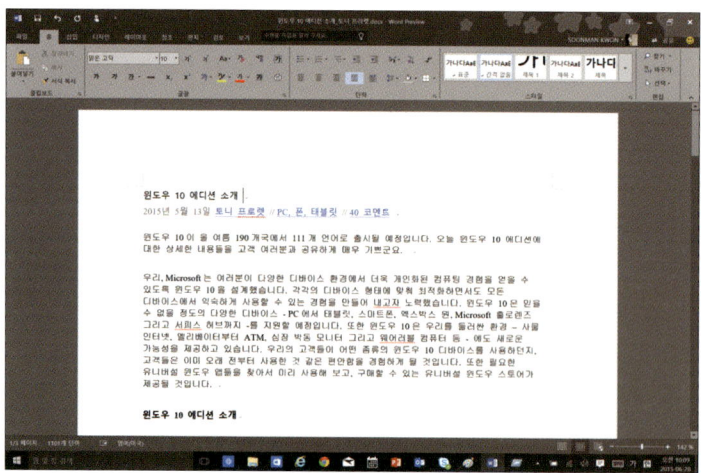

단축키 : ⊞ + ↑

■ 두 화면을 같은 크기로 배치하기

선택한 윈도우 창을 오른쪽이나 왼쪽으로 드래그한 후 투명하게 반쪽 창이 나타날 때 마우스 단추에서 손을 떼면 선택한 창이 화면 비율의 50%으로 지정되고, 나머지 실행되어 있는 윈도우 창을 선택하면 5:5 비율의 윈도우 창으로 설정할 수 있습니다.

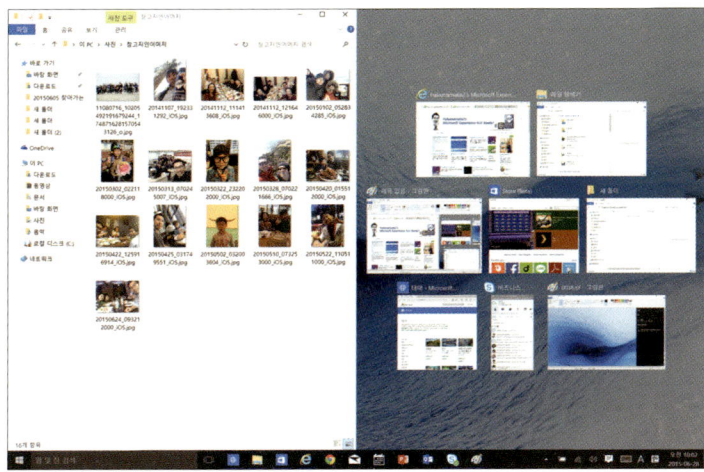

단축키 : ⊞ + → . ←

■ 윈도우 창 세로 길이 최대화하기

선택한 윈도우 창의 화면 상단에 마우스 포인터를 이동시키면, 마우스 포인터가 ↕로 변경됩니다. 이때, 더블클릭하면 윈도우 창의 가로 폭은 변화 없이 세로 크기가 최대화됩니다.

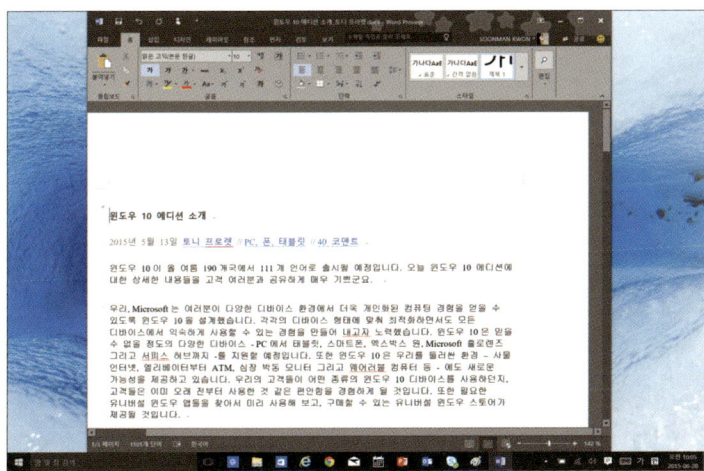

■ 4분할로 윈도우 창 배치하기

윈도우 10의 새로운 스냅 기능으로 배치하려는 윈도우 창을 선택하고 화면의 위/아래 양끝으로 이동시키면 화면의 1/4 크기로 창들을 구성할 수 있습니다.

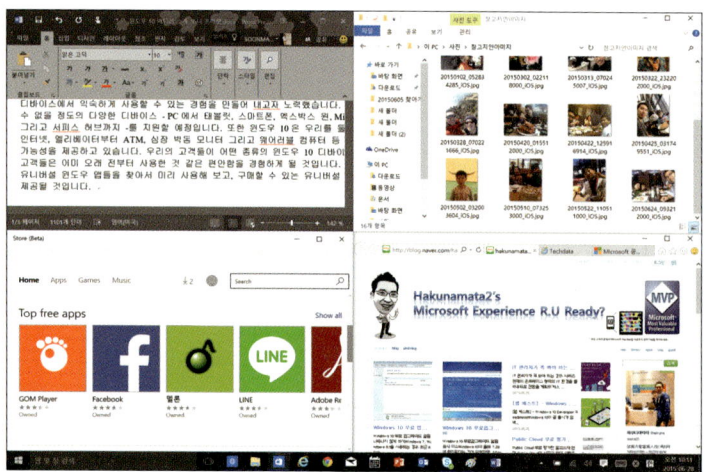

■ 하나의 윈도우 창만 화면에 남겨 놓기

AERO 쉐이크라는 기능으로 남겨 놓을 윈도우 창을 선택하고 마우스를 좌우로 흔들면 화면에 띄어져 있던 윈도우 창은 모두 최소화 형태로 변경되며, 이 상태에서 다시 마우스를 좌우로 흔들면, 원래 상태로 되돌아오게 됩니다.

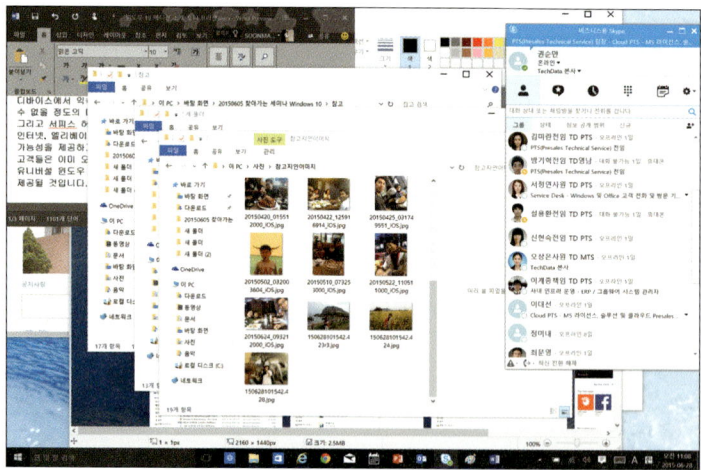

STEP 02 • 윈도우 10 화면 전환하기

실행한 앱들의 윈도우 창을 전환하는 방법에 대해 알아봅니다.

01. `Alt`+`Tab`을 사용하여 현재 실행되어 있는 앱의 화면을 확인하고 선택하면, 원하는 앱의 작업 창으로 전환할 수 있습니다.

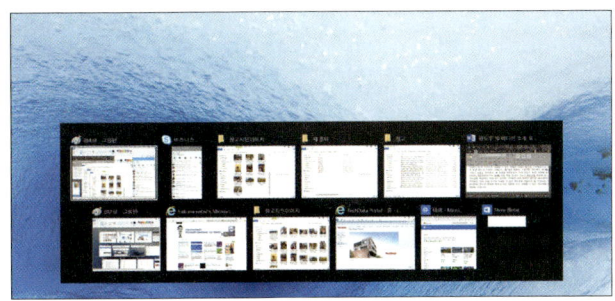

02. `⊞`+`T`를 사용하면 작업 표시줄에 실행되어 있는 앱의 상태를 확인하면서 작업 창을 전환할 수 있습니다.

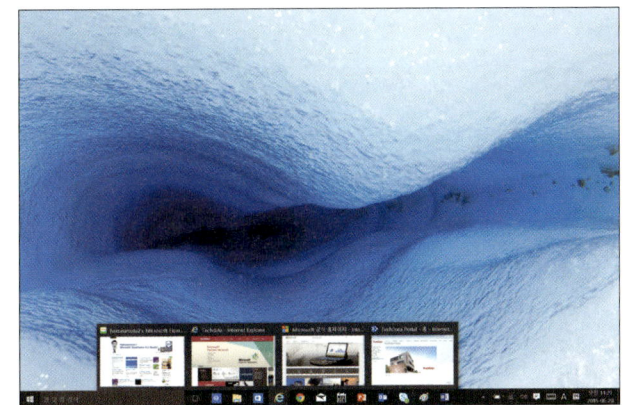

03. `⊞`+`Tab`을 사용하면 다른 윈도우 데스크톱 배경 화면으로 전환하거나 앱을 전환할 수 있습니다.

TIP : 태블릿 기능이 있는 경우는 화면의 왼쪽 끝에서 중앙으로 밀면 동일한 명령이 실행됩니다.

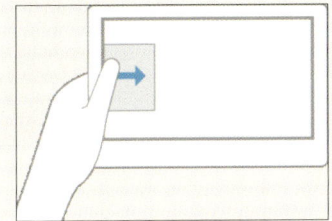

STEP 03 • 새로운 데스크톱 화면 사용하기

윈도우 10에 새롭게 추가된 기능으로 기존에 하나의 데스크톱 바탕 화면에서 여러 개의 데스크톱 바탕 화면을 생성할 수 있고, 실행된 앱을 각각의 데스크톱 화면으로 이동도 가능합니다.

01. ￼+￼Tab￼을 실행하거나, 작업 표시줄의 [작업 보기](￼)를 클릭합니다.

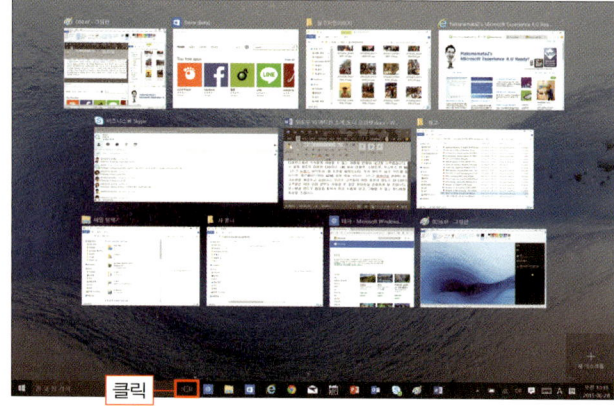

02. 왼쪽 하단의 [새 데스크톱]을 클릭하면 하단에 새로운 데스크톱 화면이 추가됩니다.

03. 현재 실행되어 있는 앱 중에서 이동하고 싶은 앱을 선택한 후 마우스 오른쪽 버튼을 클릭하면 나타나는 메뉴에서 이동을 원하는 데스크톱을 선택합니다.

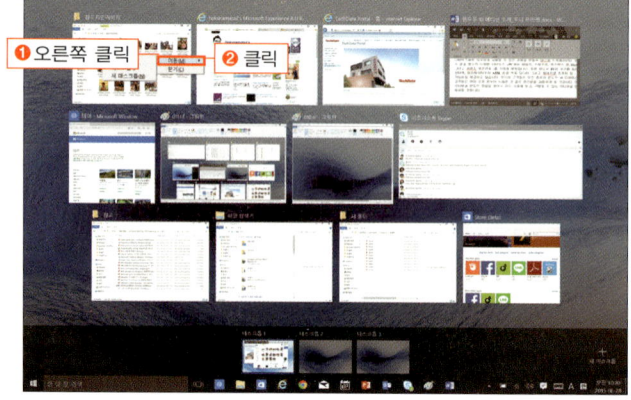

04. 이동한 앱이 각 선택된 데스크톱 화면으로 이동됩니다. 만약, 원래 상태로 이동하거나 새로운 데스크톱 화면을 모두 종료하게 되면, 자동적으로 최초의 데스크톱 화면으로 앱이 종료되지 않고 이동하게 됩니다.

TIP : 빠른 데스크톱 화면 전환 단축키

단축키	설명
■ + Ctrl + D	새 데스크톱 화면을 추가합니다.
■ + Ctrl + F4	새 데스크톱 화면을 종료합니다.
■ + Ctrl + ← / →	실행되어 있는 데스크톱 화면을 전환 이동할 수 있습니다.

TIP : 앱 이동

새로운 데스크톱 화면으로 선택한 앱을 드래그하면 앱을 이동시킬 수 있습니다.

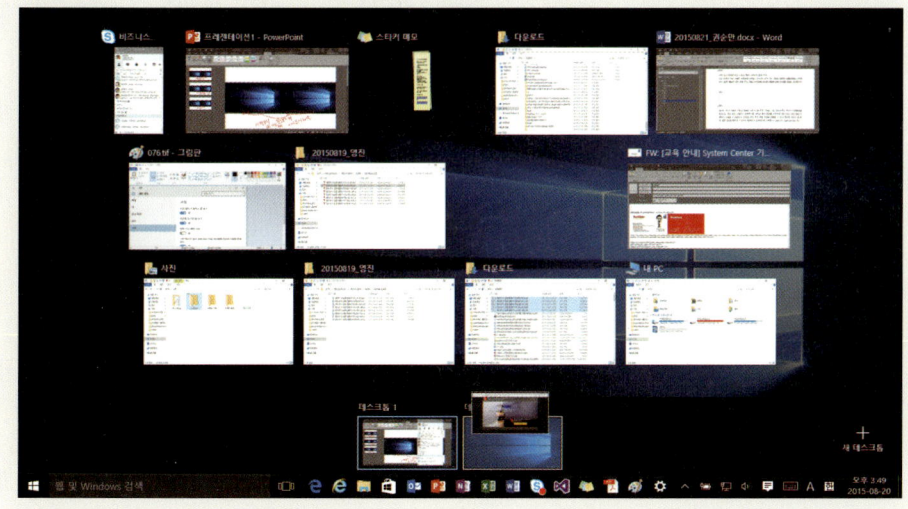

PART SUMMARY

- PART 02에서는 윈도우 10에서 새롭게 변화된 데스크톱 구성과 태블릿 스타일의 시작 화면으로 변화되어 쉽고, 편리하게 윈도우 시작 화면을 구성하여 사용할 수 있게 되었습니다. 설치된 앱을 기존과 같은 방법의 키워드 검색뿐만 아니라 앱 이름의 문자를 사용하여 빠르게 검색하고 실행할 수 있게 되었습니다(Lesson 01 – Step 01~05).

- 윈도우 10의 배경 및 잠금 화면은 기존의 윈도우 8.1에 비해 향상되었으며, 기존의 Charm 메뉴가 제거된 대신에 알림 센터 메뉴를 사용하여 설정한 앱의 정보를 한곳에서 확인하거나 자주 사용하는 설정이 별도의 아이콘으로 나열되어 있어 빠르게 확인할 수 있게 되었습니다(Lesson 02 – Step 01~04).

- 기본 화면을 사용하거나 다중 화면을 사용하는 경우에 작업 표시줄의 아이콘 및 작업 표시줄에 추가된 아이콘의 기능을 활용하는 방법에 대하여 알아보았습니다(Lesson 02 – Step 05~07).

- 향상된 윈도우 창의 위치를 구성할 수 있는 스냅 기능은 사용자의 편의성을 위해 기능이 향상되었습니다(Lesson 03 – Step 01~02).

- 윈도우 10의 새로운 기능인 데스크톱 화면 기능은 기존 윈도우에서 하나의 바탕 화면을 제공하는 것과 달리 사용자가 임의로 새로운 바탕 화면을 추가하여 업무 또는, 개인 앱을 구성하고 사용할 수 있습니다. 이렇게 여러 개의 바탕 화면을 설정할 수 있기 때문에 데스크톱 화면별로 필요한 앱을 구성하면 윈도우 10을 편리하고 효과적으로 사용할 수 있습니다(Lesson 03 – Step 03).

: 쉬 어 가 는   페 이 지 :

▶ PART

03

컴퓨터 설정하기
(제어판 알아보기)

WINDOWS · 10

윈도우 10에서는 기존의 전통적인 제어판과 태블릿 또는, 터치에서 쉽고 간편하게 설정할 수 있는 새로운 제어판 설정 기능이 제공됩니다. 윈도우 10에서 새롭게 제공되는 설정 기능에 대하여 알아보고, 사용자가 필요한 윈도우 10 환경을 구성할 수 있는 방법을 소개합니다.

LESSON 01 시스템 설정 알아보기

레벨 ● ○ ○

윈도우 10의 시스템 설정에서 디스플레이, 알림 및 작업, 멀티 태스킹, 전원 관리, 저장소 설정, 기본 앱 및 정보 설정을 할 수 있으며, 온라인 상태에서 다운로드 받은 지도 파일을 오프라인 상태에서 확인할 수 있도록 오프라인 지도를 추가할 수도 있습니다.

STEP 01 • 시스템 설정 이해하기

[시작] 단추-[설정] 또는, ⊞+I 를 누르면 나타나는 '설정' 화면에서 윈도우 10의 시스템을 설정하기 위해 필요한 카테고리들을 간단히 소개합니다.

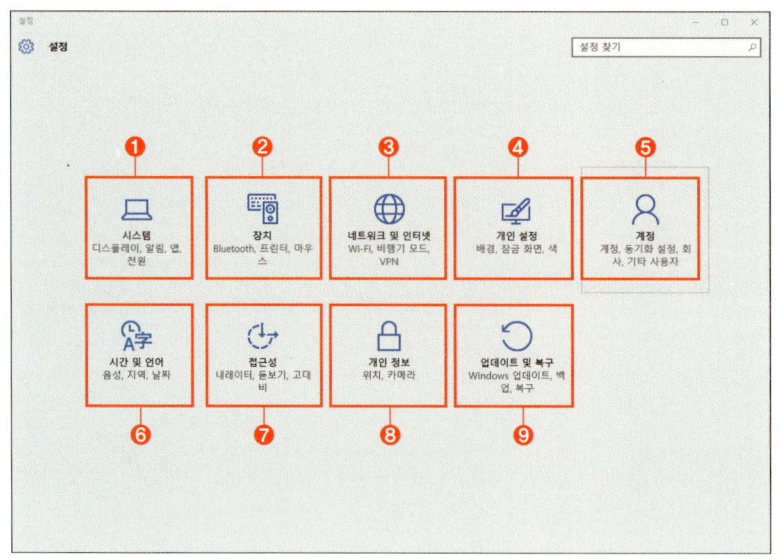

❶ **시스템** : 디스플레이, 알림 및 작업, 앱 및 기능, 멀티태스킹, 태블릿 모드, 전원 및 절전, 저장소, 오프라인 지도, 기본 앱, 정보를 설정할 수 있습니다.

❷ **장치** : 프린터 및 스캐너, 연결된 장치, 마우스 및 터치 패드, 자동 실행을 설정할 수 있습니다.

❸ **네트워크 및 인터넷** : 데이터 사용량, VPN, 전화 접속, 이더넷, 프록시를 설정할 수 있습니다.

❹ **개인 설정** : 배경, 색, 잠금 화면, 테마, 시작을 설정할 수 있습니다.

❺ **계정** : 계정, 로그인 옵션, 회사 액세스, 가족 및 다른 사용자, 동기화를 설정할 수 있습니다.

❻ **시간 및 언어** : 날짜 및 시간, 지역 및 언어, 음성을 설정할 수 있습니다.

❼ **접근성** : 내레이터, 돋보기, 고대비, 선택 캡션, 키보드, 마우스, 기타 옵션을 설정할 수 있습니다.

❽ **개인 정보** : 일반, 위치, 카메라, 마이크, 음성 수동 입력, 계정 정보, 연락처, 일정, 메시지, 라디오, 기타 장치, 피드백 및 진단, 백그라운드 앱을 설정할 수 있습니다.

❾ **업데이트 및 복구** : Windows 업데이트, Windows Defender, 백업, 복구, 정품 인증, 개발자용을 설정할 수 있습니다.

> **TIP : 변화된 제어판**
>
> 윈도우 10은 시스템 환경을 구성하기 위한 제어판이 두 가지 스타일로 존재합니다. 기존의 마우스나 키보드를 사용하여 쉽게 설정할 수 있는 전통적인 방식의 제어판과 터치 및 태블릿 기능으로 더욱 쉽게 설정할 수 있는 제어판이 있습니다.
>
> 세부적인 사항은 기존의 제어판에서 설정할 수 있으며, 새롭게 추가된 설정 기능은 새로운 제어판인 '설정' 화면에서 확인할 수 있습니다. 아직까지는 두 가지 모습의 제어판이 존재하기 때문에 한편으로 장/단점을 가지고 있지만, 추후에 통합된 형태의 새로운 제어판이 나타나 사용자가 더욱 직관적이고, 쉽게 설정할 수 있는 형태로 변경되었으면 좋겠습니다.

기존 모습의 제어판

윈도우 10의 새로운 설정 화면

STEP 02 • 시스템 이해하기

디스플레이, 알림 및 작업, 앱 및 기능, 멀티태스킹, 태블릿 모드, 전원 및 절전, 저장소, 오프라인 지도, 기본 앱, 정보를 설정할 수 있습니다.

■ 디스플레이 설정하기

화면에 나타나는 텍스트, 앱 및 다른 화면의 크기를 설정할 수 있고, 디스플레이의 방향을 가로 또는, 세로로 설정할 수 있으며, 화면의 밝기 지정이 가능합니다.

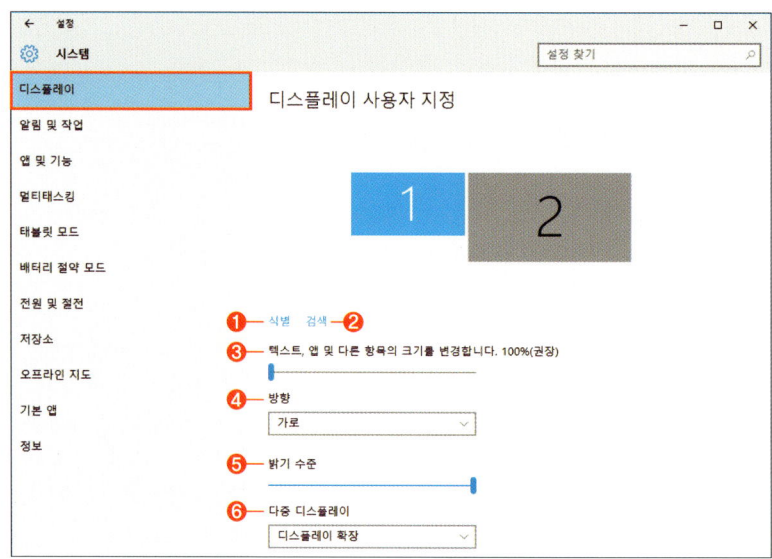

❶ **식별** : 현재 연결된 디스플레이 장치를 식별할 수 있습니다.

❷ **검색** : 연결되어 있는 디스플레이를 검색합니다.

❸ **크기 조정** : 텍스트, 앱 및 다른 항목의 크기를 변경합니다.

❹ **방향** : 가로, 세로, 가로(대칭 이동), 세로(대칭 이동)으로 디스플레이를 설정합니다.

❺ **밝기 수준** : 디스플레이의 밝기를 설정합니다. 배터리를 사용하는 경우에는 밝기를 조정하여 배터리를 절약할 수 있습니다.

❻ **다중 디스플레이** : '디스플레이 복제', '확장', 'PC 화면만', '두 번째 화면'만 형태 중 하나로 설정할 수 있습니다. 단축키 ⊞+P를 사용하여 설정할 수도 있습니다.

■ 알림 및 작업 설정하기

알림 및 작업 설정에서는 작업 표시줄에 표시되는 아이콘을 설정할 수 있으며, 앱, 잠금 화면의 알림 메시지와 프레젠테이션 중에 알림 기능을 숨기도록 설정할 수도 있습니다.

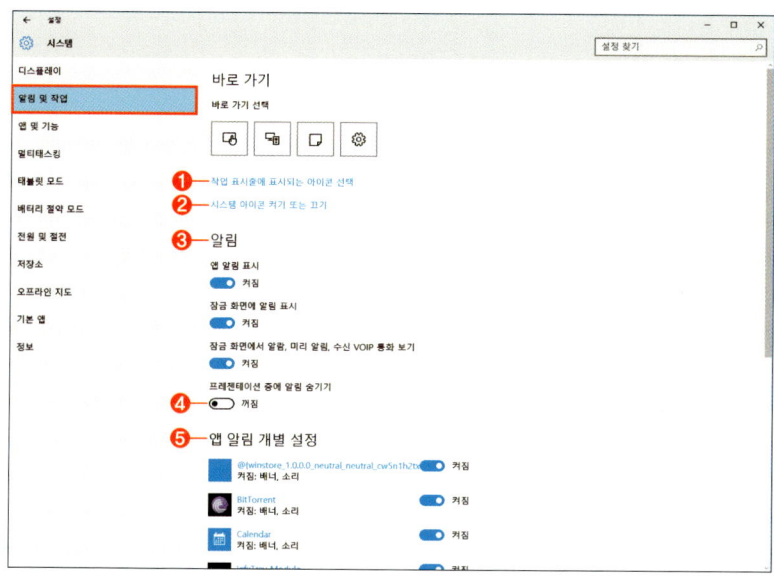

❶ 작업 표시줄에 표시되는 아이콘 선택 : 작업 표시줄에 표시되는 아이콘을 나타내거나 숨길 수 있습니다.

❷ 시스템 아이콘 켜기 또는 끄기 : 작업 표시줄에 표시되는 시스템 아이콘을 나타내거나 숨길 수 있습니다.

❸ 알림 : 앱 알림이나 잠금 상태에서도 설정한 앱의 알림 표시를 설정할 수 있습니다.

❹ 프레젠테이션 중에 알림 숨기기 : 파워포인트 등을 사용하는 프레젠테이션 시에 설정한 알림이라도 표시되지 않도록 설정할 수 있습니다.

❺ 앱 알림 개별 설정 : 컴퓨터에 설치된 앱별로 알림을 나타내거나 숨길 수 있는 설정을 할 수 있습니다.

■ 앱 및 기능 설정하기

앱 및 기능 설정하는 부분에서는 설치되어 있을 앱을 나열하고, 앱이 설치되어 있는 드라이브별로 관리할 수 있습니다.

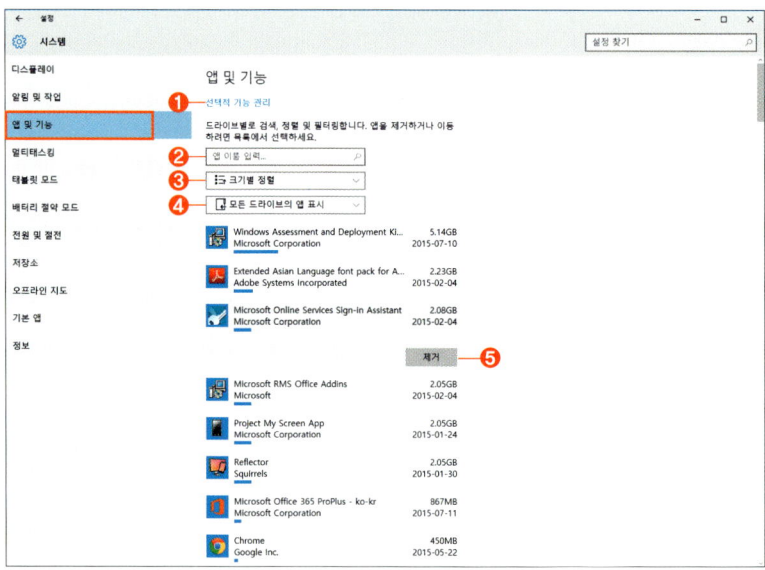

❶ 선택적 기능 관리 : 윈도우 10에서 추가적으로 설치할 수 있는 기능을 설치하거나, 제거 등의 관리가 가능합니다.

❷ 앱 이름 입력 : 앱 이름을 입력하여 설치된 앱을 검색합니다.

❸ 크기별 정렬 : 설치된 앱의 크기별로 정렬하여 나열할 수 있습니다.

❹ 모든 드라이브의 앱 표시 : 저장소 별로 설치된 앱을 나열할 수 있습니다.

❺ 앱 제거 : 나열된 앱을 선택하여 제거할 수 있습니다.

■ 멀티태스킹 설정하기

실행되어 있는 작업 창을 이동시키거나 정렬시킬 수 있는 설정과 가상 데스크톱 화면의 설정이 가능합니다.

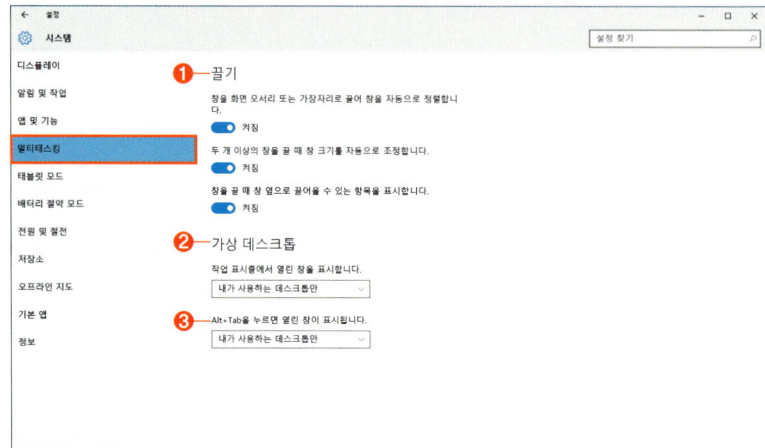

❶ 끌기 : 윈도우 창을 화면의 모서리 또는, 가장자리로 드래그하면 자동으로 윈도우 창을 정렬하는 기능을 설정합니다.

❷ 가상 데스크톱 : 가상 데스크톱 실행 시 작업 표시줄에서 열린 창의 표시를 설정합니다.

❸ Alt + Tab : Alt + Tab 을 사용한 경우 기본 데스크톱 화면 또는, 가상의 데스크톱 화면에 실행된 앱까지 보여줄지를 설정합니다.

■ 태블릿 모드 설정하기

태블릿을 사용하는 사용자의 경우 사용자의 환경에 따라 자동적으로 태블릿 환경으로 변경될 수 있도록 설정할 수 있습니다.

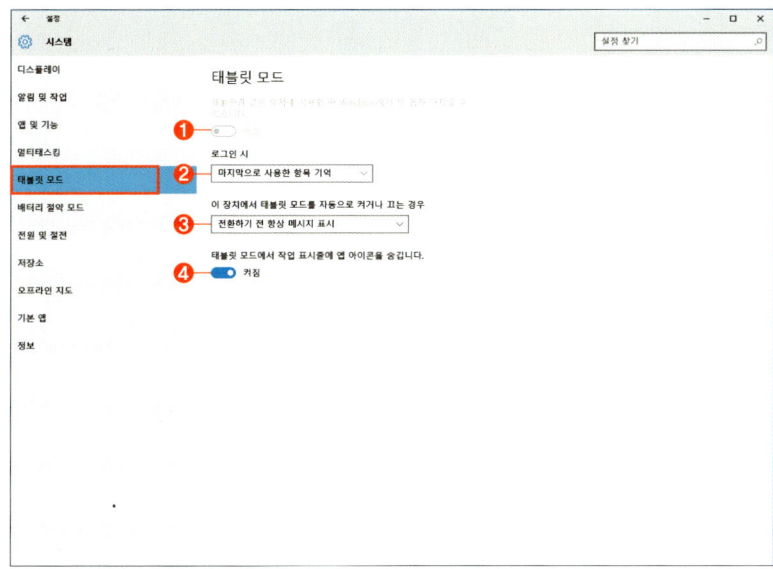

❶ 태블릿 모드 : 태블릿 장치를 사용할 때 윈도우 환경이 더 쉽게 터치 기능을 사용할 수 있도록 설정합니다.

❷ 로그인 시 : 태블릿 모드를 설정한 경우 로그인 시 이전 상태를 기억 여부를 설정합니다.

❸ 태블릿 모드 자동 켜기/끄기 : 태블릿 모드로 전환 시에 메시지의 표시 여부를 설정합니다.

❹ 태블릿 모드 작업 표시줄 표시 : 태블릿 모드로 전환 시에 작업 표시줄에 표시되는 앱 아이콘을 나타내거나 숨기는 것을 설정합니다.

■ 배터리 절약 모드 설정하기

노트북을 사용하는 경우 배터리 잔량 및 충전 여부를 확인할 수 있으며, 절약 모드를 사용할 수 있습니다. 또한 배터리를 가장 많이 사용하는 앱을 확인할 수도 있습니다.

❶ 잔여 배터리 : 현재 잔여 배터리 상태를 확인할 수 있습니다.

❷ 현재 배터리 절약 모드 상태 : 백그라운드 활동과 푸시 알림을 제한하여 배터리 사용 시간을 늘릴 수 있도록 배터리 절약 모드를 설정할 수 있습니다.

❸ 배터리 절약 모드 설정 : 배터리 절약 모드 시 배터리의 양에 따라 동작하는 앱 및 알림 및 화면 밝기 등을 설정할 수 있고, 배터리 절약 모드라도 항상 실행할 수 있는 앱을 설정할 수 있습니다.

■ 전원 및 절전 설정하기

전원 및 절전 설정에서는 배터리 및 전원 상태와 절전 모드 상태에서의 화면을 켜고 끄는 설정할 수 있습니다.

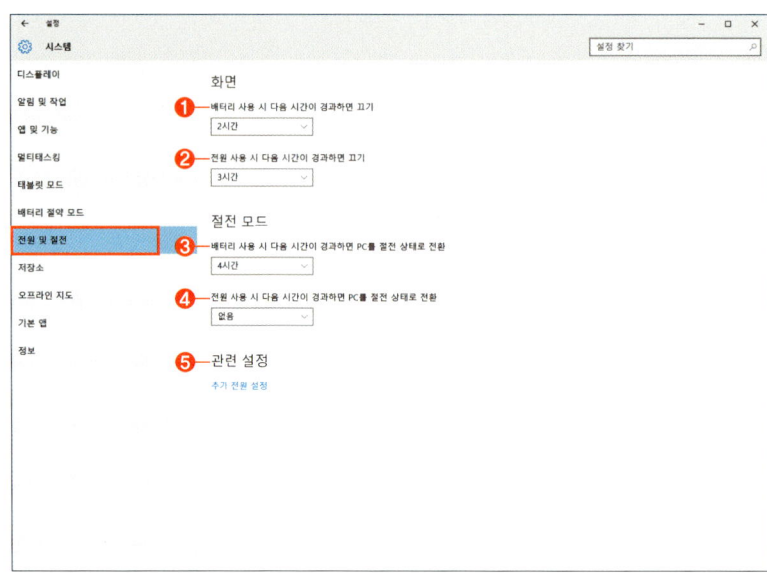

❶ **배터리 사용시 화면 설정** : 배터리 사용 시 화면을 끄는 시간을 설정합니다.

❷ **전원 사용시 화면 설정** : 전원 사용 시 화면을 끄는 시간을 설정합니다.

❸ **배터리 사용시 절전 모드 설정** : 배터리 사용 시 컴퓨터를 사용하지 않는 경우 설정된 시간에 절전 모드로 변합니다.

❹ **전원 사용시 절전 모드 설정** : 전원 사용 시 컴퓨터를 사용하지 않는 경우 설정된 시간에 절전 모드로 변합니다.

❺ **추가 전원 설정** : 세부적으로 추가 전원을 설정할 수 있습니다.

■ 저장소 설정하기

컴퓨터에서 사용되고 있는 저장소를 나열하며 사용량을 확인할 수 있습니다. 또한 앱, 문서, 음악, 사진 및 동영상이 기본적으로 저장되는 위치를 변경할 수 있습니다.

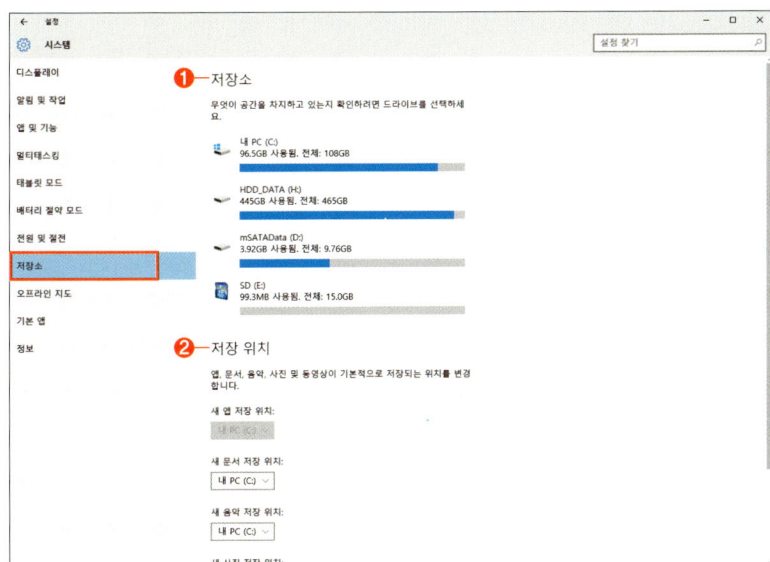

❶ **저장소** : 컴퓨터에 연결되어 있는 저장소의 사용 상태를 그래프로 확인할 수 있습니다.

❷ **저장 위치** : 앱, 문서, 음악, 사진 및 동영상이 기본적으로 저장되는 위치를 개별적으로 설정할 수 있습니다.

■ 오프라인 지도 설정하기

오프라인 지도 설정은 온라인 상태에서 특정 지역의 지도를 다운로드하여, 오프라인 상태에서도 장소 검색과 내비게이션 기능을 사용할 수 있습니다.

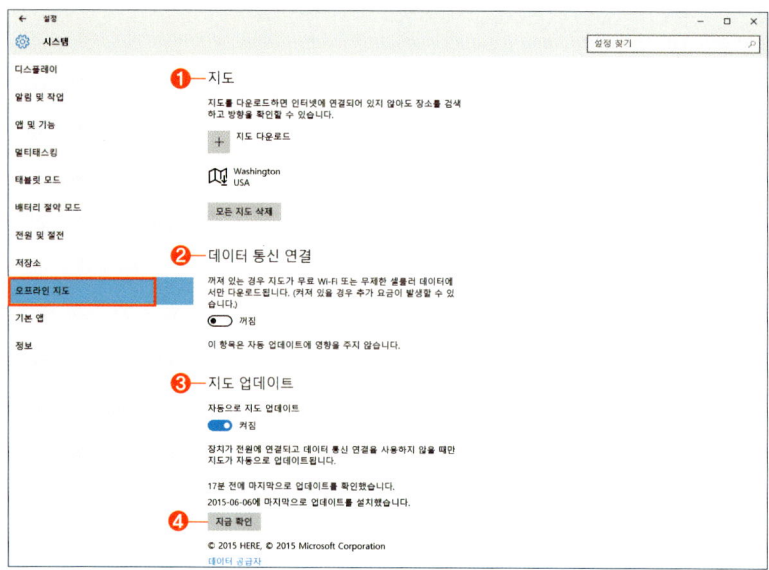

❶ 지도 : 지도를 다운로드하여 인터넷이 연결되어 있지 않아도 설치한 곳의 장소를 검색이 가능합니다. 전세계적으로 제공하는 지도를 선택하여 다운로드 받아 추가할 수 있습니다.

❷ 데이터 통신 연결 : 지도를 다운로드 및 업데이트 시 데이터 통신 연결 여부를 설정합니다.

❸ 지도 업데이트 : 다운로드 받은 지도를 자동적으로 업데이트 될 수 있도록 설정합니다.

❹ 지도 업데이트 확인 : 사용자가 지도 데이터가 업데이트 되었는지를 직접 체크합니다.

■ 기본 앱 설정하기

파일 등의 콘텐츠가 실행될 때 설치되어 있는 앱 중에서 기본적으로 실행되도록 설정할 수 있습니다. 예를 들어 사진 파일을 더블클릭하면 자동적으로 포토 앱이 실행되도록 하는 것입니다.

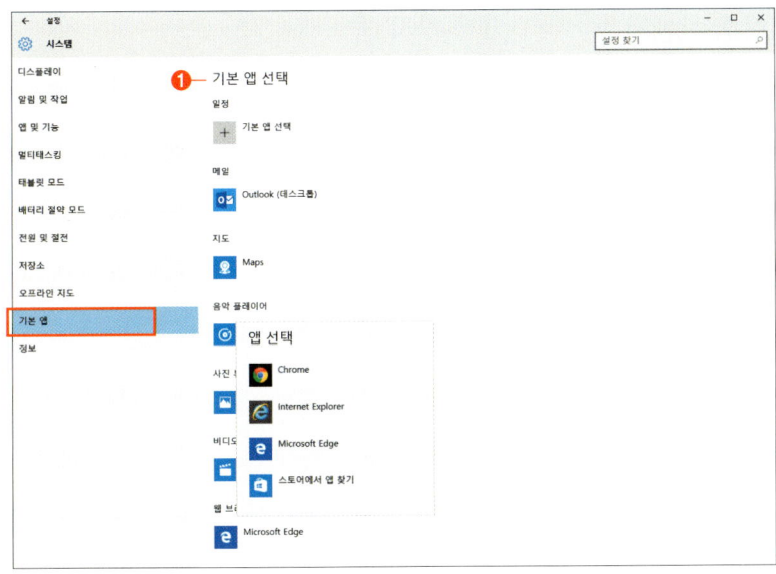

❶ 기본 앱 선택 : 파일 또는, 링크 등을 실행 시에 자동으로 실행되는 앱을 설정할 수 있으며, 기본적으로 설정된 앱을 변경할 수도 있습니다.

■ **정보 설정하기**

현재의 컴퓨터의 이름, 설치된 윈도우 버전 및 시스템 사양을 확인할 수 있으며, 제품 키만을 사용하여 상위 윈도우 버전으로 업그레이드할 수 있습니다.

❶ **PC 이름** : 윈도우가 설치된 컴퓨터의 이름을 변경할 수 있습니다.

❷ **조직 설정** : 워크 그룹 또는, 도메인 환경으로 컴퓨터 조직을 설정합니다.

❸ **윈도우 버전 업그레이드** : 제품 키를 입력하여 윈도우 버전을 업그레이드 할 수 있습니다.

❹ **추가 관리 도구** : 윈도우 관리 도구들이 나열됩니다.

❺ **BitLocker 설정** : BitLocker 암호화를 설정할 수 있습니다.

❻ **장치 관리자** : 컴퓨터에 장착되어 있거나 연결된 장치의 상태를 관리합니다.

❼ **시스템 정보** : 컴퓨터에 대한 시스템 기본 정보를 확인합니다.

STEP 03 • 장치 설정 이해하기

컴퓨터에 연결되어 있거나 연결할 장치와 관련된 설정을 합니다.

■ 프린터 및 스캐너 설정하기

프린터 및 스캐너 설정에서는 현재 추가되어 있는 프린터 및 스캐너 장치를 확인, 추가 및 제거 등의 관리 작업이 가능합니다. '설정' 화면에서 [장치]를 클릭합니다.

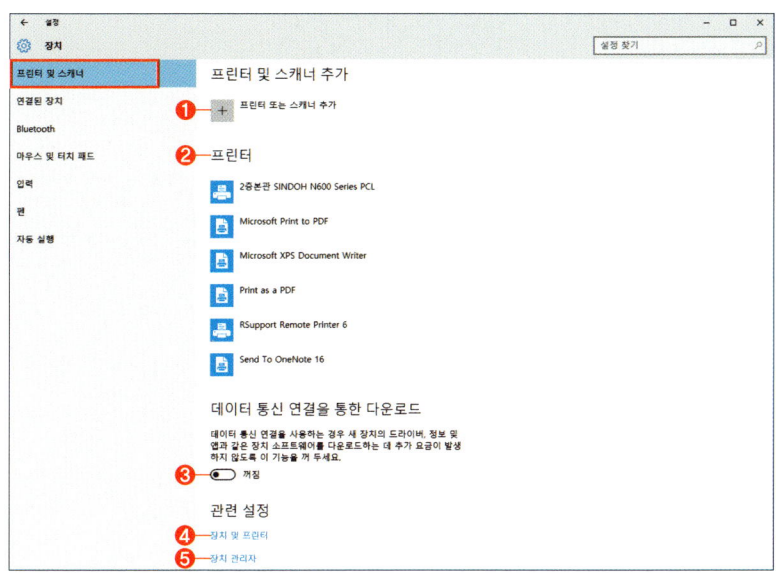

❶ **프린터 또는 스캐너 추가** : 프린터 또는, 스캐너를 추가할 수 있습니다. [프린터 또는 스캐너 추가]를 클릭하면, 네트워크에 나열되어 있는 프린터가 나타납니다.

❷ **프린터** : 현재 컴퓨터에 연결되어 있거나, 네트워크로 연결되어 있는 목록이 나타납니다.

❸ **데이터 통신 다운로드** : 3G/4G 같은 무선 데이터 통신 연결을 사용하는 경우 새 장치의 드라이버, 정보 및 앱과 같은 장치 소프트웨어 다운로드 시 데이터 사용 요금이 발생되지 않도록 기능을 설정할 수 있습니다.

❹ **장치 및 프린터** : 프린터 또는, 스캐너뿐만 아니라 컴퓨터에 연결되어 있는 장치의 상태를 한 눈에 확인하며, 다른 기타 장치를 추가하고 관리할 수 있습니다.

❺ **장치 관리자** : 컴퓨터에 연결되어 있는 모든 하드웨어 장치가 나열되며 장치의 드라이버 설치 상태 또는, 장치의 상태를 확인할 수 있습니다. 잘못된 장치를 제거할 수도 있습니다.

■ **연결된 장치 설정하기**

컴퓨터에 연결되어 있는 기타 장치(SD 카드 리더기, USB 허브 등)를 관리할 수 있습니다.

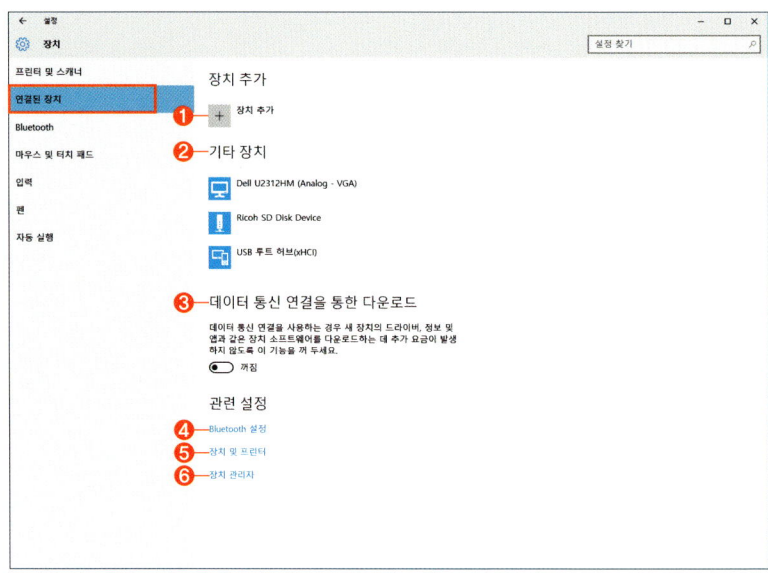

❶ **장치 추가** : 유/무선으로 연결이 가능한 장치를 검색하고 나열된 장치를 설치할 수 있습니다.

❷ **기타 장치** : 프린터와 스캐너를 제외한 외부 연결된 장치 목록이 나타납니다.

❸ **데이터 통신 다운로드** : 3G/4G 같은 무선 데이터 통신 연결을 사용하는 경우 새 장치의 드라이버, 정보 및 앱과 같은 장치 소프트웨어 다운로드 시 데이터 사용 요금이 발생되지 않도록 기능을 설정할 수 있습니다.

❹ **Bluetooth 설정** : Bluetooth 장치를 검색하고 검색된 Bluetooth 장치를 선택하여 추가할 수 있습니다.

❺ **장치 및 프린터** : 프린터 또는, 스캐너뿐만 아니라 컴퓨터에 연결되어 있는 장치의 상태를 한 눈에 확인할 수 있으며, 다른 기타 장치를 추가하고 관리할 수 있습니다.

❻ **장치 관리자** : 컴퓨터에 연결되어 있는 모든 하드웨어 장치가 나열되며 장치의 드라이버 설치 상태 또는, 장치의 상태를 확인할 수 있습니다. 잘못된 장치를 제거할 수도 있습니다.

■ Bluetooth 설정하기

Bluetooth 장치를 ON/OFF할 수 있고, 주변의 Bluetooth 장치를 검색하여 나열된 Bluetooth 장치와 연결할 수도 있습니다.

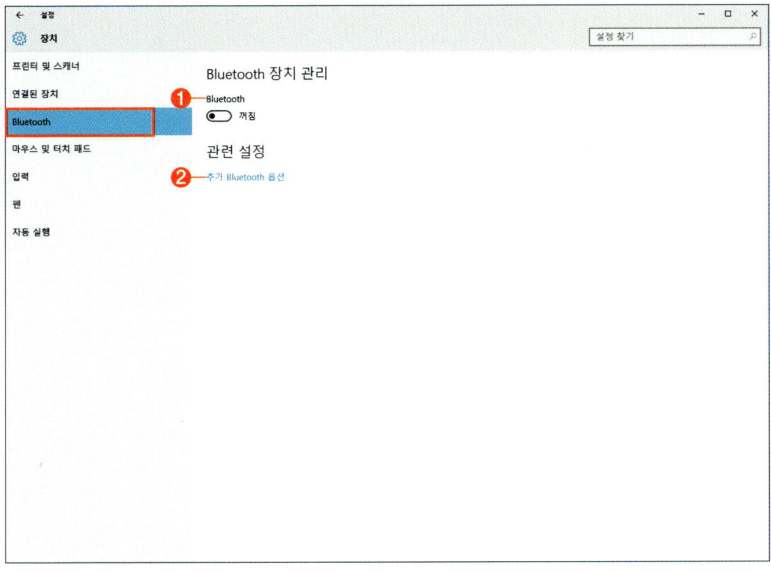

❶ **Bluetooth 켜기** : 컴퓨터의 Bluetooth 기능을 켜기/끄기를 설정하며, 주변에 검색된 Bluetooth 장치를 추가할 수도 있습니다.

❷ **추가 Bluetooth 옵션** : Bluetooth 세부적인 옵션 설정이 가능하며, 주변에 Bluetooth 장치가 발견되면, 자동적으로 찾도록 허용하거나 알림 표시를 나타내도록 설정합니다.

■ 마우스 및 터치 패드 설정하기

마우스 버튼을 누르거나 휠을 돌릴 때 실행되는 동작과 스크롤 관련 설정이 가능하며, 터치 패드 설정을 통해 입력하는 동안 커서가 잘못 이동하지 않도록 지연 설정할 수도 있습니다.

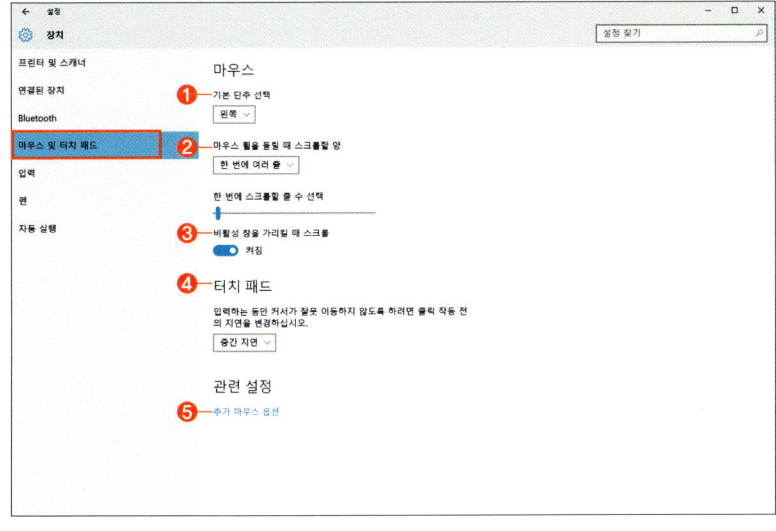

❶ **마우스 단추** : 마우스를 사용하는 손 위치에 따라 마우스 기본 단추를 왼쪽/오른쪽으로 설정할 수 있습니다.

❷ **마우스 휠 및 스크롤 설정** : 마우스 휠을 돌릴 때 스크롤되는 양을 조절할 수 있습니다. 조절되는 양은 한번에 여러 줄 또는, 한 화면씩 스크롤할 수 있습니다.

❸ **비활성화 창 스크롤 설정** : 비활성화 창을 가리킬 때 스크롤 여부를 설정할 수 있습니다.

❹ **터치 패드 설정** : 터치 패드를 사용하여 입력하는 동안 커서가 잘못 이동하지 않도록 클릭 작동 전의 지연 설정을 할 수 있습니다. 지연 설정은 지연 없음, 짧은, 중간 및 긴 지연으로 설정 옵션이 있습니다.

❺ **추가 마우스 옵션** : 마우스 속성 창을 실행하여 단추, 포인터, 포인터 옵션 및 휠의 세부적인 옵션을 설정 할 수 있습니다.

■ **입력 설정하기**

입력 시 추천 단어를 표시하고 맞춤법 검사와, 터치 키보드를 사용하는 경우에 입력 설정을 할 수 있습니다.

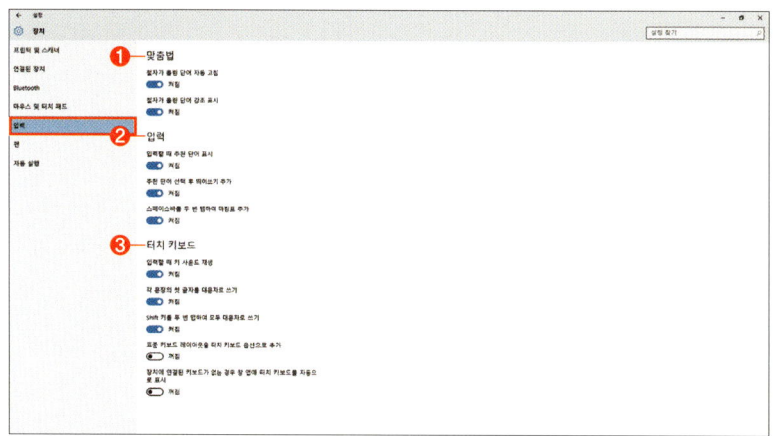

❶ **맞춤법** : 철자가 틀린 단어의 자동 고침과 철자가 틀린 단어에 강조 표시가 나타나도록 설정할 수 있습니다.

❷ **입력** : 입력할 때 추천하는 단어가 나타나게 하거나 추천된 단어를 선택하면 자동적으로 띄어쓰기가 되도록 설정할 수 있습니다. 문자 입력이 완료된 후 마지막에 Space Bar 를 두 번 누르면 마침표가 추가되도록 설정할 수도 있습니다.

❸ **터치 키보드** : 터치 키보드를 사용하는 경우 입력 시 소리 재생 효과 및 입력 시 자동으로 변경되는 옵션 설정을 할 수 있습니다. 또한, 키보드가 없는 태블릿을 사용하는 경우에 자동적으로 터치 키보드 실행 여부를 설정할 수도 있습니다.

■ 펜 설정하기

펜으로 글을 쓸 때 사용하는 손을 설정하여 필기 시 오류를 방지할 수 있으며, 커서 위치 설정도 가능합니다.

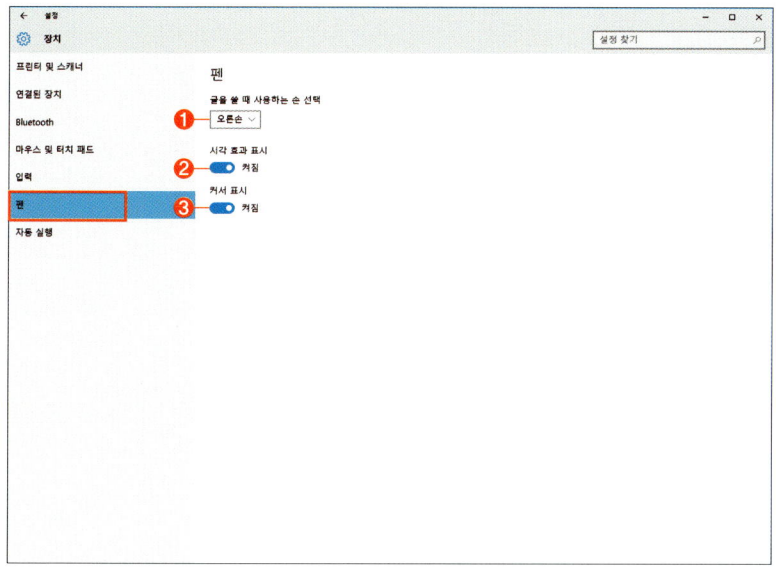

❶ 펜 손 설정 : 펜을 사용할 때 사용하는 손 위치에 따라 왼쪽/오른쪽으로 설정할 수 있습니다.

❷ 펜 시각 효과 : 펜을 사용하는 경우 화면에 시각 효과를 설정합니다.

❸ 펜 커서 표시 : 펜을 사용하는 경우 화면에 포인터의 위치를 확인할 수 있도록 나타냅니다.

■ 자동 실행 설정하기

컴퓨터에 이동식 드라이브 또는, 메모리 카드 등이 연결되는 경우 미디어가 자동 실행되도록 설정할 수 있습니다.

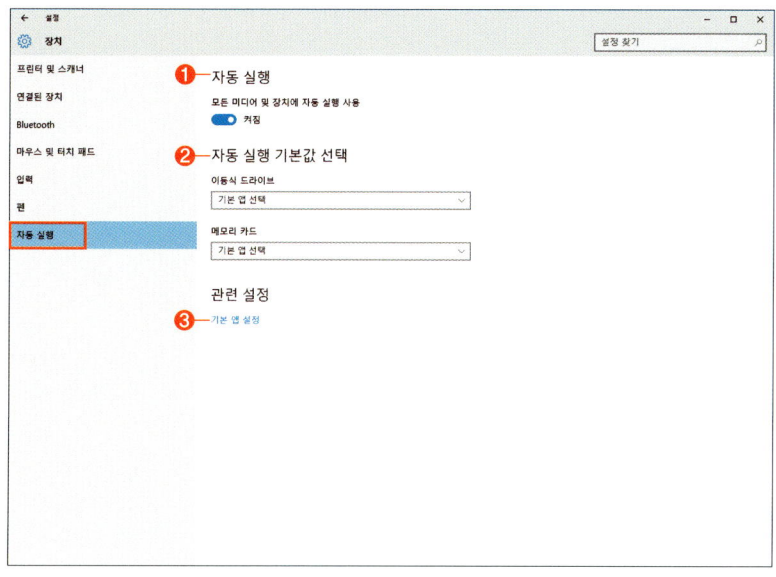

❶ **자동 실행** : 컴퓨터에 USB 또는, 무선을 사용하여 연결 시 자동 실행되는 기능을 설정합니다.

❷ **자동 실행 기본값** : 자동 실행을 설정한 경우 이동식 드라이브, 메모리 카드, 스마트폰 등의 장치가 컴퓨터에 연결될 때 자동적으로 실행하는 기본 앱을 설정할 수 있습니다.

❸ **기본 앱 설정** : 파일 또는, 링크 등을 실행 시에 자동으로 실행되는 앱을 설정할 수 있으며, 기본적으로 설정된 앱을 변경할 수도 있습니다.

TIP : 자동 실행 설정 추가 장치

윈도우 10이 설치된 컴퓨터에 외부 장치를 연결하면, 해당되는 장치에서 자동으로 실행할 수 있는 설정 옵션 창이 나타납니다. 나열된 메뉴를 선택하면, 장치 연결 시 자동적으로 선택한 작업이 실행됩니다.

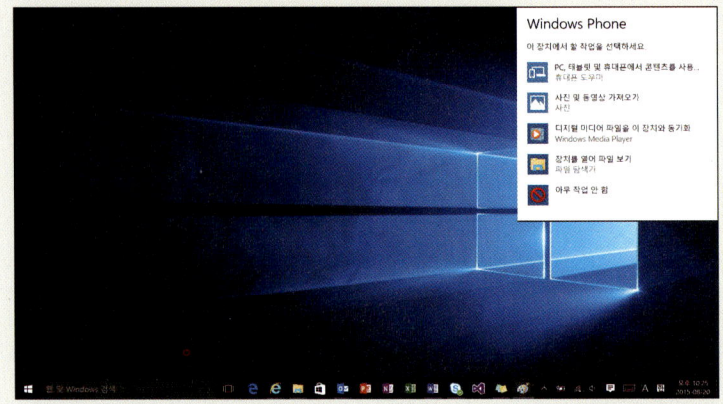

또한, 추가된 설정이 자동 실행 장치 목록에 추가되며, 설정된 자동 실행 기본 값을 설정할 수도 있습니다.

STEP 04 • 네트워크 및 인터넷 설정 이해하기

네트워크 및 인터넷 설정에 대한 설정 옵션에 대하여 알아봅니다.

■ **Wi-Fi 설정하기**

Wi-Fi 설정 및 고급 옵션을 설정할 수 있으며, 관련된 네트워크 관련 세부 설정이 가능합니다.

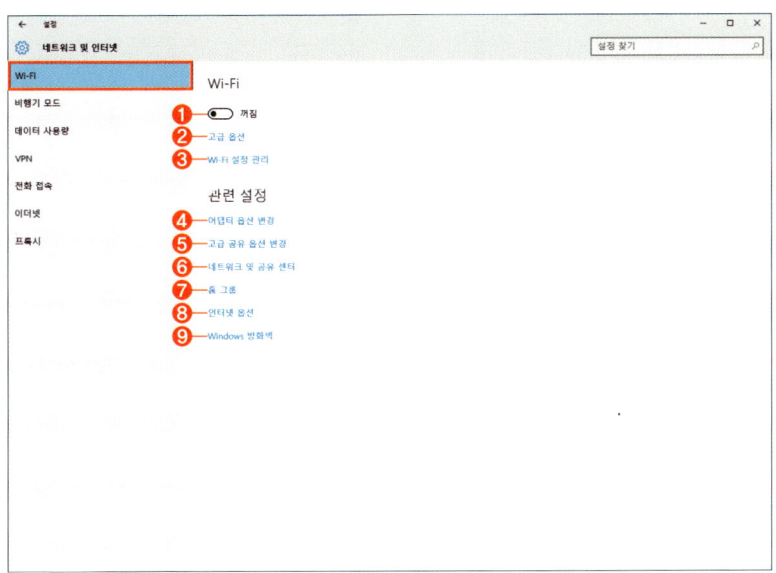

❶ **Wi-Fi** : Wi-Fi 사용 여부를 설정할 수 있고, 주변의 Wi-Fi 목록을 확인하여 연결하거나 끊을 수 있습니다.

❷ **고급 옵션** : Wi-Fi의 속성을 확인할 수 있습니다. 제조 업체, 장치명, 드라이버 버전 및 물리적 주소(MAC)를 확인할 수도 있습니다.

❸ **Wi-Fi 설정 관리** : Wi-Fi 센스 기능을 활성화하여 주변에 제안되는 Wi-Fi 핫스팟과 연락처가 사용자와 공유하는 Wi-Fi 네트워크에 연결을 설정할 수 있습니다.

❹ **어댑터 옵션 변경** : 컴퓨터에 연결되어 있는 유/무선 네트워크 장치가 나열되고 설정합니다.

❺ **고급 공유 옵션 변경** : 네트워크 프로필에 따라 공유 옵션을 변경 설정할 수 있습니다.

❻ **네트워크 및 공유 센터** : 네트워크 및 공유 센터를 실행하여 네트워크 설정을 변경할 수 있습니다.

❼ **홈 그룹** : 홈 그룹을 생성, 연결 및 관리를 할 수 있습니다.

❽ **인터넷 옵션** : 인터넷 연결 시 사용될 세부적인 네트워크 설정을 할 수 있습니다.

❾ **Windows 방화벽** : Windows 방화벽을 사용하여 컴퓨터를 보호하기 위한 상태 및 세부 설정을 관리합니다.

■ 비행기 모드 설정하기

비행기 모드 설정 시 Wi-Fi 또는, Bluetooth 장치 상태를 설정합니다.

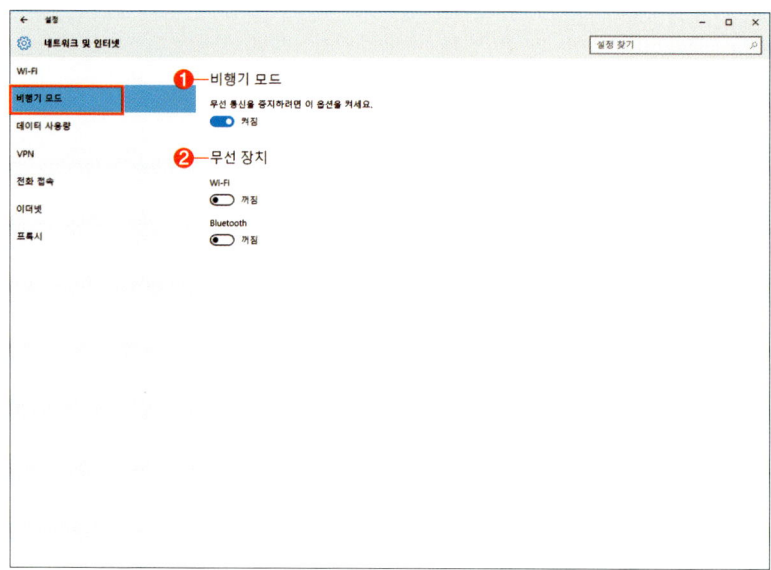

❶ 비행기 모드 : 비행기 모드를 사용하여 무선 통신을 한번에 관리할 수 있습니다.

❷ 무선 장치 : 비행기 모드 사용 시 Wi-Fi 또는, Bluetooth 장치의 전원을 관리를 설정합니다.

■ 데이터 사용량 설정하기

Wi-Fi 및 유선을 사용한 데이터 사용량을 대하여 확인할 수 있으며, 세부적으로 앱별로 사용한 데이터량도 확인할 수 있습니다.

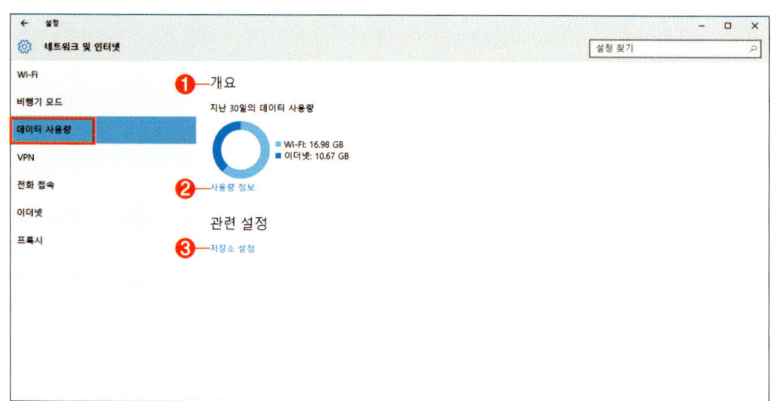

❶ 개요 : 지난 30일간 Wi-Fi 및 이더넷을 이용하여 사용한 데이터량의 정보를 그래프로 나타냅니다.

❷ 사용량 정보 : Wi-Fi 및 이더넷을 사용하여 사용한 데이터량을 앱별로 확인할 수 있습니다.

❸ 저장소 설정 : 컴퓨터에 연결되어 있는 저장 장치와 앱, 문서, 음악, 사진 및 동영상이 기본적으로 저장되는 위치를 변경할 수 있습니다.

■ VPN 설정하기

VPN 연결을 추가하고 관리할 수 있습니다.

❶ **VPN 추가** : VPN 연결을 추가하고, 관리할 수 있습니다.

❷ **어댑터 옵션 변경** : 컴퓨터에 연결되어 있는 유/무선 네트워크 장치가 나열되고 설정합니다.

❸ **고급 공유 옵션 변경**: 네트워크 프로필에 따라 공유 옵션을 설정합니다.

❹ **네트워크 및 공유 센터** : 네트워크 및 공유 센터를 실행하여 네트워크 설정을 변경할 수 있습니다.

❺ **인터넷 옵션** : 인터넷 연결 시 세부적인 네트워크 설정을 할 수 있습니다.

❻ **Windows 방화벽** : Windows 방화벽을 사용하여 컴퓨터를 보호하기 위한 상태 및 세부 설정을 관리합니다.

■ 전화 접속 설정하기

전화 연결을 사용하여 네트워크 연결을 설정합니다.

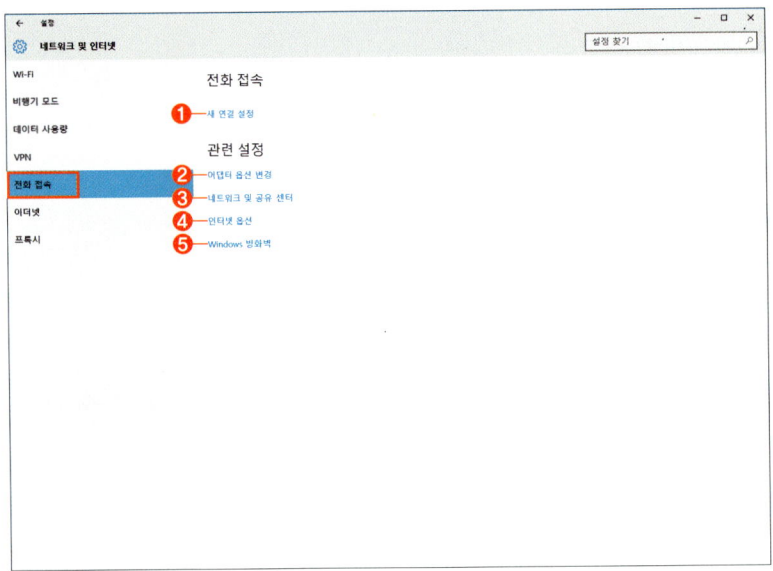

❶ **전화 접속** : 인터넷 연결, 새 네트워크 설정, 무선 네트워크 수동 연결, VPN을 사용한 연결을 추가하거나 관리할 수 있습니다.

❷ **어댑터 옵션 변경** : 컴퓨터에 연결되어 있는 유/무선 네트워크 장치가 나열되고 설정할 수 있습니다.

❸ **네트워크 및 공유 센터** : 네트워크 및 공유 센터를 실행하여 네트워크 설정을 변경할 수 있습니다.

❹ **인터넷 옵션** : 인터넷 연결 시 사용될 세부적인 네트워크 설정을 할 수 있습니다.

❺ **Windows 방화벽** : Windows 방화벽을 사용하여 컴퓨터를 보호하기 위한 상태 및 세부 설정을 관리합니다.

■ 이더넷 설정하기

유선 네트워크의 연결 상태 및 정보를 확인할 수 있습니다.

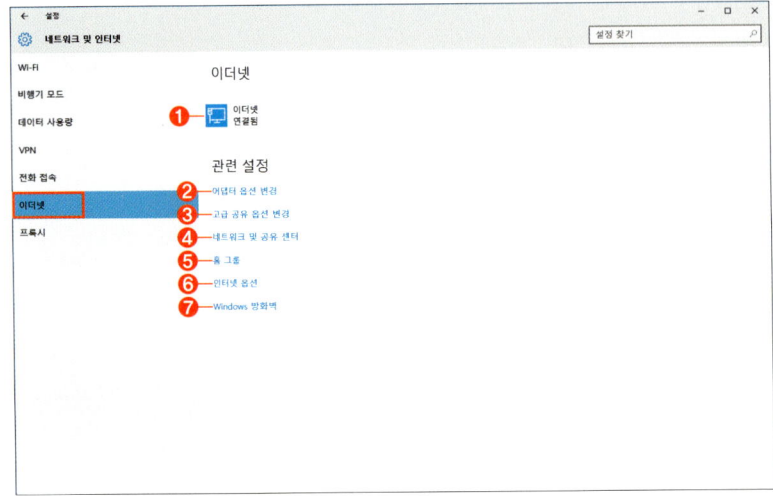

❶ 이더넷 : 유선 네트워크 연결 상태를 확인할 수 있고, 네트워크에 연결하거나 끊을 수 있습니다.

❷ 고급 옵션 : Wi-Fi의 속성을 확인할 수 있습니다. 제조 업체, 장치명, 드라이버 버전 및 물리적 주소 (MAC)를 확인할 수도 있습니다.

❸ 고급 공유 옵션 변경 : 네트워크 프로필에 따라 공유 옵션을 설정합니다.

❹ 네트워크 및 공유 센터 : 네트워크 및 공유 센터를 실행하여 네트워크 설정을 변경할 수 있습니다.

❺ 홈 그룹 : 홈 그룹을 생성, 연결 및 관리할 수 있습니다.

❻ 인터넷 옵션 : 인터넷 연결 시 사용할 세부적인 네트워크 설정을 할 수 있습니다.

❼ Windows 방화벽 : Windows 방화벽을 사용하여 컴퓨터를 보호하기 위한 상태 및 세부 설정을 관리합니다.

■ 프록시 설정하기

유선 네트워크 또는 Wi-Fi 연결을 사용할 때 프록시 서버 설정 및 관리할 수 있습니다.

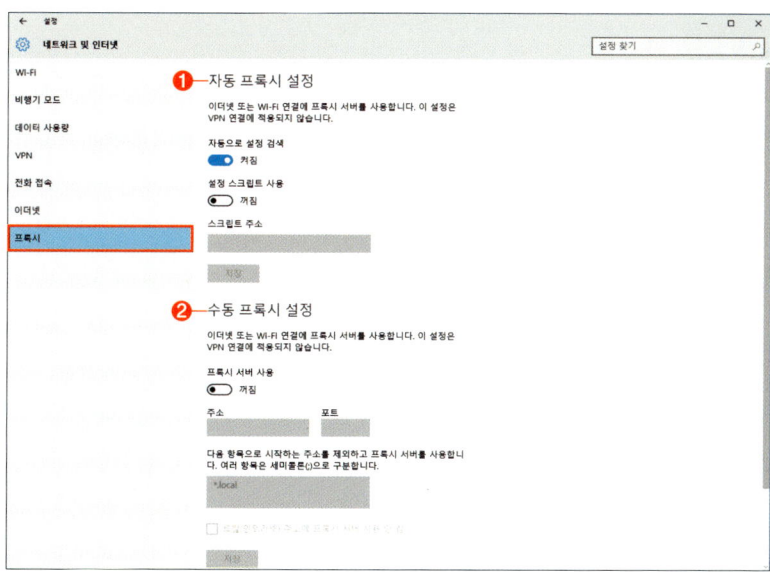

❶ 자동 프록시 설정 : 유선 네트워크 또는, Wi-Fi 연결 시에 사용할 프록시 서버 설정을 자동으로 설정합니다.

❷ 수동 프록시 설정 : 유선 네트워크 또는, Wi-Fi 연결 시에 사용할 프록시 서버 설정을 수동으로 설정합니다.

STEP 05 • 개인 설정 이해하기

데스크톱 화면 및 잠금 화면의 테마를 설정합니다.

■ 배경 설정하기

데스크톱 화면의 배경 사진 및 배치를 설정합니다.

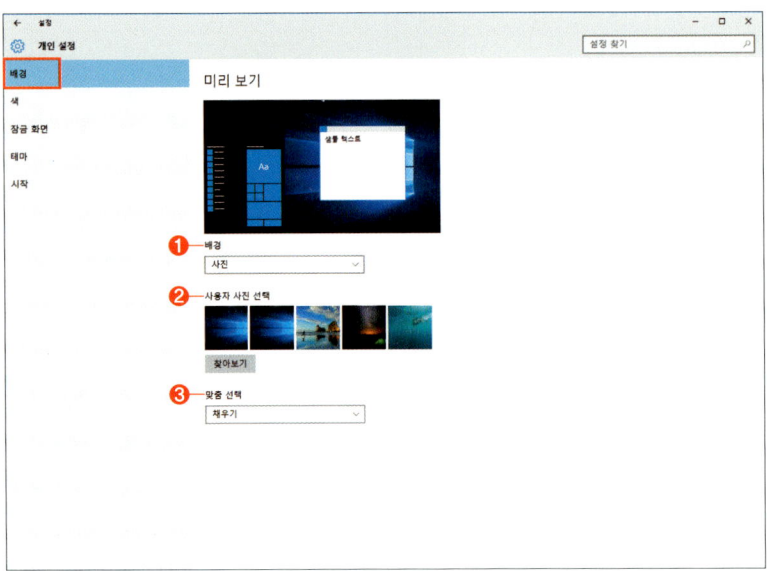

❶ **배경** : 사진, 단색 및 슬라이드 쇼로 데스크톱 배경 화면을 설정할 수 있습니다.

❷ **사용자 사진 선택** : 윈도우 10에서 기본 제공하는 이미지와 사용자의 이미지 사진을 사용하여 배경 화면을 설정할 수 있습니다.

❸ **맞춤 선택** : 채우기, 맞춤, 확대, 바둑판식 배열, 가운데 및 스팬 형태로 배경 이미지 배치를 지정할 수 있습니다.

■ 색 설정하기

시작, 작업 표시줄 및 알림 센터 관련 윈도우 창의 색을 설정합니다.

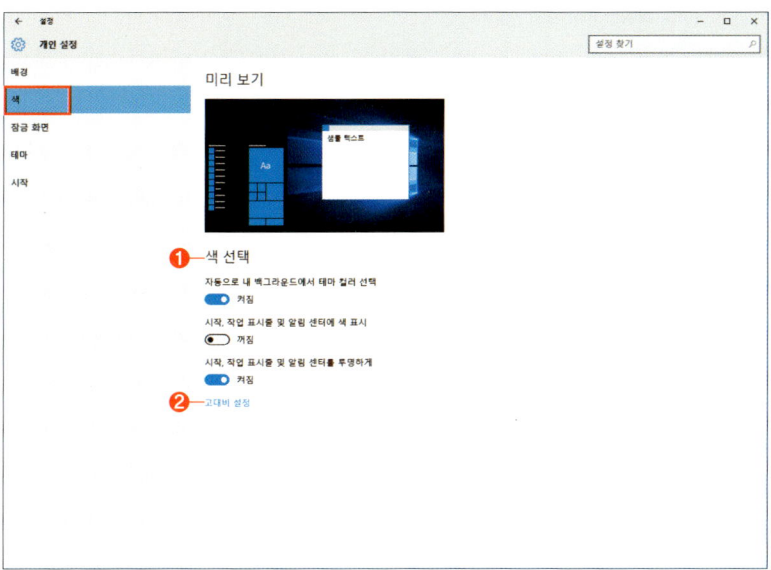

❶ 색 선택 : 백그라운드에서 사용되는 테마 컬러를 설정하거나, 시작, 작업 표시줄 및 알림 센터 등의 표시 색 및 투명도를 설정할 수 있습니다.

❷ 고대비 설정 : 텍스트, 하이퍼링크, 사용 불가 텍스트, 선택한 텍스트, 단추 텍스트 및 배경색을 고대비 색으로 설정할 수 있습니다.

■ 잠금 화면 설정하기

잠금 화면의 사진 설정 및 잠금 상태에서 알림으로 보여줄 앱을 설정합니다.

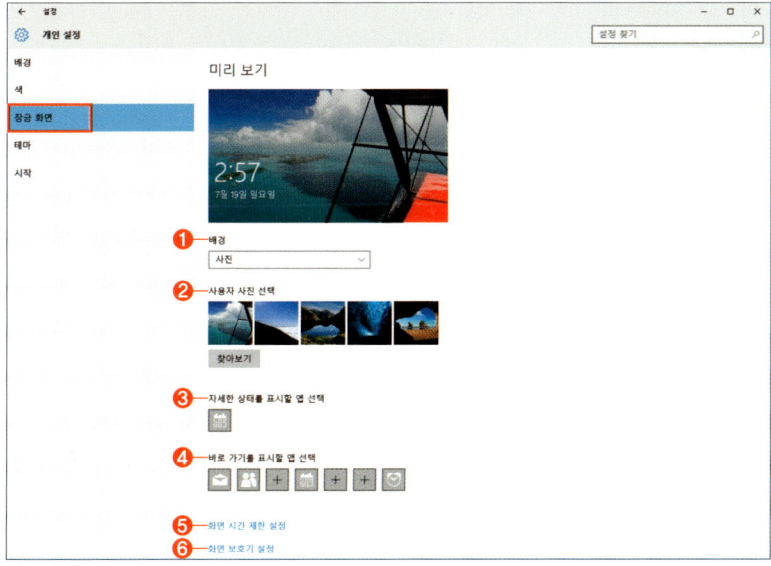

❶ **배경** : 잠금 화면의 배경 사진 및 슬라이드 쇼를 설정합니다.

❷ **사용자 사진 선택** : 사용자가 지정한 이미지로 잠금 화면을 설정합니다.

❸ **자세한 상태 표시 앱** : 잠금 화면에서 보여지는 세부 메시지를 나타나게 할 앱을 설정합니다.

❹ **바로 가기 표시 앱** : 잠금 화면 상태에서 바로 가기 가능한 앱을 표시합니다.

❺ **화면 시간 제한 설정** : 배터리 또는, 전원 사용 시 지정한 시간 동안 유휴한 경우 화면을 끄거나, 절전 모드 시간을 지정할 수 있습니다.

❻ **화면 보호기 설정** : 지정한 시간 동안 컴퓨터 사용이 유휴한 경우 자동으로 화면 보호기가 실행되도록 설정합니다.

■ **테마 설정하기**

데스크톱 화면의 이미지, 소리 및 색 등을 하나의 테마로 설정하여 관리할 수 있습니다.

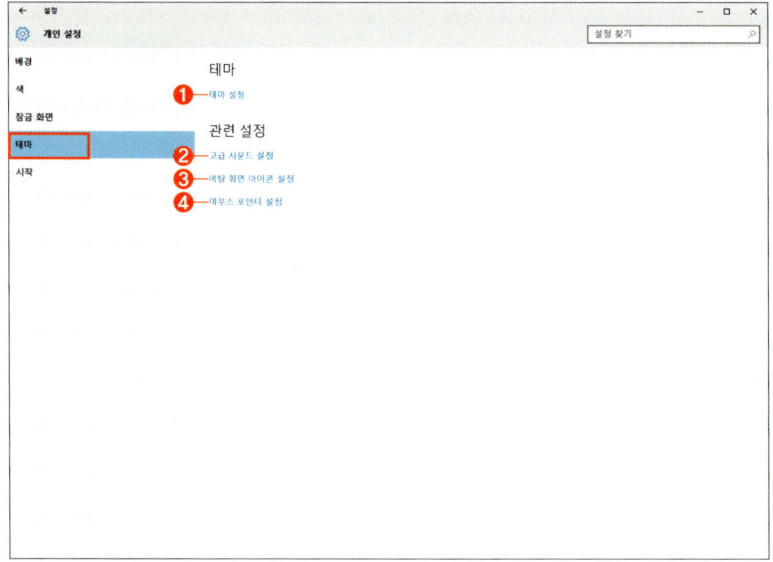

❶ **테마 설정** : 배경 화면, 소리 등의 테마 설정 및 온라인 테마를 다운로드 받아 설정할 수 있습니다.

❷ **고급 사운드 설정** : 소리 테마를 사용하여 윈도우 및 프로그램의 이벤트에 적용되는 소리의 집합을 편집하고 관리할 수 있습니다.

❸ **바탕 화면 아이콘 설정** : 바탕 화면에 표시할 컴퓨터, 휴지통, 문서, 제어판 및 네트워크 아이콘을 선택하여 보이거나 숨길 수 있습니다.

❹ **마우스 포인터 설정** : 마우스의 단추, 포인터, 포인터 옵션 및 휠에 대한 세부적인 설정이 가능합니다.

■ **시작 설정하기**

시작 메뉴에서 나열할 앱과 폴더를 설정합니다.

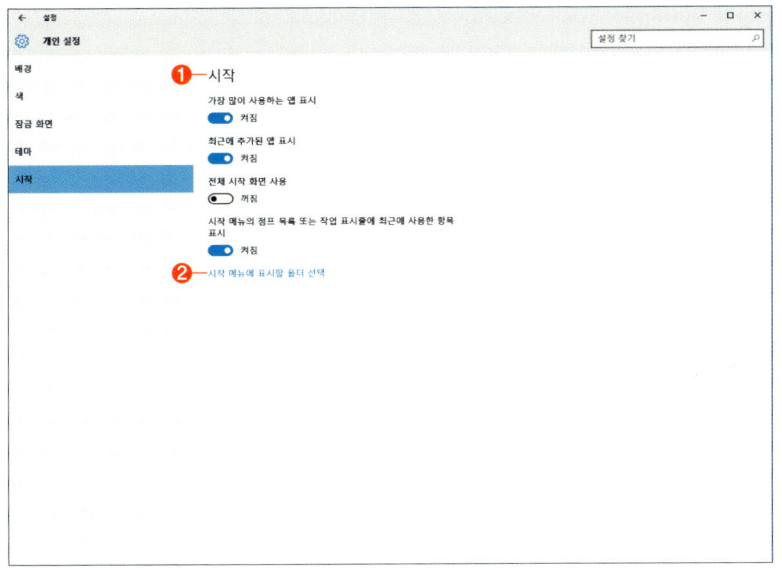

❶ **시작** : 시작 화면에 가장 많이 사용하는 앱, 최근에 추가된 앱, 점프 목록에 표시할 항목 등을 나타내거나 숨기도록 설정합니다.

❷ **시작 메뉴에 표시할 폴더 선택** : 시작 메뉴에 표시하거나 숨길 폴더를 설정합니다. 지정이 가능한 폴더는 파일 탐색기, 설정, 문서, 다운로드, 음악, 사진, 동영상, 홈 그룹, 네트워크 및 개인 폴더입니다.

STEP 06 • 계정 설정 이해하기

윈도우 10에서 사용하는 계정을 관리할 수 있고, 계정의 정보를 동기화하여 다른 컴퓨터에서 동일 계정으로 로그인 시 상태가 동기화 되도록 설정할 수 있습니다.

■ 계정 설정하기

사용자 계정을 관리합니다.

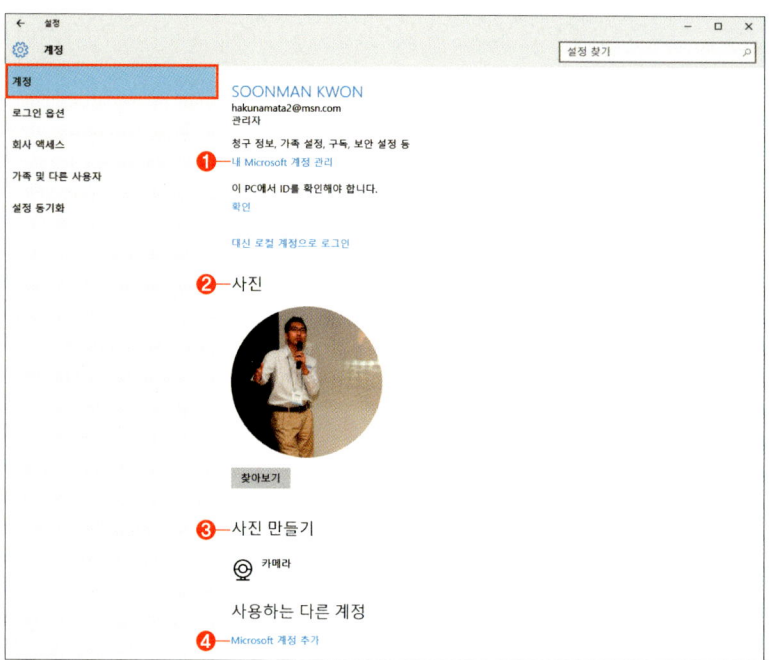

❶ 내 Microsoft 계정 관리 : 윈도우에 연결되어 있는 Microsoft 계정에 대한 정보를 관리할 수 있습니다.

❷ 사진 : 윈도우 로그온 화면에서 나타나낼 이미지 사진을 설정합니다.

❸ 사진 만들기 : 윈도우 로그온 화면의 이미지를 카메라를 사용하여 생성할 수 있습니다.

❹ Microsoft 계정 추가 : 현재 사용하는 컴퓨터에 Microsoft 계정을 추가할 수 있습니다.

■ 로그인 옵션 설정하기

윈도우 10 로그인 시 사용되는 암호 관리 및 로그인 방법을 설정할 수 있습니다.

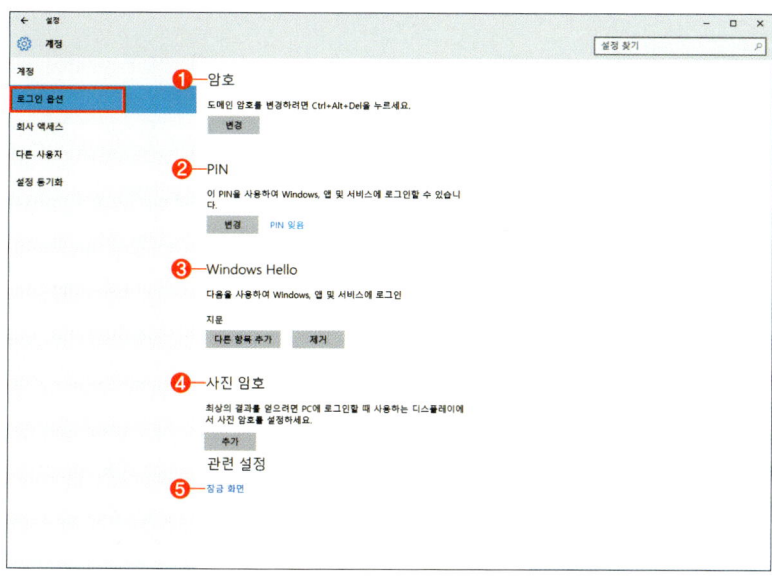

❶ 암호 : 사용자 로그인 암호를 변경할 수 있습니다.

❷ PIN : 윈도우 로그인, 앱 및 서비스에 로그인 시에 PIN 암호를 설정할 수 있습니다.

❸ Windows Hello : 윈도우 로그인, 앱 및 서비스에 로그인 시에 카메라, 지문 등을 사용하여 암호를 설정할 수 있습니다.

❹ 사진 암호 : 윈도우 로그인 시 사진 암호를 설정할 수 있습니다.

❺ 잠금 화면 : 잠금 화면 관련된 옵션을 설정할 수 있습니다.

■ 회사 액세스 설정하기

회사 또는, 학교와 연결하여 앱, 네트워크 등을 쉽게 사용할 수 있고, 특정 정책 등을 적용할 수 있도록 할 수도 있습니다.

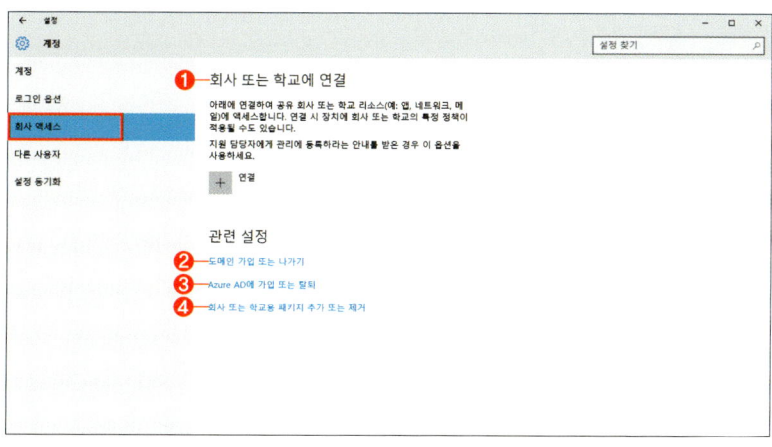

❶ 회사 또는 학교에 연결 : 회사 또는, 학교 계정을 연결하여 앱, 네트워크 등을 액세스하도록 설정할 수 있습니다.

❷ 도메인 가입 또는 나가기 : 기업에서 사용하는 도메인 환경에서는 중앙에서 컴퓨터를 관리하기 위하여 도메인 가입 또는, 제거할 수 있습니다.

❸ Azure AD에 가입 또는 탈퇴 : Microsoft 클라우드 서비스의 Active Directory 환경으로 가입 또는 제거할 수 있습니다.

❹ 회사 또는 학교용 패키지 추가 또는 제거 : 회사 또는, 학교에서 사용되는 윈도우 10 환경의 패키지 앱을 추가 및 관리할 수 있습니다.

■ 다른 사용자 설정하기

컴퓨터에서 사용하는 사용자 계정을 관리합니다.

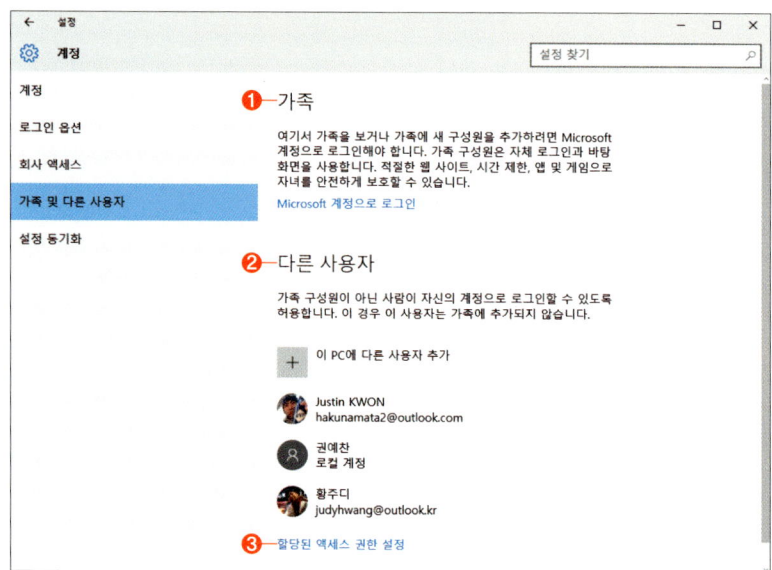

❶ 가족 : 컴퓨터에서 사용하는 가족 계정을 추가 및 관리할 수 있습니다.

❷ 다른 사용자 : 윈도우에 로그인 할 수 있는 계정을 추가 및 관리할 수 있습니다.

❸ 할당된 액세스 권한 설정 : 할당된 앱만 액세스할 수 있도록 계정을 관리할 수 있습니다.

■ 설정 동기화 설정하기

사용 중인 컴퓨터의 사용자 환경을 동기화할 수 있는 항목을 관리합니다.

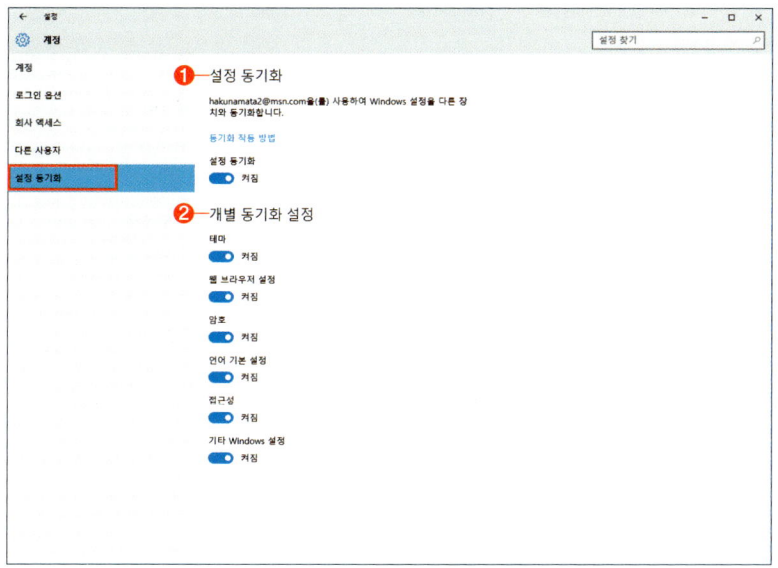

❶ **설정 동기화** : Microsoft 계정을 사용하여 다른 윈도우 10 컴퓨터와 설정을 동기화하도록 설정할 수 있습니다.

❷ **개별 동기화 설정** : 설정 동기화 시 테마, 웹 브라우저, 암호, 언어 기본, 접근성 등의 개별적인 동기화 설정이 가능합니다.

> **TIP : 사용자 환경 가상화(UE-V : User Experience Virtualization)**
> 윈도우 10 기업 사용자를 위해 기본 윈도우 환경 및 앱의 설정 동기화를 할 수 있는 솔루션이 제공됩니다. 이 솔루션은 마이크로소프트 데스크톱 최적화 팩(MDOP : Microsoft Desktop Optimizations Pack)에 포함되어 있는 사용자 환경 가상화(UE-V)입니다.
> 이 솔루션을 적용하면, 각 사용자의 업무 방식에 맞게 개인적인 윈도우 환경을 제공하며, 윈도우와 앱간의 관리 템플릿을 통하여 정책적으로 관리할 수도 있습니다.

STEP 07 • 시간 및 언어 설정 이해하기

윈도우 10 환경의 컴퓨터에서 사용될 날짜, 시간 및 언어 설정에 대하여 알아봅니다. 설정되는 지역에 따라 웹 사이트 연결 시에 설정된 언어에 맞게 우선순위로 보이거나, 통화 단위의 표시 등의 영향을 받을 수 있습니다. 또한 음성 언어를 설정하는 방법에 대하여 알아봅니다.

■ 날짜 및 시간 설정하기

컴퓨터의 날짜 및 시간을 설정하고, 나타내는 언어 및 표시 형식을 설정합니다.

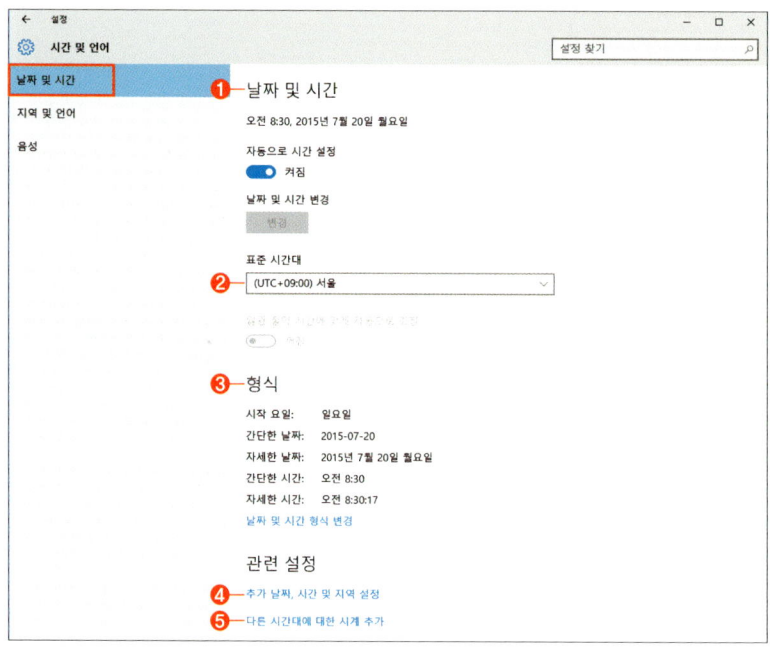

❶ **날짜 및 시간** : 현재 날짜와 시간을 확인할 수 있고, 네트워크 또는, GPS를 통하여 자동으로 시간이 설정되며, 임의적으로 변경이 가능합니다.

❷ **표준 시간대** : 나열되는 표준 시간대를 선택하여 설정할 수 있습니다.

❸ **날짜 및 시간 형식 변경** : 윈도우 및 관련 앱에서 표시되는 날짜 및 시간 형식을 확인하고, 변경 설정할 수 있습니다.

❹ **추가 날짜, 시간 및 지역 설정** : 날짜 및 시간, 언어 및 국가 또는, 지역을 추가하거나 변경 설정할 수 있습니다.

❺ **다른 시간대에 대한 시계 추가** : 다른 시간대의 시계를 추가하여 현재 지역과 추가적으로 표시할 수 있습니다.

■ 지역 및 언어 설정하기

국가 또는, 지역을 설정하여 설정된 국가에 따라 윈도우 및 앱의 콘텐츠를 제공받을 수 있도록 설정할 수 있고, 입력할 수 있는 언어를 추가할 수도 있습니다.

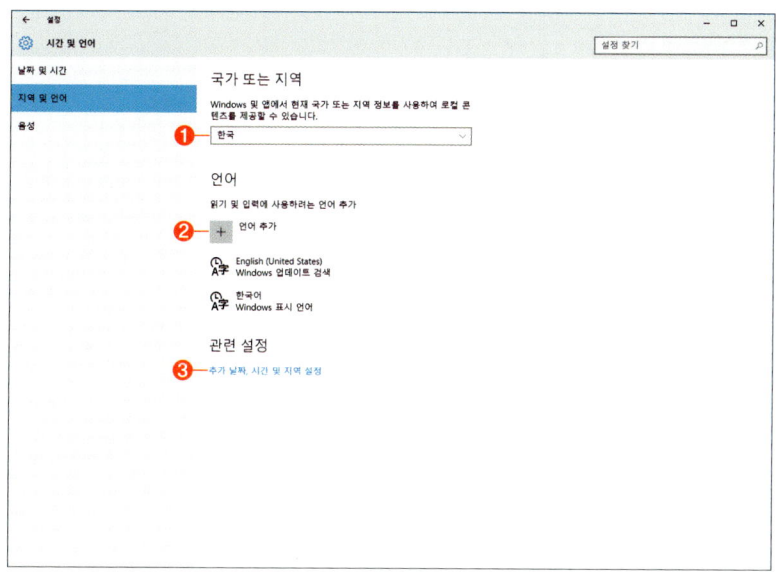

❶ **국가 또는 지역** : 윈도우 및 앱에서 현재 국가 또는, 지역 정보를 사용하여 콘텐츠를 알맞게 제공할 수 있도록 지역을 설정할 수 있습니다.

❷ **언어 추가** : 윈도우에서 표시되고, 입력하는 언어를 추가 설정 및 관리합니다.

❸ **추가 날짜, 시간 및 지역 설정** : 날짜 및 시간, 언어 및 국가 또는, 지역을 추가하거나 변경 설정을 할 수 있습니다.

> **TIP : 윈도우 10 제공 언어**
> 윈도우 10에서 제공하는 언어는 141개 이며, 나열된 언어를 선택하면 자동으로 추가되어 사용할 수 있습니다.

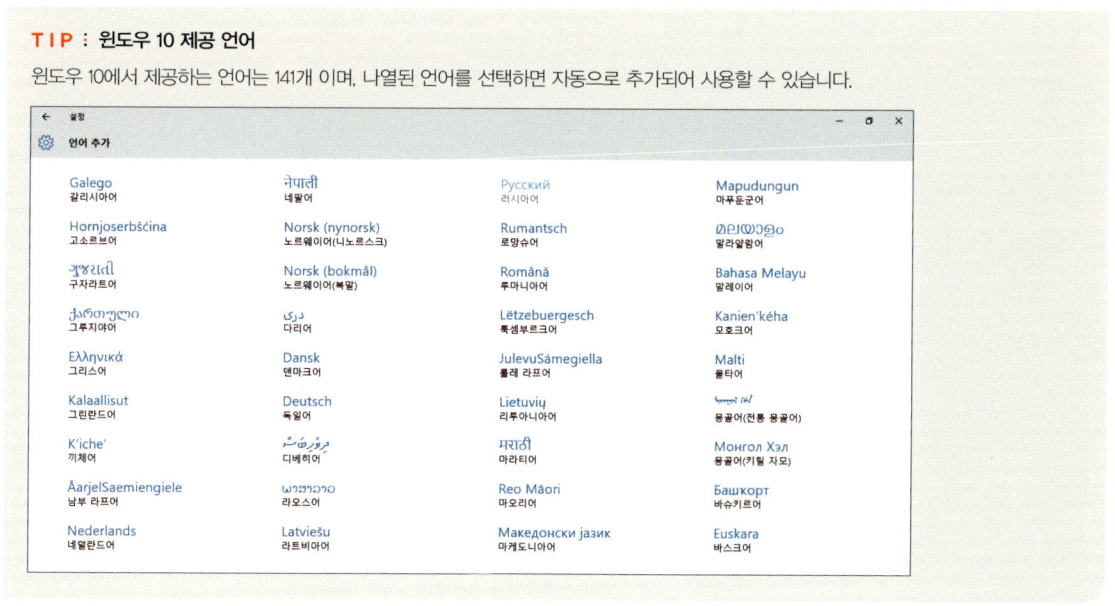

■ 음성 설정하기

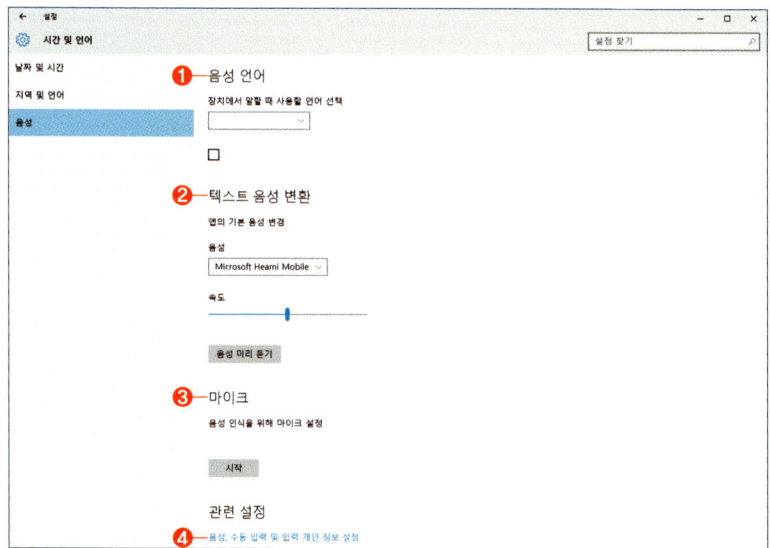

❶ **음성 언어** : 장치에서 음성 명령 시 사용되는 언어를 설정합니다.

❷ **텍스트 음성 변환** : 텍스트를 음성으로 변경 시에 사용되는 음성 및 속도를 설정합니다.

❸ **마이크** : 음성 인식을 위해 사용하는 마이크를 설정합니다.

❹ **음성, 수동 입력 및 입력 개인 정보 설정** : 윈도우 및 코타나가 사용자의 음성 및 필기를 이해하게 되고 더 나은 추천을 제공하기 위한 연락처, 최근 일정 이벤트, 음성 및 필기 패턴, 입력 기록 등의 정보 수집을 설정합니다.

TIP : 음성 녹음기
윈도우 10에서 기본적으로 제공하는 음성 녹음기를 사용하여 설정한 마이크의 상태를 체크할 수 있습니다. 음성 녹음기를 실행하는 방법은 검색 창에 '음성'을 입력하여 나타나는 결과에서 [음성 녹음기]를 실행하면 됩니다.

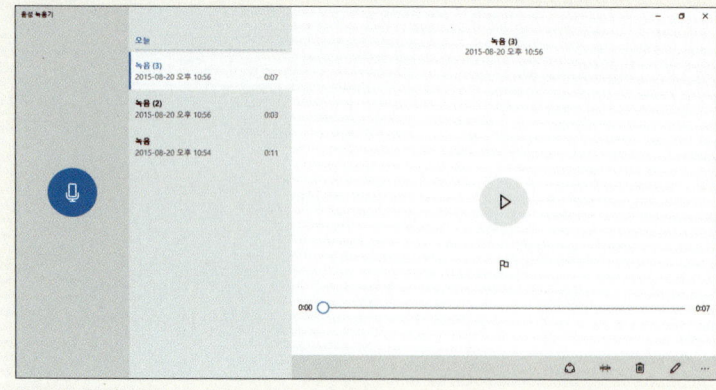

STEP 08 • 접근성 설정 이해하기

윈도우 10은 더 쉽고 편리하게 사용할 수 있도록 여러 프로그램과 설정을 제공합니다. 기타 접근성 기능이 필요한 경우 추가 보조 기술 제품을 컴퓨터에 추가할 수 있습니다.

■ 내레이터 설정하기

화면의 문자 및 컨트롤을 음성으로 표현하도록 설정할 수 있습니다. 내레이터는 사용자가 디스플레이 없이 컴퓨터를 사용할 수 있도록 화면에 있는 문자를 소리 내 읽어 주고 오류 메시지와 같은 이벤트를 설명해 주는 화면 읽기 윈도우 프로그램입니다.

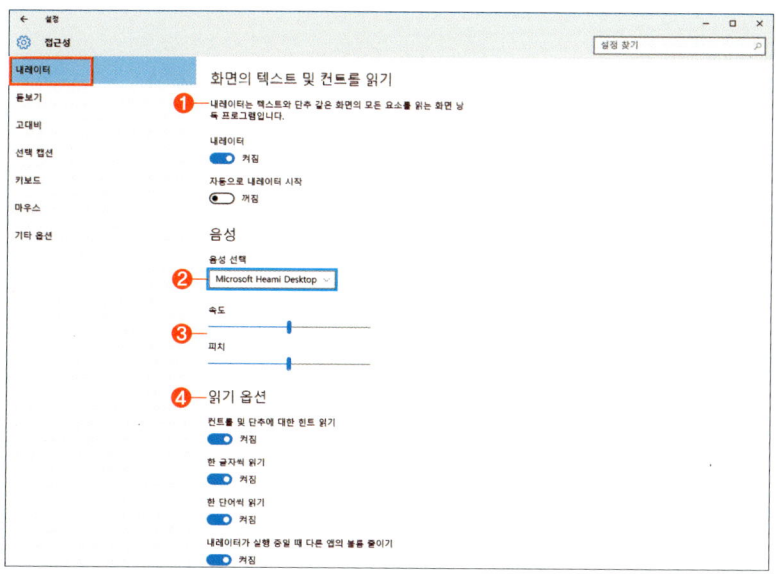

❶ 내레이터 설정 : 화면의 텍스트 및 컨트롤에 대한 내레이터 설정을 합니다.

❷ 음성 선택 : 내레이터 음성을 선택합니다.

❸ 속도 및 피치 : 내레이터 음성의 속도를 조절합니다.

❹ 읽기 옵션 : 내레이터 읽기 시 컨트롤 및 단추, 글자 또는 단어로 읽기 등의 옵션을 설정합니다.

■ 돋보기 설정하기

돋보기 기능을 사용하여 화면을 확대하거나 커서의 이동을 쉽게 설정할 수 있습니다.

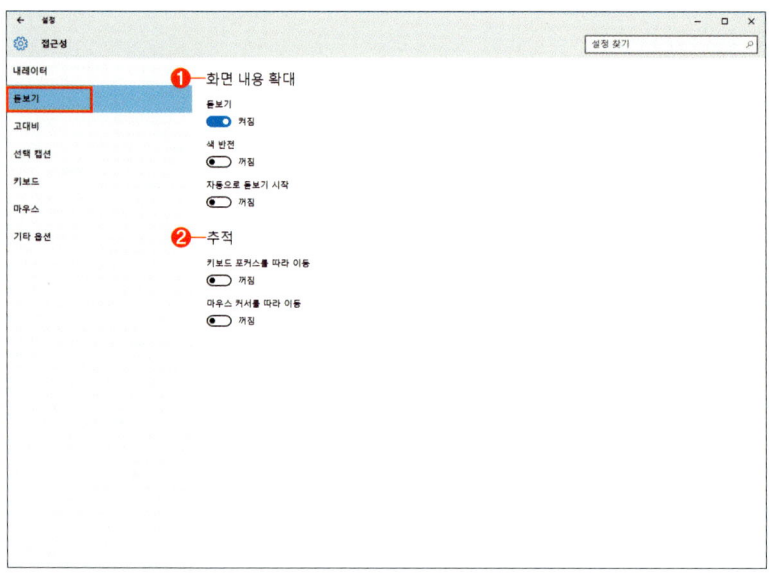

❶ 돋보기 : 화면의 내용을 확대하기 위한 돋보기 기능 활성화 및 색 반전 효과를 설정합니다.

❷ 추적 : 키보드 및 마우스의 커서 이동을 추적 설정합니다.

TIP : 돋보기 단축키
윈도우 10에서 기본적으로 제공하는 돋보기를 실행하는 단축키는 ⊞키 + [+]/[-] 입니다.

TIP : 돋보기 앱
윈도우 10에서 기본적으로 제공하는 돋보기 기능 외에 추가로 마이크로소프트에서 무상으로 제공하는 돋보기 툴을 소개합니다. 다운로드 URL은 다음과 같습니다.
다운로드 URL : https://technet.microsoft.com/ko-kr/sysinternals/bb897434.aspx
실행 방법은 압축을 해제한 후 실행하면 기본적으로 설정되어 있는 Ctrl + 1 을 눌러 화면을 확대/축소할 수 있으며, 그 외에 화면에 그리기, 글씨 입력하기 및 쉬는 시간 카운트다운과 같은 기능도 포함되어 있습니다.

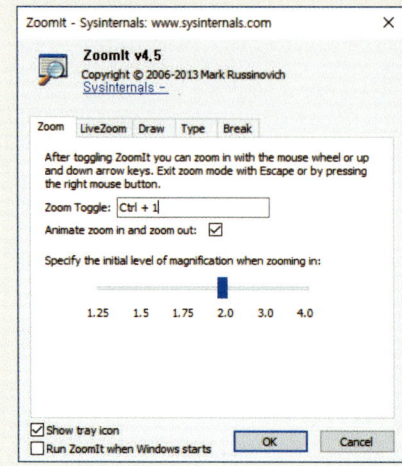

■ 고대비 설정하기

고대비는 디스플레이 화면에서 일부 문자와 이미지의 색상 대비를 강조 표시하여 해당 항목을 보다 뚜렷하고 쉽게 식별될 수 있도록 설정할 수 있습니다.

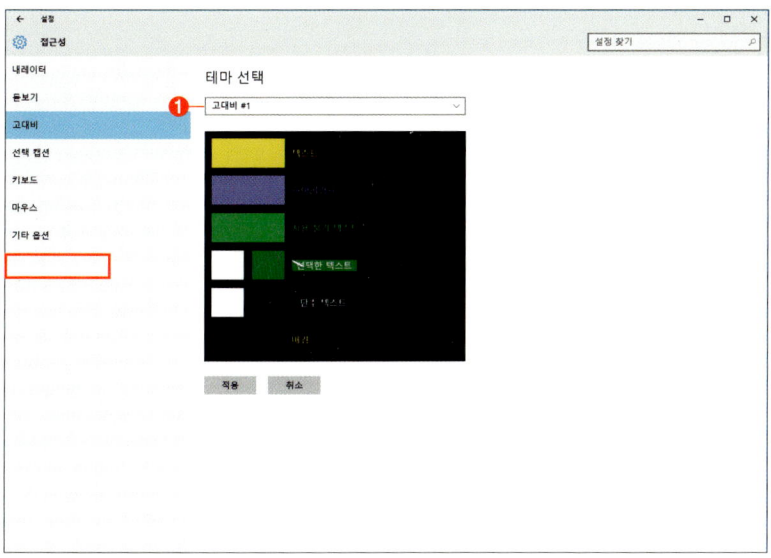

❶ 고대비 설정 : 텍스트, 하이퍼링크, 사용 불가 텍스트, 선택한 텍스트, 단추 텍스트 및 배경 색을 고대비 색으로 설정할 수 있습니다.

■ 선택 캡션 설정하기

캡션의 글꼴, 배경 및 창의 색상과 효과를 설정합니다.

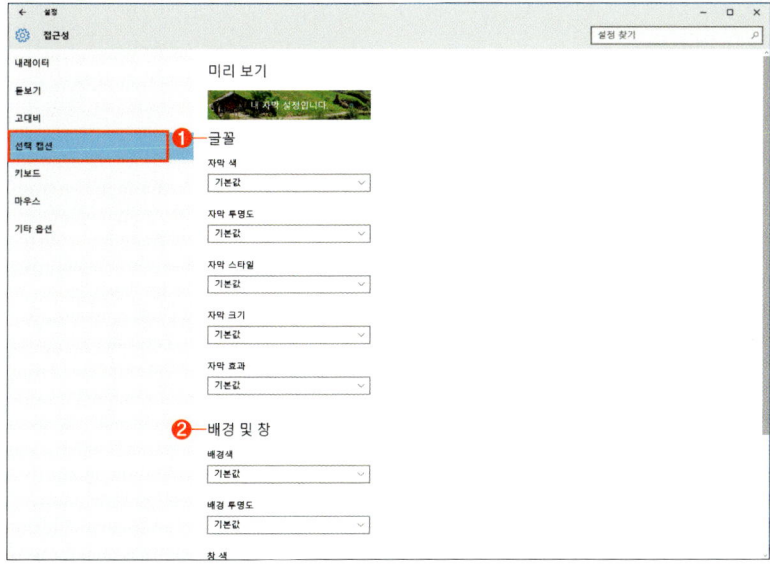

❶ 글꼴 : 캡션의 글꼴 색, 글꼴 투명도, 글꼴 스타일, 글꼴 크기 및 효과를 설정합니다.

❷ 배경 및 창 : 배경색, 배경 투명도, 창 색 및 창의 투명도를 설정합니다.

■ **키보드 설정하기**

화상 키보드 사용 및 특수 키인 고정 키, 토글 키, 필터 키 등을 설정할 수 있습니다.

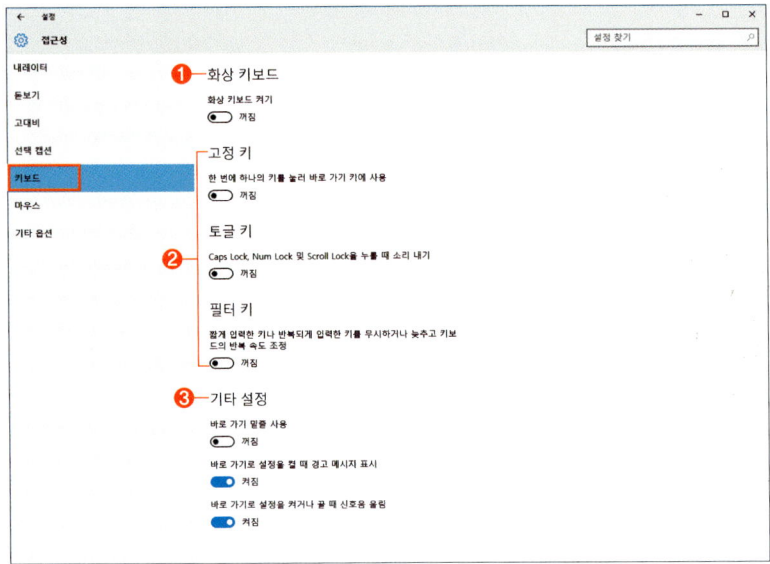

❶ **화상 키보드** : 화상 키보드 사용 및 사용 안 함을 설정할 수 있습니다.

❷ **특수 키** : 고정 키(여러 개의 키를 동시에 누르기 어려운 사용자를 위해 제공하는 기능), 토글 키 (Caps Lock, Num Lock 또는, Scroll Lock 을 누를 때마다 경고를 표시 하는 기능), 필터 키(빠른 속도로 연달아 발생되는 키 입력 또는 실수로 몇 초 동안 누른 키 입력을 무시하도록 설정하는 기능)를 설정할 수 있습니다.

❸ **바로 가기 설정** : 대화상자의 컨트롤에 대해 선택 키를 강조 표시하여 대화상자에서 키보드 액세스를 더욱 쉽게 할 수 있도록 설정합니다.

■ 마우스 설정하기

마우스 포인터의 크기 및 색을 설정하고, 키보드를 사용하여 마우스를 사용할 수 있도록 키를 설정합니다.

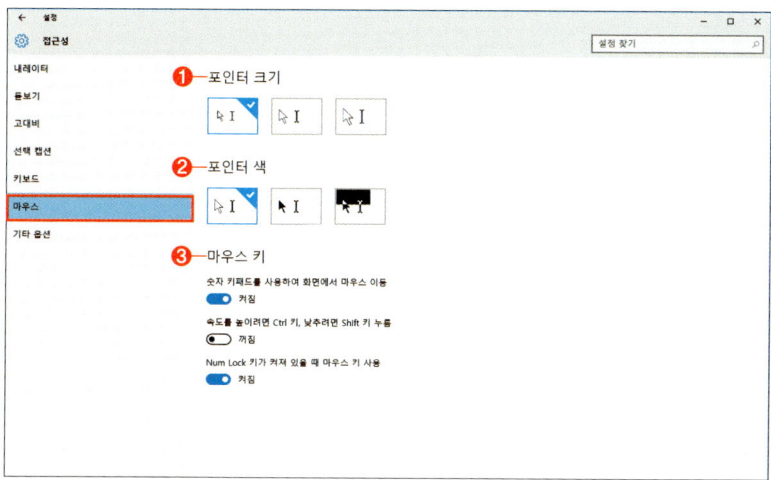

❶ **포인터 크기** : 마우스 포인터의 크기와 모양을 설정합니다.

❷ **포인터 색** : 마우스 포인터의 색을 설정합니다.

❸ **마우스 키** : 숫자 키패드를 사용하여 마우스 포인트를 이동할 수 있도록 설정합니다.

■ 기타 옵션 설정하기

윈도우 10에서 기타 시각적인 옵션을 설정합니다.

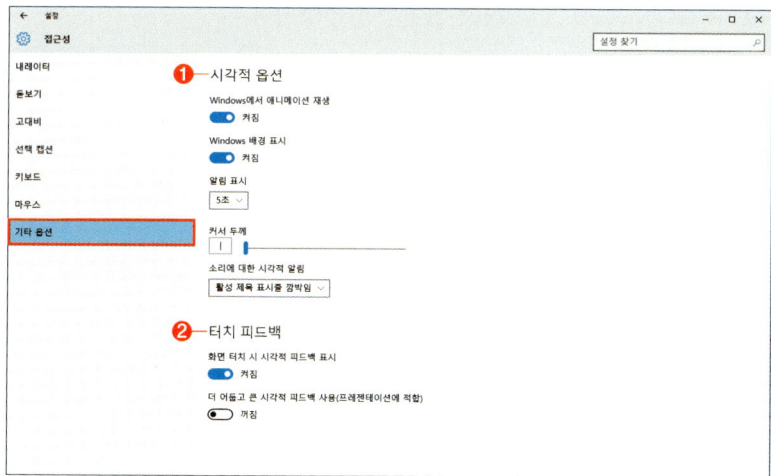

❶ **시각적 옵션** : 윈도우에서 시각적 옵션인 애니메이션 재생, 배경 표시, 알림 표시 시간 등을 설정합니다.

❷ **터치 피드백** : 화면 터치 시에 화면에 터치 포인트를 시각적으로 나타낼 수 있도록 설정합니다.

STEP 09 • 개인 정보 설정 이해하기

개인적인 정보 및 옵션을 설정합니다. 윈도우 10에서 기본적으로 제공하는 앱과 연동되는 개인 정보 및 위치와 카메라에 대한 설정을 할 수 있습니다.

■ 일반 설정하기

개인 정보 옵션을 변경하고 설정합니다.

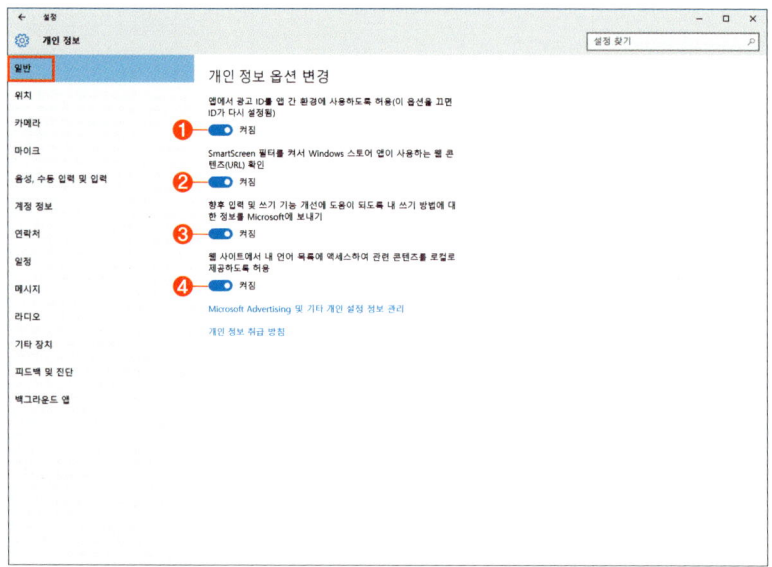

❶ **앱 광고 ID 설정** : 앱 환경에서 광고 ID를 참고하여 사용 허용 여부를 설정합니다.

❷ **SmartScreen 필터** : 윈도우 스토어 앱에서 사용하는 웹 콘텐츠의 URL을 확인하여 유해한 앱에 대한 필터링을 설정합니다.

❸ **입력 및 쓰기 개선 피드백** : 입력 및 쓰기에 대한 사항을 마이크로소프트에 피드백할 수 있는 설정입니다.

❹ **콘텐츠 로컬로 제공** : 웹 사이트에서 내 언어에 설정한 목록을 참고하여 관련 설정한 언어 로컬에 맞는 콘텐츠를 빠르게 제공할 수 있도록 하는 설정입니다.

■ 위치 설정하기

현재 사용 중인 장치에서 로그인한 사용자의 위치를 설정하고 변경할 수 있으며, 위치가 켜져 있으면 앱 및 서비스가 나열됩니다.

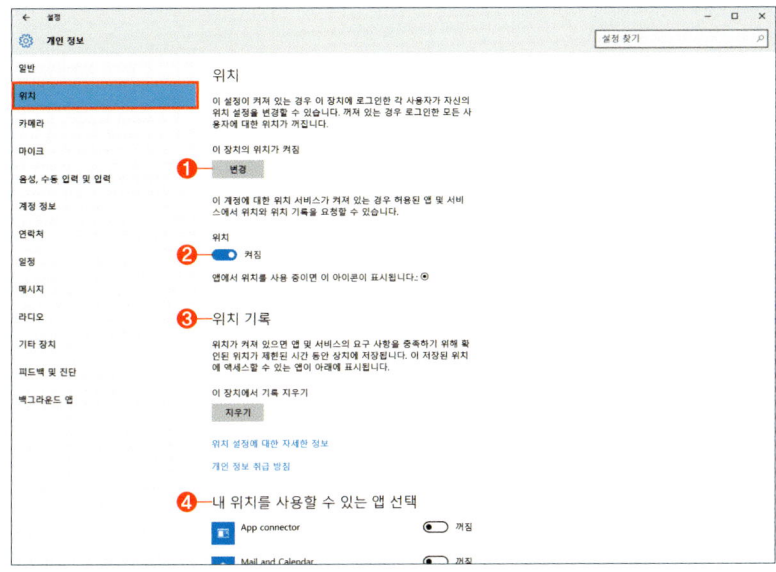

❶ 장치 위치 변경 : 장치에 로그인한 사용자의 위치를 설정할 수 있습니다.

❷ 장치 위치 : 위치 서비스가 켜져 있는 경우에 허용된 앱 및 서비스에서 위치 정보와 위치 기록을 요청할 수 있도록 설정합니다.

❸ 위치 기록 : 장치의 위치가 켜져 있으면 앱 및 서비스의 요구 사항을 충족하기 위해 확인된 위치가 제한된 동안 장치에 저장되며, 사용자가 강제로 삭제할 수 있습니다.

❹ 내 위치에서 사용 앱 : 장치에 위치를 참고하여 사용할 수 있는 앱 및 서비스를 설정할 수 있습니다.

■ 카메라 설정하기

앱에서 사용되는 카메라의 사용 여부를 설정합니다.

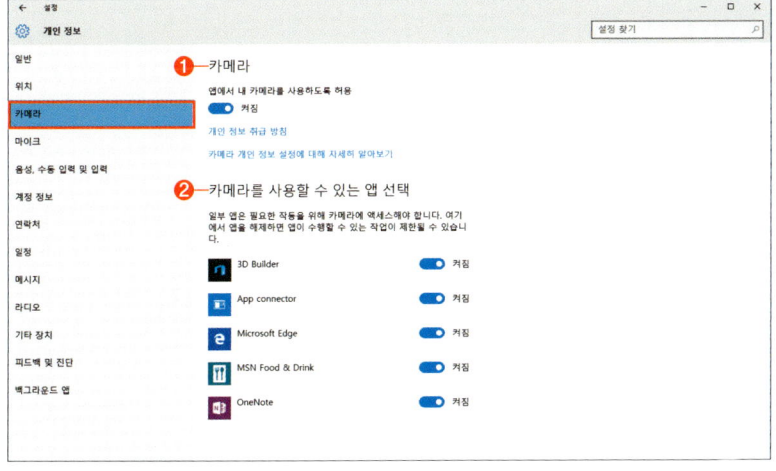

❶ **카메라** : 설치된 앱에서 내 카메라의 사용 여부를 설정합니다.

❷ **카메라 사용 앱** : 카메라가 필요한 앱인 경우 나열된 앱별로 액세스 여부를 설정합니다.

■ 마이크 설정하기

앱에서 마이크를 사용 여부를 설정합니다.

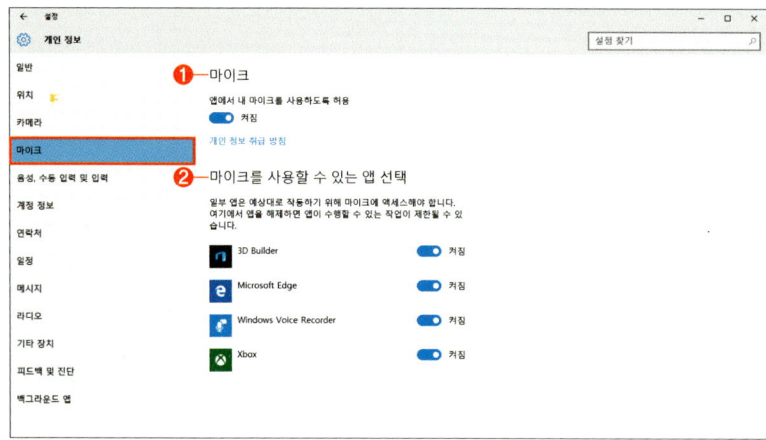

❶ **마이크** : 설치된 앱에서 내 마이크 사용 여부를 설정합니다.

❷ **마이크 사용 앱** : 마이크가 필요한 앱인 경우 나열된 앱 별로 액세스 여부를 설정합니다.

■ 음성, 수동 입력 및 입력 설정하기

연락처, 최근 일정 이벤트, 음성 및 필기 패턴, 입력 기록 등의 사용자 정보를 수집하여 음성 및 입력된 검색어를 빠르게 추천할 수 있도록 설정합니다.

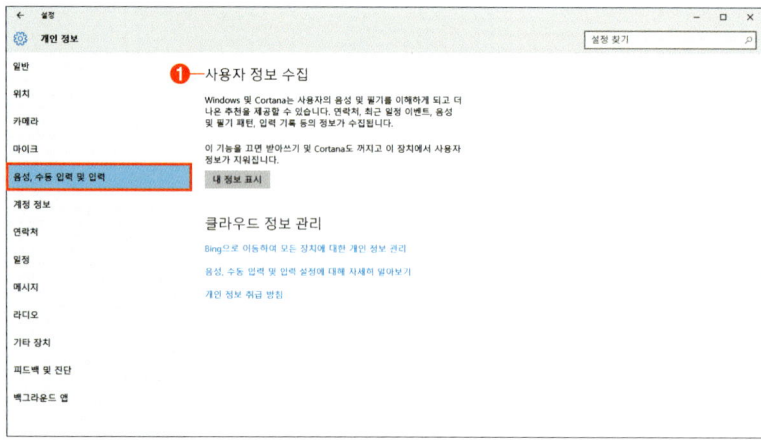

❶ **사용자 정보 수집** : 윈도우 10 및 코타나에서 사용자의 연락처, 최근 일정 이벤트, 음성 및 필기 패턴 및 입력 기록 등의 정보 수집 여부를 설정합니다.

■ 계정 정보 설정하기

앱에서 사용자 계정에 대한 정보를 다른 계정 정보에서도 액세스할 수 있도록 설정합니다.

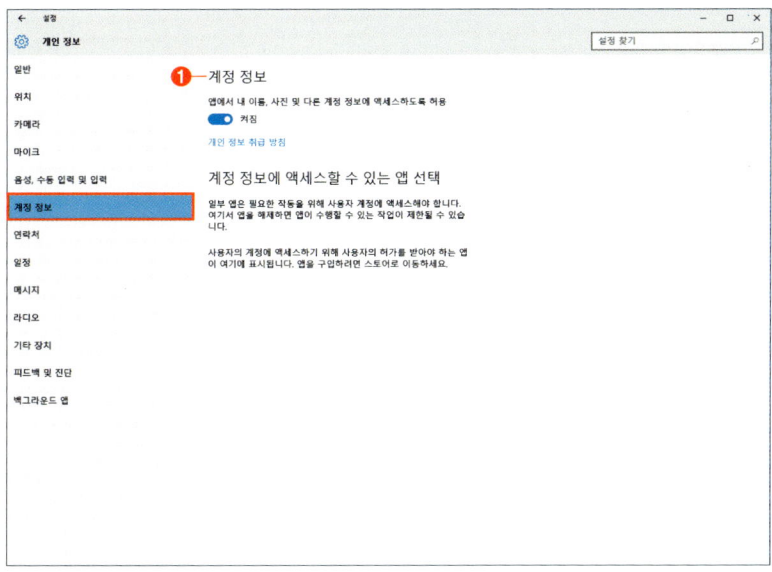

❶ 계정 정보 : 설치된 앱에서 사용자의 이름, 사진 및 다른 계정 정보를 액세스할 수 있도록 허용 여부를 설정합니다.

■ 연락처 설정하기

연락처에 액세스할 수 있는 앱을 설정합니다.

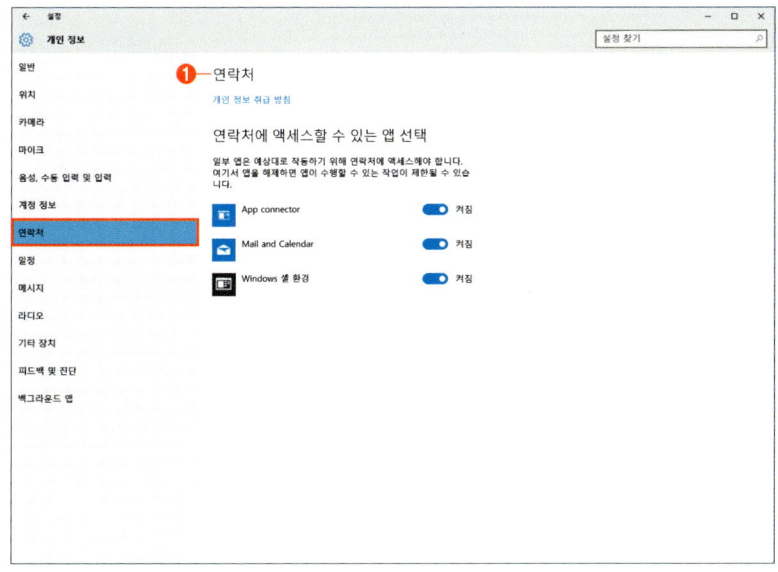

❶ 연락처 : 설치된 앱별로 사용자의 연락처를 액세스할 수 있도록 설정합니다.

■ 일정 설정하기

일정에 액세스할 수 있는 앱을 설정합니다.

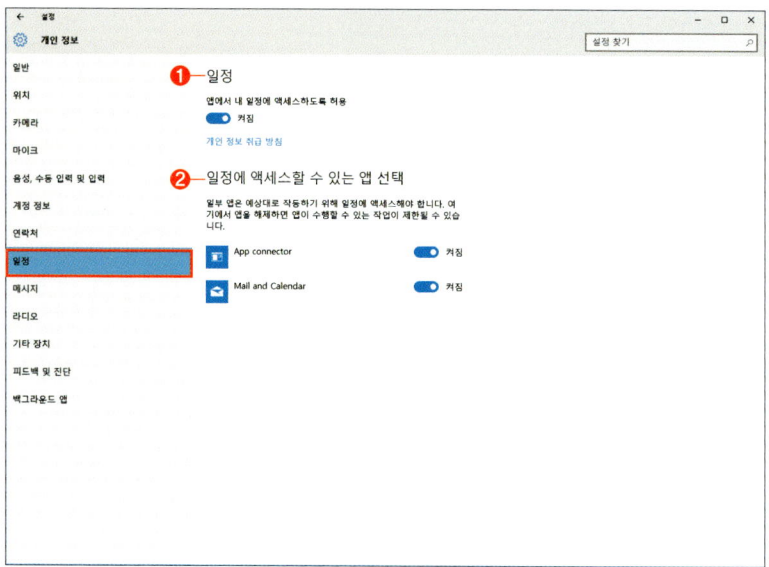

❶ 일정 : 일정 앱에서 사용자의 일정을 액세스 허용 여부를 설정합니다.

❷ 일정 액세스 앱 : 설치되어 있는 앱에서 일정의 액세스 허용 여부를 설정합니다.

■ 메시지 설정하기

메시지를 읽거나 보낼 수 있는 앱을 설정합니다.

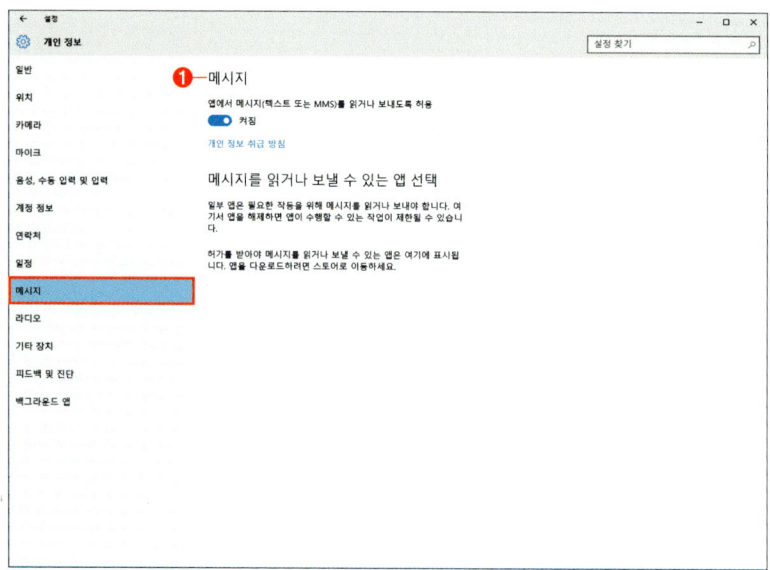

❶ 메시지 : 메시지 앱에서 사용자의 메일 액세스 허용 여부를 설정합니다.

■ 라디오 설정하기

일부 앱에서 라디오를 사용하여 데이터를 주고 받을 수 있도록 설정합니다.

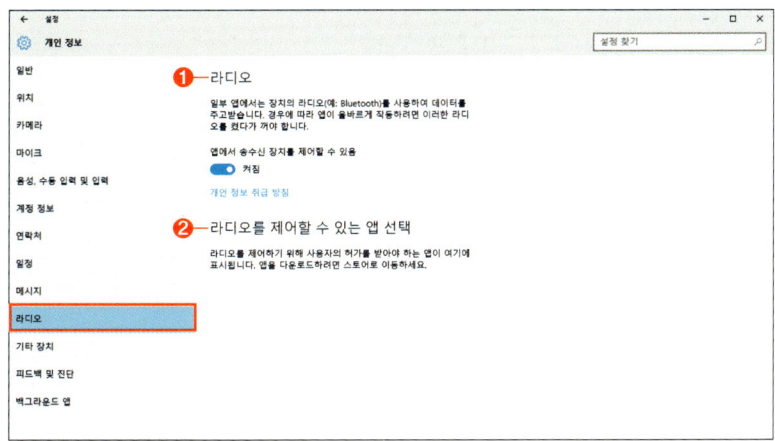

❶ 라디오 : 앱에서 블루투스 같은 라디오 장치를 통하여 데이터를 송수신할 수 있도록 설정합습니다.

❷ 라디오 액세스 앱 : 설치되어 있는 앱에서 라디오 장치의 액세스 허용 여부를 설정합니다.

■ 기타 장치 설정하기

앱에서 컴퓨터 또는, 휴대폰과 무선 장치와 정보를 자동으로 공유하고 동기화할 수 있도록 설정할 수 있습니다.

❶ 장치와 동기화 : 무선 상태에서 컴퓨터, 태블릿, 휴대폰 등의 하드웨어와 정보를 공유하고 동기화할 수 있도록 앱을 설정합니다.

❷ UDisk 설정 : 유선 상태에서 컴퓨터, 태블릿, 휴대폰 등의 하드웨어와 정보를 공유하고 동기화할 수 있도록 앱을 설정합니다.

■ 피드백 및 진단 설정하기

윈도우 10 사용 시 문제가 발생될 때 마이크로소프트에 관련 피드백을 보낼 수 있도록 설정합니다.

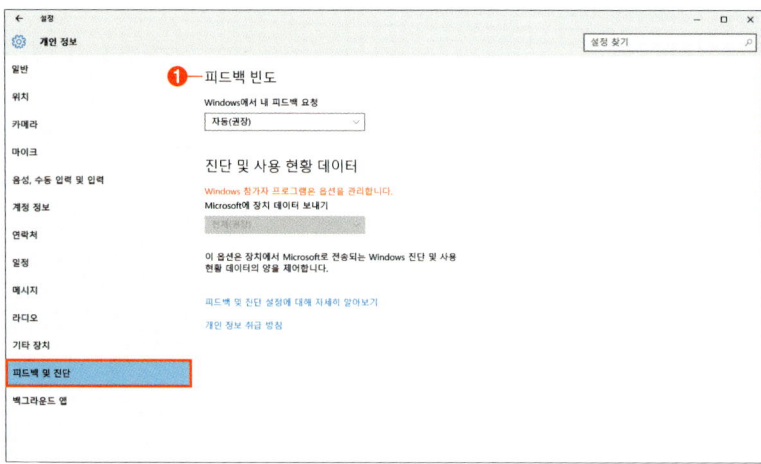

❶ 피드백 : 윈도우 10을 사용하는 경우 문제가 발생하면 오류 사항의 피드백 여부를 설정합니다.

■ 백그라운드 앱 설정하기

사용하지 않는 상태에서도 정보를 수신하고, 알림을 보내고 최신 상태로 유지할 수 있는 앱을 설정할 수 있습니다. 만약 백그라운드 앱을 끄면 배터리 절약이 가능합니다.

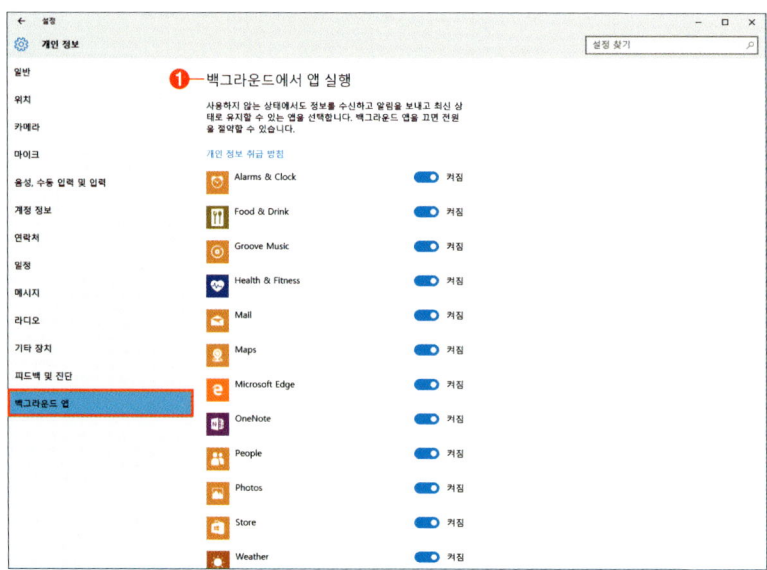

❶ 백그라운드 앱 : 앱을 실행하지 않은 상태에서도 정보를 수신하고 알림을 보내는 등의 동작을 할 수 있도록 설정할 수 있으며, 배터리를 사용하는 경우 백그라운드 앱을 사용하지 않도록 설정하여 더 오랜 시간 동안 컴퓨터를 사용할 수도 있습니다.

STEP 10 • 업데이트 및 복구 설정 이해하기

윈도우의 보안 및 최신 상태를 유지하기 위하여 윈도우 업데이트를 관리하고 문제 발생 시 복구할 수 있도록 백업 등을 설정할 수 있습니다.

■ 윈도우 업데이트 설정하기

윈도우의 최신 보안 및 버그에 대한 업데이트를 다운로드 받고 설치할 수 있습니다.

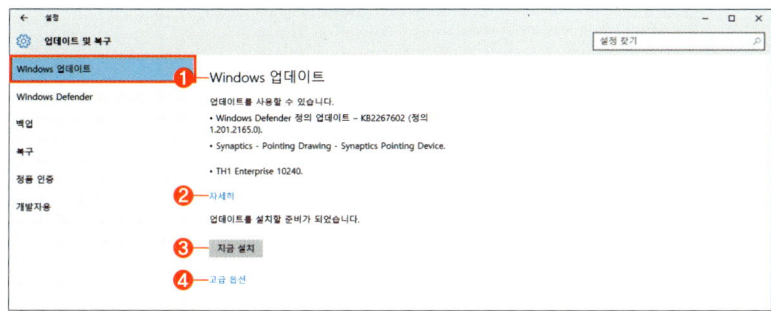

❶ **Windows 업데이트** : Windows 업데이트 설치할 목록이 나타납니다.

❷ **자세히** : 나열된 Windows 업데이트에 세부적인 사항을 확인할 수 있습니다.

❸ **지금 설치** : Windows 업데이트에 나열된 목록을 바로 설치합니다.

❹ **고급 옵션** : 업데이트 설치 방법 선택 및 Windows 업데이트 시 다른 Microsoft 제품 업데이트와 함께 설치 여부를 설정할 수 있습니다.

■ Windows Defender 설정하기

악성 소프트웨어의 공격으로부터 보호하는 Windows Defender 기능을 설정합니다.

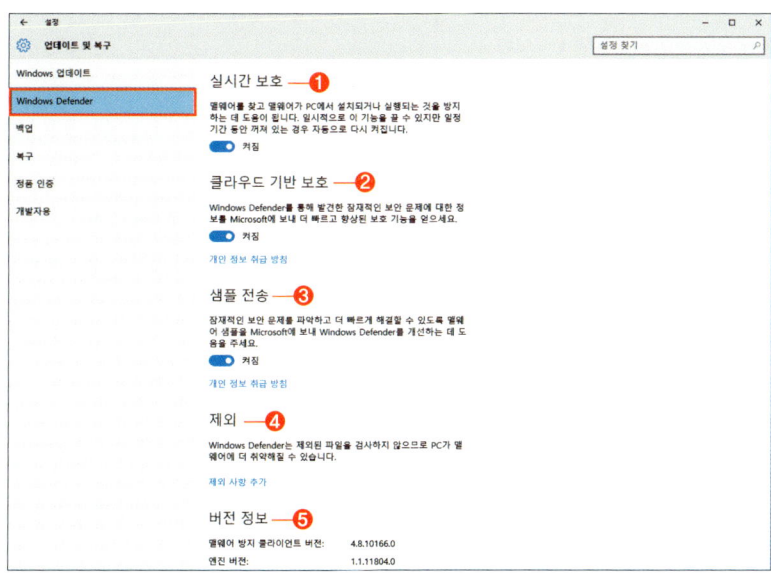

❶ **실시간 보호** : Windows Defender를 사용하여 맬웨어를 찾고 맬웨어가 컴퓨터에서 설치되거나 실행되는 것을 방지하도록 설정할 수 있습니다.

❷ **클라우드 기반 보호** : Windows Defender로 발견한 잠재적인 보안 문제에 대한 정보를 보내거나 받을 수 있습니다.

❸ **샘플 전송** : 잠재적인 보안 문제를 파악하고 더 빠르게 해결할 수 있도록 마이크로소프트에 맬웨어 샘플을 전송합니다.

❹ **제외 사항 추가** : Windows Defender를 사용하여 컴퓨터의 맬웨어 검사 시 제외할 파일 및 폴더를 설정할 수 있습니다. 하지만, 예외 처리를 설정하면 보안에 위협을 받을 수 있는 가능성이 높아지기 때문에 예외 처리를 권장하지 않습니다.

❺ **버전 정보** : 현재 Windows Defender의 버전을 확인할 수 있습니다.

■ **백업 설정하기**

파일 히스토리 기능을 설정하여 파일의 시점을 백업하면 복원이 가능합니다.

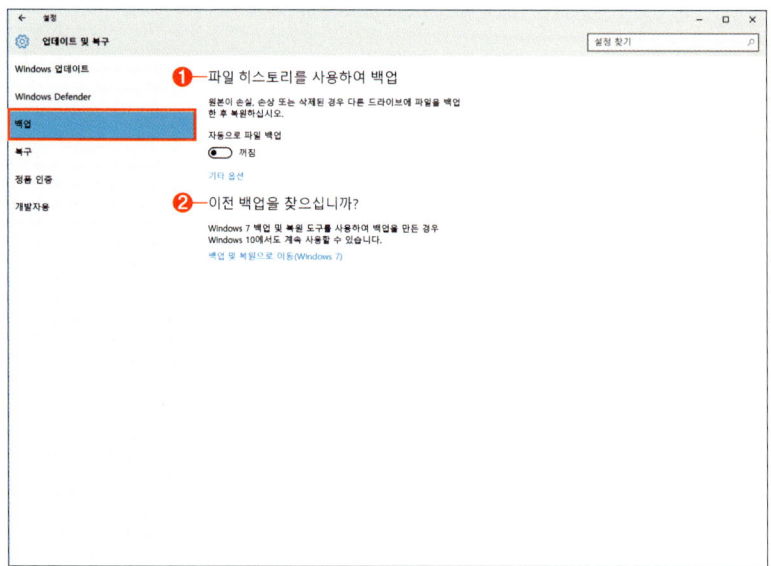

❶ **파일 히스토리 백업** : 파일 히스토리 백업의 사용 여부를 설정합니다.

❷ **기타 옵션** : 파일 히스토리 백업을 설정한 경우 백업 빈도, 기간 및 대상 폴더를 설정할 수 있습니다.

■ 복구 설정하기

컴퓨터에 문제 발생 시 초기화하거나 이전의 상태로 되돌릴 수 있는 설정이 가능합니다.

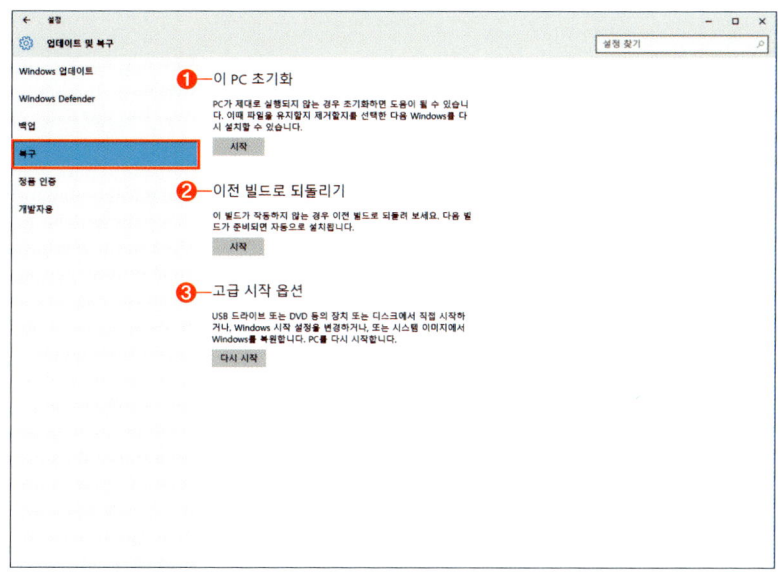

❶ PC 초기화 : 컴퓨터에 문제가 발생된 경우 초기화 상태로 되돌릴 수 있는 옵션입니다. 초기화시는 완전 공장 초기화 또는, 사용자 관련 데이터를 선택하여 초기화할 수 있습니다.

❷ 이전 빌드 되돌리기 : 이전에 설치된 빌드로 되돌릴 수 있습니다. 만약, 윈도우 7, 또는 윈도우 8.1에서 업그레이드 한 경우는 윈도우 10 이전의 윈도우로 되돌릴 수 있습니다.

❸ 고급 시작 옵션 : USB 드라이브 또는, DVD 등의 장치에서 윈도우 시작 설정을 변경하거나 백업한 시스템 이미지를 사용하여 윈도우를 복원합니다. 또한, 고급 복구 기능을 사용할 수 있도록 부팅할 수 있습니다.

■ 정품 인증 설정하기

현재 사용 중인 윈도우의 정품 상태를 확인하고, 제품 키를 입력하여 정품 인증을 할 수 있습니다.

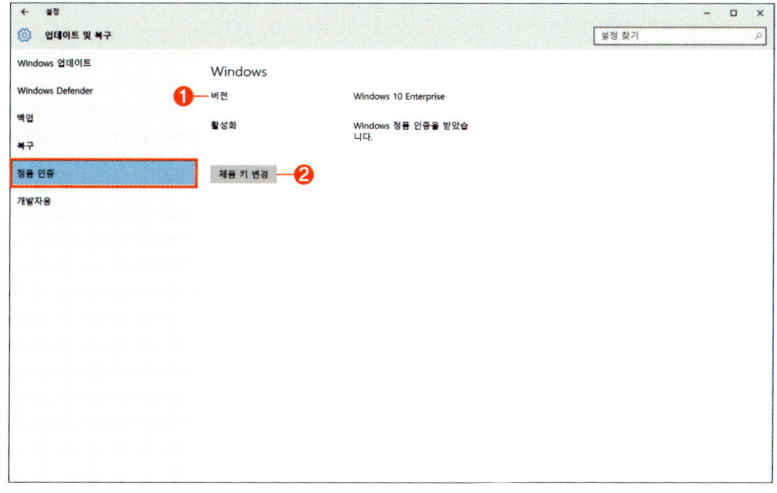

❶ 버전 : 현재 설치된 윈도우 10의 에디션과 정품 인증 상태를 확인할 수 있습니다.

❷ 제품 키 변경 : 정품 인증이 안된 상태이거나 제품 키를 변경해야 하는 경우에 실행하여 변경할 수 있습니다.

■ 개발자용 설정하기

개발자 기능을 사용하여 윈도우 10 환경에서 개발 시 필요한 설정할 수 있습니다.

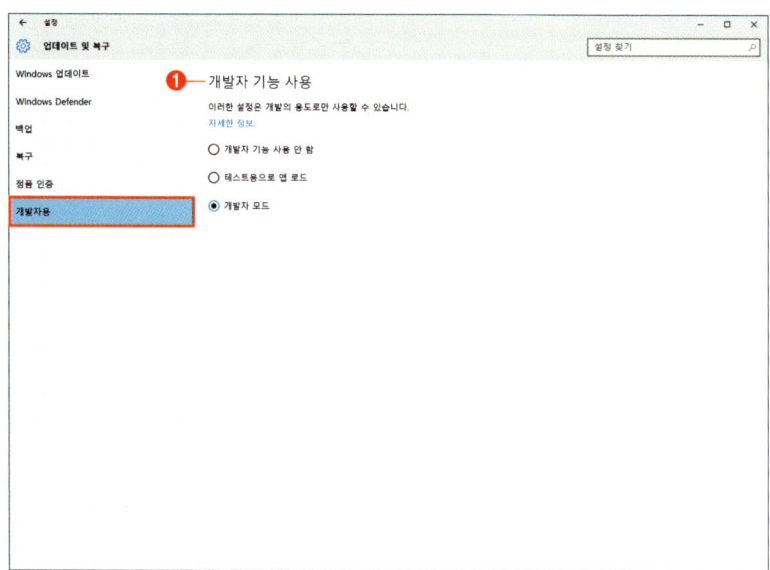

❶ 개발자 기능 사용 : 윈도우 10 환경에서 개발자가 앱 테스트 등을 진행할 때 설정하여 테스트 할 수 있습니다.

> **TIP :** 윈도우 10에서 개발자용 환경을 사용하도록 설정할 수 있습니다. 여기에는 윈도우 10 데스크톱, 태블릿 및 휴대폰과 같은 장치가 포함됩니다. 장치를 개발하거나 단순히 테스트용 로드에 사용할 수 있습니다. 테스트용 로드는 윈도우 스토어에서 인증되지 않은 앱을 설치한 후 테스트하는 것입니다. 예를 들어 회사에서만 사용하는 내부용 앱입니다. 앱을 테스트용으로 로드하는 경우에도 여전히 신뢰할 수 있는 소스의 앱만을 설치해야 합니다. 윈도우 스토어에서 인증되지 않은 테스트용 로드 앱을 설치할 경우 이러한 앱을 테스트용으로 로드하는 데 필요한 모든 권한을 확보해야 하며, 앱을 설치하고 실행하여 발생할 수 있는 피해에 대해 전적으로 책임을 져야 합니다.

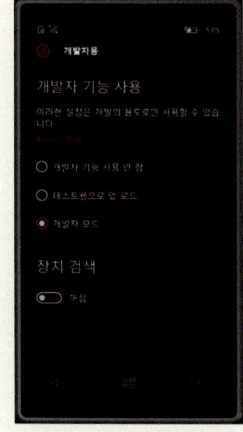

윈도우 폰에서 개발자 기능 설정 화면

PART SUMMARY

- PART 03에서는 윈도우 10의 컴퓨터 환경을 설정하는 방법에 대해 알아보았습니다.

- 윈도우 10의 시스템 설정에 대하여 알아보았습니다. 사용자 환경에 알맞은 디스플레이, 알림 및 작업, 멀티태스킹, 전원 관리, 저장소 설정, 기본 앱 및 정보 설정과 함께 오프라인으로 지도를 다운로드하여 설정하는 방법에 대하여 알아보았습니다.

- 컴퓨터에 연결된 이동식 저장 장치, 메모리 카드, 프린터, 스캐너, 스마트 폰 및 기타 장치를 설정하고, 관리하는 방법에 대하여 알아보았습니다.

- 네트워크, 무선 Wi-Fi 및 인터넷 설정을 하기 위한 옵션에 대하여 알아보았습니다. 기업 사용자를 위해 VPN을 설정하는 방법과 무선 장치 설정을 한 번에 통제할 수 있는 비행기 모드에 대해서도 알아보았습니다.

- 사용자 계정에 따라 데스크톱 화면을 구성하는 방법을 통하여 배경, 색 및 테마 설정할 수 있으며, 시작 메뉴에 나열된 앱을 배치하고, 컴퓨터가 잠금 상태일 때 알림 메시지를 확인할 수 있는 설정에 대하여 알아보았습니다.

- 윈도우 10에서 사용하는 계정의 암호, 로그인을 관리할 수 있는 방법과 Microsoft 계정의 연결을 통하여 계정의 정보를 동기화하고 다른 컴퓨터에서도 동일한 환경의 윈도우 10으로 사용할 수 있는 방법에 대하여 알아보았습니다.

- 윈도우 10 환경의 컴퓨터에서 사용될 날짜, 시간 및 언어, 설정되는 지역에 따라 웹 사이트 연결 시에 언어에 맞추어 우선순위로 보이거나, 통화 단위의 표시 등이 영향을 받을 수 있습니다. 또한 음성 언어를 설정하는 방법에 대하여 알아보았습니다.

- 윈도우 10의 접근성은 장애가 있는 사용자가 더 쉽고 편리하게 컴퓨터를 사용할 수 있도록 여러 앱과 설정을 제공합니다. 윈도우 10에서 제공하는 접근성 설정에 대하여 알아보았습니다.

- 윈도우 10에서는 개인 정보 및 옵션 설정을 위한 기능들을 제공하며, 윈도우 10에서 기본적으로 제공하는 앱과 연동되는 개인 정보 및 위치와 카메라를 설정하는 방법에 대하여 알아보았습니다.

- 윈도우 10이 사용되는 컴퓨터 환경을 최신의 보안 상태로 유지하거나, 컴퓨터에 문제가 발생하거나 발생되기 전에 백업 및 복구 옵션을 설정하는 방법에 대하여 알아보았습니다.

▶ PART

04

윈도우 10 기본 프로그램
살펴보기

WINDOWS·10

윈도우 10에서 향상된 기능부터, 새롭게 추가된 기능까지 윈도우 10에서 기본적으로 제공하는 프로그램 및 설정 등에 대하여 알아봅니다. 윈도우 10에서는 스토어에서 다운로드받은 앱의 활용도도 높아졌고, 클라우드 서비스와 관련된 기능도 향상되었습니다.

LESSON 01 향상된 파일 탐색기 알아보기

레벨 ●●○

윈도우 10의 파일 탐색기에서 변화된 기능과 향상된 기능에 대하여 알아봅니다.

STEP 01 ● 파일 탐색기의 구성 요소 알아보기

윈도우 10 파일 탐색기의 변화된 기능과 향상된 기능에 대하여 알아봅니다.

■ 파일 탐색기 이해하기

❶ **빠른 실행 도구 모음** : 파일 탐색기에서 한 번의 클릭으로 빠르게 명령을 실행할 수 있도록 구성된 도구 모음이며, 사용자가 빠른 실행 도구를 추가 및 제거할 수 있습니다.

❷ **메뉴 바** : 메뉴 바는 [파일], [홈], [공유], [보기]로 구성되어 있으면 각 [탭] 메뉴에 따라 파일 탐색기에 사용할 수 있는 명령어 집합들이 그룹화되어 있습니다.

❸ **뒤로, 앞으로 단추** : 이전에 열어 보았던 폴더의 위치나 라이브러리로 바로 이동하거나 [뒤로], [앞으로]를 실행하여 이전의 위치로 이동할 수 있습니다.

❹ **주소 표시줄** : 현재 파일 탐색 경로를 나타냅니다.

❺ **검색 창** : 입력한 키워드를 빠르게 검색하고, 결과를 확인할 수 있습니다.

❻ **리본 메뉴 확장/축소** : 파일 탐색기에 나타나 있거나 숨겨져 있는 리본 메뉴를 확장/축소할 수 있습니다.

❼ **탐색 창** : 폴더를 트리 구조의 형태로 나타내어 폴더에서 폴더로 빠르게 이동할 수 있습니다.

❽ **정보 창** : 이동한 폴더의 콘텐츠 목록이나, 검색 시 결과를 나타내며, 파일 탐색기를 실행한 경우 최근 사용한 폴더와 파일 목록이 나타납니다.

■ [홈] 탭 이해하기

구분	명령어	내용
❶ 클립보드	바로 가기에 고정	파일 탐색기 왼쪽 메뉴 바로 가기에 폴더를 추가합니다.
	복사	파일 및 폴더를 현 위치 또는, 다른 위치로 복사할 수 있습니다.
	붙여넣기	복사 또는, 잘라내기한 파일 및 폴더를 선택한 위치로 붙여넣기 합니다.
	잘라내기	파일 및 폴더를 현 위치 또는, 다른 위치로 이동시킬 수 있습니다.
	경로 복사	선택한 파일 및 폴더의 전체 경로를 복사합니다.
	바로가기 붙여넣기	선택한 파일 및 폴더의 바로가기를 생성합니다.
❷ 구성	이동 위치	선택한 파일 및 폴더를 이동시킬 위치를 지정합니다.
	복사 위치	선택한 파일 및 폴더를 복사시킬 위치를 지정합니다.
	삭제	선택한 파일 및 폴더를 휴지통 또는, 완전히 삭제합니다.
	이름 바꾸기	선택한 파일 및 폴더의 이름을 변경합니다.
❸ 새로 만들기	새 폴더	새로운 폴더를 생성합니다.
	새 항목	문서, 텍스트, 이미지 등을 생성할 수 있습니다.
	빠른 연결	시작 화면에 고정, 라이브러리에 포함, 즐겨찾기에 추가, 네트워크 드라이브 연결, 항상 오프라인 사용 가능, 동기화 등의 작업을 할 수 있습니다.

❹ 열기	속성	파일 및 폴더의 속성을 확인할 수 있습니다.
	열기	파일을 실행하거나, 폴더 안의 파일 및 폴더의 내용을 확인할 수 있습니다.
	편집	선택한 파일 속성에 따른 편집 도구가 연결됩니다.
	히스토리	히스토리 기능을 사용하는 경우 파일을 설정된 시점으로 복원할 수 있습니다.
❺ 선택	모두 선택	현 위치의 파일 및 폴더를 모두 선택합니다.
	선택 안 함	현 위치의 파일 및 폴더 선택을 취소합니다.
	선택 영역 반전	선택한 파일과 폴더를 선택하지 않은 파일과 폴더로 선택할 수 있습니다.

■ [공유] 탭 이해하기

구분	명령어	내용
❶ 보내기	공유	프린터 및 연결되어 있는 다른 장치로 파일을 공유합니다.
	전자 메일	선택한 파일 및 폴더를 전자 메일의 첨부 파일 형태로 전송합니다.
	압축	선택한 파일 및 폴더를 압축하여 압축 파일을 생성합니다.
	디스크에 굽기	선택한 파일 및 폴더의 내용에 CD/DVD 굽기 명령을 실행합니다.
	인쇄	선택한 파일을 직접 인쇄를 실행합니다.
	팩스	선택한 파일을 팩스로 전송합니다.
❷ 공유 대상	공유 대상자	홈 그룹 또는, 특정 사용자 권한으로 폴더를 공유하거나 공유를 중지할 수 있습니다.
	공유 중지	공유된 폴더의 공유를 중지합니다.
❸ 고급 보안		파일 및 폴더의 세부적인 고급 보안 설정을 할 수 있습니다.

■ [보기] 탭 이해하기

구분	명령어	내용
❶ 창	탐색 창	탐색 창에 표시할 영역별 폴더를 설정할 수 있습니다.
	미리 보기 창	파일과 관련된 앱을 실행하지 않고 탐색기 창에서 직접 확인할 수 있는 미리 보기 창을 나타나게 합니다.
	세부 정보 창	파일 및 폴더의 세부적인 속성 정보를 확인할 수 있는 창을 나타나게 합니다.
❷ 레이아웃		파일 및 폴더를 아주 큰 아이콘, 큰 아이콘, 보통 아이콘, 작은 아이콘, 목록, 자세히, 타일, 내용 형태로 설정할 수 있습니다.
❸ 현재 보기	정렬 기준	이름, 날짜, 유형 등의 속성을 활용하여 파일 및 폴더를 오름 또는, 내림차순으로 정렬하여 보여줍니다.
	분류 방법	이름, 날짜, 유형 등의 속성으로 분류하여 파일 및 폴더를 정렬합니다.
	열 추가	파일 탐색기에 열을 추가할 수 있습니다.
	모든 열 너비 조정	파일 탐색기에서 보이는 열의 너비를 일괄적으로 조정할 수 있습니다.
❹ 표시/숨기기	항목 확인란	파일 및 폴더 앞에 선택할 수 있는 항목 확인 옵션을 추가/제거할 수 있습니다.
	파일 확장명	파일의 확장자를 나타내거나 숨길 수 있습니다.
	숨긴 항목	숨긴 항목을 나타내거나 숨길 수 있습니다.
	선택한 항목 숨기기/해제	선택한 파일 및 폴더를 숨기기 또는, 해제할 수 있습니다.
❺ 옵션		세부적인 폴더 옵션을 설정할 수 있습니다.

TIP : 상황별 도구 모음

선택한 폴더 및 파일에 따라 상황에 맞게 바로 실행할 수 있는 리본 메뉴가 나타납니다.

이런 메뉴를 상황별 도구 모음이라고 하며, 선택한 파일에 알맞게 실행, 편집 등의 관련 명령 도구들이 나타나므로 쉽고 빠르게 작업을 진행할 수 있습니다.

• 음악 파일 : 재생 상황별 도구가 나타나면서 오디오 재생 관련된 명령 아이콘이 나열됩니다.

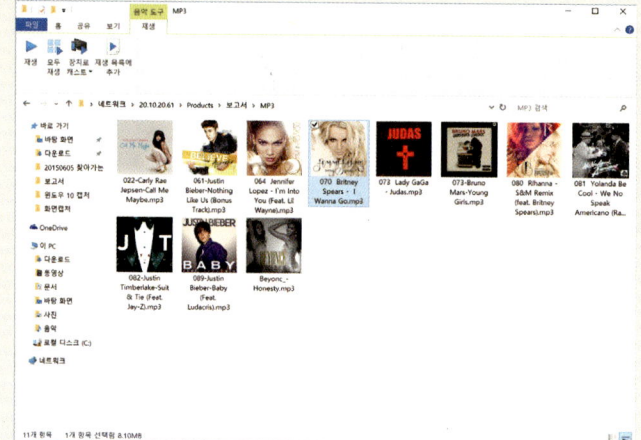

• 사진 파일 : 사진 상황별 도구가 나타나면서 사진에 관련된 명령 아이콘이 나열됩니다.

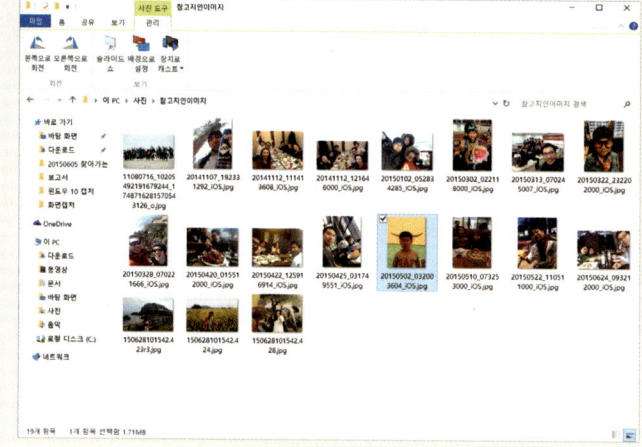

STEP 02 • 파일 탐색기 설정하기

파일 탐색기의 보기를 설정하여 파일을 실행하지 않더라도 파일의 내용을 미리 보거나, 세부적인 파일의 데이터 정보를 확인 및 편집할 수 있습니다.

01. 파일 탐색기에서 [보기] 탭을 클릭합니다.

02. [보기] 탭-[창] 그룹에서 [미리 보기 창]을 클릭하면, 선택한 파일의 내용을 파일 탐색기에서 바로 확인할 수 있습니다.

03. [보기] 탭-[창] 그룹에서 [세부 정보 창]을 클릭하면, 선택한 파일의 속성 데이터 값을 확인할 수 있고, 속성 값을 편집한 [저장]을 클릭하여 속성 데이터 값을 수정할 수도 있습니다.

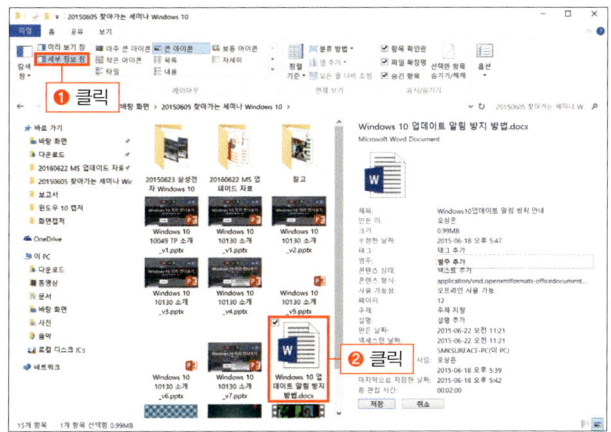

STEP 03 • 파일 탐색기의 기본 화면 변경하기

윈도우 10은 기본적으로 파일 탐색기 실행 시 최근에 사용한 폴더와 파일이 나열되는 바로가기 형태로 나타나게 됩니다. 이전의 파일 탐색기 실행 시 저장 장치가 바로 나타나게 하는 방법에 대하여 알아봅니다.

01. ⊞+E를 누르면 나타나는 파일 탐색기에서 [파일]-[폴더 및 검색 옵션 변경]을 클릭합니다.

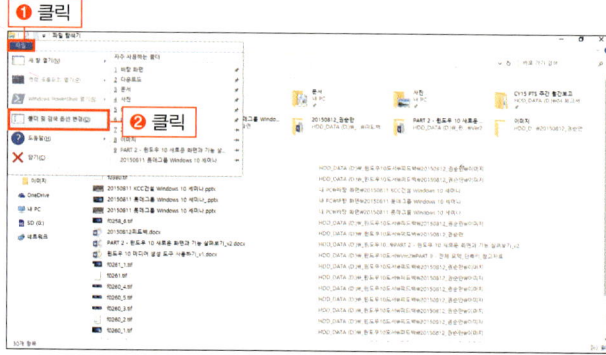

02. '폴더 옵션' 화면에서 파일 탐색기 열기의 설정을 [내 PC]로 선택한 후 [확인]을 클릭합니다.

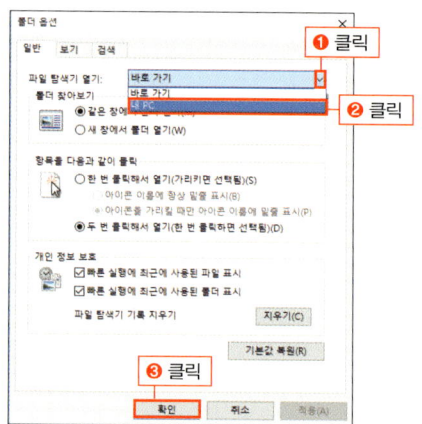

03. 파일 탐색기를 닫고 다시 실행하면 다음과 같이 장치 드라이브가 나열되는 상태로 기본 화면이 변경됩니다.

TIP : 바로 가기 추가하기

인터넷 브라우저의 즐겨 찾기처럼 파일 탐색기에서 자주 사용하는 폴더의 위치를 추가하여 빠르게 이동할 수 있습니다. 바로 가기에 추가할 폴더를 선택한 후 파일 탐색기의 바로 가기 메뉴로 드래그하면 폴더가 추가된 것을 확인할 수 있습니다.

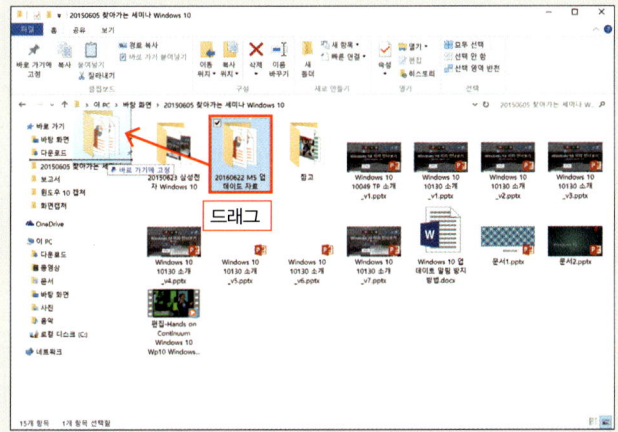

폴더를 선택한 후 [홈]-[바로 가기에 고정]( )을 클릭하여 추가할 수도 있습니다.

TIP : 파일 탐색기 표시 단축 아이콘 Ctrl + Shift + 1 ~ 8 을 사용하여 파일 보기를 변경할 수 있습니다.

STEP 04 • 빠른 실행 도구 추가하기

파일 탐색기에서 자주 사용하는 명령어를 빠른 실행 도구 모음에 추가하여 바로 실행하는 방법을 알아봅니다.

01. 파일 탐색기의 명령 중에서 빠른 실행 도구 모음에 추가하려는 명령의 아이콘을 마우스 오른쪽 버튼을 클릭한 후 [빠른 실행 도구 모음 추가]를 선택합니다.

02. 추가된 빠른 실행 도구 모음에서 해당 명령을 바로 실행하거나, [Alt]를 누르면 나타나는 단축키를 이용하여 바로 실행할 수 있습니다. 빠른 실행 아이콘 단축키는 빠른 실행 도구 모음의 순서에 따라 [Alt]와 숫자 키를 함께 누르면 실행됩니다.

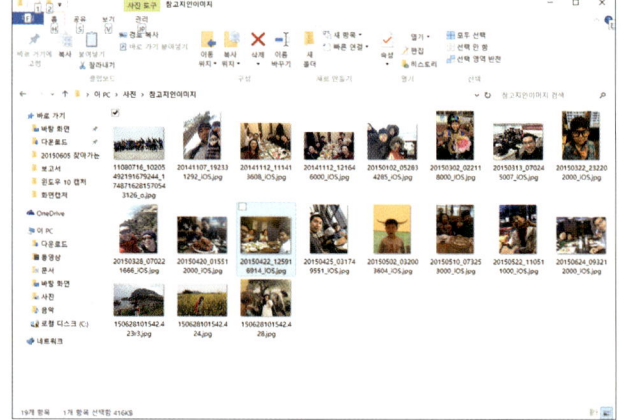

TIP : 빠른 실행 도구 제거하기

빠른 실행 도구 모음에 추가한 도구 아이콘 제거하는 방법은 추가된 아이콘에서 마우스 오른쪽 버튼을 클릭하면 나타나는 메뉴에서 [빠른 실행 도구 모음에서 제거]를 선택하면 됩니다.

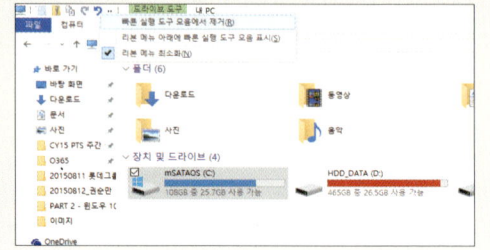

STEP 05 • 클라우드 저장소 OneDrive와 동기화하기

마이크로소프트에서 제공하는 클라우드 저장소인 OneDrive를 파일 탐색기와 동기화하여 연동할 수 있습니다. 그러면, OneDrive 웹 사이트를 접속하지 않더라도 파일 탐색기에서 파일 편집을 할 수 있으며, 작업된 파일은 자동으로 동기화하여 최신의 상태를 유지하게 됩니다.

01. 파일 탐색기에서 OneDrive를 클릭합니다.

02. 'OneDrive 설정 완료' 화면이 나타나면서 컴퓨터와 동기화하려는 폴더만을 선택한 후 [확인]을 클릭합니다.

TIP : OneDrive를 실행하면 바로 설정할 수 있는 화면으로 이동되는 것은 Microsoft 계정으로 윈도우 10이 설정되어 있기 때문입니다. 만약, 로컬 사용자 계정으로만 사용 중인 경우라면 Microsoft 계정 연결하는 방법을 PART 06에서 확인합니다.

03. OneDrive 시작 알림 메시지가 나타납니다.

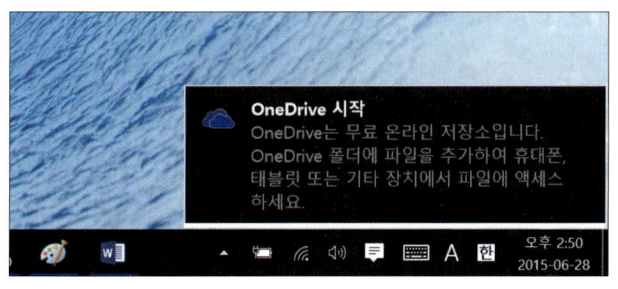

04. 파일 탐색기의 [OneDrive] 폴더에 지정한 폴더가 나타나는 확인할 수 있습니다.

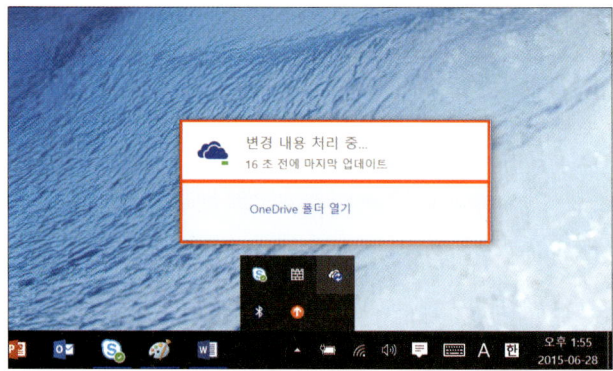

05. OneDrive 알림 아이콘을 클릭하면 현재 동기화의 상태를 확인할 수 있습니다.

06. OneDrive와의 동기화가 완료되면 다음과 같이 최신의 상태의 메시지로 변경되는 것을 확인할 수 있습니다.

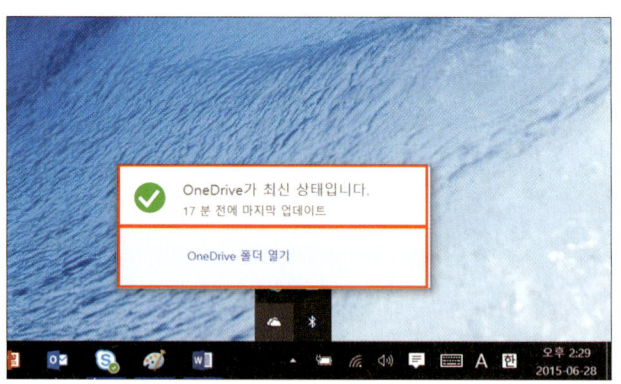

07. 파일 탐색기의 화면과 OneDrive 웹 사이트의 파일이 동일한 상태인 것을 확인할 수 있으며, 웹 사이트에 방문 없이도 파일 탐색기를 사용하여 파일을 관리할 수 있습니다.

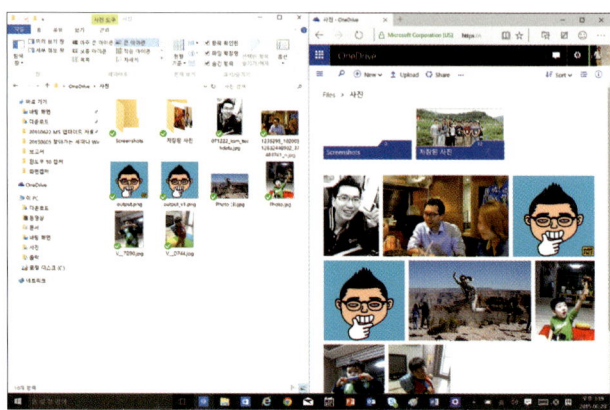

STEP 06 • 파티션 용량 확인 및 정리

윈도우에서는 기본적으로 파일 탐색기를 통하여 파티션의 크기와 사용 가능한 용량을 확인할 수 있었습니다. 윈도우 10에서는 선택한 디스크의 용량 확인과 함께 바로 정리할 수 있는 옵션이 추가되었습니다.

01. 파일 탐색기를 실행하고 디스크 정리를 하려는 드라이브를 선택한 후 마우스 오른쪽 버튼을 클릭하고 [속성]을 선택합니다.

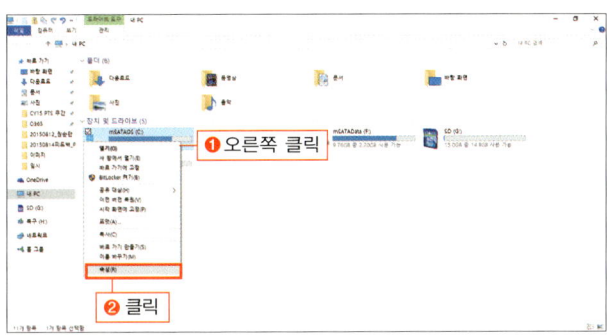

02. 선택한 드라이브의 '속성' 화면이 나타나며, 용량 상태가 그래프로 나타납니다. [디스크 정리]를 클릭합니다.

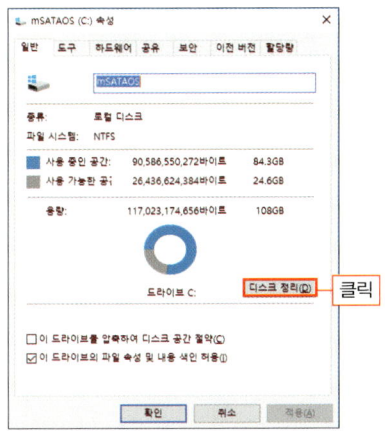

03. 디스크 정리 도구가 실행됩니다.

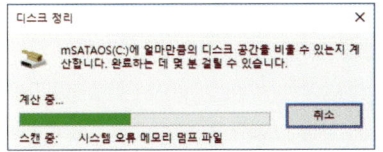

04. '디스크 정리' 화면에서 삭제할 파일 목록과 용량이 나타납니다. 디스크 공간을 확보하기 위하여 불필요한 파일을 선택하고 [확인]을 클릭합니다.

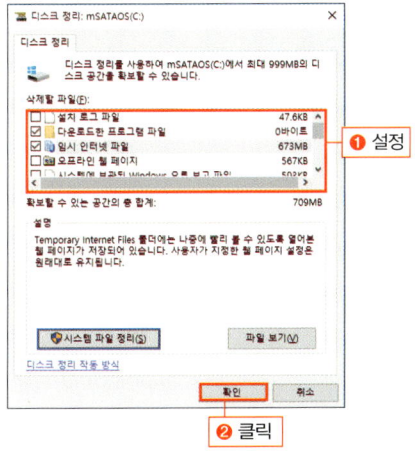

05. '이 파일을 완전히 삭제하시겠습니까?' 메시지 창에서 [파일 삭제]를 클릭합니다.

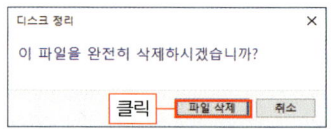

06. 선택한 파일 디스크 정리가 진행되면 디스크 공간이 늘어납니다.

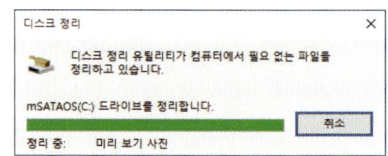

> **TIP : 파일 탐색기 미리 보기/세부 정보 보기 창**
>
> 이미지, 문서와 같은 파일의 내용을 앱에서 열지 않고 파일 탐색기에서 바로 보려면 미리 보기 창을 사용합니다. 미리 보기 창 설정은 파일 탐색기의 [보기] 탭-[창] 그룹에서 [미리 보기 창]을 클릭하면 파일 탐색기 왼쪽 화면에서 내용이 나타나게 됩니다.
>
>
>
> 파일 속성은 만든 이, 파일을 마지막으로 변경한 날짜 및 파일에 추가된 설명 태그 등 파일에 대한 자세한 정보를 확인할 수 있습니다. [보기] 탭-[창] 그룹에서 [세부 정보 창]을 클릭하면 파일 탐색기 왼쪽 화면에서 내용이 나타나게 됩니다.
>
>

LESSON 02 파일 탐색기 활용하기

레벨 ● ○ ○

파일의 생성, 수정, 이동 및 복사 등 빈번히 이루어지는 작업을 편리하게 도와주는 기능을 가진 파일 탐색기를 활용하는 방법에 대하여 알아봅니다.

STEP 01 • 파일 및 폴더 선택하기

여러 파일 및 폴더를 선택하는 경우에 파일 탐색기의 옵션을 사용하면 쉽게 선택할 수 있습니다.

01. 떨어져 있는 파일 및 폴더를 선택해야 하는 경우는 `Ctrl`을 누른 상태에서 파일 및 폴더를 클릭하여 선택합니다. 하지만, 파일 탐색기에서 [보기] 탭–[표시/숨기기] 그룹의 [항목 확인란]을 선택합니다.

02. 파일 및 폴더의 왼쪽 상단에 선택할 수 있는 체크 박스가 나타나는 것을 확인할 수 있습니다.

TIP : 터치를 사용하는 태블릿 사용자의 경우에 유용하게 여러 개의 파일 및 폴더를 선택할 수 있습니다.

STEP 02 • 파일 및 폴더 복사/이동하기

파일 탐색기의 기능을 사용하여 파일 및 폴더를 복사 또는, 이동하는 방법에 대하여 알아봅니다.

01. 복사 또는, 이동하려는 파일 및 폴더를 선택합니다.

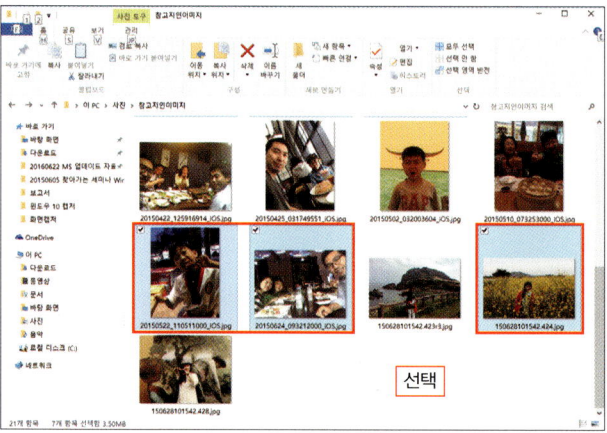

02. 파일 탐색기에서 [홈] 탭-[구성] 그룹의 [복사 위치] 또는, [이동 위치]를 클릭합니다.

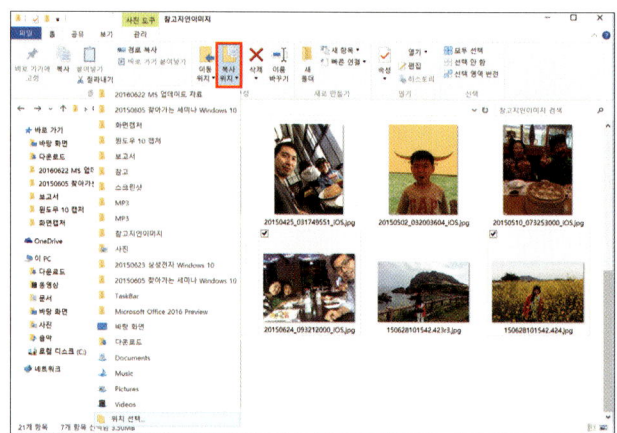

03. 복사/이동 위치가 나열되었다면 바로 폴더 위치를 클릭하여 완료할 수 있으며, 폴더 목록이 나타나지 않은 경우에는 [위치 선택]을 클릭합니다. 항목을 복사/이동할 위치를 찾아 선택한 후 [복사]/[이동]을 클릭하거나 [새 폴더 만들기]를 클릭하여 폴더 생성 후 명령을 실행하여 완료합니다.

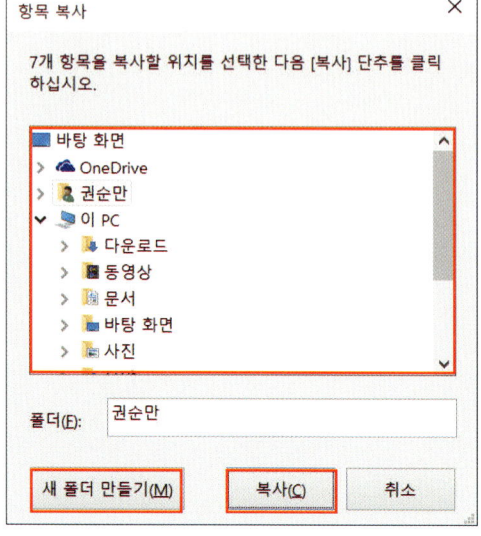

> **TIP** : 일반적으로는 파일이나 폴더의 복사/이동은 단축키를 더욱 많이 사용합니다.
> - 복사 : Ctrl + C
> - 이동(잘라내기) : Ctrl + X
> - 붙여 넣기 : Ctrl + V

TIP : 여러 파일 복사 중 잠시 중지하기

파일 탐색기의 기능으로 여러 파일 복사 시 특정 파일을 임의로 잠시 중단할 수 있게 되었습니다. 기존에는 명령한 작업이 완료될 때까지 기다리거나 도중에 취소하는 방법 밖에 존재하지 않았지만, 윈도우 8 이상의 파일 탐색기에서는 이와 같은 기능을 제공합니다.

파일 및 복사가 복사/이동되는 상태를 세부적으로 나타냄

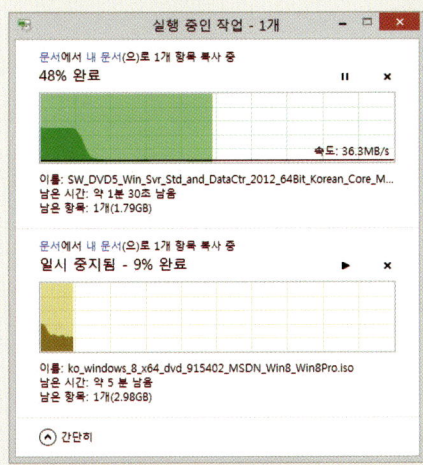

파일 및 폴더 복사/이동 시 [||]을 클릭하여 일시 중지할 수 있으며, [▶] 다시 전송을 진행할 수 있는 형태의 새로운 UI를 제공함

TIP : 파일 복사 시 동일 파일 이름 처리하기

파일 복사 시 동일한 이름의 파일이 존재하는 경우 다음과 같이 대화상자가 나타납니다.

- 대상 폴더 파일 덮어 쓰기 : 복사하려는 위치에 파일에 복사 파일을 덮어쓰기를 진행합니다.
- 이 파일 건너뛰기 : 충돌되는 파일을 건너뛰고 파일 복사가 진행됩니다.
- 파일 확인 후 결정 : 복사하려는 파일과 기존 파일을 화면에서 비교할 수 있고, 선택한 파일만을 복사합니다.

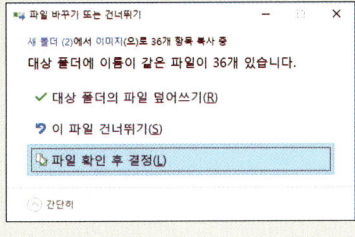
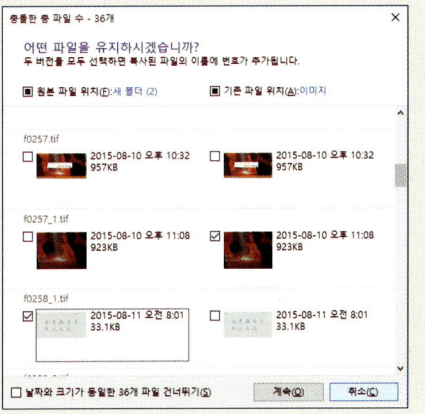

STEP 03 • 지운 파일 휴지통에서 복원하기

임의로 삭제한 파일 및 폴더를 복원할 수 있는 기능을 하는 것이 휴지통입니다. 사용자가 삭제 명령을 실행하여 파일 및 폴더를 휴지통에서 비우지 않는 다면, 언제든지 복원이 가능합니다.

01. 바탕 화면에서 [휴지통]을 클릭하여 실행하고, 복원하려는 파일 및 폴더를 선택한 후 파일 탐색기의 [관리] 탭–[복원] 그룹에서 [선택한 항목 복원] 또는, [모든 항목 복원]을 클릭합니다.

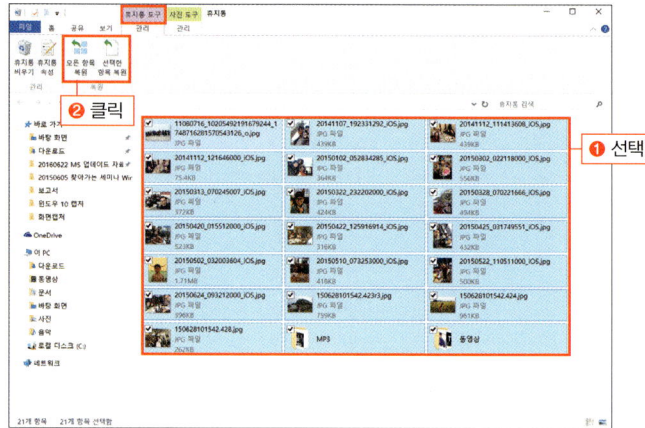

02. 복원 여부를 묻는 메시지 창에서 [예]를 클릭합니다.

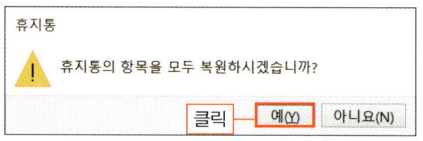

03. 휴지통에 보관 중이었던 파일 및 폴더가 원래 존재했던 위치로 복원이 완료되고, 복원된 파일은 휴지통에서 없어지게 됩니다.

▲원래 위치에 복원된 파일 및 폴더들

STEP 04 • 휴지통 옵션 설정하기

휴지통 옵션을 설정하여 복원이 가능한 상태의 용량을 설정하거나, 파일을 휴지통에 버리지 않고 바로 삭제 및 삭제 확인 대화상자를 설정하는 방법에 대하여 알아봅니다.

01. [휴지통] 아이콘에서 마우스 오른쪽 버튼을 클릭한 후 [속성]을 선택합니다.

02. '휴지통 속성' 화면이 나타나면, [휴지통의 최대 크기], [파일을 휴지통에 버리지 않고 바로 삭제], [삭제 확인 대화 상자 표시] 설정이 가능합니다.

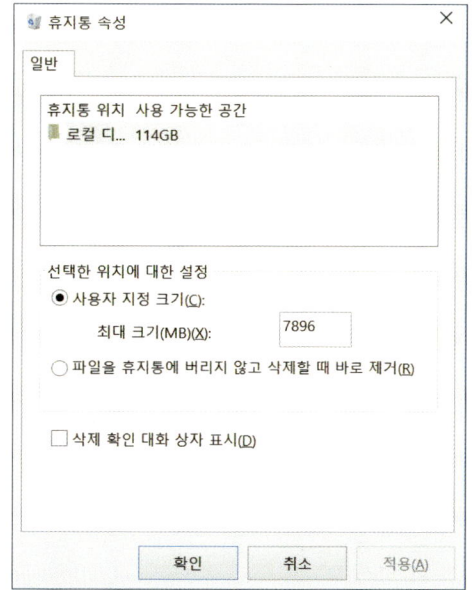

- 사용자 지정 크기 : 파일 및 폴더 삭제 시 휴지통에 보관할 수 있는 용량을 지정할 수 있습니다.
- 파일을 휴지통에 버리지 않고 삭제할 때 바로 제거 : 파일 탐색기에서 파일을 제거하는 명령을 실행하는 경우 휴지통에 임시 보관되지 않고 파일을 완전히 삭제해 버립니다.
- 삭제 확인 대화상자 표시 : 파일 및 폴더 삭제 명령 실행 시 삭제 여부를 묻는 대화상자가 나타나지 않고 바로 휴지통으로 보냅니다.

LESSON 03 윈도우 10의 검색 기능 설정하기

레벨 ● ● ●

윈도우 10 검색 기능을 이용하면 앱, 설정, 파일을 빠르게 검색할 수 있습니다. 사용자가 윈도우 10의 검색 기능을 손쉽고, 빠르게 사용하기 위한 세부적인 설정에 대하여 알아보겠습니다. 추가적으로 윈도우 검색은 색인을 사용하여 빠른 검색을 지원합니다. 특정 단어가 들어간 페이지를 빠르게 찾을 수 있는 것처럼 컴퓨터에서는 많은 문서 파일과 설정들을 색인 작업해 놓으면 사용자는 빠르게 검색 결과를 확인할 수 있는 것입니다.

STEP 01 ● 색인할 위치 지정하기

빠른 검색을 위하여 사용자가 원하는 색인 위치를 지정할 수 있습니다.

01. 검색 창에 '색인 옵션' 검색어를 입력하면 나타나는 [색인 옵션]을 클릭합니다.

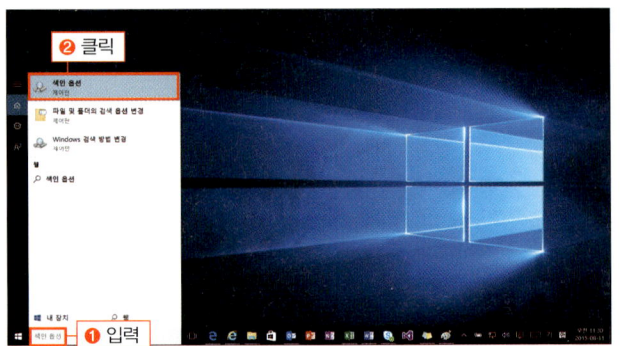

02. '색인 옵션' 화면에서 현재의 색인 상태를 확인할 수 있으며, [수정]을 클릭합니다.

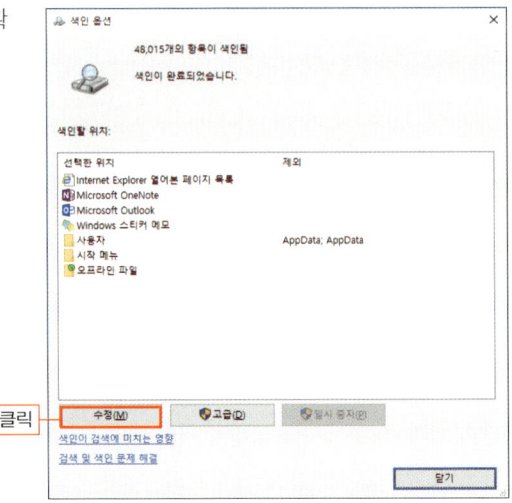

03. 색인 위치를 지정할 수 있는 위치 목록이 나열되며, 색인을 지정하려는 위치가 없다면, [모든 위치 표시]를 클릭합니다.

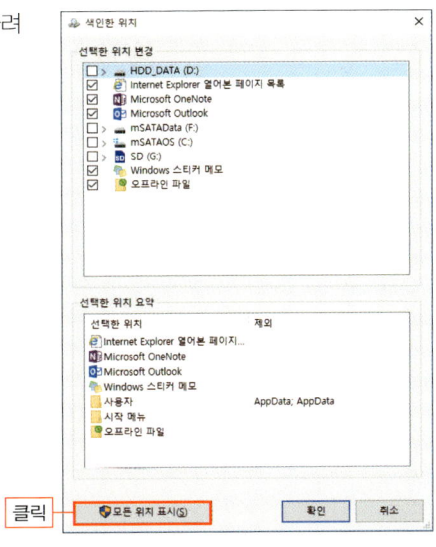

04. 색인 위치가 확장되어 나타납니다. 색인을 원하는 위치를 선택한 후 [확인]을 클릭하여 색인 위치 지정을 완료합니다.

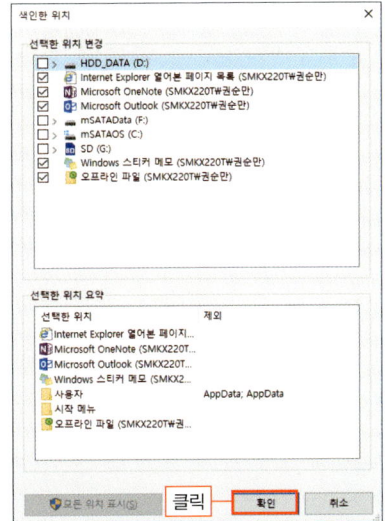

TIP : 검색 및 색인 문제 해결 도우미 사용하기

검색 및 색인 문제가 발생하는 경우에 [고급 옵션]의 [문제 해결]에서 [다시 색인]을 클릭하여 재색인 작업이 진행되도록 할 수 있으며, [검색 및 색인 문제 해결]을 클릭하면 나타나는 마법사를 통하여 세부적인 문제를 해결할 수 있습니다.

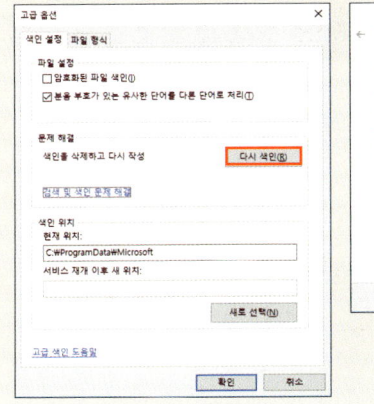 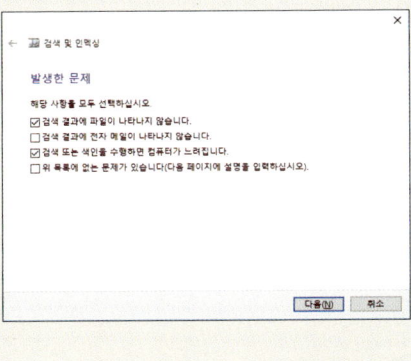

157

STEP 02 ● 색인 파일 형식 지정하기

컴퓨터의 모든 파일이 아닌 사용자가 지정하는 파일 형식만을 색인 설정할 수 있습니다.

01. '색인 옵션' 화면에서 현재의 색인 상태를 확인할 수 있으며, [고급]을 클릭합니다.

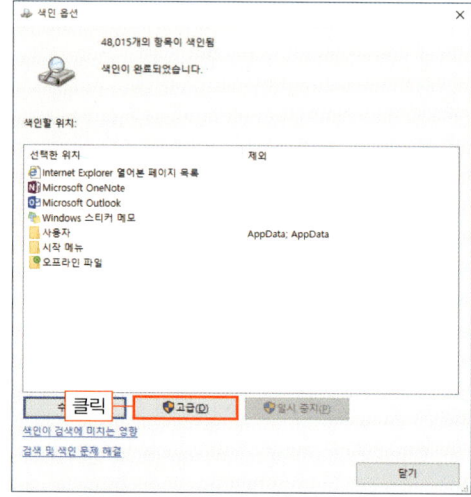

02. '고급 옵션' 화면에서 [파일 형식] 탭을 클릭한 후 필요 또는, 불필요한 확장명을 선택 및 해제하고 [확인]을 클릭합니다. 그럼 선택한 확장자만 색인이 되도록 설정을 완료합니다.

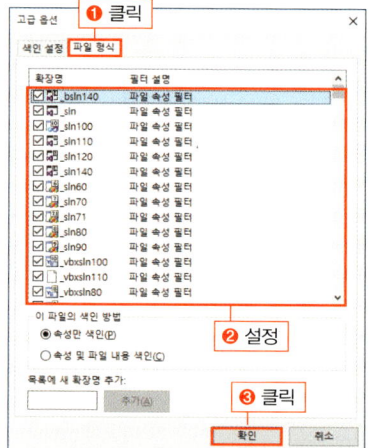

TIP : 파일 내용 색인 설정하기

특정 파일의 확장자에 대해서는 파일의 속성뿐만 아니라 파일 내용까지 색인을 설정하면 단순 파일 이름, 만든이 등과 같은 파일의 속성 데이터만을 검색하는 것이 아닌 파일 내용에 있는 단어까지 색인할 수 있습니다.
그러면, 검색 키워드가 포함되어 있는 파일들의 검색 결과가 나타남

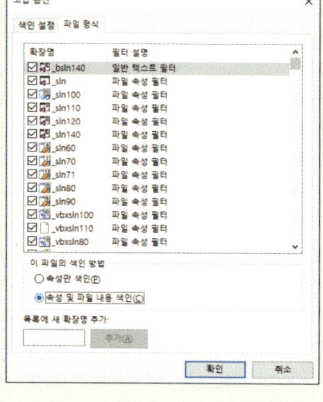
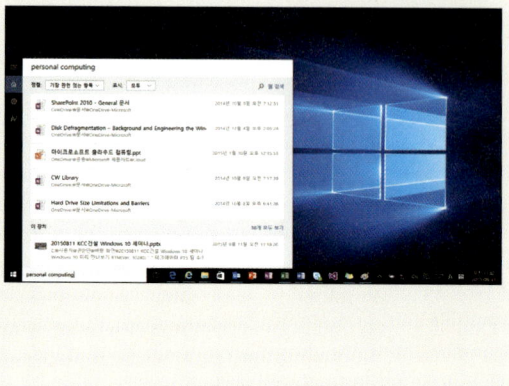

STEP 03 • 색인 파일 위치 변경하기

색인되는 결과는 파일로 존재하게 됩니다. 그러므로, 색인 파일이 존재하는 하드디스크의 용량이 부족한 경우 또는, 색인 위치를 임의로 변경하려는 경우, 하드디스크의 문제가 발생하거나 컴퓨터에 전체적인 문제가 발생하여 정상적으로 색인이 되지 않는 경우 문제를 해결하는 방법인 기존의 색인을 삭제하고 새로운 색인 파일을 생성하는 방법에 대하여 알아봅니다.

01. '색인 옵션' 화면에서 현재의 색인 상태를 확인할 수 있으며, [고급]을 클릭합니다.

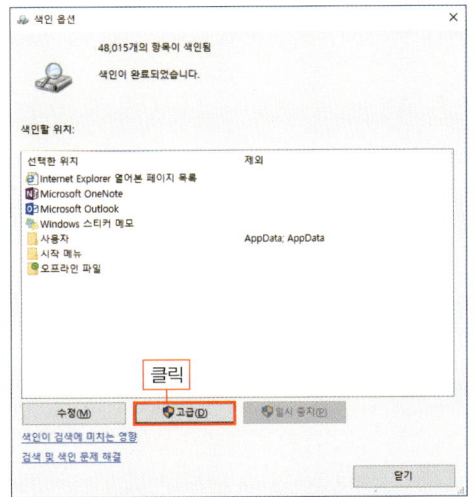

02. '고급 옵션' 화면의 [색인 설정] 탭에서 [색인 위치]의 [새로 선택]을 클릭합니다.

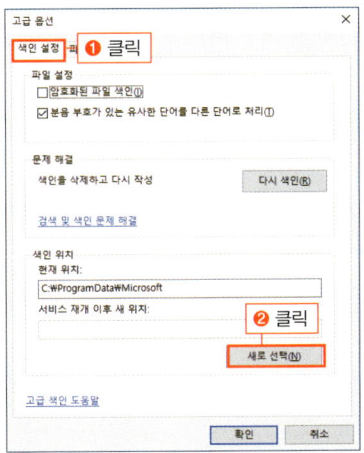

03. '폴더 찾아보기' 화면에서 색인 목록 파일을 저장할 변경 위치를 선택한 다음 [확인]을 클릭합니다.

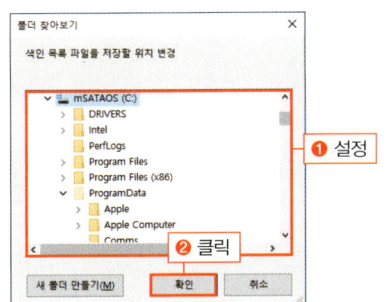

04. [색인 위치]의 [서비스 재개 이후 새 위치]에 새롭게 설정한 위치가 표시된 것을 확인한 후 [확인]을 클릭합니다.

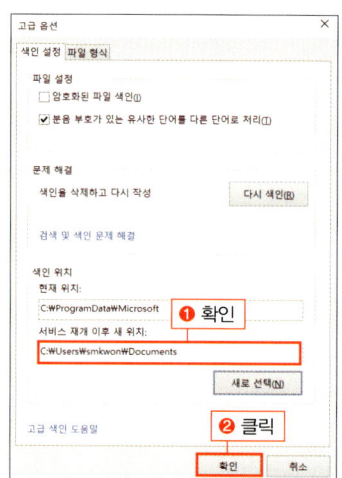

05. 색인의 상태 화면에서 색인이 재설정되는 메시지가 나타나게 되고, 완료되면 색인의 완료 상태를 확인할 수 있습니다.

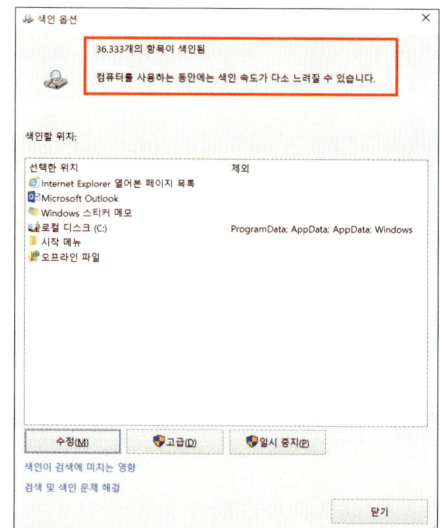

TIP : 검색 결과 정렬 필터 사용하기

내 장치 검색을 통해 나열된 검색 결과는 정렬(가장 관련 있는 항목, 날짜)과 표시(모두, 문서, 폴더, 앱, 설정, 사진, 동영상, 음악)를 선택하여 찾으려는 콘텐츠를 필터링할 수 있습니다.

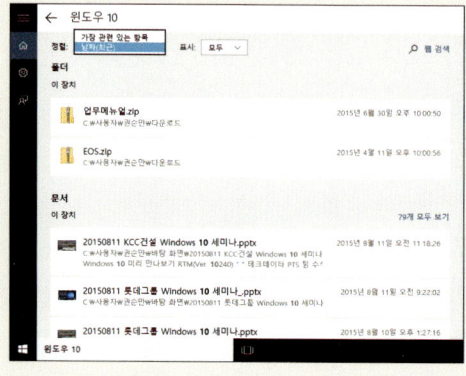 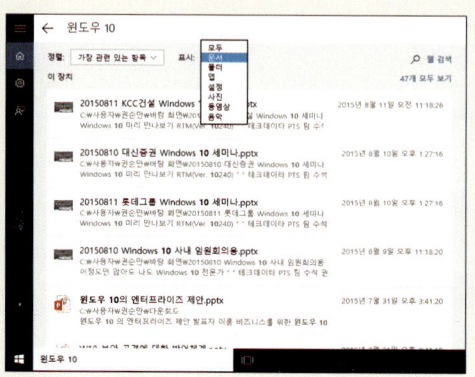

TIP : 온라인 검색 결과 끄기

로컬에 저장되어 있는 파일 및 인터넷 검색이 함께 검색되어 너무 많은 양의 검색 결과가 나타나거나 검색 결과가 늦어지는 것을 방지하기 위하여 내 컴퓨터에만 저장되어 있는 자료만을 검색하는 경우는 검색 창의 ⚙을 클릭한 후 [온라인 검색 및 웹 결과 포함]을 끕니다.

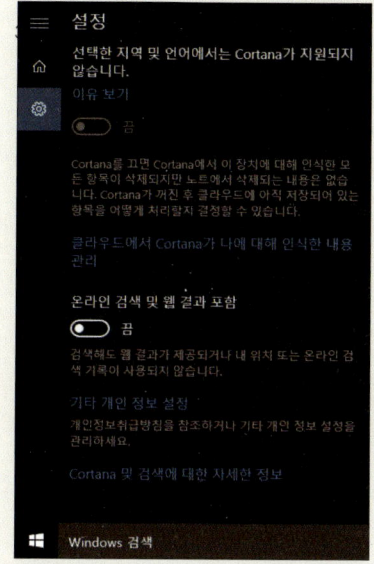

LESSON 04 윈도우 스토어 사용하기

레 벨 ● ● ○

윈도우 10 스토어는 이전에 카테고리가 복잡하게 나뉘어져 있었던 부분을 홈, 앱, 게임 및 음악의 네 가지 카테고리로 분류하였습니다. 윈도우 10에서 더욱 확대되는 윈도우 스토어 앱에 대하여 알아보고, 스토어에서 무료 또는, 유료로 앱을 다운로드하여 설치하고 관리하는 방법에 대하여 알아봅니다.

STEP 01 • 윈도우 스토어 이용하기

윈도우 스토어를 사용하기 위하여 계정을 설정하는 방법에 대하여 알아봅니다.

01. [시작] 또는, 작업 표시줄의 [스토어]를 실행합니다.

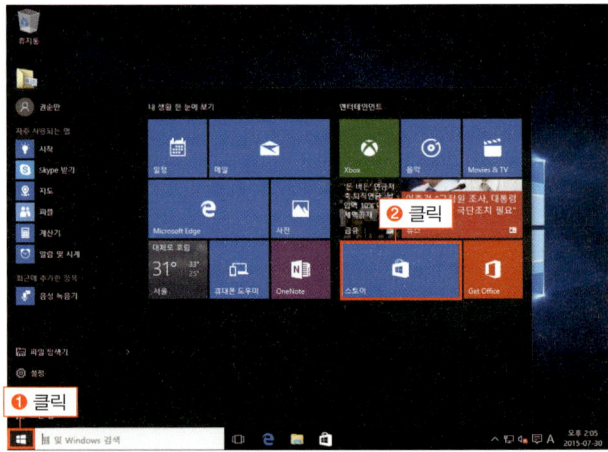

02. 스토어 앱이 실행된 화면에서 을 클릭하고 메뉴가 나타나면 [로그인]을 클릭합니다.

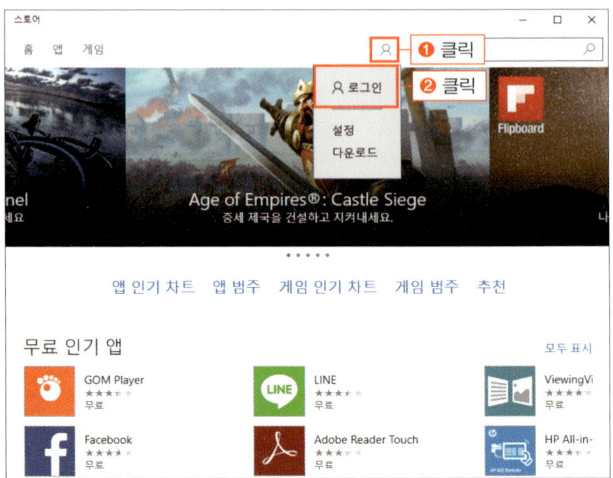

03. 계정 선택 화면에서 Microsoft 계정 이나, 회사 또는 학교 계정을 선택합니다. 여기서는 [Microsoft 계정]을 클릭합니다.

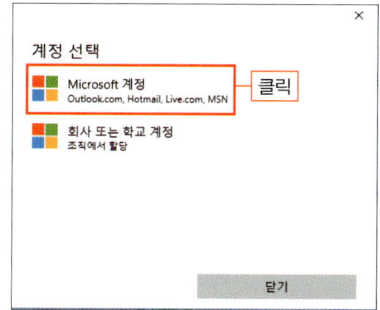

04. 'Microsoft 계정 추가' 화면에서 [메일], [암호]를 입력한 후 [로그인]을 클릭합니다. 만약 Microsoft 계정이 없다면 [계정을 하나 만들어 보세요]를 클릭하여 생성할 수 있습니다.

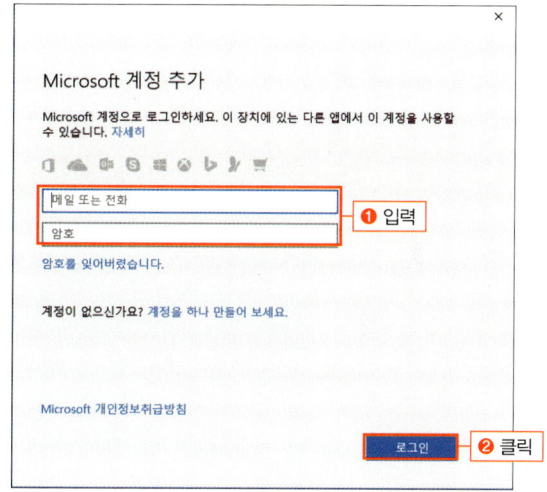

05. '사용자 기본 계정 설정' 화면에서 현재 사용 중인 Windows 사용자 암호를 입력한 후 [다음]을 클릭합니다. 만약 계정의 암호가 없는 경우는 빈칸으로 진행합니다.

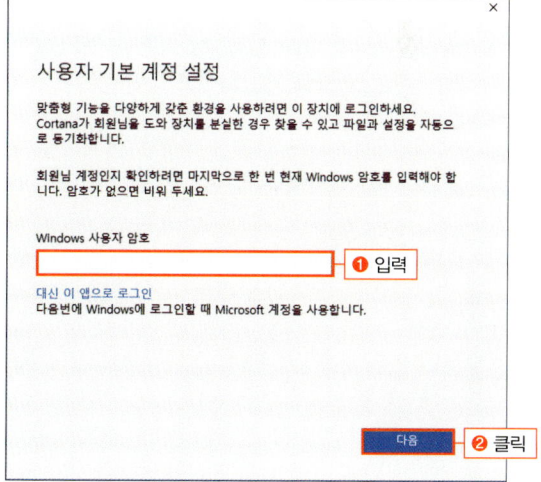

06. 로그인이 완료되면 스토어에 계정 연결된 것을 확인할 수 있습니다..

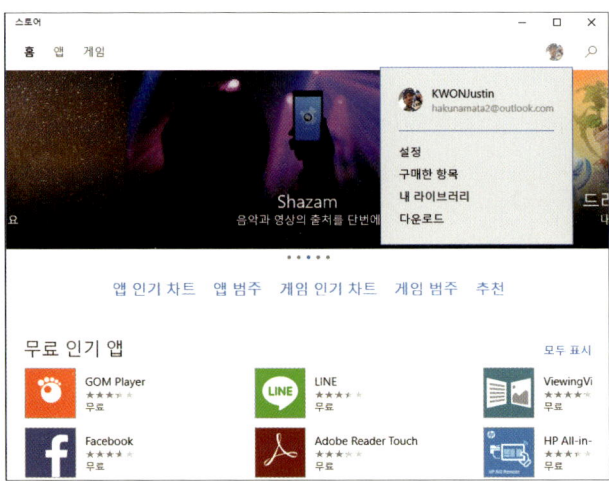

TIP : 유니버셜 윈도우 앱(Universal Windows Apps)이란?

유니버셜 윈도우 앱은 윈도우 8에서 윈도우 런타임으로 처음 도입된 UWP(유니버셜 Windows 플랫폼)를 기반으로 하는 윈도우 환경입니다. 유니버셜 윈도우 앱은 윈도우 스토어를 통해 배포됩니다.

윈도우 런타임 앱은 윈도우 런타임을 사용하는 앱으로써 윈도우 8/8.1 장치(예: PC 또는, 태블릿)나 윈도우 폰에서 실행됩니다. PC, 노트북 및 태블릿에서 실행되는 윈도우 런타임 앱을 윈도우 스토어 앱이라고 하며, 윈도우 폰에서 실행되는 윈도우 런타임 앱을 윈도우 폰 스토어 앱이라고 하였습니다.

하지만, 윈도우 10에서는 마이크로소프트 개발 툴을 사용하여 윈도우 앱 개발 시 일반 PC용 앱과 윈도우 폰 앱을 별도로 제작하는 것이 아니라 한 번에 개발이 가능할 수 있게 되었으며, 스토어도 통합되었습니다.

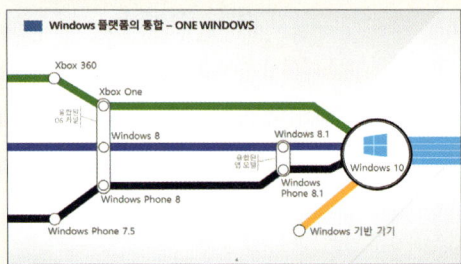

하나의 앱이 하나의 스토어를 통하여 배포되고, 다양한 디바이스에서 실행될 수 있게 되며, 디바이스 디스플레이 크기에 따라 자동적으로 최적의 화면으로 보여줍니다.

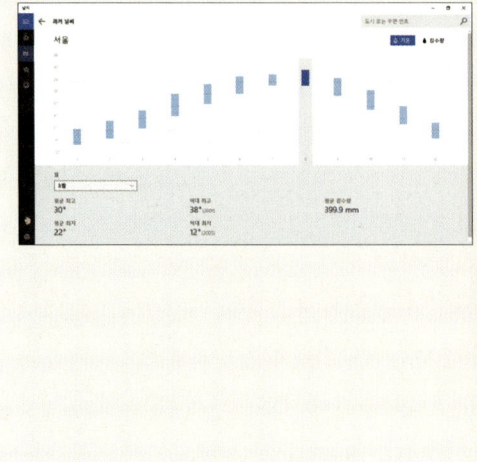
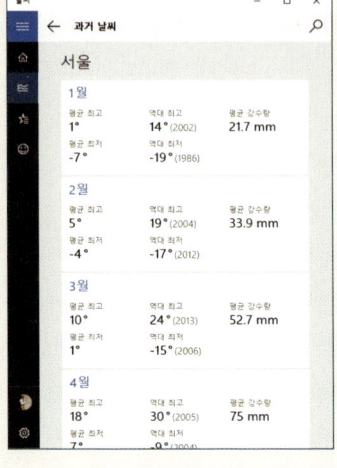

STEP 02 • 앱 관리하기

스토어에서 무료 또는, 유료로 다운로드 받은 앱을 관리하는 방법에 대하여 알아봅니다.

01. 설치하려는 앱을 검색하거나 클릭으로 찾아 선택하고, [무료] 또는, 금액이 보이는 단추를 클릭합니다.

02. 무료 앱인 경우는 별도의 절차 없이 바로 다운로드가 진행됩니다.

03. 설치가 완료되면 시작 메뉴의 최근에 추가한 항목에 설치된 앱이 나타나게 되고, 관련 부분을 드래그 또는, 마우스 오른쪽 버튼을 클릭하면 나타나는 메뉴를 사용하여 시작 또는, 작업 표시줄에 추가할 수도 있습니다.

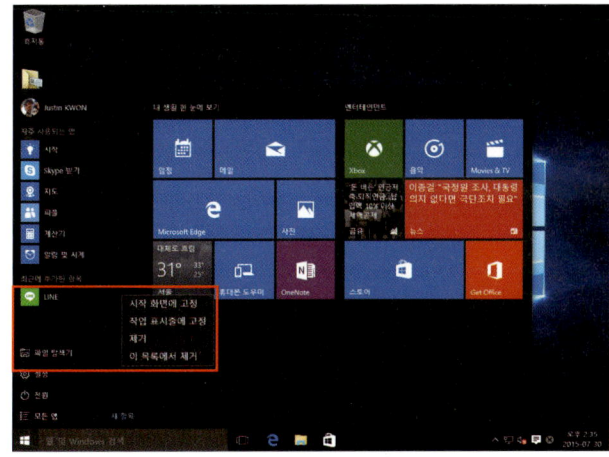

04. 스토어에 연결된 계정을 클릭하면 나타나는 메뉴에서 [내 라이브러리]를 클릭합니다.

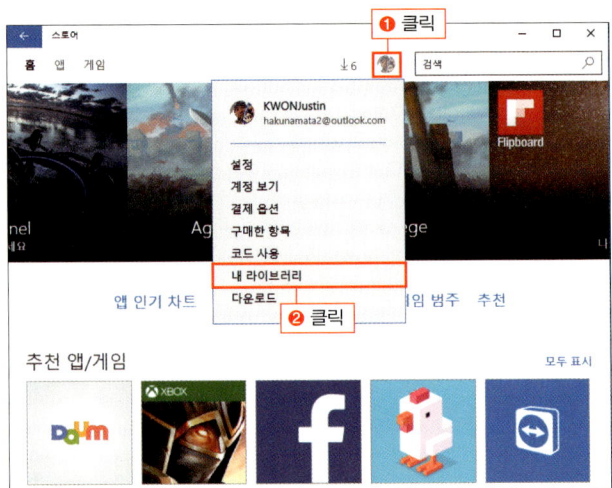

05. 현재 로그인한 계정으로 이 컴퓨터 외에 설치한 앱 목록이 나열된 것을 확인할 수 있습니다.

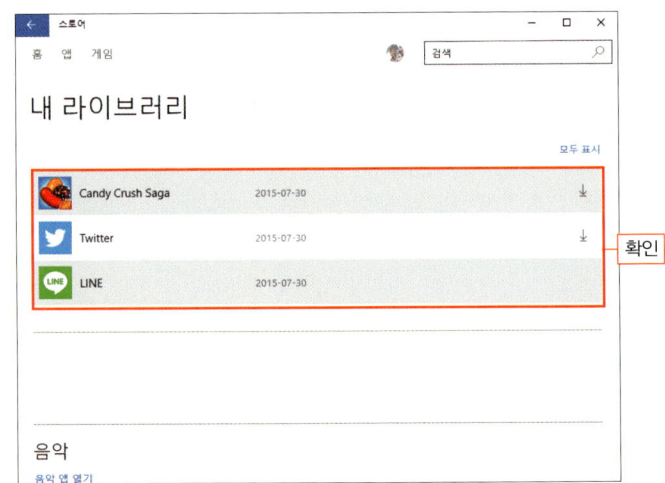

06. '04번 따라하기'에서 [다운로드]를 클릭하면 나타나는 화면에서 [업데이트 확인]을 클릭합니다.

07. 다운로드하여 설치 중인 앱 및 기존에 설치된 앱이 최신 버전으로 업데이트됩니다.

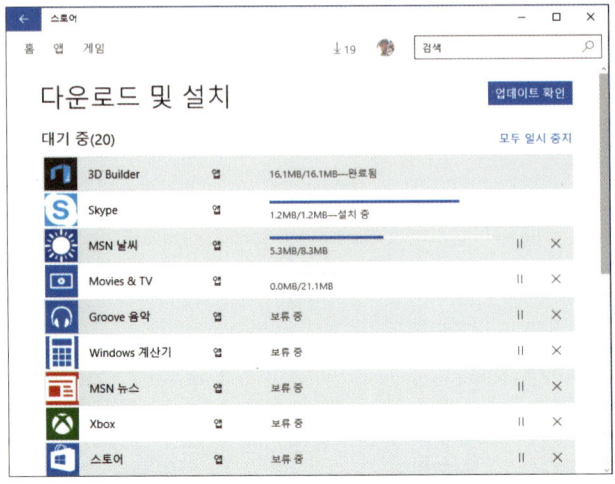

LESSON 05 윈도우 10의 앱 사용하기

레벨 ●●●

윈도우 10 설치와 함께 기본적으로 제공하는 앱의 설정 및 사용법에 대하여 알아봅니다.

STEP 01 • 오피스 앱 사용하기

윈도우 10에서 사용 가능한 앱 중에서 오피스 앱은 윈도우, 안드로이드, iOS에서 동일한 사용자 경험과 터치에 최적화된 환경을 제공합니다. 오피스 앱을 스토어에서 다운로드하고, 사용하는 방법에 대하여 알아봅니다.

01. 스토어 앱을 실행하면 나타나는 화면에서 'Excel'을 입력합니다. 결과에서 [Excel Mobile]을 클릭합니다.

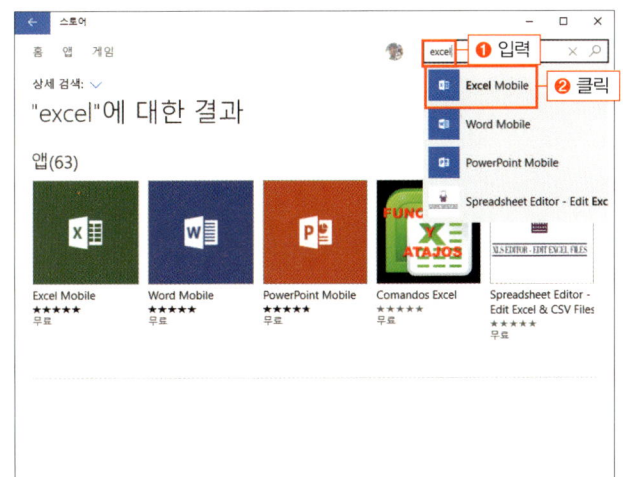

02. 클릭한 오피스 앱에서 [무료]를 클릭합니다. 반복적으로 PowerPoint Mobile, Word Mobile도 함께 설치 작업을 진행합니다.

167

03. 오피스 앱의 설치 작업이 진행됩니다.

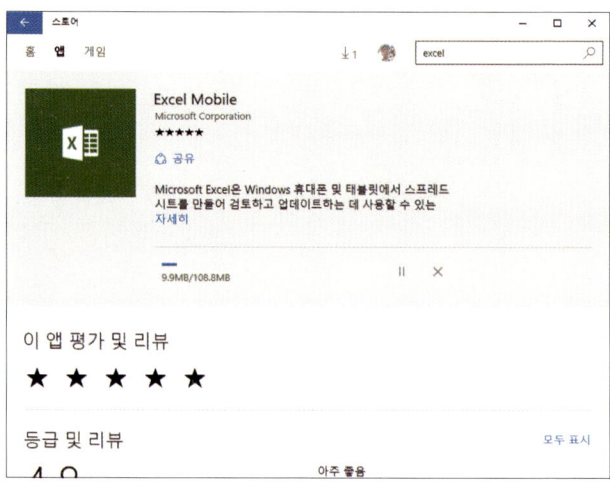

04. 오피스 앱 설치가 완료되면 [열기]를 클릭하여 바로 실행할 수 있습니다.

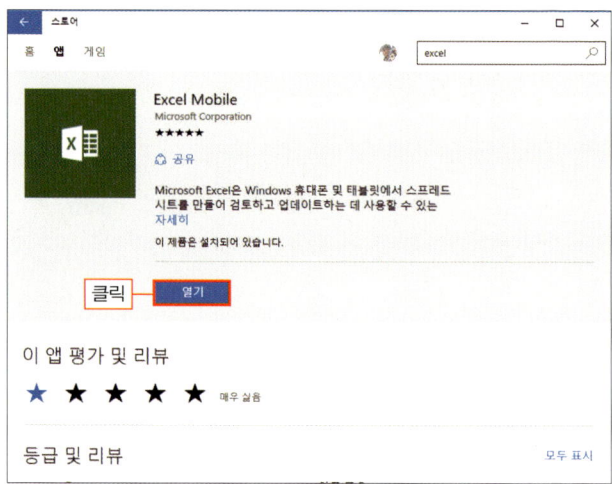

05. 오피스 파일을 선택하면 해당되는 오피스 앱이 실행되면서 관련 문서를 읽기 모드로 열리게 됩니다. 만약, 편집이 필요한 경우는 Office 365를 구독한 계정으로 로그해야 합니다.

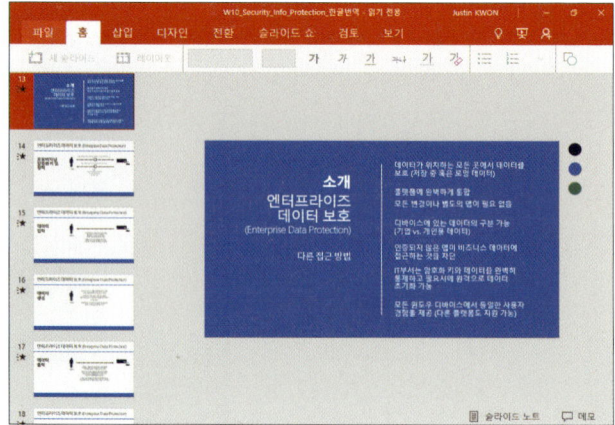

STEP 02 • 메일 앱 사용하기

윈도우 10에서 제공하는 메일 앱에서 계정을 설정하고 사용하는 방법에 대하여 알아봅니다.

01. [시작] 단추를 클릭하면 나타나는 화면에서 [메일]을 클릭합니다.

02. 환영합니다. 메시지 화면에서 [시작]을 클릭합니다.

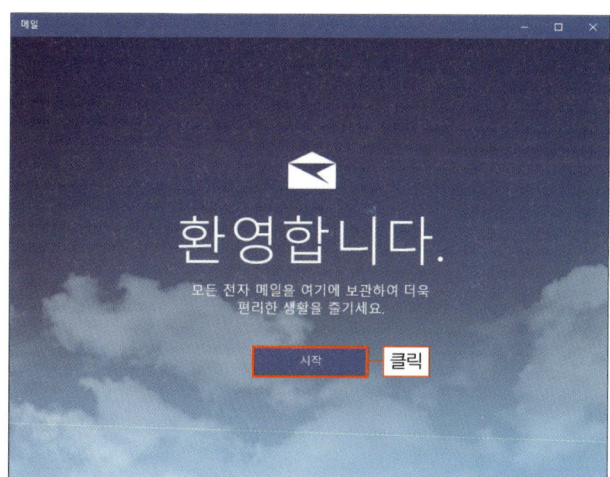

03. 계정 화면에서 현재 Microsoft 계정의 Outlook.com 메일은 추가되어 있습니다. [계정 추가]를 클릭합니다.

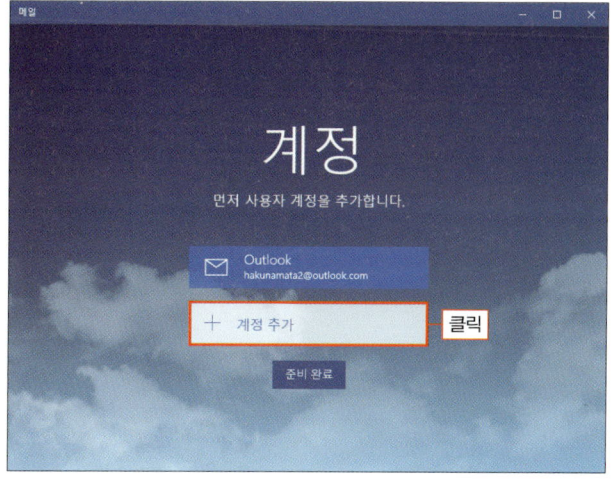

04. '계정 선택' 화면에서 추가하려는 메일 서비스를 선택합니다. 여기서는 [Google]을 클릭하여 지메일을 추가하는 방법으로 진행합니다.

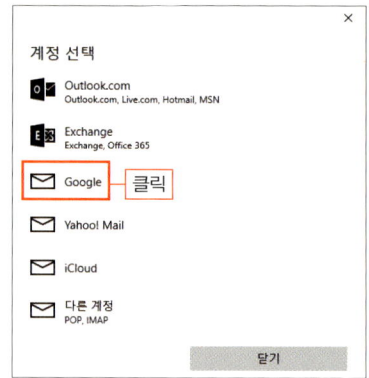

05. '이메일 주소 입력' 화면에서 지메일 계정을 입력한 후 [다음]을 클릭합니다.

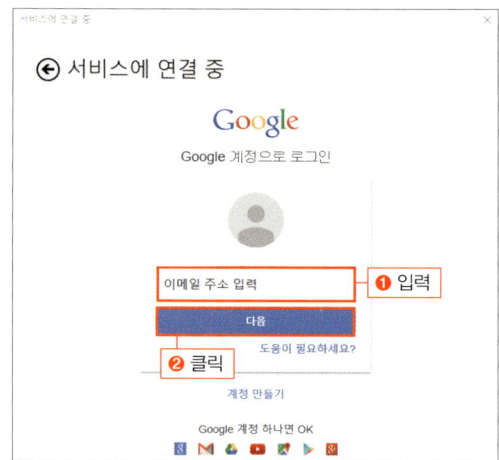

06. [비밀번호]에 지메일 계정의 암호를 입력한 후 [로그인]을 클릭합니다.

07. 'Windows에서 다음을 요청합니다.' 화면 아래에 있는 [동의]를 클릭합니다.

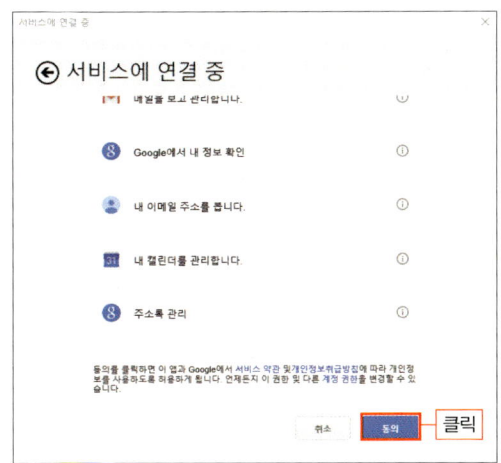

08. 계정 설정이 완료된 메시지를 확인한 후 [완료]를 클릭합니다.

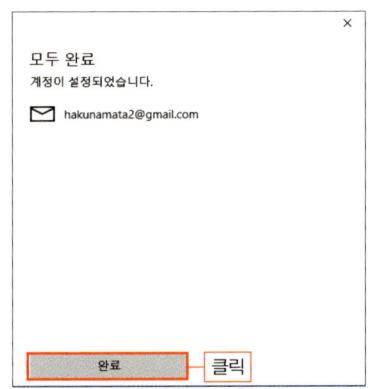

09. 처음의 계정 화면이 나타나면 [준비 완료]를 클릭합니다.

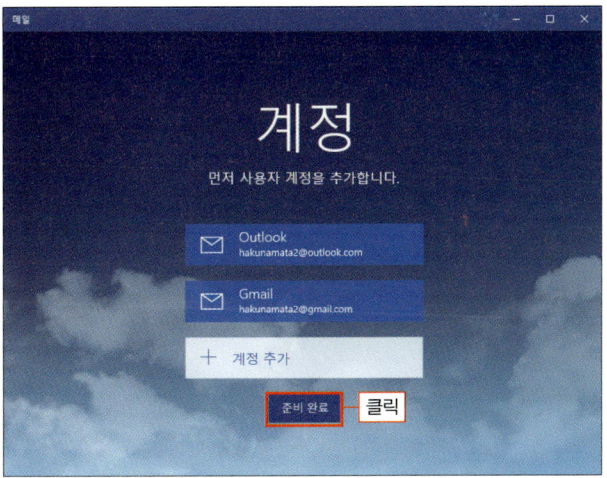

10. 설정한 지메일의 내용을 확인할 수 있습니다.

TIP : 설정한 메일 계정이 여러 개인 경우는 [계정]을 클릭하면 나타나는 메일 계정을 선택하여 내용을 확인할 수 있습니다.

STEP 03 • 일정 앱 사용하기

윈도우 10에서 기본적으로 제공하는 일정 앱을 사용하는 방법에 대하여 알아봅니다.

01. [시작] 단추를 클릭하면 나타나는 화면에서 [일정]을 클릭합니다.

02. 환영합니다. 메시지 화면에서 [시작]을 클릭합니다.

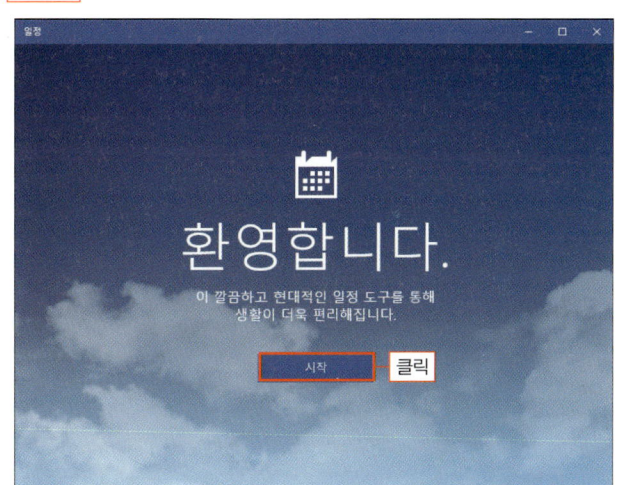

03. [Step 02]에서 진행한 메일 계정이 나열됩니다. [준비 완료]를 클릭합니다. 만약 계정을 추가하여 일정을 관리하는 경우라면 [Step 02]의 내용을 참고하여 계정 추가 작업을 진행하면 됩니다.

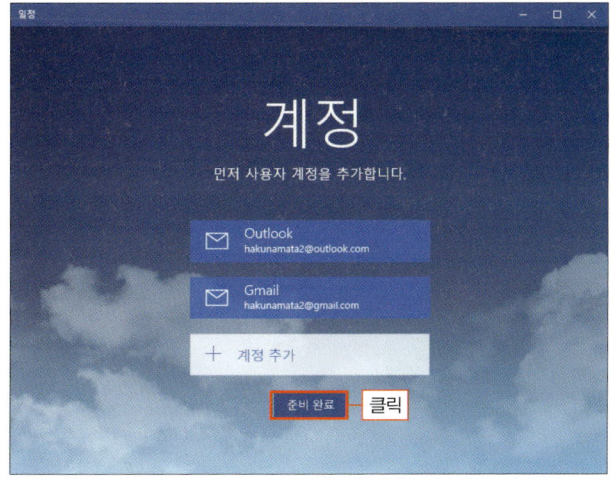

04. 설정된 계정의 일정이 나타납니다.

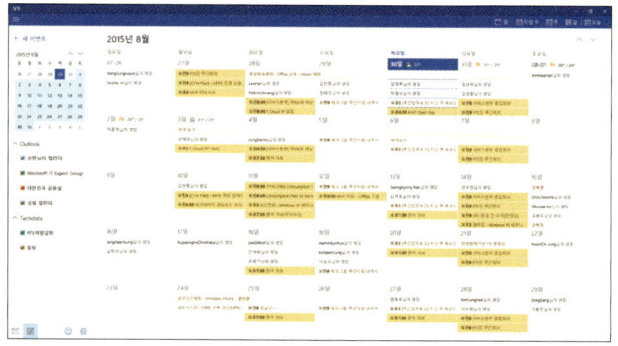

> **TIP : 메일 및 일정 앱, Outlook 및 Outlook Web App 비교**
>
> 전자 메일 보내기, 일정 예약, 작업 및 연락처 관리와 같은 일상적인 작업에 어떤 Outlook 앱을 사용해야 할지에 대하여 궁금한 사항은 아래 앱 비교를 통하여 사용자 환경에 알맞게 선택할 수 있습니다.

메일 및 일정 앱	Outlook	Outlook Web App
윈도우 10에 기본적으로 설치되는 앱입니다.	Office 또는, Office 365를 통하여 유상으로 구매해야 합니다.	웹 브라우저를 통하여 웹에서 액세스하여 사용합니다.
메일 및 일정 앱은 가정 또는, 직장에서 Windows 모바일 장치에 가장 적합한 기본적인 전자 메일 및 일정 기능을 제공합니다. 이러한 앱은 단순한 사용자 환경에 최적화된 모바일 및 터치 방식을 지원하므로 키보드나 마우스가 필요하지 않습니다. 살짝 밀기 제스처에 삭제, 플래그 지정, 이동과 같은 동작을 사용자 지정하여 사용할 수 있습니다.	메일 및 일정 앱은 Office 365 계정, Outlook.com, Gmail, iCloud, 기타 IMAP 및 POP 계정에 설정할 수 있습니다. Outlook은 PC와 노트북에 최적화된 모든 기능을 갖춘 전자 메일 및 일정 앱입니다. 전자 메일 및 일정 앱을 많이 사용하면서 일정 예약, 작업 관리, 다양한 서식 지정, 사서함 규칙과 같은 고급 기능이 필요한 경우 Outlook이 가장 적합합니다. Office 365 비즈니스 에디션 계정 또는, Outlook.com과 같은 다른 계정에서 Outlook 2013 및 Outlook 2016을 사용할 수 있습니다.	인터넷이 연결된 컴퓨터에서 전자 메일, 일정, 연락처에 빠르게 액세스할 수 있습니다. 출장 중 개인 컴퓨터가 없더라도 공유 컴퓨터만 이용할 수 있는 경우 Outlook Web App을 사용하여 전자 메일에 안전하게 액세스할 수 있습니다.

STEP 04 • Xbox One과 게임 스트리밍하기

게임 콘솔인 Xbox One과 윈도우 10 컴퓨터에서 게임을 스트리밍하는 방법에 대하여 알아봅니다. 이와 같이 설정하면, Xbox One이 아닌 윈도우 10이 설치된 컴퓨터에서 게임이 가능합니다.

01. [시작] 메뉴의 [Xbox]를 실행합니다.

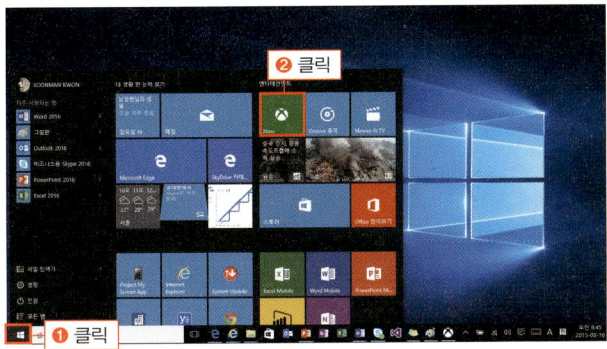

02. 실행된 Xbox 앱 메뉴에서 을 클릭하면 현재 Xbox One에 실행 중인 게임 상태가 나타나게 되며, [스트림]( )을 클릭합니다.

03. 컴퓨터에서 Xbox One으로 연결되면 화면이 나타나고, '스트림밍을 시작했습니다.'라는 메시지 창이 나타나면 원격으로 게임이 가능합니다.

04. 게임 스트리밍을 중지하려면 화면 상단의 [스티리밍 중지]를 클릭합니다.

TIP : 원격으로 Xbox One 켜기

Xbox One이 꺼져 있는 상태로 컴퓨터에서 [Xbox] 앱을 실행하고 [Xbox] 앱 메뉴에서 ▣을 클릭하면 Xbox One이 나타납니다. [켜기]를 클릭하여 원격으로 Xbox One을 켤 수 있습니다.

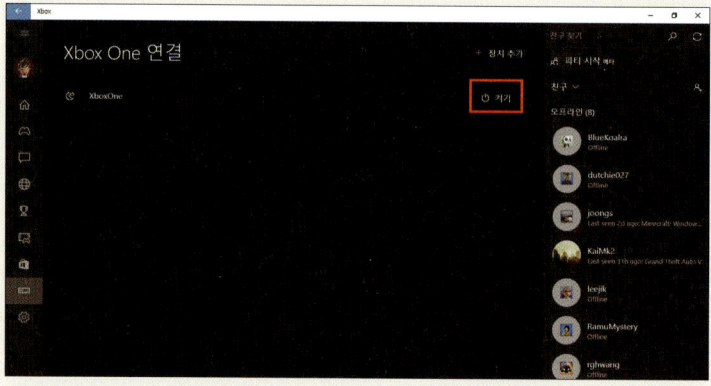

TIP : Xbox 360 게임을 Xbox One에서 호환

Xbox One 하위 호환 프로그램이 배포되며, 계속 늘어나는 Xbox 360 게임을 Xbox One으로 즐길 수 있습니다. 약 100여 개의 게임이 이번 가을에 예정되어 있으며 매월 수백 개의 게임이 추가될 예정입니다.

소유한 디지털 게임과 하위 호환 게임 카탈로그가 Xbox One의 설치 준비 섹션에 자동으로 나타나게 됩니다. 하위 호환 게임 카탈로그에서 일부 디스크 기반 게임의 경우, 디스크를 삽입하면 본체에서 자동으로 하드 드라이브에 게임 다운로드를 시작하게 되며, 게임 다운로드가 완료되더라도 게임을 플레이하려면 디스크가 드라이브에 들어 있어야 합니다.

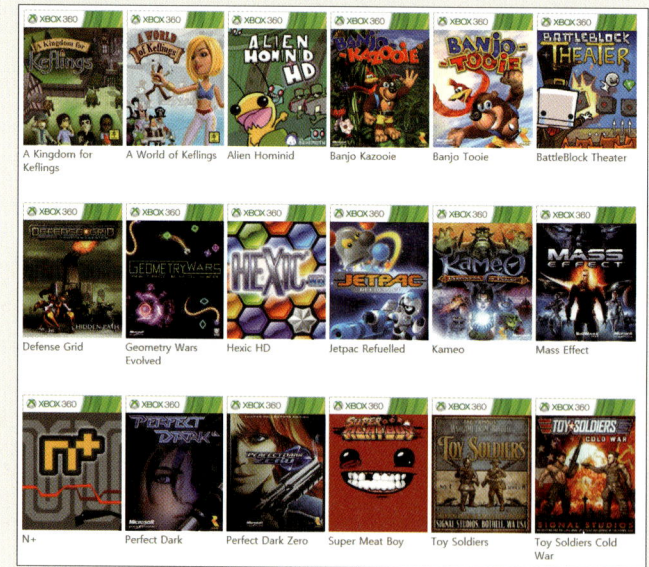

Xbox One 하위 호환 프로그램의 장점

- Xbox One 하위 호환 프로그램에는 추가 비용이 요구되지 않으므로 이미 소장하고 있는 게임을 플레이하는 데 비용이 전혀 들지 않습니다.
- 게임 저장 내용, 게임 추가 콘텐츠, 업적 및 게이머 스코어 등을 그대로 유지할 수 있습니다.
- 게임 DVR 스크린 캡처 및 Windows 10 스트리밍 등 Xbox One의 최신 기능을 마음껏 활용이 가능합니다.
- 사용하는 본체에 상관없이 게임 친구들과 멀티 플레이를 즐길 수 있습니다.
- Xbox One 하위 호환 프로그램은 디스크 기반 및 디지털 게임에 모두 사용 가능합니다.

STEP 05 ● 게임 캡처 및 레코딩

윈도우에서 게임 시 캡처 또는, 동영상으로 녹화할 수 있는 기능에 대하여 알아봅니다. 단, 일부 게임에서는 이 기능을 지원하지 않을 수 있습니다.

01. 윈도우 게임 앱이 실행된 상태에서 ⊞+G를 누르면 다음과 같이 캡처 도구가 실행됩니다.

- : Xbox 앱을 실행합니다.
- : 게임 DVR 기능으로 녹화된 동영상을 편집하고 커뮤니티에 공유할 수 있습니다.
- : 게임 화면을 캡처합니다.
- : 게임을 녹화할 수 있습니다.
- : 캡처 도구 환경을 설정할 수 있습니다.

02. [캡처]( )를 클릭하면, 실행되고 있는 화면을 바로 캡처하거나 동영상을 녹화하는 경우에는 녹화되는 시간이 나타납니다.

03. 캡처 또는, 동영상으로 녹화된 파일은 [내 PC]-[동영상]-[캡처] 폴더에 저장됩니다.

STEP 06 • 윈도우 캡처 도구

윈도우 10에서 기본적으로 제공하는 캡처 도구의 성능이 향상되었습니다.

01. 검색 창에 '캡처 도구'를 입력하여 검색된 결과의 [캡처 도구]를 실행합니다.

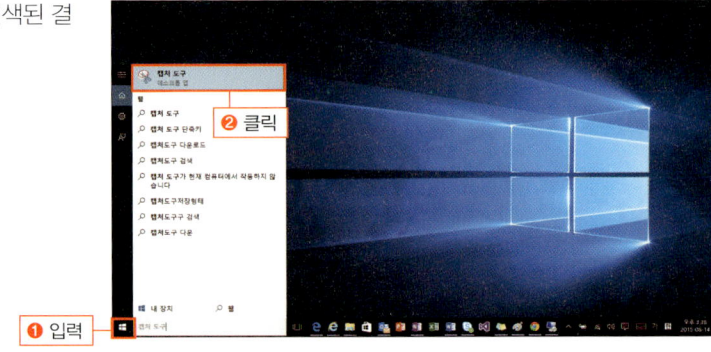

02. 실행된 캡처 도구에서 [연기]를 클릭하여 지연 시간을 0~5초로 설정할 수 있습니다.

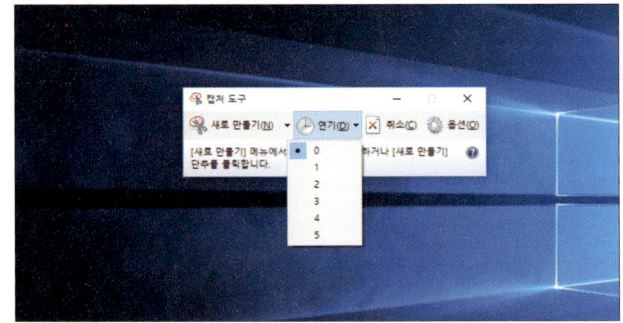

03. 설정한 후 [새로 만들기]를 클릭하면, 지정한 시간 이후 캡처가 가능합니다.

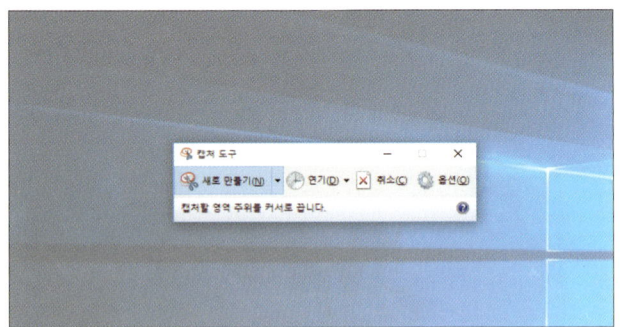

TIP : ⊞+ Print Screen 을 누르면 화면을 캡처하여 바로 파일로 생성해 줍니다. 캡처하여 생성된 이미지는 [내 PC]-[사진]-[스크린샷] 폴더에 존재합니다.

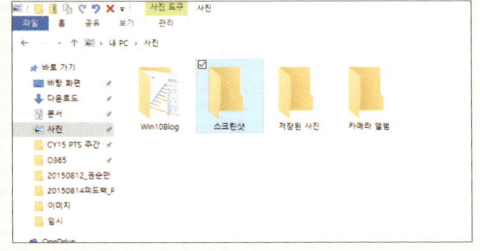

LESSON 06

Windows To Go 사용하기

레벨 ● ● ●

Windows To Go는 컴퓨터에서 실행되는 운영 체제에 관계없이 윈도우 7 이상의 요구 사항을 충족하는 컴퓨터에 USB로 연결된 외부 드라이브에서 부팅할 수 있는 Windows To Go 작업 영역을 만드는 데 사용되는 윈도우 10 엔터프라이즈 에디션의 기능입니다. Windows To Go 작업 영역은 기업에서 데스크톱 및 랩톱에 쓰는 동일한 이미지를 사용할 수 있으며 동일한 방식으로 관리할 수 있습니다.

STEP 01 • Windows to Go 제약 사항 알아보기

Windows To Go는 모든 이동 저장 장치로 사용이 불가능하기 때문에 Windows To Go를 사용하기 위한 하드웨어, 성능, 디바이스 관련한 제약 사항에 대하여 알아봅니다.

구분	내용
하드웨어	USB 3.0 v1.0 사양 BOT 기능 지원 (http://www.usb.org/developers/devclass_docs/usbmassbulk_10.pdf) Microsoft OS Descriptor 기능 포함 http://msdn.microsoft.com/en-us/windows/hardware/gg463179 여유 공간 32GB(최소 사용 공간 25GB) USB 장치를 처리하는 방법인 RMB(Removable Media Bit)가 0으로 구성되어 있어야 함
성능	랜덤 4K 쓰기 ≧ = 200(플래시 기반 스토리지만 사용 가능) 랜덤 4k 읽기 IOPS ≧ = 2,000(플래시 기반 스토리지만 사용 가능) 60MB/s 최대 I/O 대기 시간 < 500밀리 초

■ 추천 디바이스

Kingston DataTraveler Workspace
32, 64, 128GB 용량

SPYRUS Portable Workplace
32, 64, 128GB 용량

SPYRUS Secure Portable Workplace
32, 64, 128GB 용량

Super Talent RC 4
32, 64, 128 및 256GB 용량

Super Talent RC8
64 및 128GB 용량

STEP 02 • Windows To Go 만들기

Windows To Go 작업 영역을 생성하는 방법에 대하여 알아봅니다. Windows To Go를 생성하기 위해서는 앞에서 설명된 요구 사항에 맞는 하드웨어 장치가 준비되어 있어야 하며, 윈도우 10 DVD나 원본 파일이 필요합니다.

01. 검색 창에 'Windows To Go'를 입력하면 나타나는 검색 결과에서 [Windows To Go]를 실행합니다.

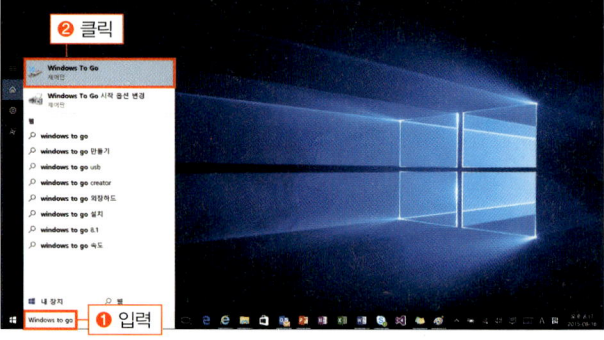

02. '사용할 드라이브를 선택하십시오' 화면에서 Windows To Go 사용 가능한 장치를 선택한 후 [다음]을 클릭합니다.

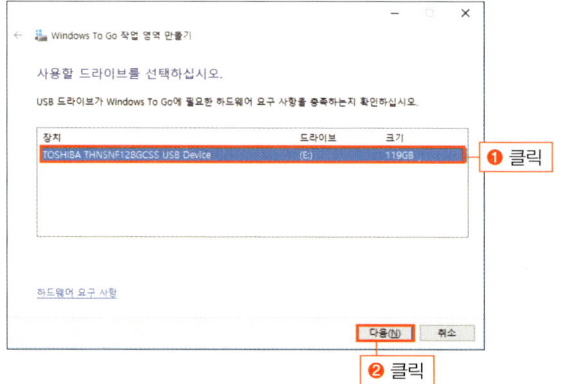

TIP : 중요 공간은 약 25GB를 생성하지만, 선택한 장치의 모든 내용을 포맷하기 때문에 작업 시 사전에 중요 데이터가 있는 경우는 백업해야 합니다.

03. 윈도우 10 이미지를 선택하는 단계에서 윈도우 10 이미지가 나타나지 않으면, 윈도우 10 원본 파일 또는 DVD를 삽입한 후 [검색 위치 추가]를 클릭합니다.

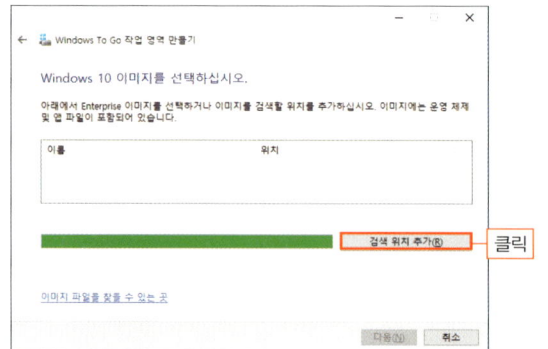

04. Windows To Go를 만들기 위한 이미지가 추가된 것을 확인한 후 윈도우 10 이미지를 선택하고 [다음]을 클릭합니다.

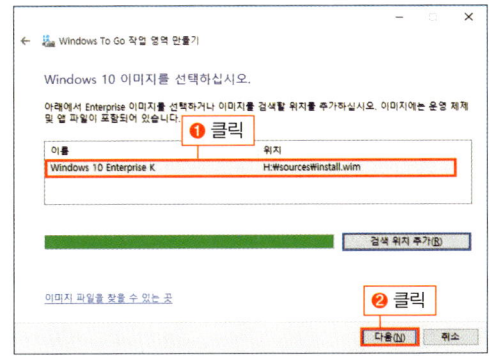

05. 'BitLocker 암호 설정합니다.' 화면에서 보안을 강화하기 위하여 설정한 후 [다음]을 클릭합니다. 이 단계에서 설성하지 않더라도 추후 설정이 가능합니다.

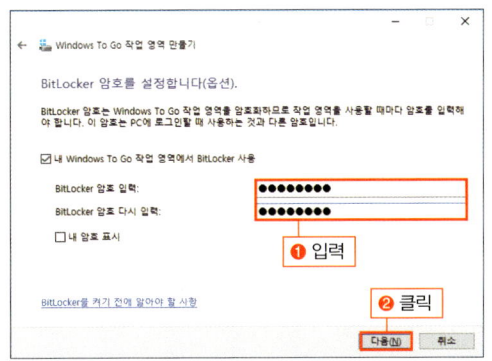

06. 'Windows To Go 작업 영역을 만들 준비가 되었습니다.' 창에서 내용을 확인한 후 [만들기]를 클릭합니다..

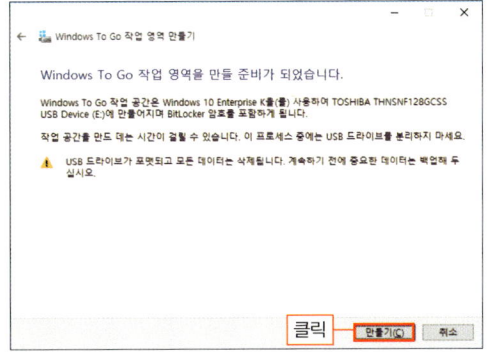

07. 'Windows To Go 작업 영역을 만드는 중입니다.' 메시지와 함께 선택한 USB 장치로 작업이 진행됩니다.

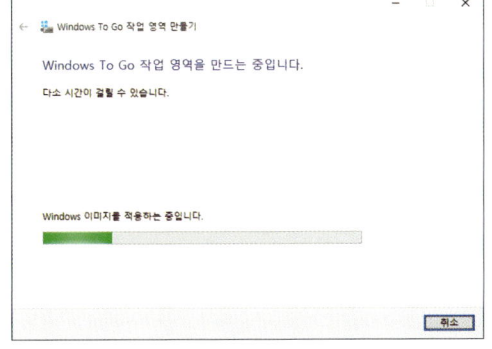

08. Windows To Go 작업 영역 생성이 완료되면 '부팅 옵션 선택' 화면에서 [예(Y)]를 선택한 후 [저장 후 닫기]를 클릭하여 생성을 완료합니다. 참고 사항으로 부팅 옵션 선택은 이후에 제어판을 이용하여 설정의 변경이 가능합니다.

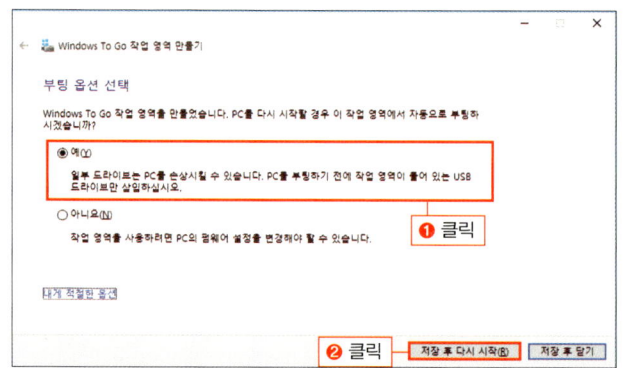

TIP : Windows to Go 복원 프로세스

Windows To Go를 사용 중에 USB 장치의 문제가 발생되거나 임의적으로 USB 장치를 컴퓨터 본체로부터 제거한 경우 바로 문제가 발생하지 않고, 60초의 시간 안에 재연결하거나, 복구되면 원래 상태로 복원됩니다.

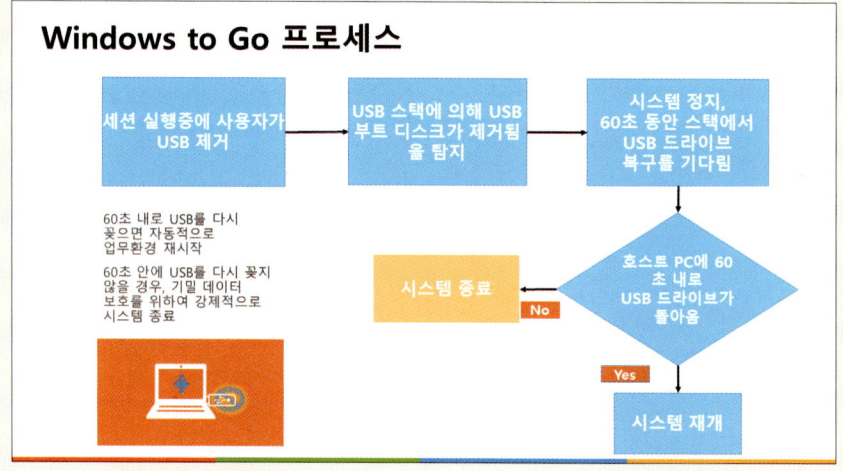

STEP 03 • Windows To Go 시작 설정하기

Windows To Go 장치를 컴퓨터에 연결하여 시작하는 경우에 별다른 조치 없이 바로 Windows To Go 장치로 실행되도록 설정하는 방법에 대하여 알아봅니다.

01. 검색 창에 'Windows To Go'를 입력하면 나타나는 검색 결과에서 [Windows To Go]를 실행합니다.

02. 'Windows To Go 시작 옵션' 화면에서 [예]를 체크한 후 [변경 내용 저장]을 클릭합니다. 이렇게 설정된 컴퓨터는 Windows To Go 장치가 연결되어 있는 경우에 자동적으로 Windows To Go 장치로 먼저 부팅이 진행됩니다.

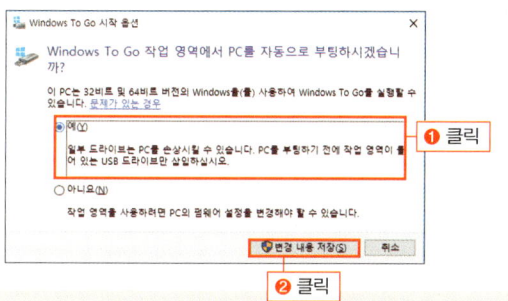

> **TIP : Windows to Go 사용 시나리오**
>
> Windows To Go는 모든 엔터프라이즈 장치의 대체 옵션은 아니지만 다양한 작업 시나리오에서 생산성을 유지하고 리소스에 연결된 상태로 유지할 수 있는 새로운 방법을 직원들에게 제공합니다.
>
> - 재택 근무 : Windows To Go 드라이브에서 회사 이미지, 앱, 정책 등이 가정용 컴퓨터에서 사용할 수 있도록 프로비전되므로 직원들은 가볍게 이동할 수 있습니다.
> - 회사에서 BYOD(Bring Your Own Device) 사용 가능 : 계약직이나 직원이 개인용 장치에서 회사의 엔터프라이즈 네트워크에 액세스하여 선택한 컴퓨터에 관계없이 생산성을 유지할 수 있습니다.
> - 윈도우 10에서 설치 및 실행 : 직원이 컴퓨터에 배포하기 전에 기존 하드웨어에서 윈도우 10을 테스트, 평가 또는 사용할 수 있습니다.
> - 비즈니스 생산성 유지 : Windows To Go를 제공하여 기존 컴퓨터나 작업 위치가 손상되는 예기치 않은 경우에도 비즈니스 생산성을 유지합니다.

LESSON 07 Hyper-V 기능 사용하기

레벨 ● ● ●

Hyper-V를 사용하면 더욱 많은 가상화 운영 체제를 관리하거나 테스트가 가능하게 됩니다. 참고로 Hyper-V는 윈도우 7에서는 Windows Virtual PC라는 기능으로 제공하였지만, 윈도우 8 이후로 이 기능을 대체하게 되었습니다.

STEP 01 • Hyper-V의 구성 이해하기

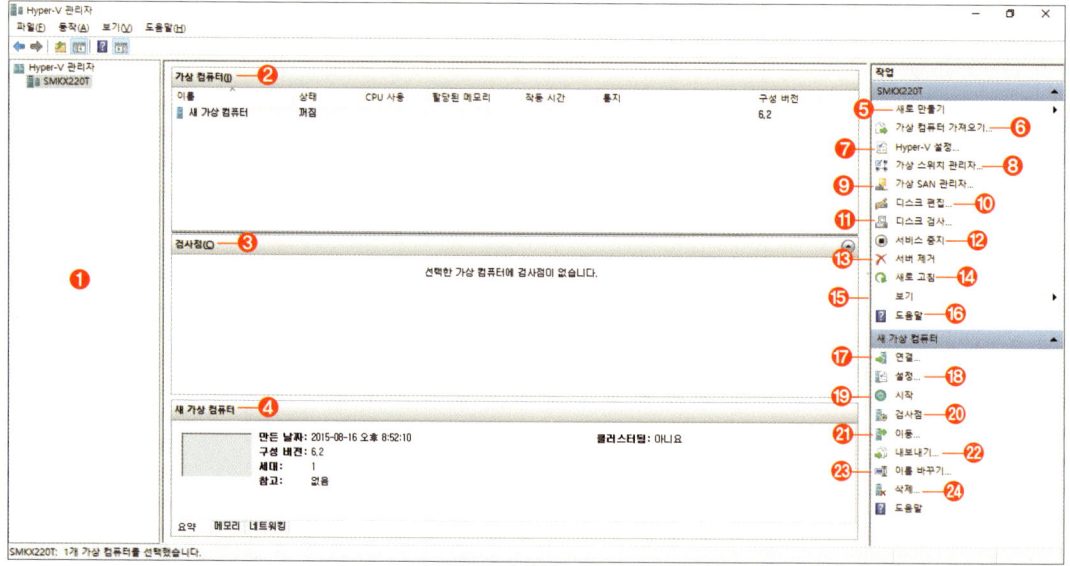

❶ **Hyper-V 관리자** : 로컬 또는 원격으로 연결, 관리되고 있는 Hyper-V 호스트 컴퓨터가 나열됩니다.

❷ **가상 컴퓨터** : 가상 컴퓨터의 실행 상태, CPU 사용률, 할당된 메모리, 작동 시간 등을 확인할 수 있습니다.

❸ **검사점** : 관리자가 가상 컴퓨터의 검사 시점을 임의적으로 찍은 검사점이 나열되고, 복원할 수 있습니다.

❹ **새 가상 컴퓨터** : 가상 컴퓨터의 정보를 요약, 메모리, 네트워킹 사용 정보를 확인할 수 있습니다.

❺ **새로 만들기** : 가상 컴퓨터, 하드디스크, 플로피 디스크를 생성합니다.

❻ **가상 컴퓨터 가져오기** : 백업한 가상 컴퓨터를 가져와서 추가할 수 있습니다.

❼ **Hyper-V 설정** : Hyper-V 사용 시 서버와 사용자 환경을 설정합니다.

❽ **가상 스위치 관리자** : Hyper-V에서 사용되는 가상의 네트워크 스위치를 생성, 제거 등 관리할 수 있습니다. 가상 스위치는 외부, 내부, 개인으로 환경에 따라 추가할 수 있습니다.

❾ **가상 SAN 관리자** : 가상의 SAN 장치를 생성, 제거 등의 관리할 수 있습니다.

❿ **디스크 편집** : 가상 하드디스크 .vhd 또는, .vhdx 파일 편집할 수 있습니다.

⓫ **디스크 검사** : 가상 하드디스크의 .vhd 또는, .vhdx 파일을 검사합니다.

⓬ **서비스 중지** : 실행되어 있는 가상 컴퓨터를 시작, 중지할 수 있습니다.

⓭ **서버 제거** : 로컬 또는, 원격으로 관리되고 있는 Hyper-V 서버를 제거할 수 있습니다.

⓮ **새로 고침** : 가상 컴퓨터의 상태를 새로 고침하여 최신의 상태로 나타냅니다.

⓯ **보기** : 가상 컴퓨터 화면의 컬럼을 수정하여 관리자가 원하는 정보를 나열할 수 있습니다.

⓰ **도움말** : Hyper-V의 도움을 확인할 수 있습니다.

⓱ **연결** : 가상 컴퓨터를 연결합니다.

⓲ **설정** : 가상 컴퓨터의 메모리 크기, 하드디스크, 네트워크 등 H/W의 세부 설정할 수 있습니다.

⓳ **시작** : 가상 컴퓨터를 시작 또는, 종료합니다.

⓴ **검사점** : 가상 컴퓨터의 현재 상태를 스냅샷으로 찍어 검사점을 생성합니다.

㉑ **이동** : 가상 컴퓨터를 다른 Hyper-V로 이동합니다.

㉒ **내보내기** : 가상 컴퓨터를 백업하거나 다른 Hyper-V로 이동하기 위하여 관련 파일을 한번에 백업할 수 있습니다.

㉓ **이름 바꾸기** : 가상 컴퓨터의 이름을 변경합니다.

㉔ **삭제** : 선택한 가상 컴퓨터를 제거합니다.

> **TIP : Hyper-V 관리자를 실행하는 방법**
>
> Hyper-V 관리자를 실행하는 방법은 검색 창에 'Hyper-V'를 입력하면 나타나는 결과 화면에서 [Hyper-V 관리자]를 실행하면 됩니다.

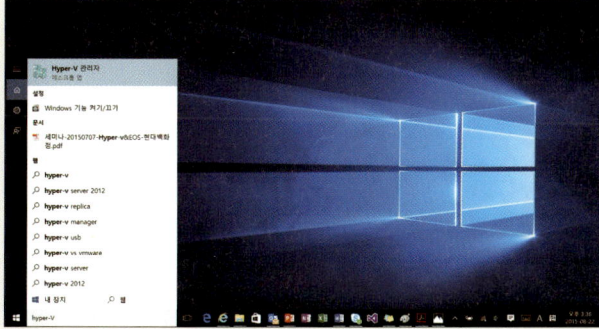

STEP 02 • Hyper-V 가상 스위치 생성하기

Hyper-V를 사용하여 가상 컴퓨터를 생성하기 전에 로컬 또는, 외부와 네트워크 연결이 필요하기 때문에 가상 스위치를 생성하는 방법에 대하여 알아봅니다.

01. 'Hyper-V 관리자' 화면의 [작업]에서 [가상 스위치 관리자]를 클릭합니다.

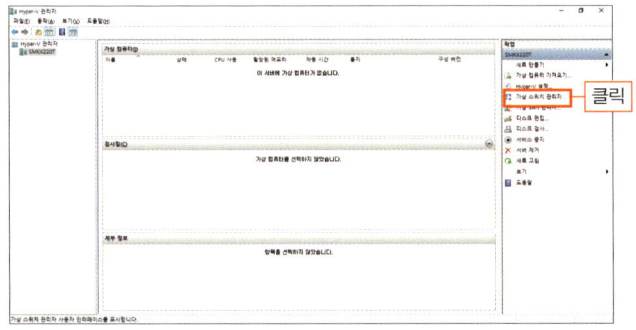

02. '가상 스위치 만들기' 화면에서 '외부, 내부, 개인' 중에 하나를 선택하여 [가상 스위치 만들기]를 클릭합니다.

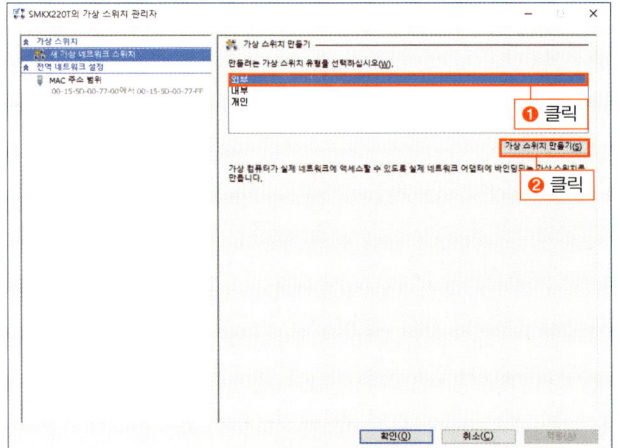

TIP : 가상 스위치 용도

가상 스위치 생성 시 사용하려는 용도는 아래의 표를 확인하여 생성합니다.

구분	가상 컴퓨터와 가상 컴퓨터	가상 컴퓨터와 호스트 컴퓨터	가상 컴퓨터와 다른 호스트 컴퓨터	가상 컴퓨터와 외부 네트워크
외부	O	O	O	O
내부	O	O	X	X
개인	O	X	X	X

03. 가상 스위치 속성에 이름 및 연결되어 있는 물리적인 네트워크 카드를 선택한 후 [확인]을 클릭합니다.

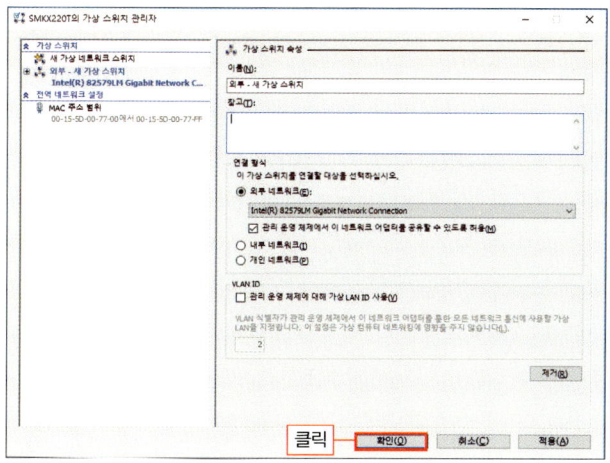

04. 네트워크 변경 내용 적용 경고 메시지가 나타나면 내용을 확인한 후 [예]를 클릭하면 Hyper-V에서 사용될 가상 스위치가 생성됩니다.

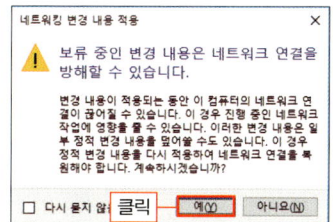

TIP : 가상 컴퓨터 네트워크 어댑터 변경하기

Hyper-V 환경에서 가상 스위치는 '외부, 내부 및 개인'의 3가지 형태로 어댑터를 생성한 경우는 생성한 가상 컴퓨터의 네트워크 어댑터를 지정하거나 변경할 수 있습니다. 처음 가상 컴퓨터를 생성하는 경우에 생성된 가상 스위치 목록에서 선택할 수 있으며, 여기서 설정되었거나 변경이 필요한 경우는 가상 컴퓨터를 선택한 후 [가상 컴퓨터]-[설정]을 실행하면 나타나는 '설정' 화면에서 [네트워크 어댑터]의 가상 스위치를 설정할 수 있습니다. 추가적으로 현재 가상 컴퓨터가 켜져 있는 상태에서도 네트워크 위치 변경이 가능합니다.

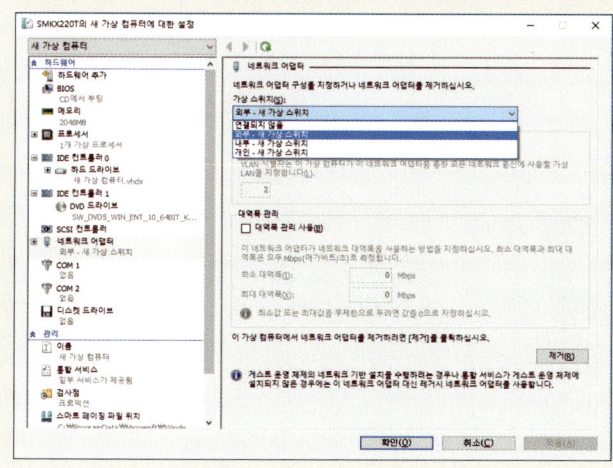

STEP 03 • Hyper-V에 가상 컴퓨터 생성하기

Hyper-V가 설치되면 여러 개의 가상 컴퓨터를 생성하여 사용할 수 있습니다. 이 가상 컴퓨터는 파일 기반으로 되어 있으며, 설치된 컴퓨터와의 리소스를 공유하기 때문에 메모리와 디스크의 용량에 따라 동시에 운영할 수 있는 개수가 달라질 수 있습니다.

01. 'Hyper-V 관리자' 화면에서 마우스 오른쪽 버튼을 클릭한 후 [새로 만들기]-[가상 컴퓨터]를 선택합니다.

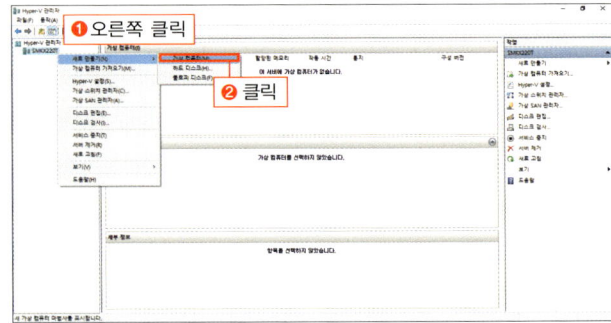

02. '새 가상 컴퓨터 마법사' 화면에서 [다음]을 클릭합니다.

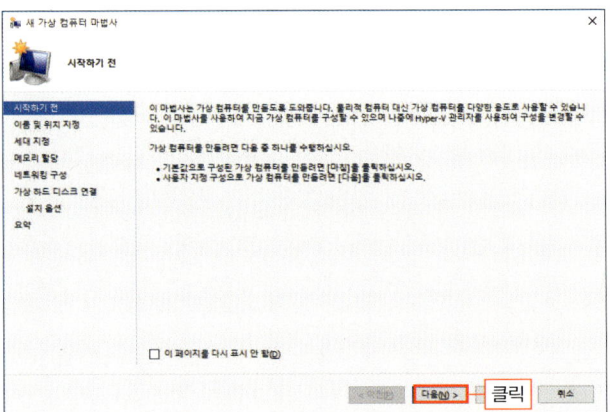

03. '이름 및 위치 지정' 화면에서 가상 컴퓨터의 [이름]을 입력한 후 [다음]을 클릭합니다.

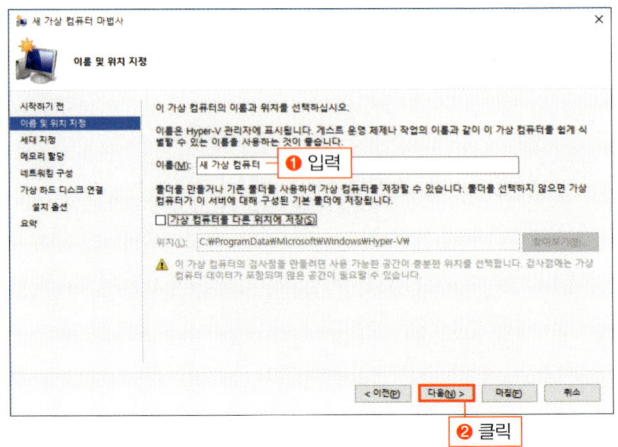

04. '세대 지정' 화면에서 가상 컴퓨터의 [1세대] 또는, [2세대]로 선택한 후 [다음]을 클릭합니다.

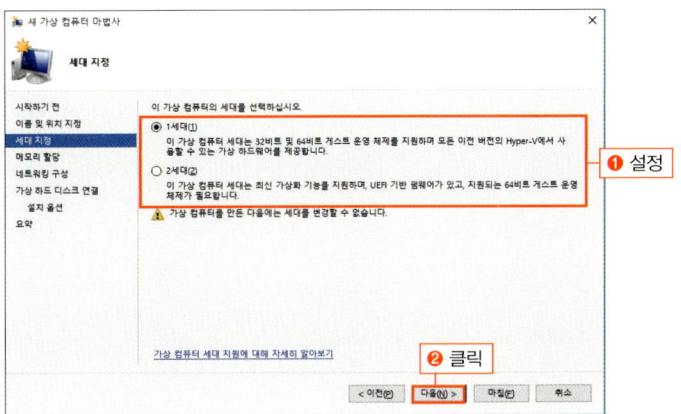

05. '메모리 할당' 화면에서 [시작 메모리]를 입력한 후 [다음]을 클릭합니다. 새로워진 Hyper-V 기능에서 [이 가상 컴퓨터에서 동적 메모리를 사용합니다.]를 클릭하면 이후 가상 컴퓨터 사용 시에 메모리를 동적으로 변경이 가능합니다.

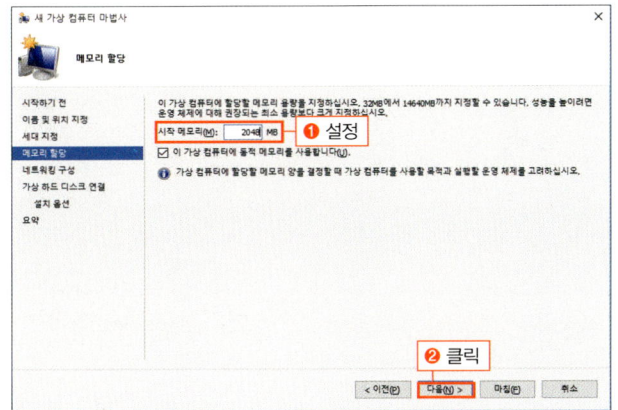

06. '네트워킹 구성' 화면에서 설정한 가상 스위치를 선택하고 [다음]을 클릭합니다.

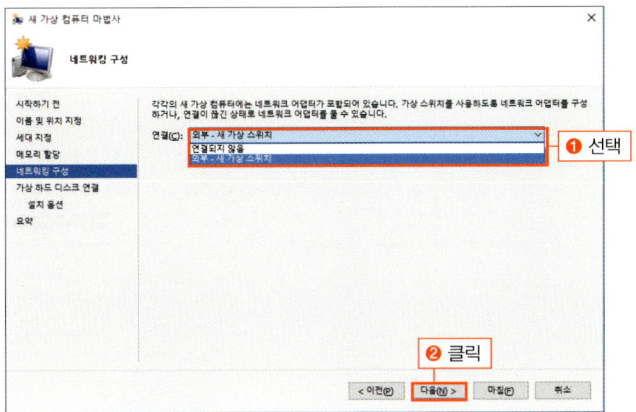

07. '가상 하드 디스크 연결' 화면에서 [이름], [위치], [크기]를 설정한 후 [다음]을 클릭합니다.

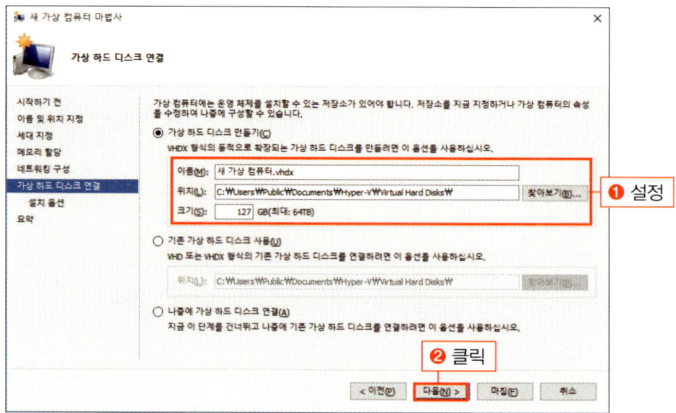

08. '설치 옵션' 화면에서 가상 컴퓨터 설치하기 위한 옵션을 선택한 후 [다음]을 클릭합니다.

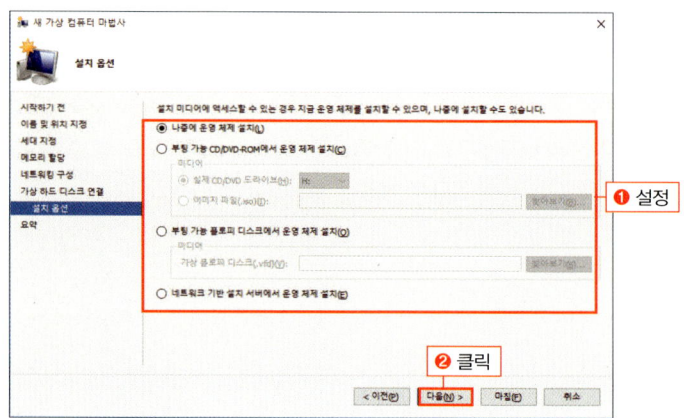

09. '새 가상 컴퓨터 마법사 완료' 화면에서 새롭게 생성할 가상 컴퓨터의 설정된 내용을 확인한 후 [마침]을 클릭합니다.

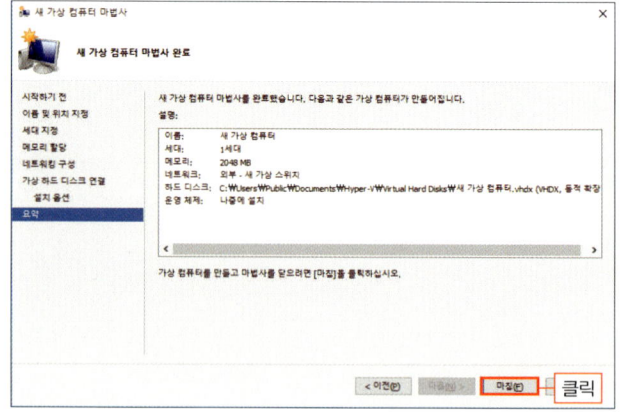

10. 'Hyper-V 관리자' 화면에 생성한 가상 컴퓨터가 추가되는 것을 확인할 수 있습니다.

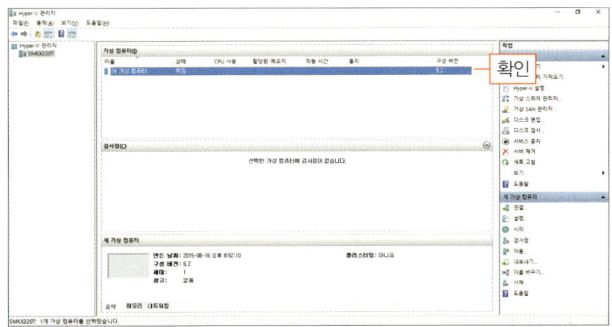

11. 생성된 가상 컴퓨터를 실행하면 나타나는 연결 화면의 상단 메뉴에서 [미디어]-[DVD 드라이브]-[디스크 삽입]을 클릭합니다.

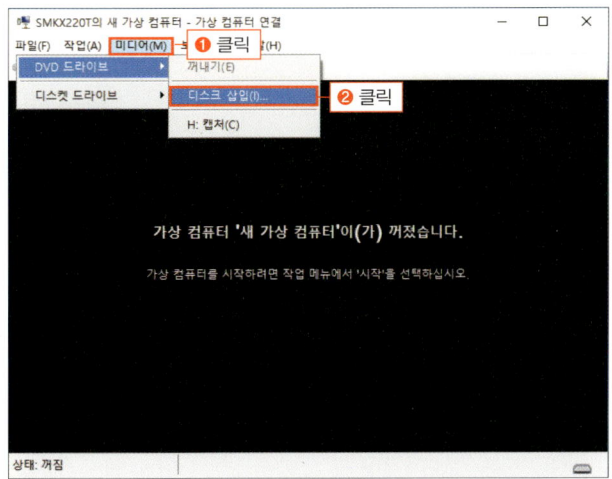

12. 파일 탐색기에서 설치하려는 가상 컴퓨터의 원본 이미지인 ISO 파일을 찾아 선택한 후 [열기]를 클릭합니다.

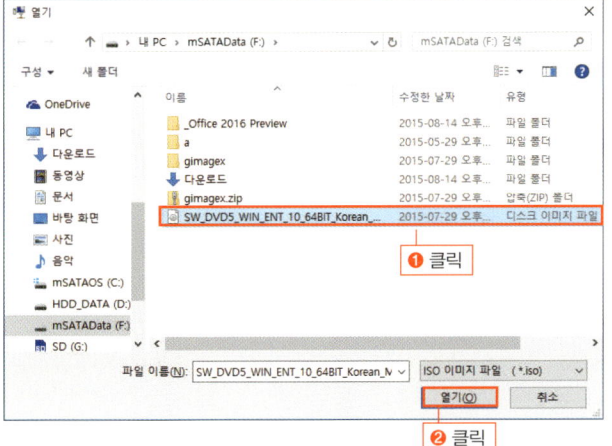

13. 를 클릭하여 가상 컴퓨터 전원을 켭니다.

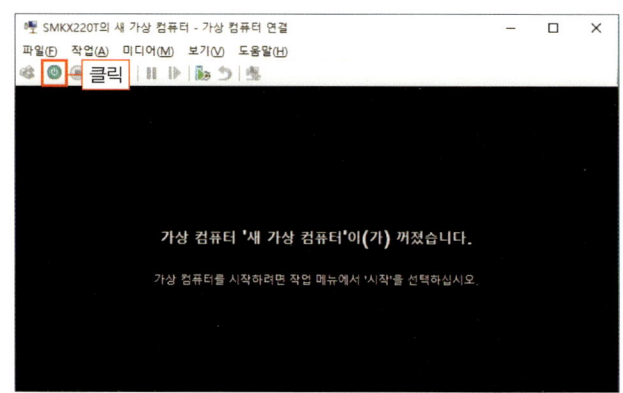

14. 기본 윈도우 10 환경에서 새로운 윈도우 운영 체제를 설치하여 사용할 수 있습니다.

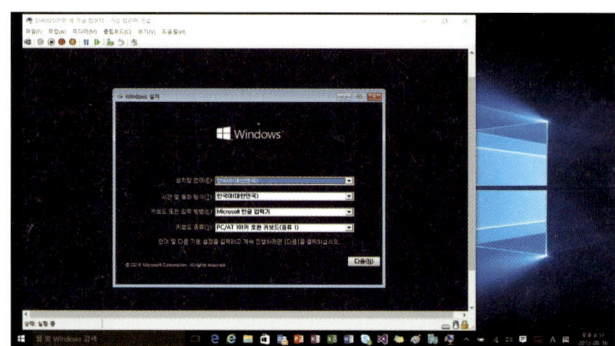

TIP : Hyper-V 설정 확인하기

가상 컴퓨터의 Hyper-V에서 생성되거나 관리되는 가상 컴퓨터의 세부적인 설정을 변경할 수 있습니다.

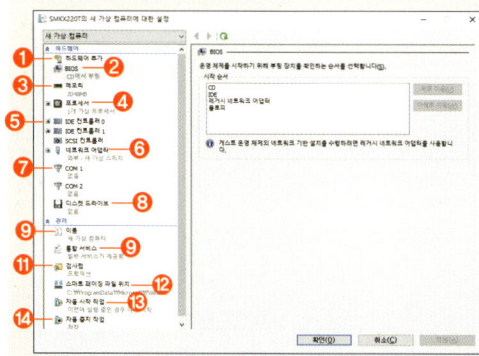

❶ 하드웨어 추가 : SCSI 컨트롤러, 네트워크 어댑터, 레거시 네트워크 어댑터, 파이버 채널 어댑터를 추가할 수 있습니다.
❷ BIOS : BIOS 화면에서 시작하는 순서를 수정할 수 있으며, Num Lock 을 켜거나 끌 수 있습니다.
❸ 메모리 : 시작 메모리를 설정할 수 있고, 사용 시 동적 메모리 최소, 최대로 설정할 수 있습니다.
❹ 프로세서 : 물리적 컴퓨터의 프로세서 수에 따라 가상 프로세서의 수를 수정할 수 있습니다.
❺ IDE 컨트롤러 : 하드 드라이브 및 CD/DVD 드라이브를 IDE 컨트롤에 추가합니다.
❻ 네트워크 어댑터 : 네트워크 어댑터 구성을 지정하거나 제거합니다.
❼ COM : 명명된 파이프를 통해 물리적 컴퓨터와 통신하도록 가상 COM 포트를 구성합니다.
❽ 디스켓 드라이브 : 플로피 드라이브를 사용하기 위한 가상 플로피 디스크 파일을 지정합니다.
❾ 이름 : 가상 컴퓨터의 이름과 관련된 메모를 편집합니다.
❿ 통합 서비스 : Hyper-V에 이 가상 컴퓨터에 제공할 서비스를 선택 설정합니다.
⓫ 검사점 : 선택한 가상 컴퓨터의 검사점을 저장할 폴더를 지정합니다.
⓬ 스마트 페이징 파일 위치 : 선택한 가상 컴퓨터의 스마트 페이징 파일을 저장할 폴더를 지정합니다.
⓭ 자동 시작 작업 : 물리적 컴퓨터가 시작될 때 가상 컴퓨터에서 수행할 작업을 설정합니다.
⓮ 자동 중지 작업 : 물리적 컴퓨터가 종료될 때 가상 컴퓨터에서 수행할 작업을 설정합니다.

STEP 04 • Hyper-V 기능 끄기

Hyper-V 기능을 사용하지 않은 경우 Hyper-V 기능을 끄는 방법에 대하여 알아봅니다.

01. ⊞+X를 누르면 나타나면 메뉴에서 [프로그램 및 기능]을 클릭합니다.

02. 프로그램 및 기능 왼쪽 메뉴에 있는 [Windows 기능 켜기/끄기]를 클릭합니다.

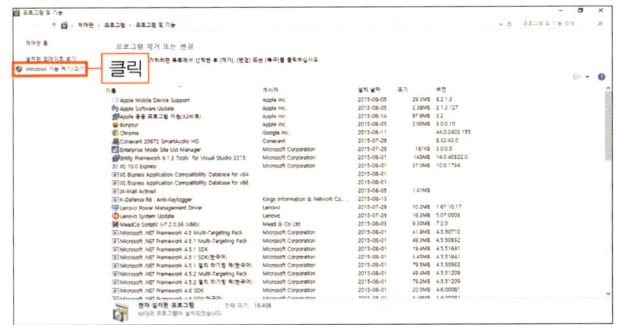

03. 'Windows 기능' 화면이 나타나면 [Hyper-V] 기능을 선택 해제한 후 [확인]을 클릭하고 재부팅을 하면 Hyper-V 기능을 끌 수 있습니다.

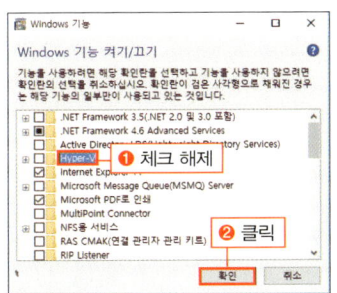

PART SUMMARY

- PART 04에서는 윈도우 10에서 기본적으로 제공하는 기능과 새롭게 추가된 앱 및 세부적인 설정에 대하여 알아보았습니다.

- 파일을 관리할 수 있는 파일 탐색기의 구성 요소 및 설정하는 방법에 대하여 알아보았고, 탐색기에서 제공하는 기능을 빠르게 활용하기 위한 옵션 등에 대하여 알아보았습니다(Lesson 01 – Step 01~04, Lesson 02 – Step 01~02).

- Microsoft에서 제공하는 클라우드 저장소 서비스인 OneDrive와 파일 탐색기를 이용하여 폴더를 동기화하고 백업하는 방법에 대하여 알아보았습니다(Lesson 01 – Step 05).

- 파일을 삭제하는 경우 휴지통에 쌓이게 하거나 지움과 동시에 완전 삭제하는 옵션에 대하여 알아보았으며, 휴지통이 담고 있는 파일의 공간을 사용자가 지정하는 방법도 알아보았습니다(Lesson 02 – Step 04).

- 수많은 파일과 콘텐츠들이 존재하는 컴퓨터에서 원하는 정보를 빠르고 쉽게 찾기 위해서는 윈도우 10에서 제공하는 검색 옵션과 색인 기능 설정을 해야 합니다. 또한 빠른 검색 또는, 나만의 검색을 위하여 색인되는 파일의 내용을 설정하고, 색인 문제 발생 시 해결하는 방법을 알아보았습니다(Lesson 03 – Step 01~03).

- 윈도우 10부터 윈도우 스토어가 통합되었으며 기존 윈도우 8/8.1에서 제공하는 스토어 대비 향상된 기능을 제공합니다. 윈도우 스토어를 사용하고 앱을 관리하는 방법에 대하여 알아보았습니다(Lesson 04 – Step 01~02).

- 윈도우 10 설치와 함께 기본적으로 제공하는 앱인 오피스, 메일, 일정 앱을 설정하고 사용하는 방법에 대하여 알아보았습니다(Lesson 05 – Step 01~06).

: 쉬 어 가 는   페 이 지 :

▶ PART

05

인터넷 익스플로러 11과
새로운
인터넷 브라우저 엣지

WINDOWS · 10

윈도우 10에 기본적으로 탑재된 인터넷 브라우저는 인터넷 익스플로러 11과 마이크로소프트 엣지가 있습니다. 인터넷 익스플로러 11은 기존의 인터넷 브라우저처럼 추가 기능이나 ActiveX 등을 설치할 수 있어 표준성과 호환성 모두를 제공하며, 새로운 마이크로소프트 엣지는 표준 지향의 웹 브라우저 기능과 태블릿 또는, 터치 디바이스에 최적화된 기능을 제공합니다.

LESSON 01 마이크로소프트 엣지(Microsoft Edge) 살펴보기

레벨 ●○○

새로운 표준형 인터넷 브라우저인 마이크로소프트 엣지가 윈도우 10에 포함되었습니다. 마이크로소프트 엣지는 ActiveX나 툴바 같은 프로그램을 추가적으로 설치가 불가능하지만, 어도비(Adobe)사의 플래시(Flash)는 기본적으로 포함되어 있는 인터넷 브라우저입니다.

STEP 01 • 마이크로소프트 엣지의 화면 구성 살펴보기

새로운 마이크로소프트 엣지의 전체 화면 구성 요소들에 대하여 알아봅니다.

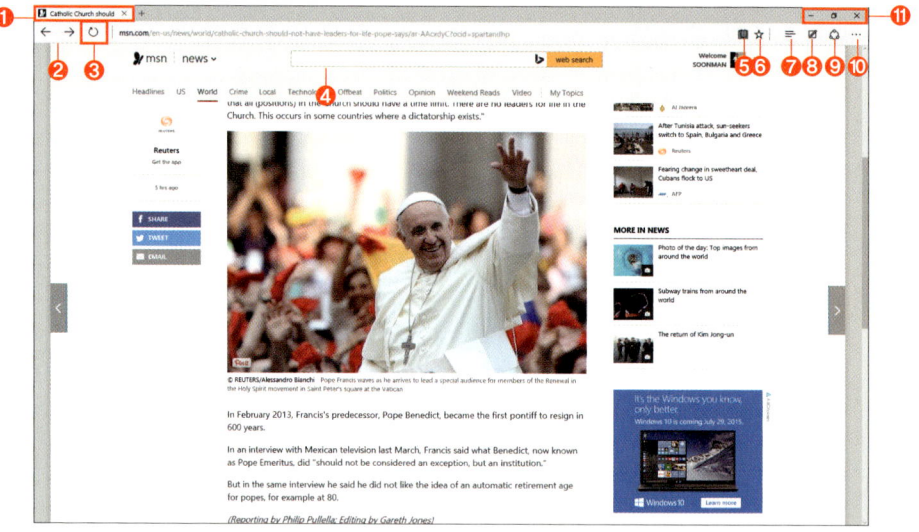

❶ **탭** : 하나의 인터넷 익스플로러에서 탭 기능을 사용하면 여러 웹 페이지를 추가하여 나타나게 할 수 있습니다.

❷ **뒤/앞 단추** : 현재 웹 사이트에서 이전에 접속한 웹 사이트로 이동할 수 있습니다.

❸ **새로 고침** : 현재 나타난 웹 사이트를 새로 고쳐 최신의 웹 페이지 내용을 확인할 수 있습니다.

❹ **웹 주소 및 검색 창** : 웹 주소를 입력하거나 검색어를 입력하면 설정되어 있는 검색 포탈을 통한 결과를 얻을 수 있습니다.

❺ **읽기용 보기** : 기본적으로 나타나는 웹 사이트 화면을 읽기용 보기로 설정하면, 현재 보여지는 웹 사이트의 글을 읽기 편한 화면으로 볼 수 있습니다.

❻ **즐겨찾기 및 읽기 목록 추가** : 즐겨찾기 및 읽기 목록을 추가할 수 있습니다.

❼ 허브 : 즐겨찾기, 읽기 목록, 기록 및 다운로드를 한 곳에서 관리할 수 있습니다.

❽ 웹 메모 : 웹 메모 기능을 사용하면, 현재 보고 있는 웹 페이지에서 펜, 메모 및 캡처 기능을 사용할 수 있습니다.

❾ 공유 : 현재 접속한 웹 사이트 또는, 마이크로소프트 엣지의 새로운 메모 기능 등을 사용하여 메모한 상태를 그대로 공유할 수 있습니다.

❿ 기타 작업 : 마이크로소프트 엣지의 세부적인 설정을 할 수 있습니다.

⓫ 창 크기 설정 : 윈도우 창을 최소화, 최대화 및 종료합니다.

TIP : 윈도우 10에 기본적으로 탑재된 인터넷 브라우저는 '인터넷 익스플로러 11'과 '마이크로소프트 엣지'가 있습니다. 인터넷 익스플로러 11은 기존의 인터넷 브라우저처럼 추가 기능이나 ActiveX 등을 설치할 수 있어 표준과 호환성 모두를 제공하며, 새로운 마이크로소프트 엣지는 표준 지향의 웹 브라우저 기능과 태블릿 또는, 터치 디바이스에 최적화된 기능을 제공합니다.

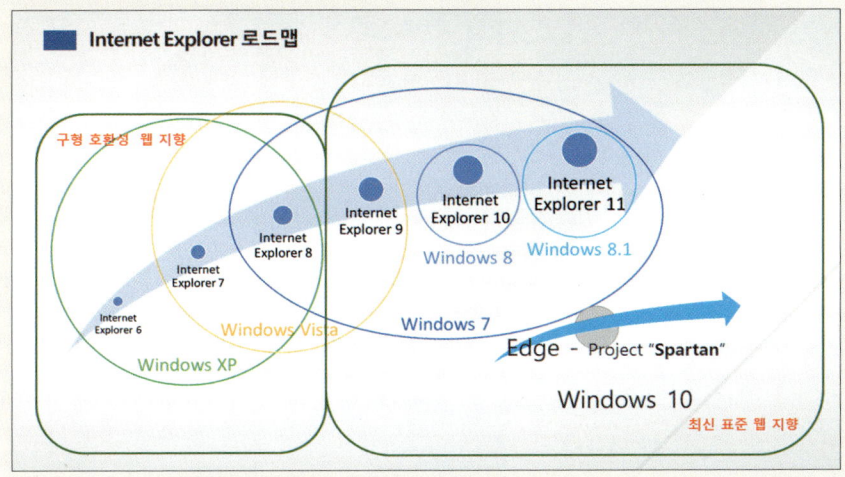

TIP : 마이크로소프 엣지 업그레이드 사항

마이크로소프트에서는 엣지 브라우저의 개선을 위해서 내부적으로 개발되고 있는 사항에 대하여 일반 사용자, 개발자들에게 공유하고, 알리기 위하여 운영되는 사이트에 게시하고 있습니다. 특히 웹 개발자들이 엣지 기반의 웹 사이트나 서비스를 만들 때 참고할 수 있습니다.
참고 사이트 : https://dev.modern.ie/platform/status/

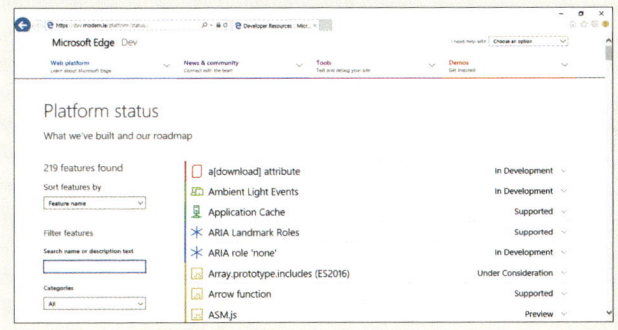

STEP 02 • 웹 메모 기능 사용하기

마이크로소프트 엣지의 웹 메모 기능을 사용하면, 현재 보고 있는 웹 페이지에 펜, 메모 및 캡처 기능을 사용할 수 있습니다.

01. 마이크로소프트 엣지를 실행하고, 웹 페이지로 이동한 후 [웹 메모 작성]( )을 클릭합니다.

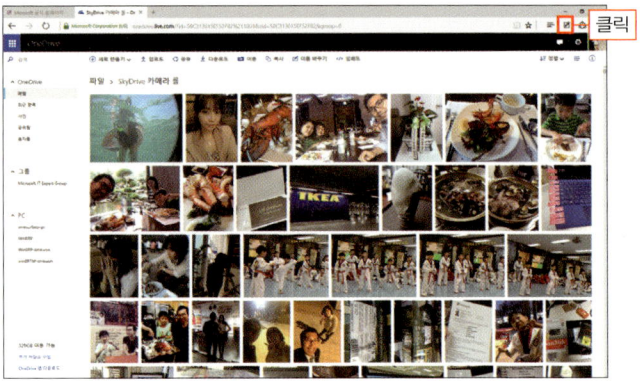

02. 이동, 펜, 형광펜, 지우개, 입력 노트 추가, 잘라내기( ) 편집 메뉴를 선택하여 웹 페이지에 다음과 같이 메모를 추가할 수 있습니다.

> **TIP :** Microsoft 계정이 아니라 일반 로컬 사용자 계정으로 윈도우 10을 사용하는 경우에는 화면에서 보이는 기능이 다를 수 있습니다. Microsoft 계정 사용법은 PART 06의 내용을 참고하세요.

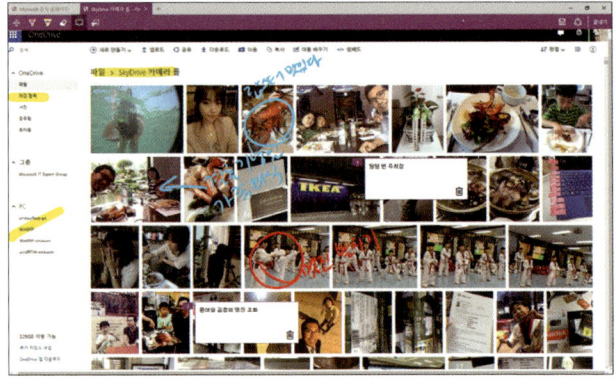

03. 저장, 공유, 끝내기 메뉴를() 실행하여 웹 페이지에 메모한 내용을 OneNote, 즐겨찾기, 읽기 목록에 추가하거나 공유할 수 있습니다.

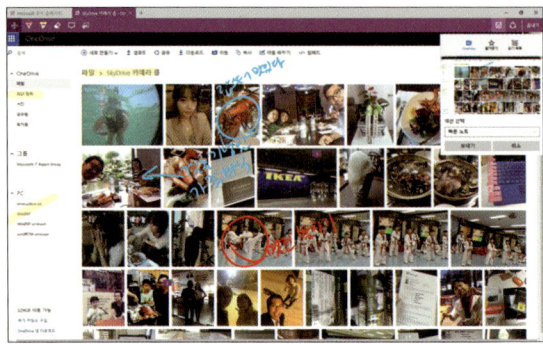
저장-OneNote 추가

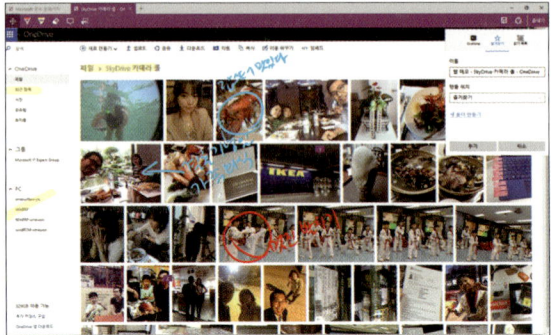
저장-즐겨찾기 추가

저장-읽기 목록 추가

공유-공유 가능 앱으로 전송

TIP : 시작 메뉴에 웹 사이트 바로가기 추가하기

마이크로소프트 엣지를 사용하여 자주 접속한 웹 사이트를 시작 메뉴에 라이브 타일로 추가하여 바로 웹 사이트로 이동할 수 있도록 할 수 있습니다.

시작 메뉴에 추가하려는 웹 사이트로 이동한 후 오른쪽 상단에 있는 메뉴에서 [기타 작업](…)을 클릭하면 나타나는 메뉴에서 [시작 화면에 고정]을 클릭합니다.

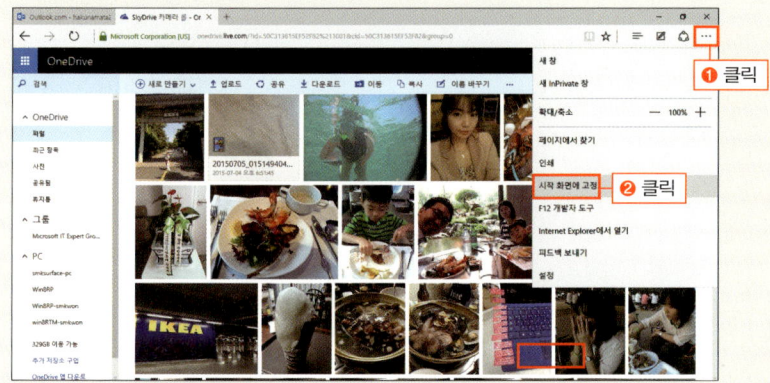

시작 화면에 고정한 웹 사이트 라이브 타일이 생성되며, 크기 조정 및 위치를 배치할 수 있어 마이크로소프트 엣지에 웹 주소를 입력하지 않고도 바로 웹 사이트로 접속할 수 있게 됩니다.

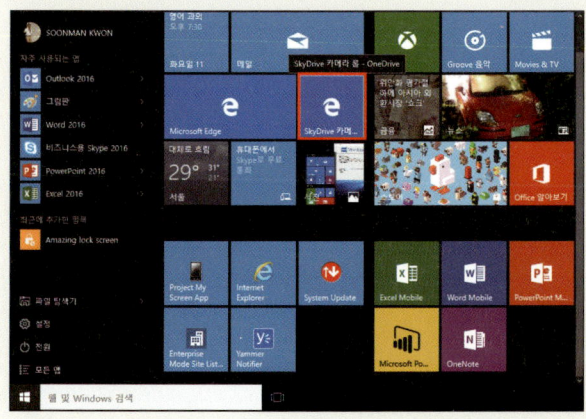

STEP 03 • 읽기용 보기 사용하기

기본적으로 나타나는 웹 사이트 화면을 읽기용 보기로 설정하면, 현재 보여지는 글이 읽기 편한 화면으로 변경됩니다.

01. 웹 페이지 화면에서 [읽기용 보기](📖)를 클릭합니다.

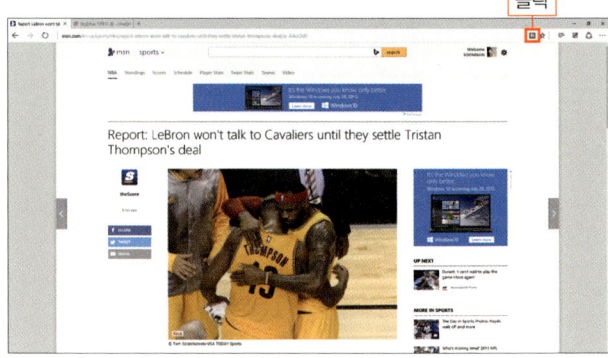

02. 메인 웹 페이지만 나타나고, 옆에 부수적인 광고들은 제거되어 구독성을 높일 수 있으며, 원래 상태의 웹 페이지로 보여지게 한다면, 다시 [읽기용 보기](📖)를 클릭하면 됩니다.

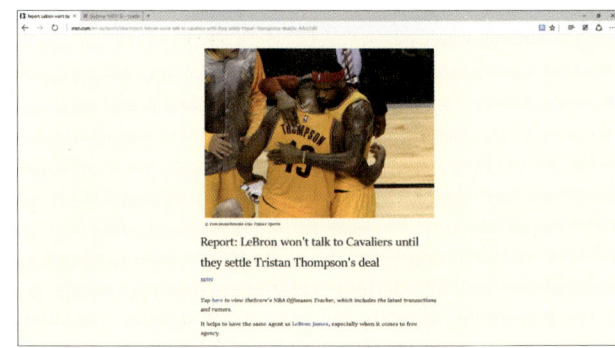

TIP : 읽기용 보기 단축키

웹 사이트를 읽기용 보기 또는, 원래 상태로 나타나게 하는 단축키는 `Ctrl`+`Shift`+`R` 입니다.

TIP : 마이크로소프트 엣지의 테마 설정하기

마이크로소프트 엣지의 테마는 밝게 하거나 어둡게 설정할 수 있습니다. 웹 사이트 에서 이미지 화면에 집중하려는 경우에는 테마를 어둡게 설정하면 좋습니다.
설정하는 방법은 오른쪽 상단에 있는 메뉴에서 [기타 작업](…)을 클릭하고, [설정]-[밝기]에서 [밝게]/[어둡게]를 선택하여 설정합니다.

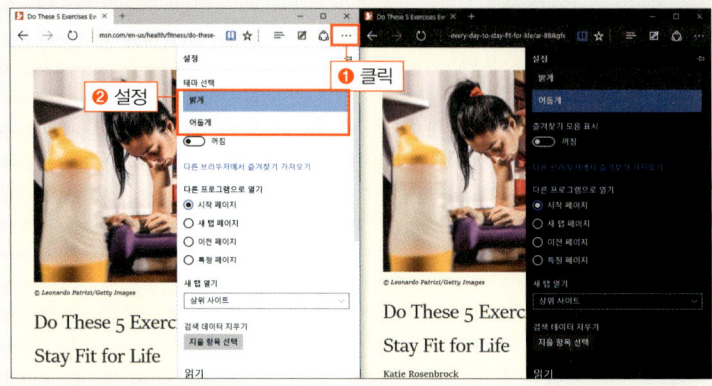

STEP 04 • 즐겨찾기 및 읽기 목록에 추가 사용하기

자주 접속하는 웹 사이트를 즐겨찾기 또는, 읽기 목록에 추가하면 빠르게 해당 웹 사이트로 이동할 수 있습니다.

01. 즐겨찾기 또는, 읽기 목록에 추가하려는 웹 페이지에서 [즐겨찾기 또는 읽기 목록에 추가](★)를 클릭합니다.

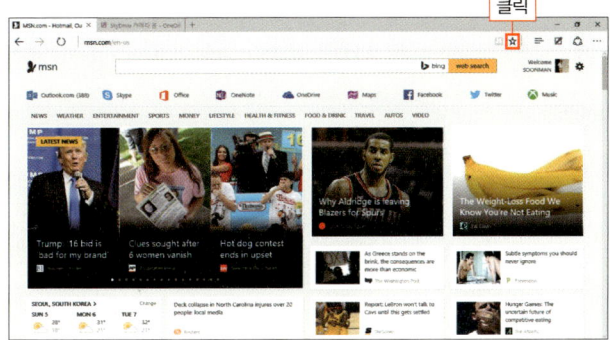

02. 즐겨찾기 화면에서 [이름], [만들 위치]를 지정한 후 [추가]를 클릭하면 이 웹 페이지를 즐겨찾기에 추가됩니다. 추가된 웹 페이지는 주소 창에 노란색 별 모양(★)으로 변경됩니다.

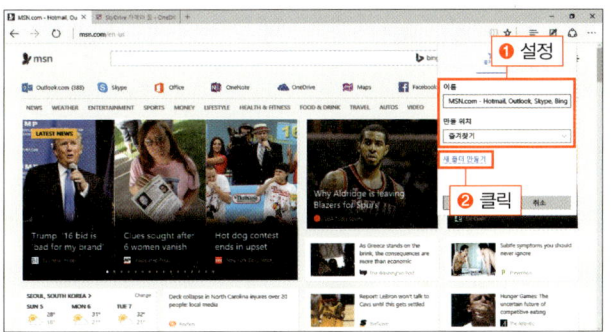

03. [읽기 목록]을 선택하고 [이름]을 입력한 후 [추가]를 클릭하면, 이 웹 페이지가 읽기 목록에 추가됩니다.

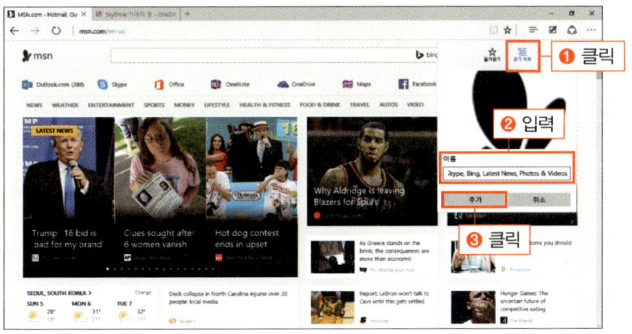

STEP 05 • 허브 기능 알아보기

즐겨찾기, 읽기 목록, 기록 및 다운로드를 한 곳에서 관리할 수 있습니다.

01. 마이크로소프트 엣지 오른쪽 상단의 [허브](≡)를 클릭하면 다음과 같이 [즐겨 찾기](☆), [읽기 목록](≡), [기록](⏱), [다운로드](↓) 내용을 확인할 수 있습니다.

즐겨찾기 목록 화면

읽기 목록 화면

기록 목록 화면

다운로드 목록

02. [이 창 고정]( )을 사용하여, 허브 기능을 고정시키거나 해제할 수 있습니다.

STEP 06 • 공유 기능 알아보기

현재 접속한 웹 사이트 또는, 마이크로소프트 엣지의 새로운 메모 기능 등을 사용하여 메모한 상태를 그대로 공유할 수 있습니다.

01. 접속한 웹 페이지의 내용을 공유하고 싶은 경우에 [공유](🔗)를 클릭하면 왼쪽 창에서 현재 컴퓨터에 설치된 앱 중에서 마이크로소프트 엣지의 공유 기능과 연동할 수 있는 앱 목록이 나타납니다.

02. [OneNote]를 클릭하면 다음과 같이 OneNote에 관련 페이지의 내용을 입력하여 공유할 수 있습니다.

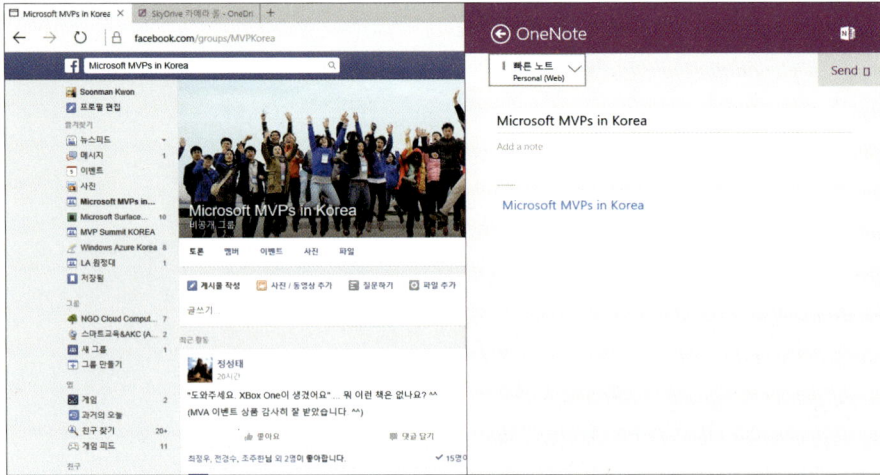

STEP 07 • InPrivate 기능 사용하기

InPrivate 기능을 이용하면 사용자가 사용한 쿠키, 기록 또는 임시 파일 등의 검색 데이터가 컴퓨터에 저장되지 않습니다. 모든 InPrivate 탭이 닫히면 자동적으로 마이크로소프트 엣지가 컴퓨터에서 임시 데이터를 삭제합니다.

01. 마이크로소프트 엣지 화면의 오른쪽 상단에서 [기타 작업](…)을 클릭한 후 나타나는 메뉴에서 [새 InPrivate 창]을 클릭합니다.

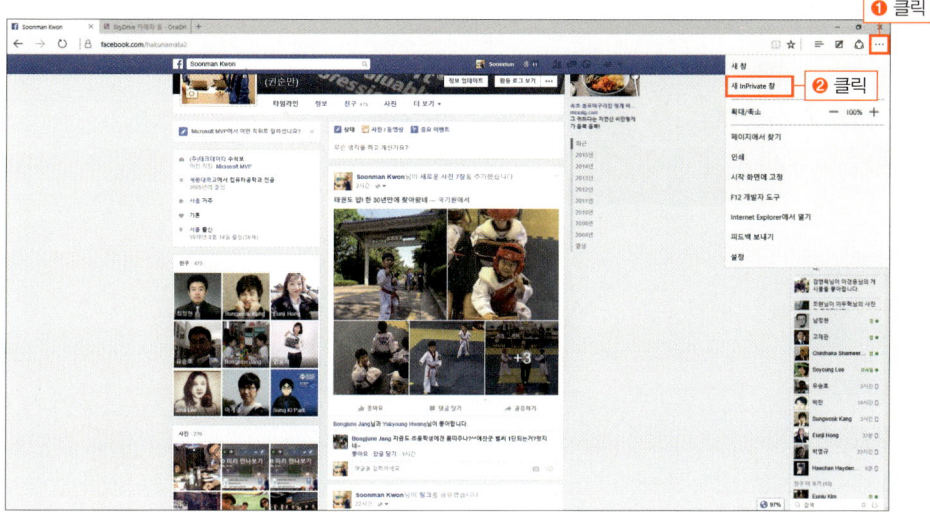

02. InPrivate 로고가 추가된 새로운 마이크로소프트 엣지 창이 나타납니다. 기존의 기능은 동일하게 사용이 가능하지만, 종료 시 관련된 임시 데이터에 대해서는 사용자가 별도의 작업 없이 자동으로 삭제되기 때문에 공유 또는, 공공장소의 컴퓨터에서 사용하면 보안을 강화할 수 있습니다.

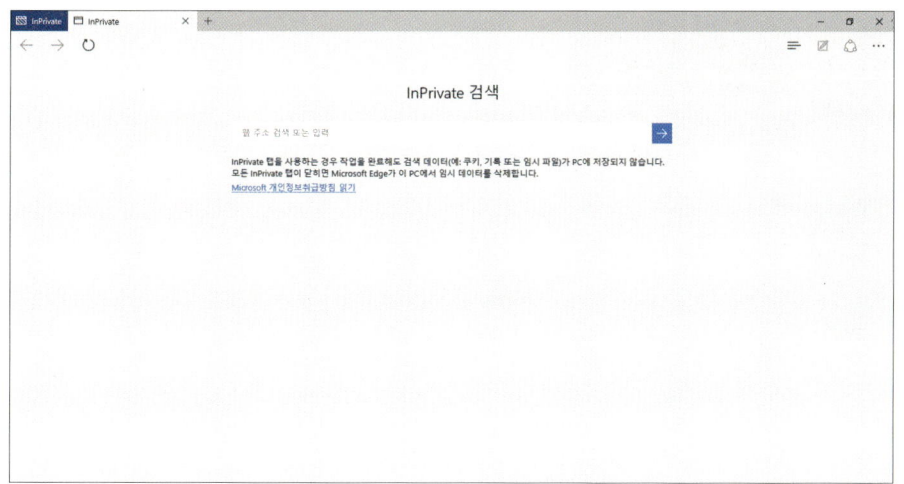

STEP 08 • 다른 브라우저에서 즐겨찾기 가져오기

다른 인터넷 브라우저에서 사용하고 있는 즐겨찾기를 마이크로소프트 엣지로 불러오는 방법에 대해 알아봅니다.

01. 마이크로소프트 엣지 화면의 오른쪽 상단에서 [기타 작업](…)을 클릭하면 나타나는 메뉴에서 [설정]를 클릭합니다.

02. '설정' 화면에서 [다른 브라우저에서 즐겨찾기 가져오기]를 클릭합니다.

03. 현재 사용 중인 컴퓨터에 설치되어 있는 인터넷 브라우저가 나열되고, 가져올 인터넷 브라우저를 선택한 후 [가져오기]를 클릭합니다.

04. 마이크로소프트 엣지 오른쪽 상단의 [허브](≡)를 클릭한 후 [즐겨찾기](☆)를 클릭하면 다른 인터넷 브라우저에서 가져온 즐겨찾기를 확인할 수 있습니다.

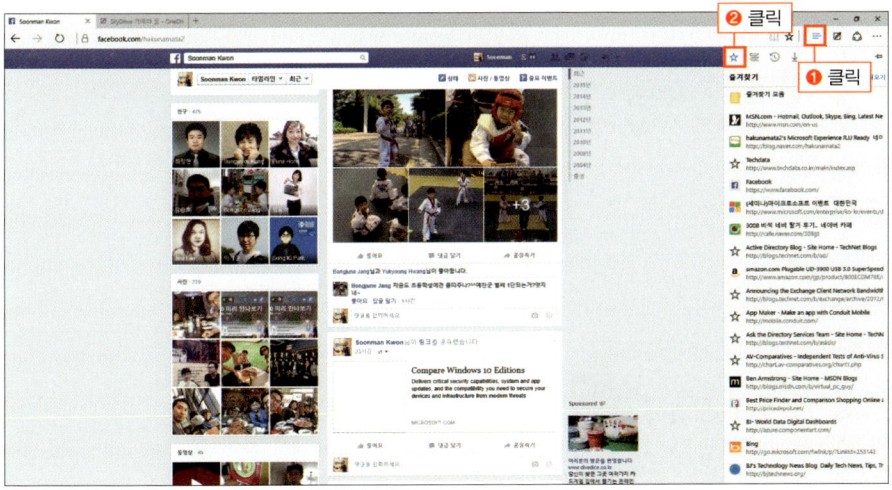

STEP 09 • 마이크로소프트 엣지 주소 입력창에서 검색 사이트 설정하기

마이크로소프트 엣지는 기본적으로 웹 검색 엔진으로 Bing.com을 사용합니다. 마이크로소프트 엣지에서 기본적으로 설정되어 있는 Bing.com 외에 Google.com과 같은 다른 웹 검색 엔진을 추가하거나 기본 설정으로 변경할 수 있습니다.

01. 마이크로소프트 엣지 화면 오른쪽 상단에 있는 메뉴에서 [기타 작업](…)을 클릭하고 [설정]을 클릭합니다.

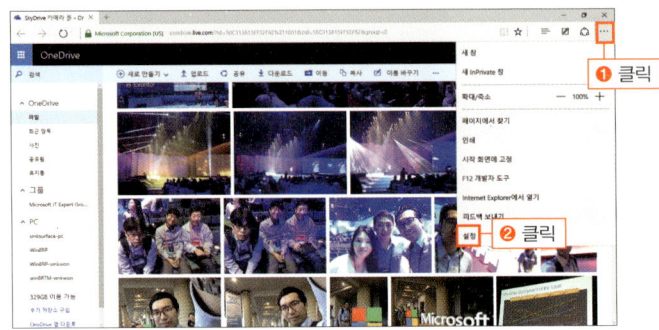

02. 설정 메뉴의 고급 설정에서 [고급 설정 보기]를 클릭합니다.

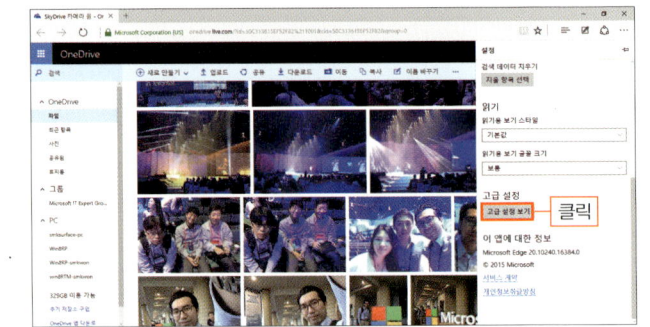

03. 고급 설정 화면의 주소 표시줄에서 검색에 사용에 기본적으로 Bing.com으로 설정되어 있는 것을 확인할 수 있으며, 클릭하여 나타나는 화면에서 [새로 추가]를 클릭합니다.

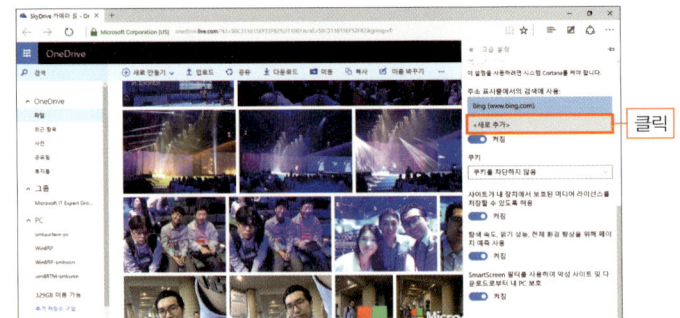

04. 검색 공급자 추가 화면에서 Google 검색을 선택한 후 [기본값으로 추가] 또는, [추가]를 클릭합니다.

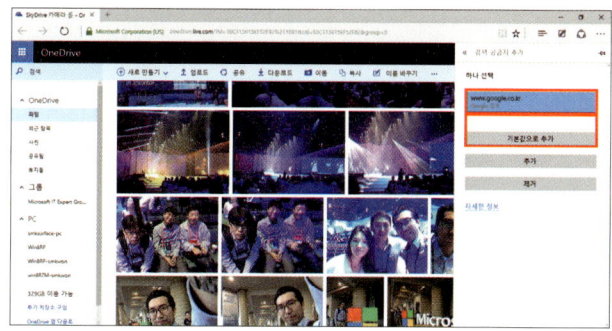

05. 고급 설정 화면의 주소 표시줄에서 검색에 사용에 Google 검색이 추가되었으며, 선택하여 설정합니다.

06. 마이크로소프트 엣지 주소 창에 검색어를 입력하여 실행하면 Google 사이트에 접근하지 않고도 바로 키워드 검색 결과가 나타납니다.

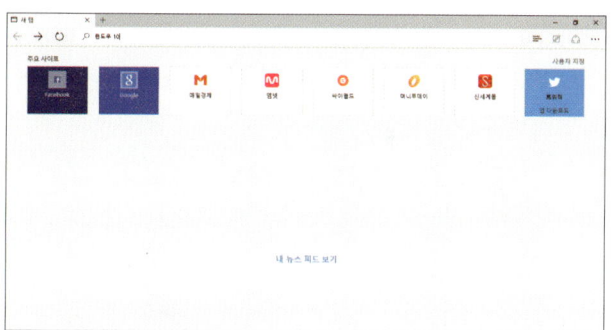

STEP 10 • 마이크로소프트 엣지 세부 설정하기

마이크로소프트 엣지의 세부적인 설정에 대하여 알아봅니다.

01. 마이크로소프트 엣지 화면의 오른쪽 상단에서 [기타 작업](…)을 클릭한 후 나타나는 메뉴에서 [설정]을 클릭합니다.

02. 마이크로소프트 엣지의 설정할 수 있는 옵션이 나열됩니다.

❶ 테마 선택 : 마이크로소프트 엣지 기본 화면의 테마 색을 밝게 또는, 어둡게 설정합니다.

❷ 즐겨찾기 모음 표시 : 즐겨찾기 모음이 고정적으로 나타나게 합니다.

❸ 다른 브라우저에서 즐겨찾기 가져오기 : 다른 인터넷 브라우저에 관리하고 있는 즐겨찾기를 마이크로소프트 엣지로 가져옵니다.

❹ 다른 프로그램으로 열기 : 다른 프로그램으로 열 때 시작 페이지, 새 탭 페이지, 이전 페이지, 특정 페이지를 설정할 수 있습니다.

❺ 새 탭 열기 : 새로운 탭 추가 시에 상위 사이트 및 제안된 콘텐츠, 상위 사이트, 빈 페이지로 열리도록

설정할 수 있습니다.

❻ **검색 데이터 지우기** : 웹 사이트에 접속한 쿠키, 검색 등의 데이터를 지웁니다.

❼ **읽기** : 읽기용 보기 스타일 및 글꼴의 크기를 설정합니다.

❽ **고급 설정** : 마이크로소프트 엣지의 세부적인 설정을 할 수 있는 메뉴들이 나타납니다.

■ 고급 설정

❶ **홈 단추 표시** : 홈 단추 표시 여부를 설정합니다.

❷ **팝업 차단** : 팝업 창의 표시 여부를 설정합니다.

❸ **Adobe Flash Player 사용** : 마이크로소프트 엣지에 기본적으로 포함되어 있는 플래시 재생을 설정합니다.

❹ **커서 브라우징 항상 사용** : 터치 중심으로 되어 있는 마이크로소프트 엣지를 키보드로 선택할 수 있도록 설정합니다.

❺ **암호를 저장하도록 제안** : 사용자가 지정한 웹 페이지의 암호를 저장할 것인지를 묻는 메시지 창을 설정합니다.

❻ **양식 항목 저장** : 검색 상자 등의 웹 페이지 양식 항목에 입력한 내용을 설정합니다.

❼ **Do Not Track 요청 보내기** : 사용자 개인 정보 보호를 강화하기 위해 DNT(Do Not Track) 헤더를 사용하여 웹 사이트에서 사용자를 추적하지 않도록 설정할 수 있습니다.

❽ **Microsoft Edge에서 Cortana의 도움 받기** : 마이크로소프트 엣지에서 코타나 기능을 설정합니다.

❾ **주소 표시줄에서의 검색에 사용** : 주소 표시줄에 웹 페이지 주소만이 아닌 키워드를 입력하면 검색이 가능하도록 설정합니다.

❿ **입력할 때 검색 제안 표시** : 검색어 입력 시 예상되거나 비슷한 유형의 검색어를 제안하는 설정입니다.

⓫ **쿠키** : 이전에 접속한 웹 페이지의 기록을 관리합니다.

⓬ **사이트가 내 장치에서 보호된 미디어 라이선스를 저장할 수 있도록 허용** : 보호된 미디어 라이선스의 컴퓨터 저장 여부를 설정합니다.

❸ 탐색 속도, 읽기 성능, 전체 환경 향상을 위해 페이지 예측 사용 : 웹 페이지에 접속할 때나, 성능에 이슈가 발생 시 관련 사항에 대하여 제안하는 서비스를 설정합니다.

❹ SmartScreen 필터를 사용하여 악성 사이트 및 다운로드로부터 내 PC 보호 : 웹 페이지 접속 시 감염될 수 있는 악성 코드의 실행 및 다운로드를 스마트스크린 필터가 제한하여 컴퓨터의 보안을 강화합니다.

TIP : 기본 브라우저 변경하기

윈도우 10의 기본 인터넷 브라우저는 마이크로소프트 엣지로 설정되어 있습니다. 사용자의 취향에 따라 다른 인터넷 브라우저를 기본 인터넷 브라우저로 설정할 수 있습니다.

■ 검색 창에 '기본 앱 설정'을 입력하면 나타나는 결과 화면에서 시스템 설정의 [기본 앱 설정]을 실행합니다.

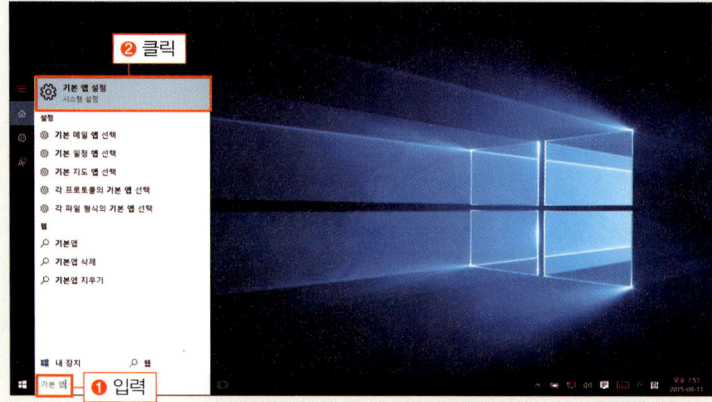

■ 시스템의 기본 앱에서 웹 브라우저를 선택하면 현재 컴퓨터에 설치된 인터넷 브라우저가 나타나며, 이곳에서 기본 인터넷 브라우저로 설정할 수 있습니다.

LESSON 02 인터넷 익스플로러 11 사용하기

레벨 ● ● ●

윈도우 10을 설치하면 기본적으로 구성되는 인터넷 브라우저 중에 하나인 인터넷 익스플로러 11은 표준을 지향하면서 기존의 웹 사이트가 갖고있는 호환성을 위해 존재한다고 할 수 있습니다. 인터넷 익스플로러 11의 화면 구성과 기능에 대하여 알아보고, 또한 기업 사용자를 위하여 제공하는 기능에 대해서도 알아봅니다.

STEP 01 · 인터넷 익스플로러 11의 화면 구성 살펴보기

인터넷 익스플로러 11 전체 화면 구성 요소들에 대하여 알아봅니다.

❶ **뒤/앞 단추** : 현재 웹 브라우저 화면에서 접속한 웹 사이트로 이동할 수 있습니다.

❷ **주소 표시줄** : 현재 접속한 웹 사이트의 웹 주소가 표시되며, 직접 URL을 입력하여 웹 사이트로 이동할 수 있습니다.

❸ **검색** : 키워드 또는, 웹 사이트 주소를 검색할 수 있으며, 기능을 추가하게 되면 비주얼한 검색도 가능합니다.

❹ **새로 고침** : 웹 페이지를 다시 표시해 줍니다.

❺ **탭** : 하나의 브라우저에서 탭 기능을 통하여 여러 웹 사이트를 열 수 있습니다.

❻ **창 크기 설정** : 윈도우 창을 최소화, 최대화 및 종료할 수 있습니다.

❼ **홈** : 설정되어 있는 홈 페이지를 엽니다.

❽ **즐겨찾기/피드/열어본 페이지** : 자주 액세스하는 웹 페이지, RSS 피드를 추가하거나 최근 열어본 웹 사

이트를 관리할 수 있습니다.

❾ **도구** : 인터넷 익스플로러 11의 세부적인 옵션들을 설정할 수 있습니다.

❿ **메뉴 모음** : 인터넷 익스플로러 11의 모든 메뉴와 설정을 할 수 있습니다.

⓫ **즐겨찾기 모음** : 즐겨찾기 모음의 즐겨찾기 중에서 자주 사용하는 즐겨찾기를 추가하여 바로 웹 사이트로 이동할 수 있습니다.

> **TIP** : **기업 사용자를 위한 인터넷 익스플로러 11 기능 엔터프라이즈 모드**
>
> 윈도우 10에서 기본적으로 탑재되어 있는 웹 브라우저는 마이크로소프트 엣지와 인터넷 익스플로러 11입니다. 여기서 인터넷 익스플로러 11은 기업 사용자를 위하여 내부의 웹 페이지의 호환성을 확보할 수 있도록 도움을 줄 수 있는 기능이 탑재되어 있는데, 이 기능을 엔터프라이즈 모드라고 합니다.
>
> 인터넷 익스플로러 11에서 실행되는 호환 모드인 엔터프라이즈 모드에서는 인터넷 익스플로러 8을 에뮬레이트하여, 이전 버전의 인터넷 익스플로러에서 테스트를 거친 웹 응용 프로그램과 관련된 일반적인 호환성 문제를 방지하도록 웹 사이트를 렌더링할 수 있습니다.
>
> 예를 들어 새로운 탭 전환 기능을 사용하면 인터넷 익스플로러의 성능이 크게 향상됩니다. 하지만 이러한 탭 전환 기능은 이전 세대 타사 도구 모음에서 탐색 오류를 발생할 수도 있으므로, 엔터프라이즈 모드에서는 이 기능을 끕니다. 이 경우 필요한 웹 사이트뿐만 아니라 모든 웹 사이트에 대해 이 기능을 끄기 때문에 사용자가 성능 업데이트를 경험할 수 없습니다.
>
>
>
> 인터넷 익스플로러 11 엔터프라이즈 모드의 기능은 다음과 같습니다.
> - 향상된 응용 프로그램 및 웹 사이트 호환성 : 향상된 에뮬레이션으로 인해 엔터프라이즈 모드에서는 인터넷 익스플로러 11 문서 모드에서 현재 지원되지 않는 많은 사이트 패턴을 지원하여 많은 레거시 응용 프로그램을 인터넷 익스플로러 11에서 수정하지 않고 실행할 수 있습니다.
> - 웹 사이트 목록에 대한 도구 기반 관리 : Enterprise Mode Site List Manager 도구를 사용하여 웹 사이트 도메인 및 도메인 경로를 추가하고 엔터프라이즈 모드를 사용하여 사이트를 렌더링할지 여부를 지정할 수 있습니다. 인터넷 익스플로러 다운로드 센터에서 Enterprise Mode Site List Manager 도구를 다운로드할 수 있습니다.
> - 중앙 제어 : 그룹 정책을 사용하면 사용자가 Tools 메뉴에서 엔터프라이즈 모드를 켜거나 끄도록 허용하고 엔터프라이즈 브라우저 프로필을 개발자 도구의 [Emulation] 탭에 표시할지 여부를 결정할 수 있습니다.
> - 통합 검색 : 모드가 자동으로 변경되도록 하면서 엔터프라이즈 모드를 사용하여 웹을 정상적으로 액세스 할 수 있습니다.
> - 데이터 수집 : 주요 사용자로부터 로컬 계정의 데이터를 수집한 후 결과를 중앙 목록에 추가하고 호환성 테스트를 퍼뜨릴 수 있도록 데이터를 명명된 서버에 다시 게시할 수 있습니다.
>
> 참고 URL : https://msdn.microsoft.com/ko-kr/library/Dn640687.aspx

STEP 02 • 명령 도구 모음 설정하기 01

인터넷 익스플로러 11 화면에서 명령 도구 모음을 추가 또는, 제거하여 인터넷 웹 페이지 화면에서 빠르게 관련된 명령 작업을 실행할 수 있습니다.

01. 인터넷 익스플로러 11을 실행하고 **Alt** 를 누릅니다.

02. 주소 표시줄 아래 메뉴가 나타나면 [보기]-[도구 모음] 메뉴에서 추가할 도구 모음을 선택합니다.

03. 도구 모음을 추가하면 다음과 같이 인터넷 익스플로러 11의 기본 화면이 변경됩니다.

STEP 03 • 명령 도구 모음 설정하기 02

인터넷 익스플로러 11 화면에서 명령 도구 모음을 추가 또는, 제거하여 인터넷 웹 페이지 화면에서 빠르게 작업을 실행할 수 있습니다.

01. 인터넷 익스플로러 11에서 [Alt]를 누른 후 [보기]-[도구 모음] 메뉴에서 [명령 모음]을 클릭하여 추가합니다.

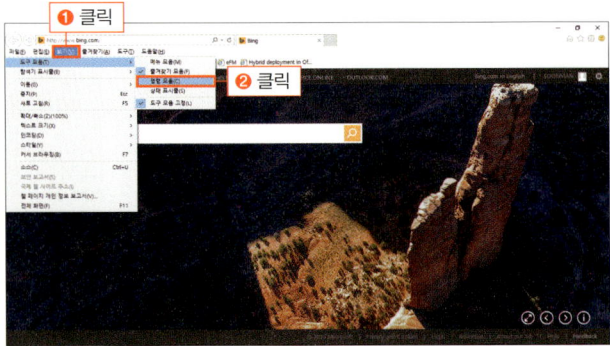

02. 도구 명령 도구 모음에서 마우스 오른쪽 버튼을 클릭한 후 [사용자 지정]-[명령 추가 또는 제거]를 클릭합니다.

03. '도구 모음 사용자 지정' 화면에서 도구 모음 단추에 [추가] 또는, [제거]를 클릭한 후 [닫기]를 클릭합니다.

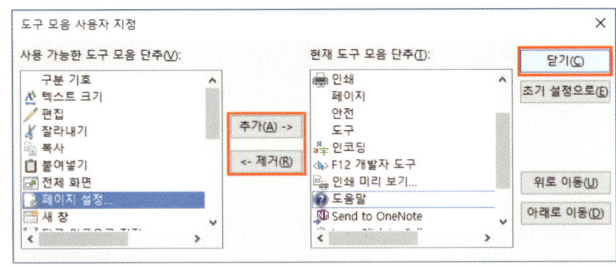

04. 명령 도구 모음에서 선택한 도구 모음 단추가 추가 또는, 제거됩니다.

STEP 04 • 홈 페이지 설정하기

인터넷 익스플로러 11 실행 시 기본적으로 열리는 웹 페이지를 홈 페이지라고 합니다. 홈 페이지를 등록하는 방법과 하나의 홈 페이지 설정뿐만 아니라 다중의 홈 페이지도 설정이 가능합니다.

01. 윈도우 10을 처음 설치하고 인터넷 익스플로러 11을 실행하면 기본적으로 설정되어 있는 홈 페이지가 다음과 같이 나타납니다.

02. 홈 페이지에 추가하려는 웹 사이트로 이동한 후 [홈](🏠)에서 마우스 오른쪽 버튼을 클릭하고 [홈 페이지 추가 및 변경]을 선택합니다.

03. 홈 페이지 추가 및 변경 화면에 나타나 옵션 중에 하나를 선택한 후 [예]를 클릭하여 홈 페이지를 설정합니다.

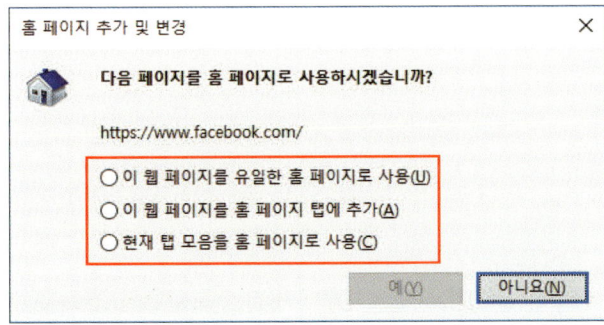

- 이 웹 페이지를 유일한 홈 페이지로 사용 : 기존에 설정되어 있는 홈 페이지는 모두 제거되고 선택한 웹 페이지만이 유일한 홈 페이지로 설정됩니다.
- 이 웹 페이지를 홈 페이지 탭에 추가 : 현재 설정되어 있는 홈 페이지에 추가 홈 페이지를 설정합니다.
- 현재 탭 모음을 홈 페이지로 사용 : 여러 탭으로 열려 있는 웹 사이트를 모두 홈 페이지로 한번에 설정할 수 있습니다.

04. 모든 인터넷 익스플로러 11이 종료된 상태에서 재실행하거나 또는, 현재 열려있는 웹 사이트에서 [홈]( )을 클릭하면 설정된 홈 페이지가 나타납니다.

TIP : 인터넷 옵션을 사용하여 다중 홈 페이지 추가하기

[도구]( )-[인터넷 옵션]-[일반] 탭의 [홈 페이지] 텍스트 상자에 직접적 웹 사이트 주소를 입력하여 다중 홈 페이지를 설정할 수도 있습니다.

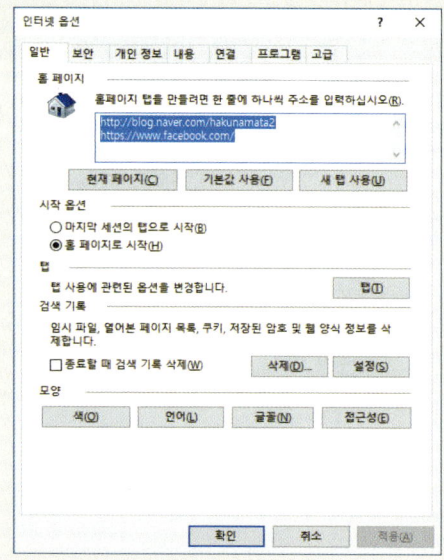

TIP : 개발자 도구 사용하기

웹 개발자가 웹 사이트 개발 시 쉽고, 빠르게 여러 환경에서 테스트 할 수 있도록 인터넷 익스플로러 11에서 개발자 도구를 제공합니다. 개발자 도구를 실행하는 단축키는 F12 입니다. 향상된 인터넷 익스플로러 11의 개발자 도구의 세부 사용법은 다음 URL에서 참고할 수 있습니다.

https://support.microsoft.com/ko-kr/kb/2990946

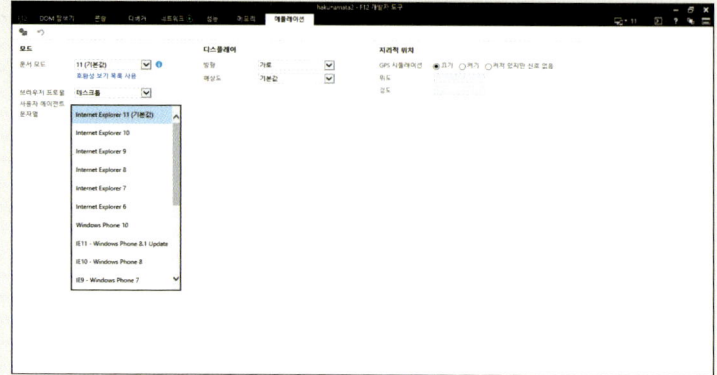

STEP 05 • 즐겨찾기 동기화하기

윈도우 10의 새로운 계정 동기화 기능을 이용하면 새롭게 윈도우 10을 설치한 컴퓨터나 윈도우 10이 설치되어 있는 컴퓨터에서 현재 설정된 Microsoft 계정으로 로그인하면 자동으로 즐겨찾기 동기화가 이루어져 컴퓨터에 상관없이 동일한 인터넷 브라우저 환경을 사용할 수 있게 됩니다.

01. ⊞+Ⅰ를 누르면 나타나는 '설정' 화면에서 [계정]을 클릭합니다.

02. '설정' 화면에서 [설정 동기화]를 클릭하면 나타나는 메뉴에서 [개별 동기화 설정]의 [웹 브라우저]를 [켜짐] 상태로 설정하면 다른 컴퓨터의 Microsoft 계정으로 로그인하여 인터넷 브라우저의 즐겨찾기, 열어본 페이지 목록 등이 동기화된 상태로 사용할 수 있습니다.

TIP : 동기화를 진행하려고 할 때 '일부 Windows 기능은 Microsoft 계정 또는, 회사 계정을 사용하는 경우에만 사용할 수 있습니다.'라는 메시지가 나타나게 된다면, PART 06 – Lesson 01 – Step 03을 참고하여 윈도우 10 로컬 계정에 Microsoft 계정을 연결하는 방법을 확인합니다.

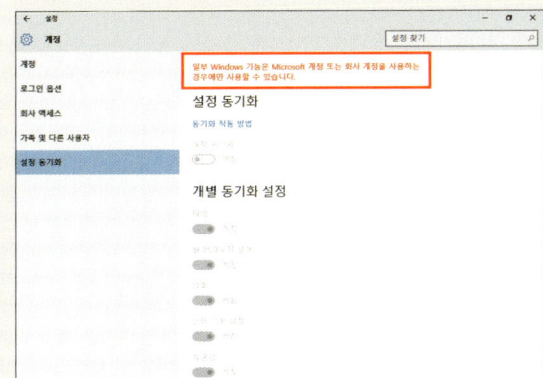

STEP 06 • 색상별로 구분되는 탭 그룹 기능 활용하기

인터넷 익스플로러 11의 탭 기능을 활용할 수 있는 방법 중에서 연결된 웹 페이지끼리 같은 색상으로 나타나게 하는 방법에 대하여 알아봅니다.

01. 관련된 웹 페이지를 동일한 탭의 색상으로 표현할 수 있습니다. 예로, 검색 포탈에서 검색어를 입력하여 검색 결과를 확인합니다. 여기서는 빙에서 '윈도우 10'을 검색하는 예로 진행합니다.

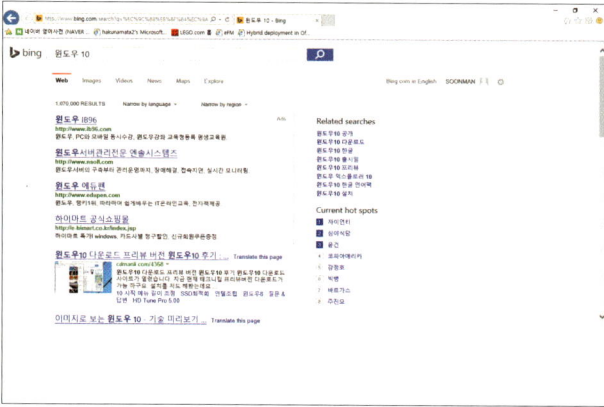

02. 웹 페이지에 하이퍼링크 클릭 시 **Ctrl** + 클릭을 하면 원래 있었던 탭의 색과 동일한 형태로 탭 그룹이 지정이 설정됩니다.

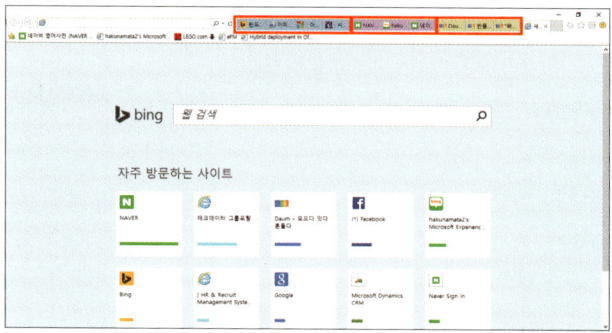

> **TIP : 실수로 닫은 웹 페이지 다시 열기**
>
> 사용자가 직접 탭을 닫거나 실수로 탭을 경우에 닫은 웹 페이지를 다시 열 수 있는 방법이 있습니다. 인터넷 익스플로러 11에서 [새 탭]을 추가하면 나타나는 화면에서 하단에 [닫은 탭 다시 열기]를 클릭하면 닫은 웹 사이트 목록이 나타나게 되며, 나열된 목록을 클릭하면 됩니다.
>
>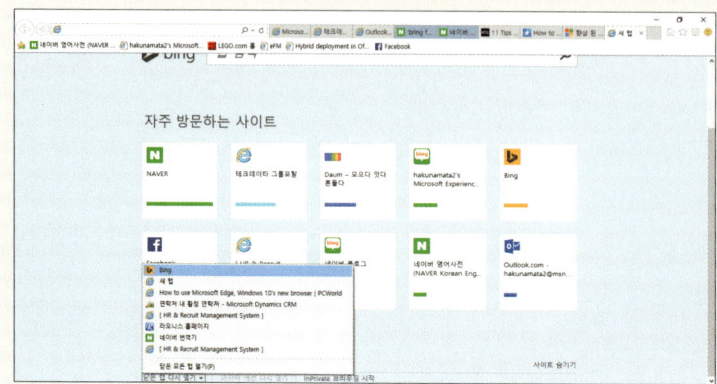

222

STEP 07 • 탭 분리하여 새 창에 띄우거나 병합하기

여러 탭으로 구성되어 있는 인터넷 익스플로러 창에서 특정 웹 페이지 탭을 새로운 창으로 띄우거나 병합하는 방법에 대하여 알아봅니다.

01. 여러 탭이 열려 있는 경우 하나의 탭만을 선택하여 드래그하면 다음과 같이 탭이 분리됩니다.

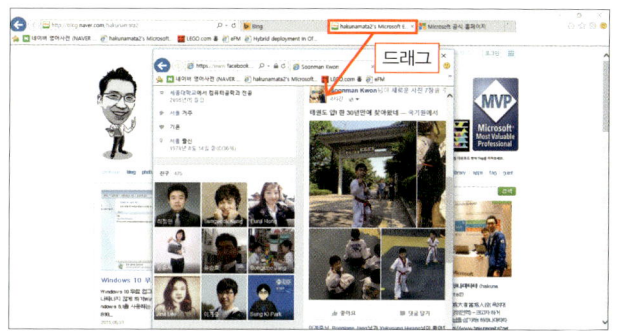

02. 분리된 탭 또는, 새로운 창의 인터넷 익스플로러 11에 삽입하려는 탭과 탭 사이에 드래그하여 탭을 삽입할 수 있습니다.

03. 이동할 탭을 선택 후 탭과 탭 사이에 마우스로 드래그하면 선택한 탭을 이동할 수 있습니다.

> **TIP : 종료한 웹 사이트 다시 열기**
> 인터넷 익스플로러 11 사용 중에 추가한 탭을 종료한 경우가 아닌 인터넷 익스플로러 11의 창을 닫아 다시 실행한 경우에 마지막에 접속했었던 웹 사이트를 다시 열려면 새 탭 화면 하단에 있는 [마지막 세션 다시 열기]를 클릭하면 됩니다.

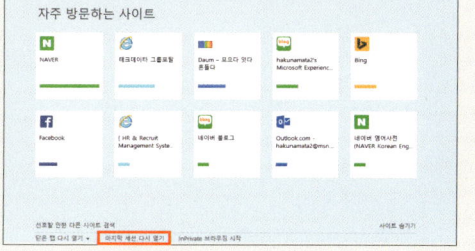

STEP 08 • 고정된 사이트 아이콘 추가하기

기존에 일반적인 즐겨찾기 아이콘 형태가 아니라, 특정 웹 사이트에서 제공되는 고정된 아이콘 형태로 추가할 수 있습니다. 고정된 아이콘 형태로 작업 표시줄에 추가하면 특정 사이트만의 기능을 점프 목록으로 바로 실행할 수 있게 됩니다.

01. 주소 창의 URL을 마우스로 드래그하여 바탕 화면 등으로 이동하면 아이콘이 생성됩니다.

02. 아이콘을 실행하면 작업 표시줄에 나타나 아이콘에서 마우스 오른쪽 버튼을 클릭하면 각 웹 사이트가 제공하는 점프 목록이 나타나게 되어 유용하게 그 웹 사이트만의 기능을 바로 사용할 수 있습니다.

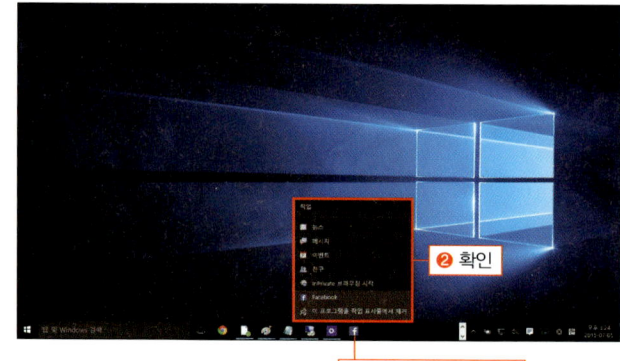

TIP : 새 탭에서 바로가기 사이트 숨기기

새 탭을 추가하면 사용자가 자주 액세스했던 웹 사이트 목록이 나열됩니다. 사용자의 편의성을 제공할 수 있지만, 공개된 자리에서는 개인 프라이버시를 보호하기 위하여 빈 화면으로 나타나게 할 수 있습니다.

- 인터넷 익스플로러 11에서 새 탭을 추가한 후 왼쪽 하단에 [사이트 숨기기]를 클릭합니다.

- 사이트 숨기기를 실행하면, 자주 방문하는 사이트가 빈 화면으로 나타나는 것을 확인할 수 있습니다. 새 탭 추가 시 자주 방문하는 사이트가 나타나기 원한다면 [사이트 표시]를 클릭하면 됩니다.

PART SUMMARY

- PART 05에서는 윈도우 10에 기본으로 탑재되어 있는 마이크로소프트 엣지와 인터넷 익스플로러 11에 대하여 알아보았습니다.

- 마이크로소프트 엣지는 윈도우 10에서 새롭게 추가된 인터넷 브라우저로써 최신의 표준을 지향하고 있어 별도의 ActiveX와 같은 추가 에드온 기능 설치에 제약을 받을 수 있습니다. 하지만, 웹 사이트에서 작업할 수 있는 별도의 도구를 제공함으로써 펜 기능을 사용하여 메모하거나, 메모지 기능을 사용하여 부연 설명 등을 추가할 수 있습니다. 또한 이렇게 웹 사이트 위에 메모한 내용은 마이크로소프트 엣지와 연관되는 앱을 사용하여 바로 다른 사람들과 공유할 수 있습니다. 그리고 웹 사이트의 게시된 아티클에 너저분하게 나열되는 광고를 없애고 메인 화면을 집중할 수 있는 읽기 모드의 기능뿐만 아니라 여러 신기능들이 추가되었습니다(Lesson 01 - Step 01~09).

- 인터넷 익스플로러 11의 기본적인 화면 구성과 기능에 대하여 알아보았습니다. 인터넷 익스플로러 11은 기존에 인터넷 익스플로러에서 제공하던 기능 또는, 제공하지 않았던 새로운 기능을 추가하여, 사용자의 편의성을 높였으며, 특히 웹 개발자에게는 여러 인터넷 브라우저 환경을 제공하여 테스트, 디버깅 및 성능 체크를 쉽게 할 수 있도록 더욱 향상된 개발자 도구가 제공되었습니다(Lesson 02 - Step 01 ~ 08).

▶ PART

06

윈도우 10 사용자 계정 관리와 **보안 기능 알아보기**

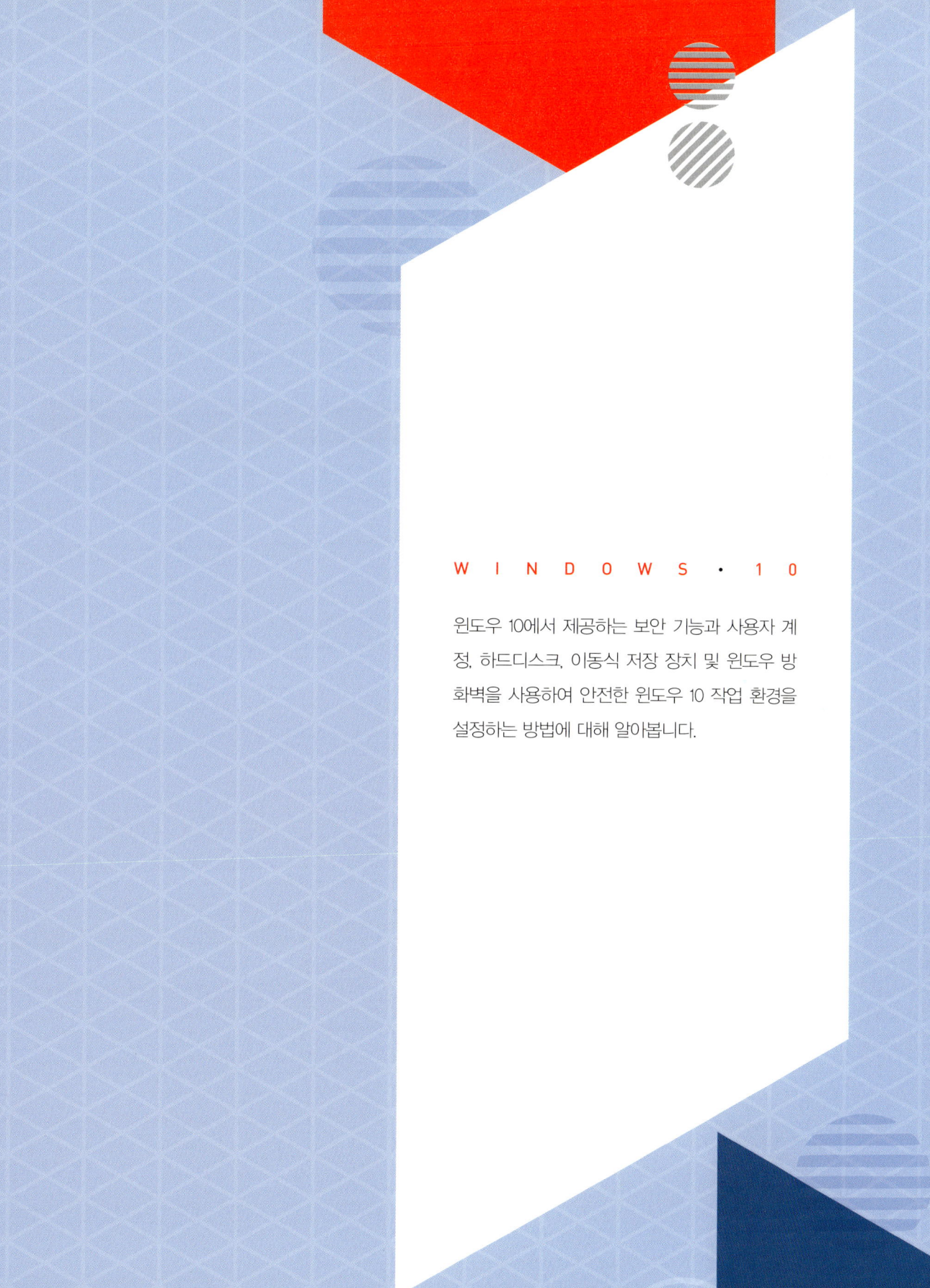

WINDOWS · 10

윈도우 10에서 제공하는 보안 기능과 사용자 계정, 하드디스크, 이동식 저장 장치 및 윈도우 방화벽을 사용하여 안전한 윈도우 10 작업 환경을 설정하는 방법에 대해 알아봅니다.

LESSON 01 사용자 계정 관리하기

레벨 ● ● ●

윈도우 10에서 사용자 계정은 '표준'과 '관리자' 계정으로 크게 나뉩니다. 표준 계정은 대부분의 소프트웨어를 사용할 수 있으며, 다른 사용자나 컴퓨터의 보안에 영향을 주지 않는 설정 정도는 변경할 수 있습니다. 관리자 계정은 컴퓨터를 완전하게 제어할 수 있으며, 컴퓨터에 저장된 모든 파일 및 프로그램을 실행할 수 있습니다.

STEP 01 ● 로컬 사용자 계정 생성하기

하나의 컴퓨터에 여러 사용자가 계정을 생성하여 윈도우 10을 사용할 수 있도록 사용자 계정을 생성하는 방법에 대하여 알아봅니다.

01. [시작] 단추를 클릭한 후 [설정] 또는, ￭+Ⅰ를 누르면 나타나는 '설정' 화면에서 [계정]을 클릭합니다.

02. '설정' 화면에서 [가족 및 다른 사용자]를 클릭하면 나타나는 내용에서 [이 PC에 다른 사용자 추가]를 클릭합니다.

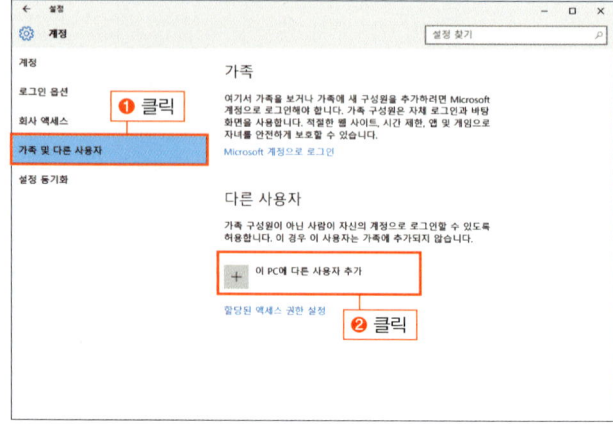

03. '이 사람은 어떻게 로그인합니까?' 화면에서 [추가하려는 사람에게 전자 메일 주소가 없습니다.]를 클릭합니다.

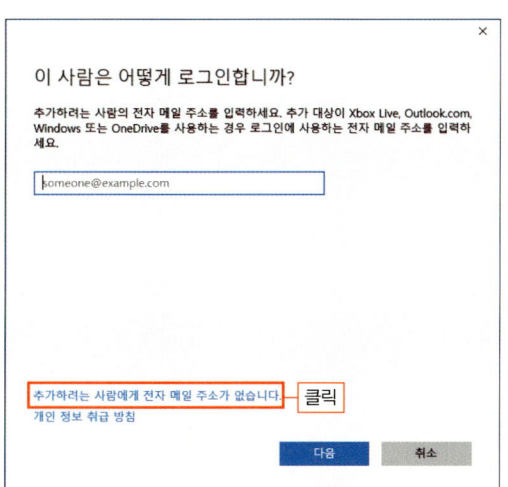

04. '계정을 만들어 보세요' 화면에서 [Microsoft 계정 없이 사용자 추가]를 클릭합니다.

05. '내 PC용 계정 만들기' 화면에서 [사용자 이름], [암호]를 입력한 후 [다음]을 클릭합니다.

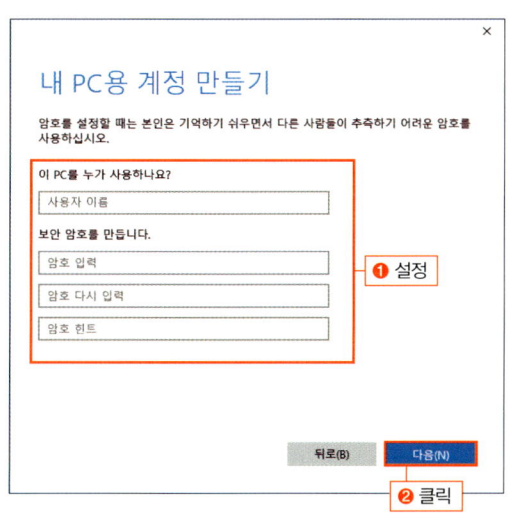

06. '가족 및 다른 사용자' 화면의 [다른 사용자]에 생성한 로컬 계정이 나타납니다.

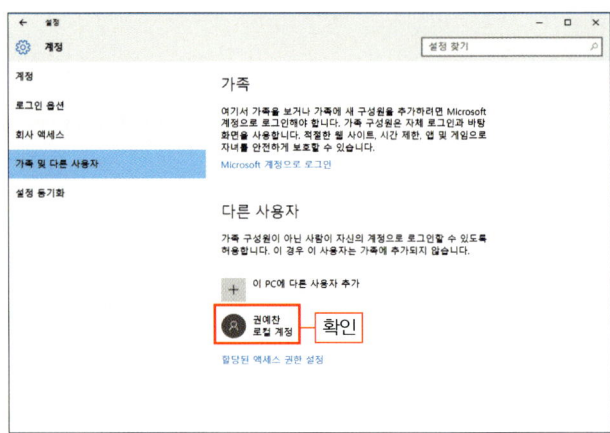

TIP : 윈도우 계정 유형

컴퓨터에 로그인하면 윈도우는 사용자가 보유한 계정의 유형에 따라 특정 수준의 권한을 부여합니다. 사용자 계정의 유형은 표준, 관리자, 게스트 등 세 가지가 있습니다.

관리자 계정은 컴퓨터에 대한 완전한 제어를 제공하지만 표준 계정을 사용하면 컴퓨터를 더욱 안전하게 보호할 수 있습니다. 그러면 사용자가 로그인해 있는 동안 다른 사람(또는, 해커)이 컴퓨터에 액세스해도 컴퓨터의 보안 설정을 조작하거나 다른 사용자의 계정을 변경할 수 없습니다. 윈도우 10을 처음 설치할 때 계정을 입력하여 생성하거나 Microsoft 계정을 사용하여 진행하면 컴퓨터의 최초 관리자 계정으로 자동 설정됩니다.

계정의 유형에 따라 윈도우 설정이나 프로그램 실행 시에 사용자 계정 컨트롤이라는 대화상자가 나타나면서 임시로 권리자 권한으로 상승시킬 것인가를 물어봅니다.

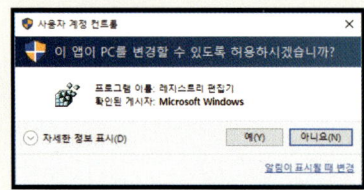

이와 같이 사용자 계정 컨트롤 대화상자가 나타나는 현상은 윈도우 10에서 다음과 같이 컴퓨터 설정의 변경 사항을 알려주는 조건이 4단계로 설정되어 있고, 기본적으로 3번째 단계에 설정되어 있기 때문입니다. 점점 위로 올라갈수록 보안이 강화되며, 아래로 내려 갈수록 보안이 낮아지는 대신에서 사용자의 편의성은 높아질 수 있습니다.

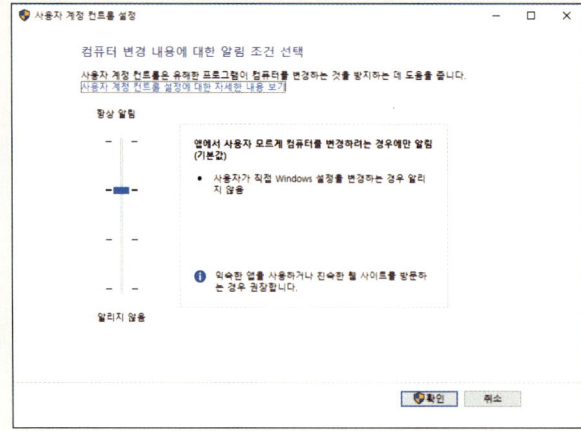

STEP 02 • Microsoft 사용자 계정 생성하기

Microsoft 계정을 사용하면, 다른 컴퓨터에서도 Microsoft 계정 등록 시 동일한 윈도우 작업 환경을 사용할 수 있습니다. 그럼 Microsoft 사용자 계정을 생성하는 방법에 대하여 알아봅니다.

01. '계정' 화면의 [가족 및 다른 사용자]에서 [다른 사용자]의 [이 PC에 다른 사용자 추가]를 클릭합니다.

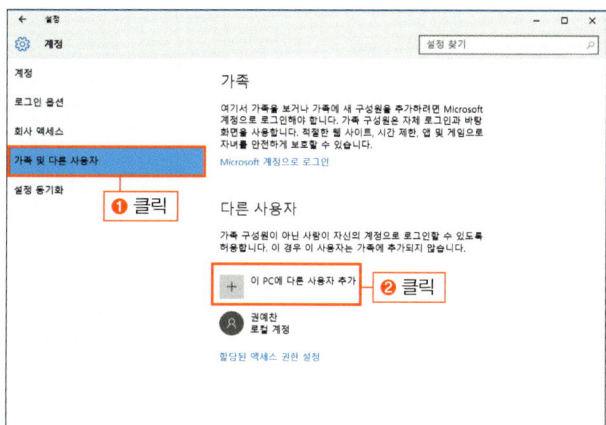

02. '이 사람은 어떻게 로그인 합니까?' 화면에서 Microsoft 메일 계정을 입력한 후 [다음]을 클릭합니다. 만약, Microsoft 메일 계정이 없는 경우에는 [추가하는 사람에게 전자 메일 주소가 없습니다.]를 클릭하고 뒤의 06번 따라하기부터 진행합니다.

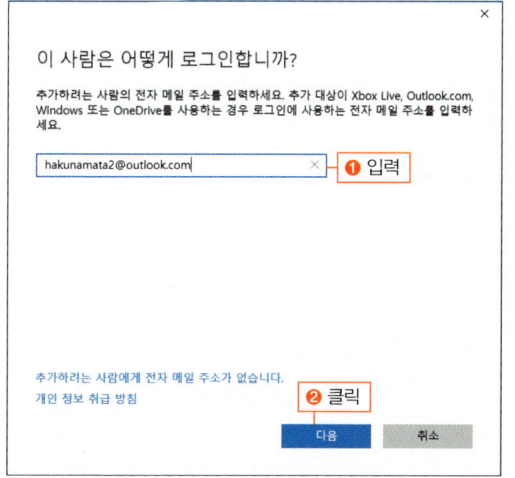

TIP : Microsoft 계정 비밀 번호 복구하는 방법

Microsoft 계정(이전의 Windows Live ID)은 outlook.com(또는 Hotmail), Office, OneDrive, Skype, Xbox, Windows 등의 Microsoft 서비스에 로그인하는 데 사용하는 계정입니다. 이를 통해 장치 및 서비스에 대해 더 개인화되고 적합한 사용자 환경을 제공합니다. Microsoft 계정을 누군가가 해킹하였거나 비밀번호를 분실하여 재설정이 필요한 경우는 다음 사이트에 접속하여 재설정할 수 있습니다.

Microsoft 계정 암호 재설정 사이트 주소 : https://account.live.com/resetpassword.aspx

로그인이 불가능한 이유를 선택하여 단계별로 진행하면, 암호를 재설정할 수 있습니다. 만약, 암호를 재설정하게 되면 Microsoft 계정으로 연결된 서비스의 연결은 끊어질 수 있으며, 재설정한 암호를 입력해야만 원활한 서비스 사용이 가능합니다. 추가적으로 Microsoft 계정 암호 재설정 시 Microsoft 계정 생성 작업에서 입력한 정보를 다시 확인할 수 있습니다.

03. '계속 진행 가능' 화면에서 [마침]을 클릭합니다.

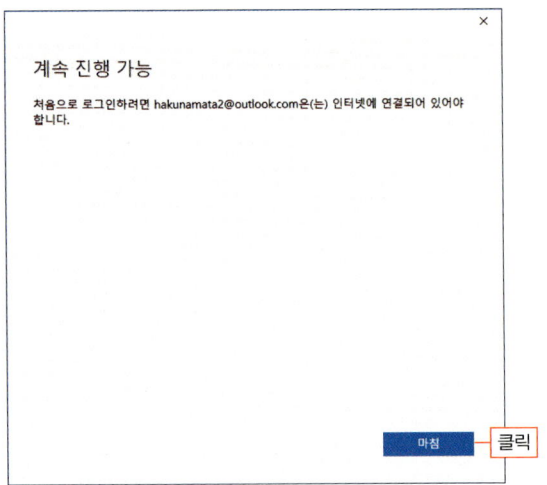

04. [다른 사용자]에 계정이 추가된 것을 확인할 수 있습니다.

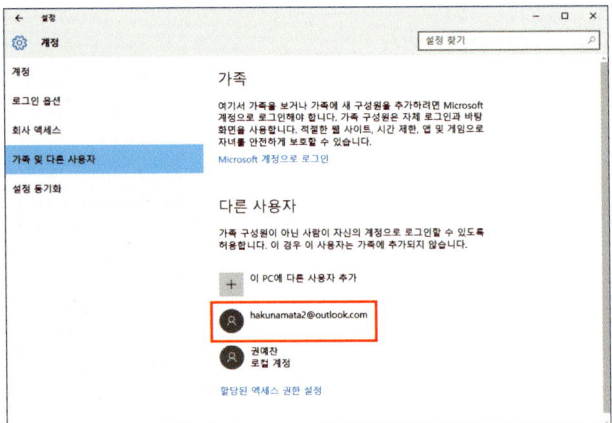

05. 만약에 Microsoft 계정이 없다면 '계정을 만들어 보세요' 화면에서 [이름], [메일 계정], [암호], [국가], [생년월일]을 입력한 후 [다음]을 클릭합니다.

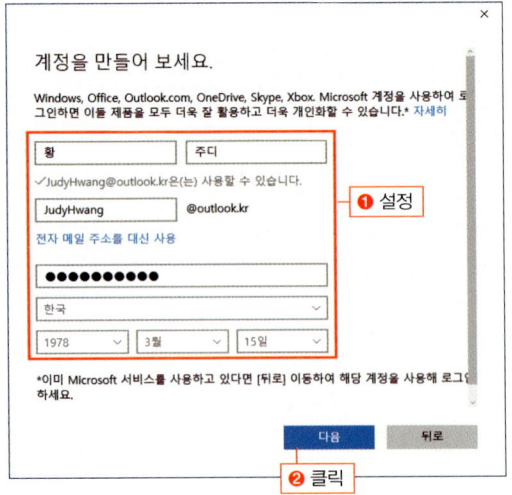

06. '보안 정보 추가' 화면에서 인증을 위한 전화번호를 입력한 후 [다음]을 클릭합니다.

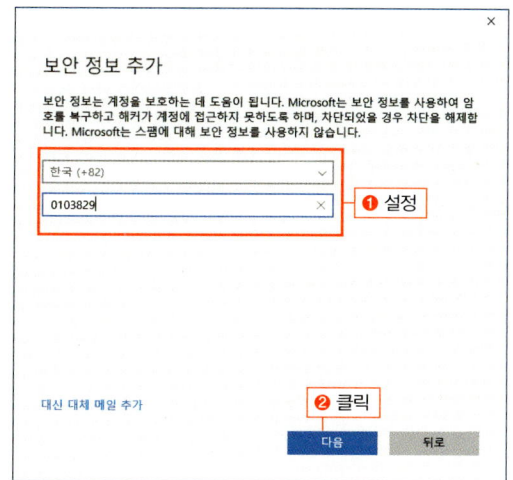

07. '관심 항목 표시' 화면에서 내용을 확인한 후 [다음]을 클릭합니다.

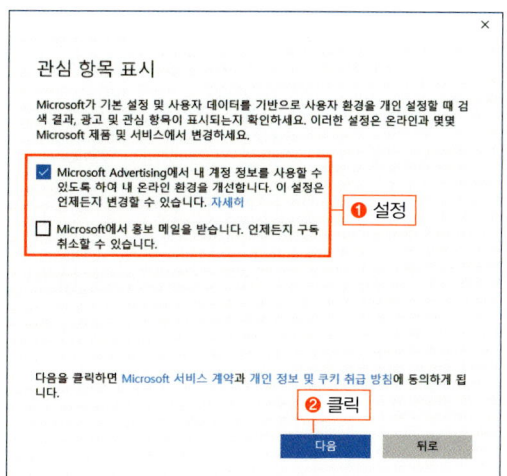

08. 새롭게 Microsoft 메일을 생성한 사용자 계정이 추가된 것을 확인할 수 있습니다.

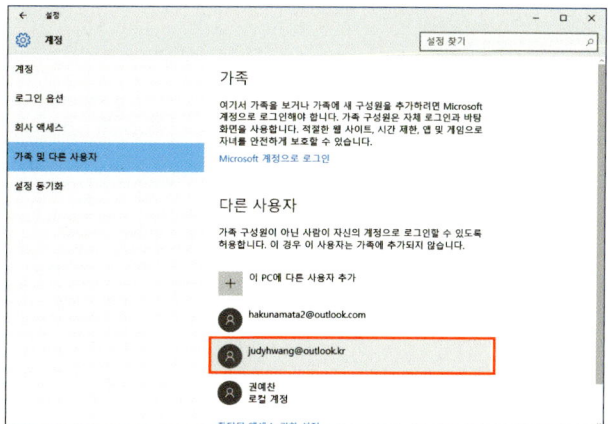

STEP 03 • 윈도우 10 로컬 계정에 Microsoft 계정을 연결하기

윈도우 10의 일부 기능 및 클라우드 기능을 사용하기 위해서는 Microsoft 계정이 활성화되어 있어야만 가능합니다. 만약 윈도우 10 설치 시 로컬 계정만 생성하고 Microsoft 계정을 연결하지 않았다면, 다음 방법을 통하여 계정 연결이 가능합니다.

01. ⊞+I 를 누르면 나타나는 '설정' 화면에서 [계정]을 클릭합니다.

02. '계정' 화면에서 [계정]-[대신 Microsoft 계정으로 로그인]을 클릭합니다.

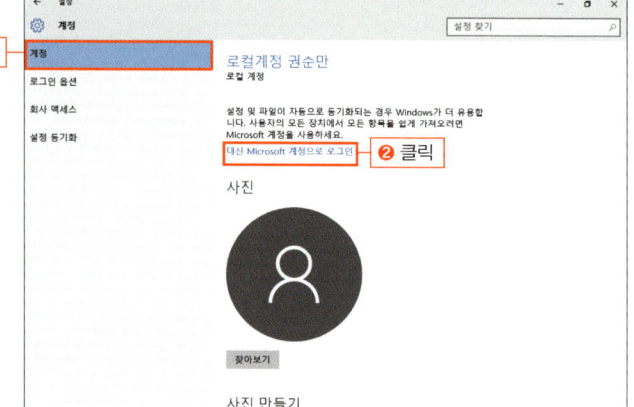

03. '사용자 기본 계정 설정' 화면에서 Microsoft 계정과 암호를 입력한 후 [로그인]을 클릭합니다. 만약, Microsoft 계정이 없다면 [Step 02]의 내용을 참고합니다.

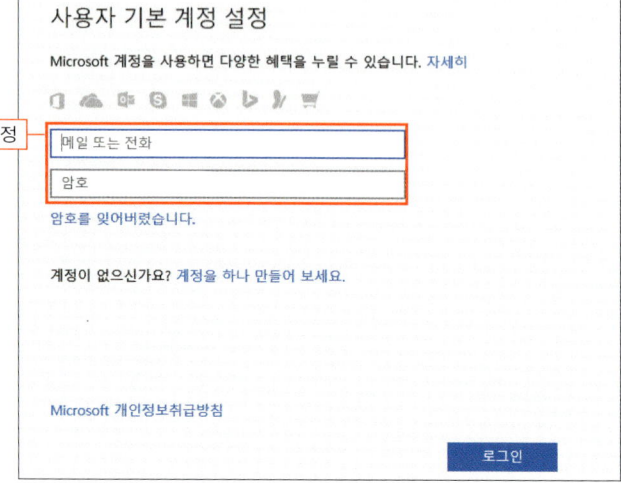

04. '마지막으로 한 번 이전 암호 입력' 화면에서 로컬 계정의 암호를 입력한 후 [다음]을 클릭합니다.

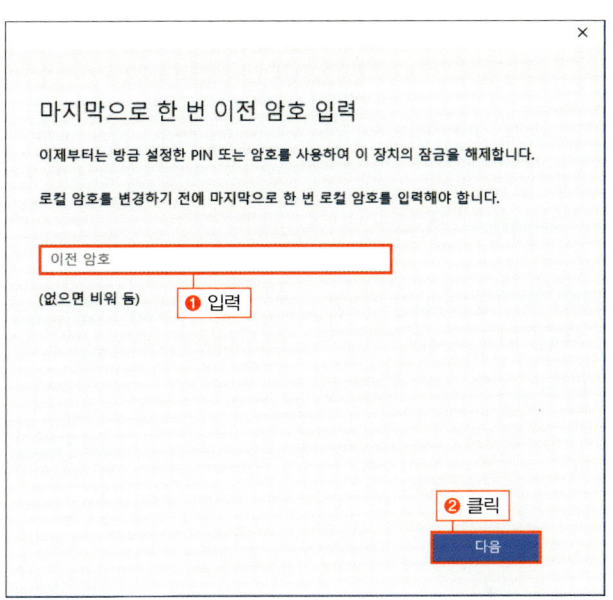

05. 기존의 윈도우 로컬 계정과 Microsoft 계정 연결이 진행됩니다.

06. 로컬 계정과 Microsoft 계정 연결이 완료되면 다음과 같이 기존의 로컬 계정에서 Microsoft 계정으로 변경되는 것을 확인할 수 있습니다.

STEP 04 • 사용자 계정 권한 변경하기

윈도우 10의 사용자 계정에는 관리자 권한 계정과 일반 사용자 계정으로 유형이 나뉩니다. 그 유형에 따라 윈도우 환경이나 프로그램 설치등의 진행 여부가 달라질 수 있습니다. 사용자 계정의 상태를 확인하거나 변경하는 방법에 대하여 알아봅니다.

01. '설정' 화면에서 [가족 및 다른 사용자]를 클릭하면 나열되는 다른 사용자 중에서 권한을 변경하려는 사용자를 선택하면 나타나는 [계정 유형 변경]을 클릭합니다.

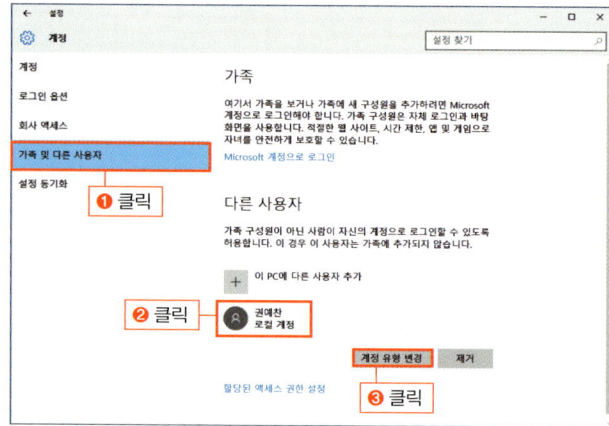

02. '계정 유형 변경' 화면이 나타나면 [관리자] 또는, [표준 사용자]를 선택한 후 [확인]을 클릭하여 사용자 계정의 유형을 적용합니다.

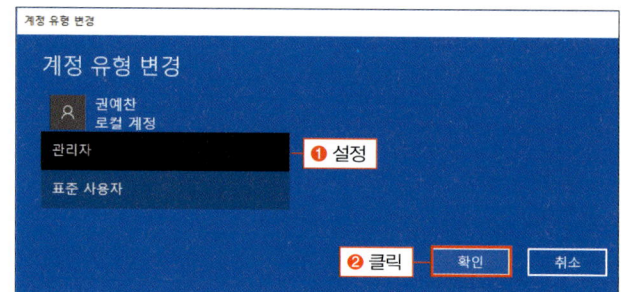

TIP : 표준 사용자와 관리자의 권한 설정 차이

윈도우 10은 사용자 계정 컨트롤(UAC – User Account Control)이라는 보안 기능으로 인하여 로그인과 동시에 낮은 권한의 계정으로 윈도우를 사용하고 있어 보안이 강화됩니다. 일반 표준 사용자 계정뿐만 아니라 관리자 권한의 사용자 계정도 윈도우의 중요한 구성 요소를 변경하거나 편집하려는 경우에 가능한 권한을 얻기 위하여 나타나는 사용자 계정 컨트롤 창이 로그인한 계정 유형에 따라 다음과 같이 다르게 나타나게 됩니다. 표준 사용자의 경우는 관리자 계정과 암호를 모르면 윈도우의 중요한 설정 및 변경이 불가할 수 있다는 것입니다.

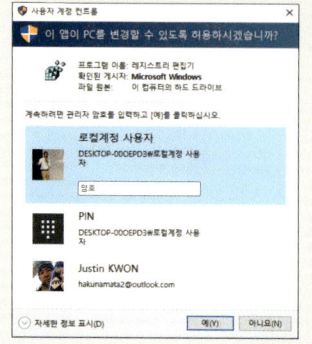
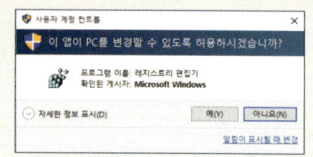

관리자 계정인 경우는 '예/아니오'를 확인하는 창이 나타남

표준 사용자 계정인 경우 관리자 계정과 암호를 동시 확인하는 창이 나타남

STEP 05 • 사용자 로그인 사진 변경하기

윈도우 10 로그인에 사용되는 사용자 사진을 변경하는 방법에 대하여 알아보겠습니다.

01. [시작] 단추를 클릭한 후 [설정] 또는, ⊞+I 를 누르면 나타나는 '설정' 화면에서 [계정]을 클릭합니다.

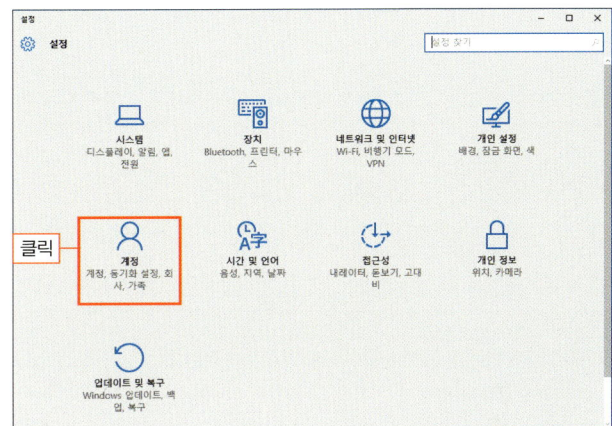

02. '계정' 화면에서 [찾아보기]를 클릭합니다.

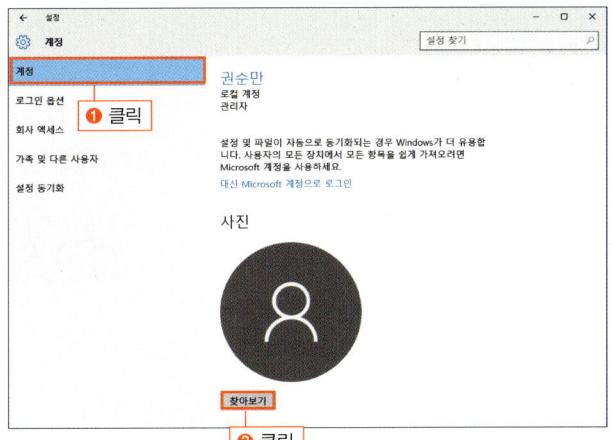

03. 파일 탐색기에서 계정 사진으로 사용할 사진을 선택한 후 [사진 선택]을 클릭합니다.

04. 선택한 이미지로 계정 사진이 적용됩니다.

TIP : 웹 캠을 사용하여 계정 사진 변경하기

웹캠이 장착되어 있는 컴퓨터의 경우는 이미지 파일이 아닌 웹 캠을 사용하여 계정 사진을 변경할 수 있습니다. [계정]-[사진 만들기]에서 [카메라]( )를 클릭하면 나타나는 확인 메시지 화면에서 액세스 허용을 위하여 [예]를 클릭하면 실행되는 화면에서 바로 계정 사진을 찍어 변경할 수 있습니다.

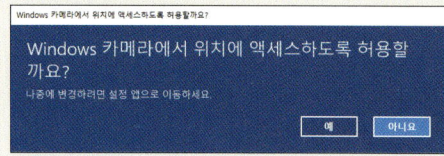

STEP 06 • 가족 보호 모드 사용하기

가족 보호 모드를 사용하면, 추가한 사용자 계정에 대하여 웹 브라우징, 앱 및 게임, 화면 사용 시간의 설정이 가능하며, 관련된 활동을 보고서로 된 메일로 받아볼 수 있습니다. 이 기능을 사용하기 위해서는 Microsoft 계정이 필요합니다.

01. [시작] 단추를 클릭한 후 [설정] 또는, ▣+Ⅰ를 누르면 나타나는 '설정' 화면에서 [계정]을 클릭합니다.

02. '계정' 화면에서 [계정]을 클릭하면 나타나는 메뉴에서 [내 Microsoft 계정 관리]를 클릭합니다.

03. 인터넷 브라우저가 실행되고 웹 페이지가 열립니다.

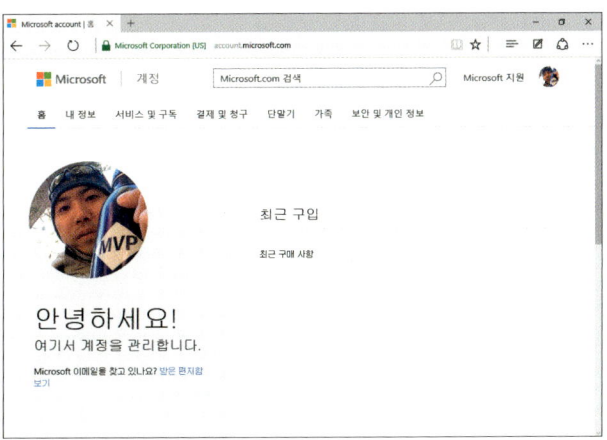

04. 웹 페이지 메뉴에서 [가족]을 클릭하면 나타나는 화면에서 [자녀 추가]를 클릭합니다.

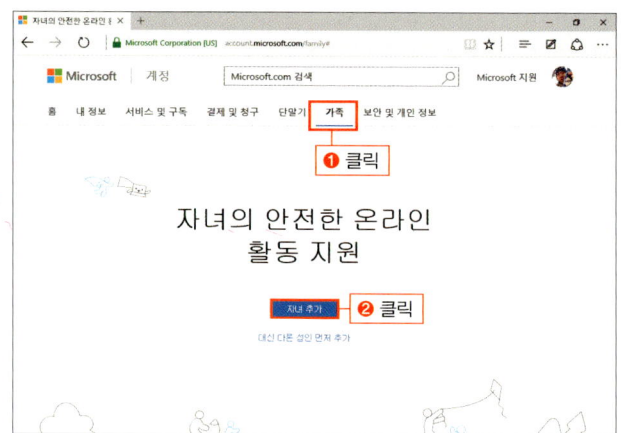

05. '자녀 추가' 화면에서 [이메일 주소]를 입력한 후 [초대 보내기]를 클릭합니다. 만약, 추가하려는 자녀 계정에 메일이 없는 경우는 [자녀용 새 이메일 주소 만들기]를 클릭하여 메일을 생성할 수 있습니다.

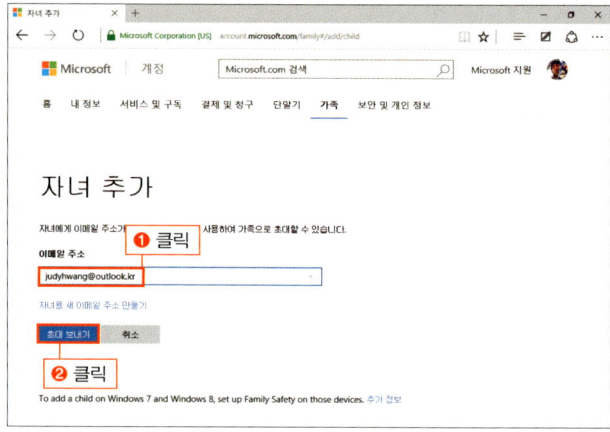

06. '내 가족' 화면에서 초대한 자녀 메일 계정이 추가되고 초대 보냄 상태가 됩니다.

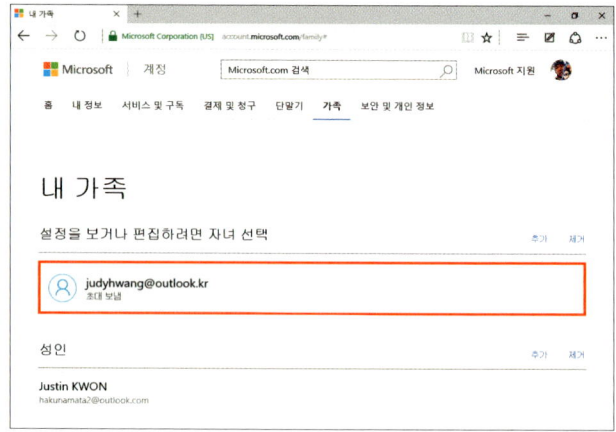

07. 초대 메일을 받은 계정에서 [초대 수락]을 클릭합니다.

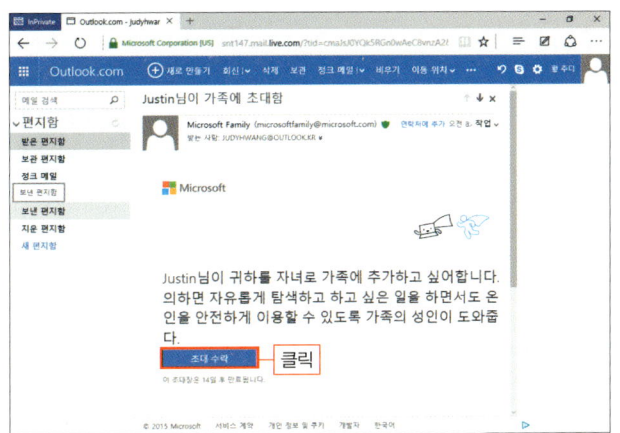

08. '내 가족' 화면에서 초대를 수락한 계정이 윈도우 10 장치에서 로그인하면 관련 정보를 확인할 수 있다는 메시지로 변경되며, 계정 관리가 가능하게 됩니다.

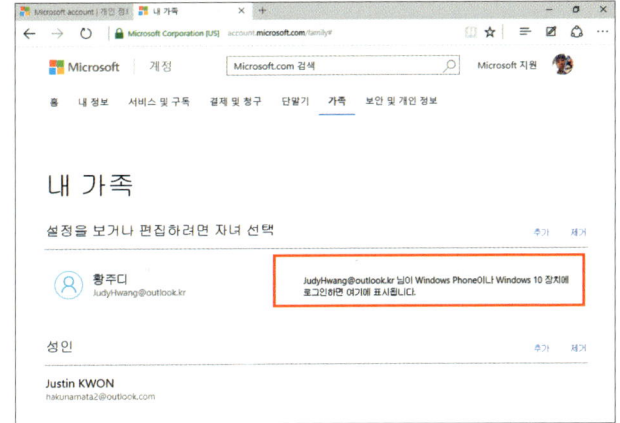

09. 윈도우 10 컴퓨터에서 가족에 추가한 계정으로 로그인합니다.

10. 웹 사이트에 Microsoft 계정으로 로그인한 컴퓨터 이름이 나타납니다.

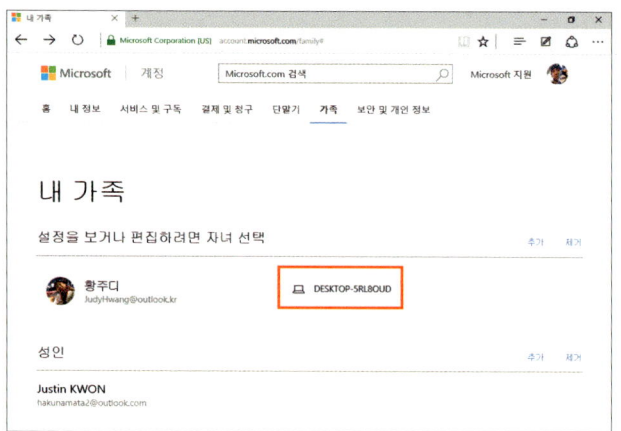

11. 나열된 계정을 클릭하면, 최근 활동에 대한 내용 및 설정할 수 있습니다. [활동 보고서 켜짐]과 [주간 보고서를 이메일로 받음]을 설정합니다.

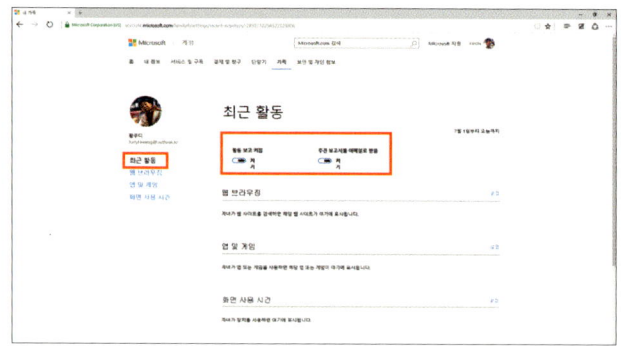

12. [웹 브라우징]을 클릭하면 [항상 허용]과 [항상 차단]을 추가하거나 제거하여 안전한 웹 액세스 환경을 설정할 수 있습니다.

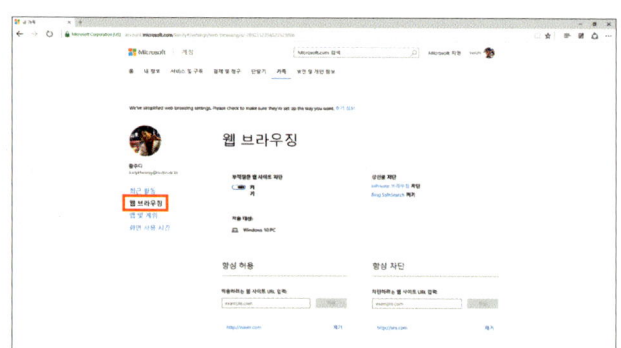

13. [앱 및 게임]을 클릭하면, 윈도우 10 컴퓨터 및 윈도우 10 모바일, 윈도우 폰 8에 설치되는 게임을 관리할 수 있습니다. 게임 다운로드의 등급을 설정하여 설치 및 다운로드를 관리할 수 있습니다.

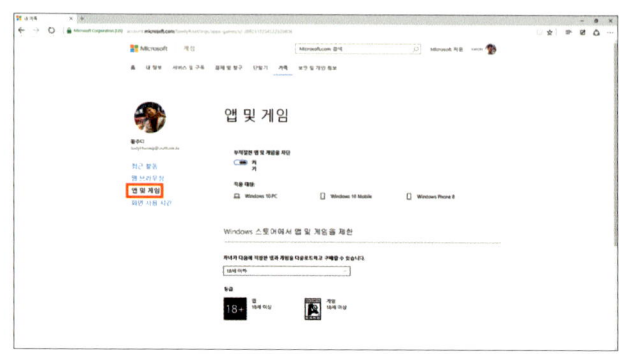

14. [화면 사용 시간]을 클릭하면, 컴퓨터를 요일별 사용할 수 있는 시간과 1일 최대 사용할 수 있는 최대 사용 시간을 설정할 수 있습니다.

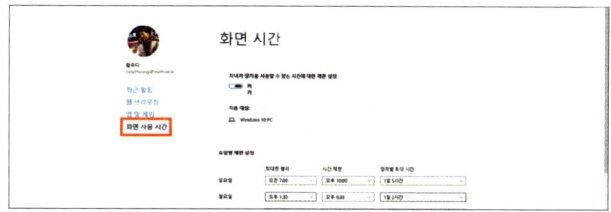

15. 11번 따라하기에서 설정하면 다음과 같이 메일을 통하여 설정한 웹 브라우징, 앱 및 게임, 사용 시간에 대한 보고서가 메일로 전송된 것을 확인할 수 있어 설정한 계정이 컴퓨터 또는, 모바일을 사용하는 경우 유해하거나 장시간 사용에 대하여 관리할 수 있게 됩니다.

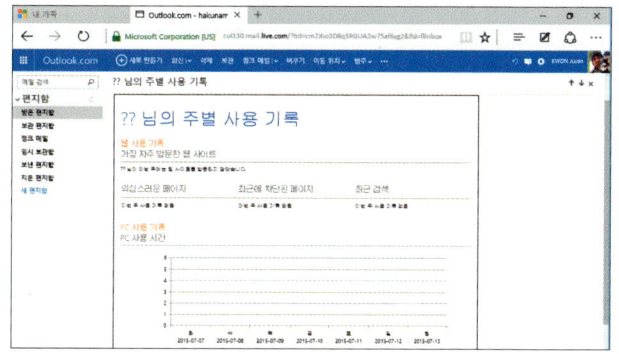

TIP : Microsoft 계정으로 사용할 수 있는 Microsoft 서비스

서비스 명	내용
Outlook.com	개인 및 생산성 이메일 – Outlook.com은 디바이스에서 생산성을 향상시키도록 디자인된 메일, 일정, 사람들 및 작업을 포함한 무료 기능 제품군입니다. Microsoft 계정으로 Outlook.com에 로그인하면 Skype, OneDrive, 및 Office Online에 받은 편지함에서 액세스할 수도 있습니다.
OneDrive	클라우드 저장소 – OneDrive를 사용하면 무료로 모든 디바이스에서 어디서나 사진, 비디오, 문서 등을 쉽게 백업하고 저장하고 공유할 수 있습니다. 또한 Microsoft 계정에 15GB의 무료 온라인 저장소가 제공됩니다.
Office	무료 Office Online – 누구나 실시간으로 거의 어디서나 Word, Excel 및 PowerPoint 파일을 열고 편집할 수 있습니다. Microsoft 계정이 있으면 무료입니다. 문서, 스프레드시트, 프레젠테이션 및 전자 필기장을 온라인으로 만들고 저장하고 공유할 수 있습니다. 공동 작업이 쉬워졌습니다.
Skype	Skype를 사용하여 친구나 가족과 메신저 및 통화 – 모든 디바이스에서 무료로 Skype를 통해 사람들과 통화하고 메시지도 주고받을 수 있습니다. 그리고 Microsoft 계정으로 Skype에 로그인하면 Outlook.com, OneDrive.com 및 Office Online에서 바로 친구 및 가족과 채팅을 시작할 수 있습니다
Xbox Live	온라인 게임 및 커뮤니티 – Xbox Live는 세계 최고의 소셜 게이밍 커뮤니티입니다. 자신의 Microsoft 계정으로 Xbox Live에 로그인하면 자신의 게이머태그를 받고 도전 과제의 잠금을 풀고 게임 스코어를 늘리며 게임에 접속하고 친구들과 연결을 유지할 수 있습니다.
Bing	Bing으로 검색하고 보상 받기 – 상용 고객 프로그램(Frequent Flyer Program)과 비슷하게, Bing으로 웹 검색 후 크레딧을 받을 수 있습니다. 크레딧을 이용하여 무료 기프트 카드를 사용하거나 이벤트에 응모하거나 선택한 자선 단체에 기부할 수 있습니다.
MSN	맞춤형 뉴스, 정보 및 엔터테인먼트 즐기기 – 최신 뉴스를 신속하게 파악하고 좋아하는 스포츠, 주식, 건강 프로그램 등을 즐기세요. Microsoft 계정에 로그인하면 MSN 환경이 모든 장치에 맞춤화되고 동기화됩니다.
스토어	앱, 게임, 구독 등을 구입 – 앱, 게임 또는 엔터테인먼트 등을 Microsoft 디지털 매장에서 찾을 수 있습니다. Microsoft 계정을 사용하면 Microsoft 온라인 매장에서 쇼핑을 즐기고 앱과 게임에 대한 맞춤형 추천을 받을 수도 있습니다. 또한 account.microsoft.com을 통해 주문을 추적하고 내역을 확인하며 구매 내용을 관리할 수 있습니다.

STEP 07 • 사용자 암호 옵션 설정하기

사용자의 편의성과 보안을 강화하기 위하여 사용자가 설정할 수 있는 윈도우 10의 사용자 로그인 옵션에 대하여 알아봅니다.

■ PIN 암호 설정하기

PIN 암호를 설정하면, 간단한 숫자 암호로 설정할 수 있으며, 기존 일반적인 암호에 대비 강력한 보안 효과를 가지게 됩니다.

01. [시작] 단추를 클릭한 후 [설정] 또는, ⊞+I 를 누르면 나타나는 '설정' 화면에서 [계정]을 클릭합니다.

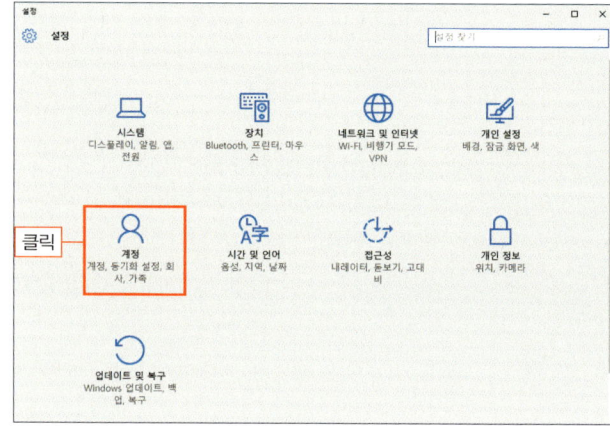

02. '계정' 화면에서 [로그인 옵션]을 클릭한 후 [PIN]의 [추가]를 클릭합니다.

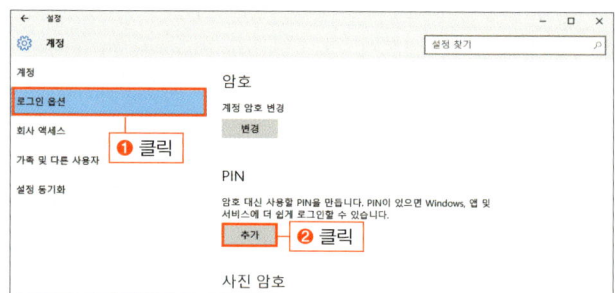

> **TIP : 간편하지만 PIN 암호가 더 안전한 이유**
>
> PIN의 기본적으로 간단한 4가지 숫자의 조합으로 암호를 생성할 수 있습니다. 하지만 4가지 숫자 조합이 강력한 암호화가 됩니다. 그러므로 암호의 길이의 문제가 아니라 강력한 암호 보호 여부라고 볼 수 있습니다. 더 중요한 것은 이 장치를 제외한 모든 장치에서는 PIN이 작동하지 않는 다는 점입니다. 예제로 유출된 PIN 암호를 가지고 현금인출기(ATM)에 가서 훔친 사용자가 자신의 카드를 넣고 입력한다고 해서 현금이 인출이 안 되는 것처럼, PIN을 설정한 원래의 카드가 있어야 한다는 것입니다. 또한 네트워크 등을 통하여 계정이나 암호가 노출되지 않는다는 장점을 가집니다.

03. '먼저 계정 암호를 확인하세요' 화면에서 기존의 암호를 입력한 후 [확인]을 클릭합니다.

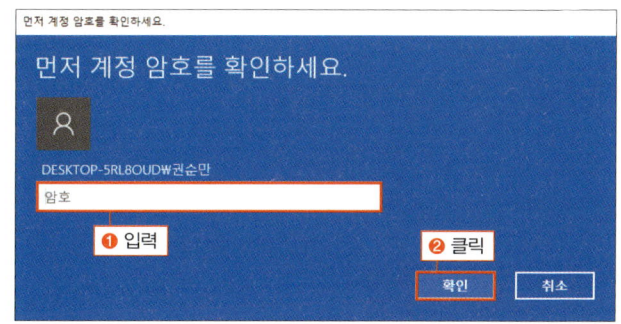

04. 'PIN 설정' 화면에서 [새 PIN]과 [PIN 확인]에 PIN 암호를 입력한 후 [확인]을 클릭합니다.

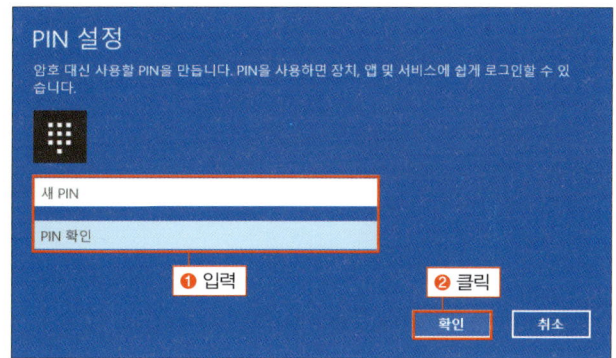

05. PIN 암호 설정이 완료되었습니다.

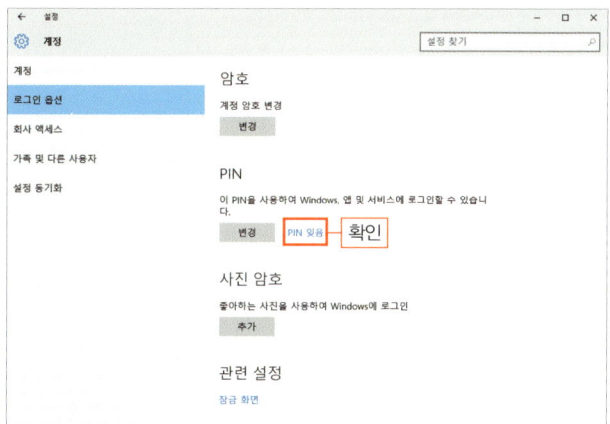

06. PIN 암호가 설정된 로그인 화면은 다음과 같이 🔍이 추가로 나타나며, 🔍을 클릭해야 로그인이 가능합니다.

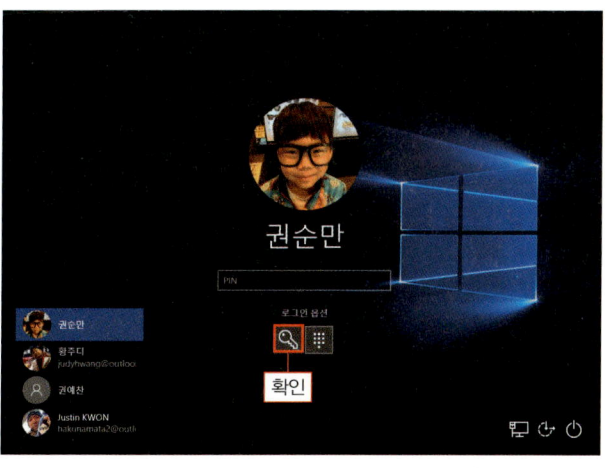

■ **사진 암호 설정하기**

사진 암호를 사용하면 점 찍기, 선긋기 및 원 그리기 등의 터치 동작을 사진에 설정하여 암호를 해제할 수 있습니다.

01. [시작] 단추를 클릭한 후 [설정] 또는, ⊞+Ⅰ 를 누르면 나타나는 '설정' 화면에서 [계정]을 클릭합니다.

02. '계정' 화면에서 [로그인 옵션]을 클릭한 후 [사진 암호]의 [추가]를 클릭합니다.

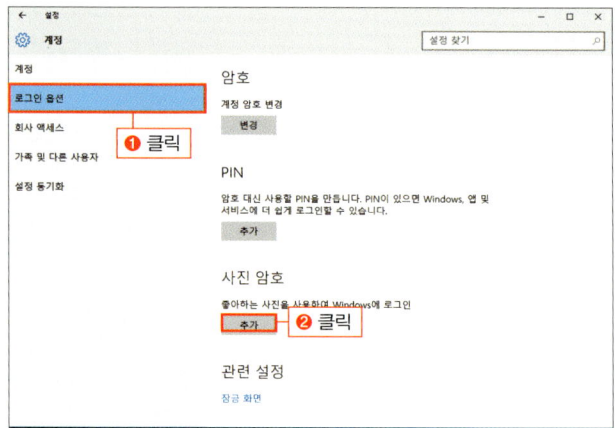

03. '사진 암호 만들기' 화면에서 기존의 암호를 입력한 후 [확인]을 클릭합니다.

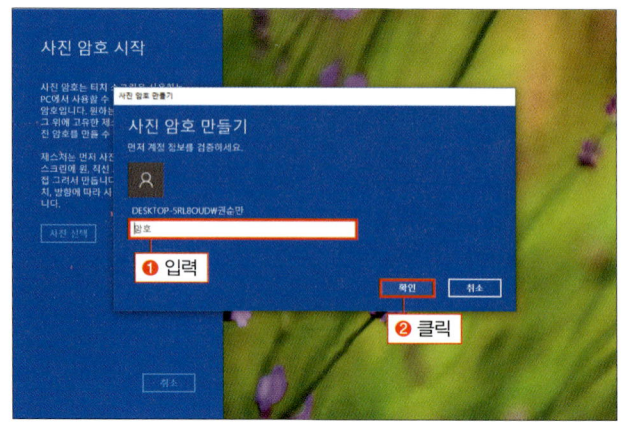

04. '사진 암호 시작' 화면에서 [사진 선택]을 클릭합니다.

05. 파일 탐색기에서 사진 암호로 설정할 이미지를 선택한 후 [열기]를 클릭합니다.

06. '미리 보기' 화면에서 선택한 이미지 위치를 조정한 후 [현재 사진 사용]을 클릭합니다.

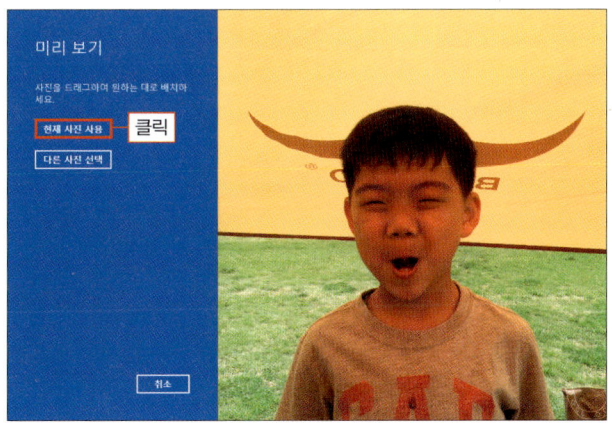

07. '제스처 설정' 화면에서 화면을 터치하거나 마우스를 이용하여 원 또는, 직선 그리기를 사용하여 암호를 설정합니다.

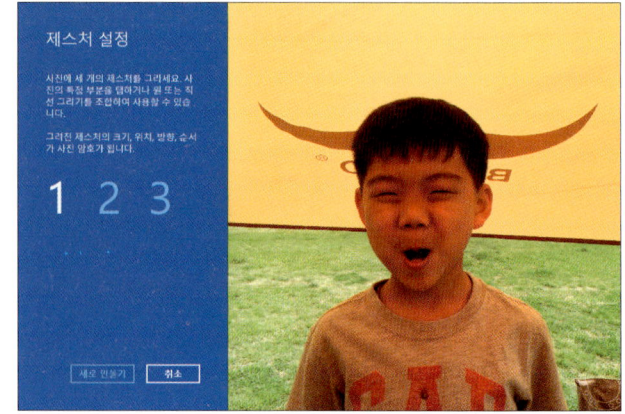

08. 암호 설정이 완료되면 '축하합니다' 메시지 화면이 나타나며, [마침]을 클릭합니다.

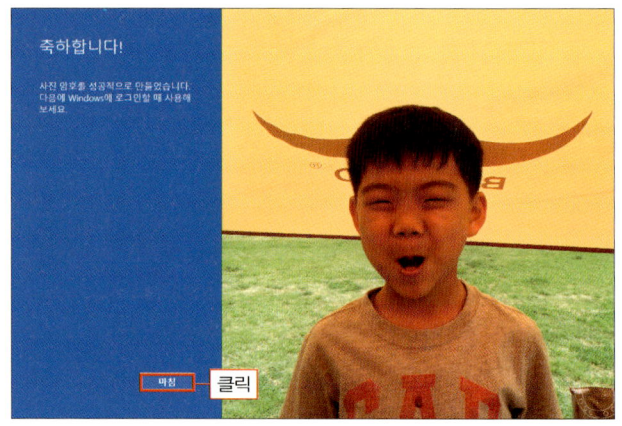

09. '로그인 옵션' 화면에서 사진 암호가 설정된 것을 확인할 수 있으며, 제거할 수도 있습니다.

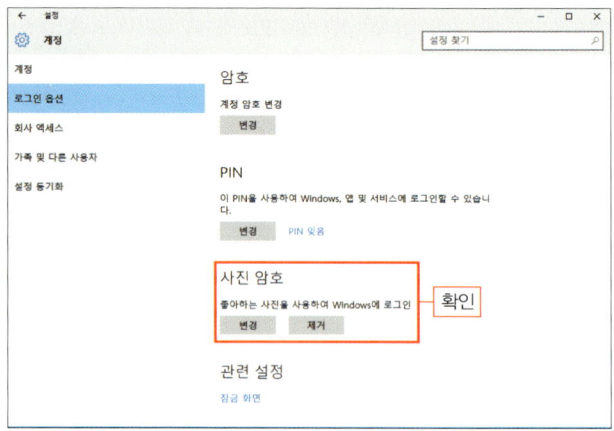

10. 로그인 화면에서 을 클릭하면 설정된 사진 암호 이미지가 나타납니다.

11. 터치 또는, 마우스로 설정한 사진 암호의 원 또는, 직선을 그리면 로그인할 수 있습니다.

■ **지문 암호 설정하기**

윈도우 10이 설치된 컴퓨터의 지문 인식 장치가 있는 경우에만 설정이 가능합니다.

01. [시작] 단추를 클릭한 후 [설정] 또는, +를 누르면 나타나는 '설정' 화면에서 [계정]을 클릭합니다.

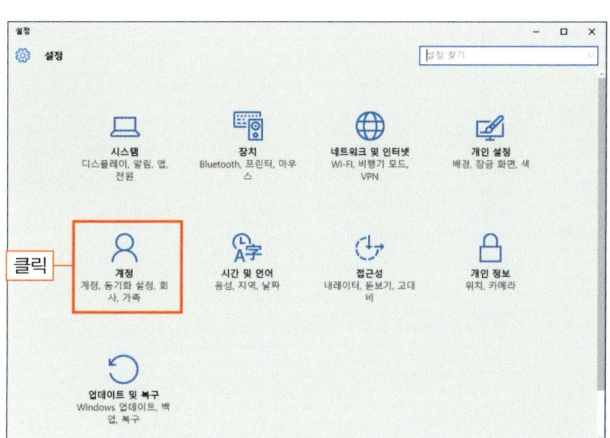

02. '계정' 화면에서 [로그인 옵션]을 클릭한 후 [지문]의 [설정]을 클릭합니다.

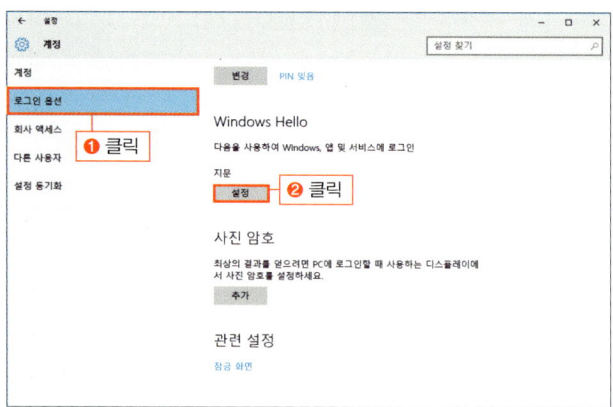

03. 'Windows Hello 시작' 화면에서 [시작]을 클릭합니다.

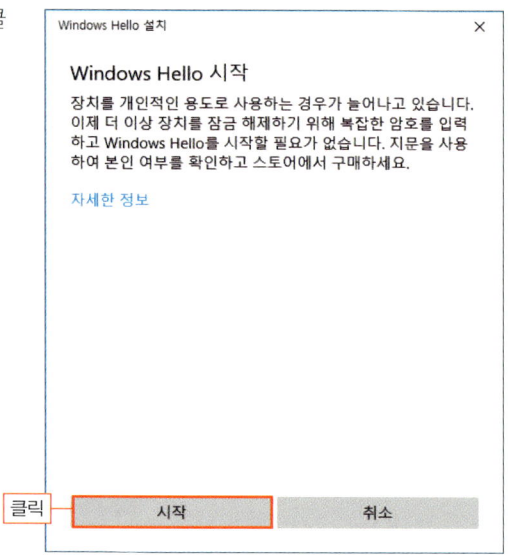

04. '사용자 본인인지 확인' 화면에서 Step 07에서 진행한 [PIN]을 입력합니다. 만약, PIN을 기억하지 못한다면, [PIN 잊음]을 클릭하여 PIN을 재설정할 수 있습니다.

05. '지문 판독기에 손가락을 스캔하십시오.' 화면에서 지문을 몇 번 스캔합니다.

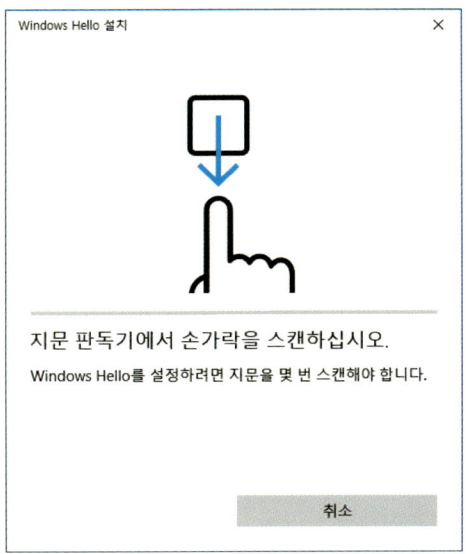

06. 동일한 손가락으로 스캔을 몇 번 더 진행합니다.

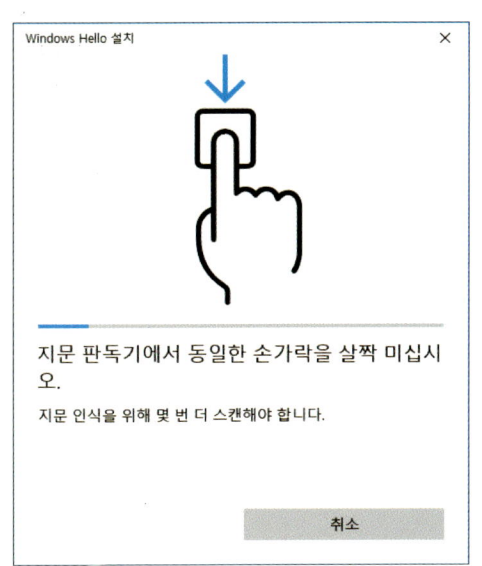

07. 선택한 지문 설정이 완료되었다는 메시지를 확인한 후 [닫기]를 클릭합니다. 추가적으로 다른 지문을 사용하는 경우에는 [다른 항목 추가]를 클릭하면 됩니다.

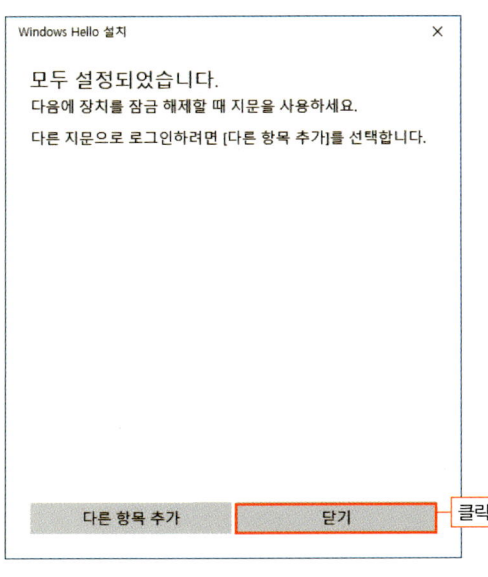

08. '계정' 화면의 [로그인 옵션]에서 [Windows Hello]의 지문 암호가 설정이 완료됩니다.

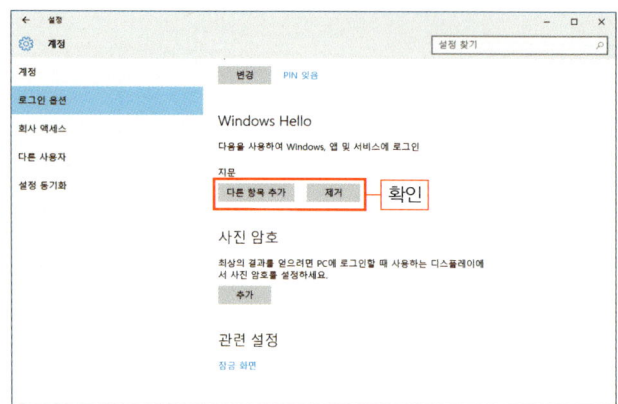

09. '로그인' 화면에서 ■을 클릭한 후 지문을 스캔하여 로그인을 할 수 있습니다.

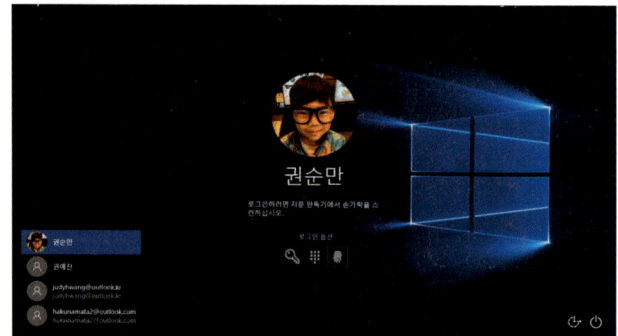

TIP : 윈도우 헬로(Windows Hello)

윈도우 10의 새로운 사용자 인증 방법으로 적외선 카메라를 이용하여 사용자를 인증합니다. 설정한 사용자의 얼굴을 인식하면 보다 간편하게 잠금 화면을 해제할 수 있습니다.

참고 : http://www.neowin.net/news/intel-lists-all-the-devices-supporting-windows-10-hello-facial-authentication

STEP 08 • 사용자 암호 변경하기

사용자 암호를 변경하는 방법에 대하여 알아봅니다. 암호를 변경하기 위해서는 기존의 암호가 꼭 필요하며, 변경 시 기존의 암호를 입력하면, 기존의 암호 설정 단계와 유사한 단계로 진행됩니다.

01. [시작] 단추를 클릭한 후 [설정] 또는, ⊞+Ⅰ 를 누르면 나타나는 '설정' 화면에서 [계정]을 클릭합니다.

02. '계정' 화면의 [로그인 옵션]에서 [암호]의 [변경]을 클릭합니다.

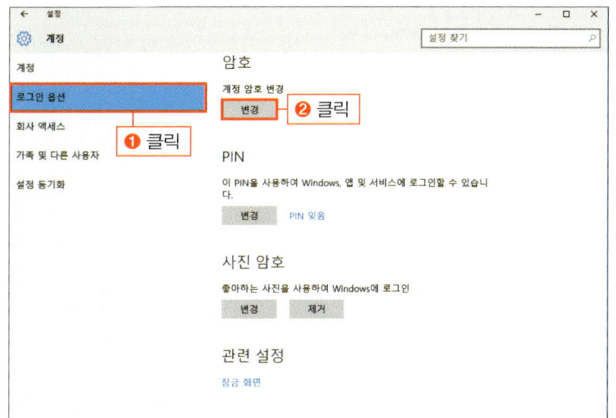

03. 암호 변경 화면에서 [현재 암호]를 입력한 후 [다음]을 클릭합니다.

04. [새 암호], [암호 다시 입력] 및 [암호 힌트]를 입력한 후 [다음]을 클릭합니다.

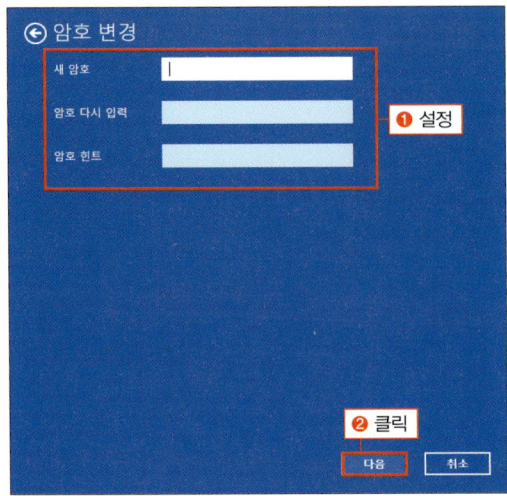

05. 암호 변경 완료 메시지를 확인한 후 [마침]을 클릭합니다.

06. Microsoft 계정인 경우는 다음과 같이 [이전 암호], [암호 만들기] 및 [암호 확인]을 입력한 후 [다음]을 클릭합니다.

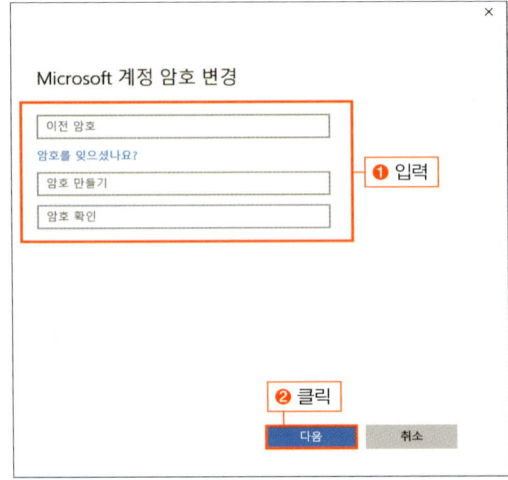

07. 암호 변경 완료 메시지를 확인한 후 [마침]을 클릭합니다.

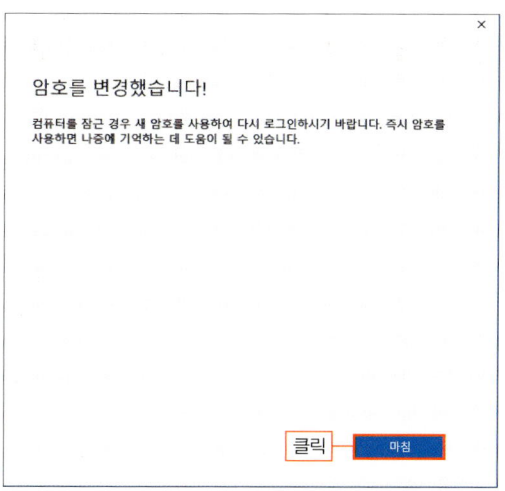

> **TIP : 윈도우 헬로우(Windows Hello) 설정을 위한 카메라**
>
> 윈도우 헬로우(Windows Hello)를 사용하여 등록한 사용자의 얼굴을 인식하기 위해서는 인텔(intel)사의 RealSense 기술이 접목된 카메라가 장착되어 있어야 합니다. 사람의 얼굴을 인식함에 있어 단순히 사용자의 모습만 가지고 처리한다면, 사진이나, 카메라 등에 저장된 사진을 이용하여 로그인 시도를 할 수 있기 때문에 이런 보안의 허점을 막기 위하여 현재 카메라로 인식되는 대상의 움직임 상태를 확인하는 기술이 기본적으로 요구되며, 여기서 사용되는 기술이 적외선(IR)과 깊이(Depth)에 대한 인식입니다.

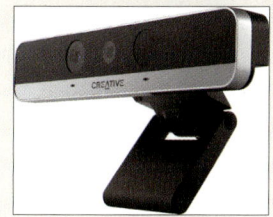

인텔의 RealSense 기술이 탑재된 컴퓨터 및 기술 참고 URL
http://www.intel.com/content/www/us/en/architecture-and-technology/realsense-devices.html

> **TIP : 2014년 최악의 패스워드 리스트**
>
> 스플래시데이터 회사를 통하여 선정된 2014년 최악의 패스워드 25개 리스트는 다음과 같습니다. 암호 생성 및 변경 시에 참고하세요. 암호 생성하거나 변경 시에는 숫자, 문자(알파벳 대/소문자), 특수 기호 등을 함께 혼합하여 8자리 이상으로 설정하는 것을 권장합니다. 예를 들어, 이미 많이 알려지긴 했지만 단순 알파벳만 나열한 패스워드가 아닌 'P@ssw0rd' 또는, Pa$$w0rD 형태를 참고하는 것이 좋겠죠?!

123456	password	12345
12345678	qwerty	1234567890
1234	baseball	dragon
football	1234567	monkey
letmein	abc123	111111
mustang	access	shadow
master	michael	superman
696969	123123	batman
trustno1		

자료 출처 : http://splashdata.com/press/worst-passwords-of-2014.htm

STEP 09 • 사용자 계정 제거하기

윈도우 10에 생성되어 있는 사용자 계정을 제거하는 방법에 대하여 알아봅니다.

01. [시작] 단추를 클릭한 후 [설정] 또는, ⊞+Ⅰ 를 누르면 나타나는 '설정' 화면에서 [계정]을 클릭합니다.

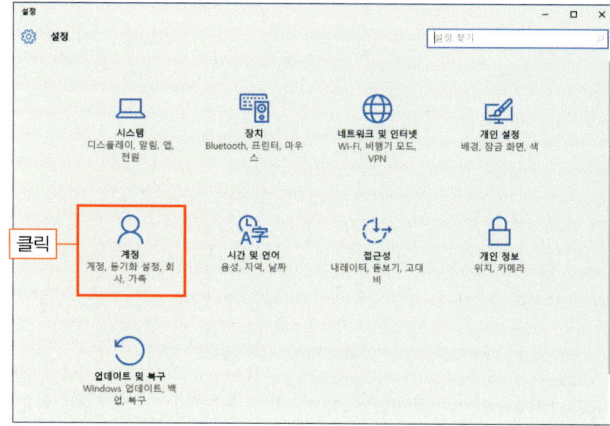

02. [가족 및 다른 사용자]의 [다른 사용자]에서 사용자 계정이 나열됩니다.

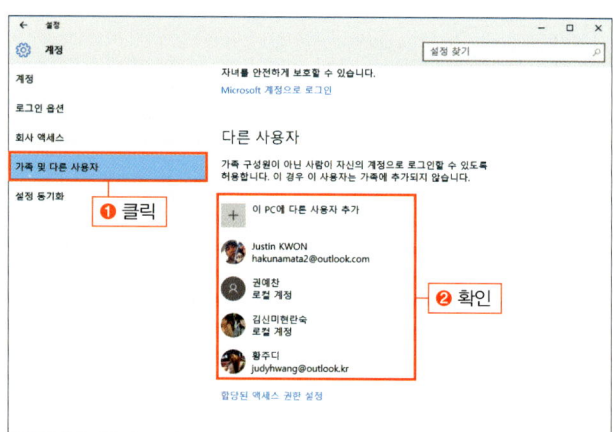

03. 삭제하려는 계정을 선택한 후 [제거]를 클릭합니다.

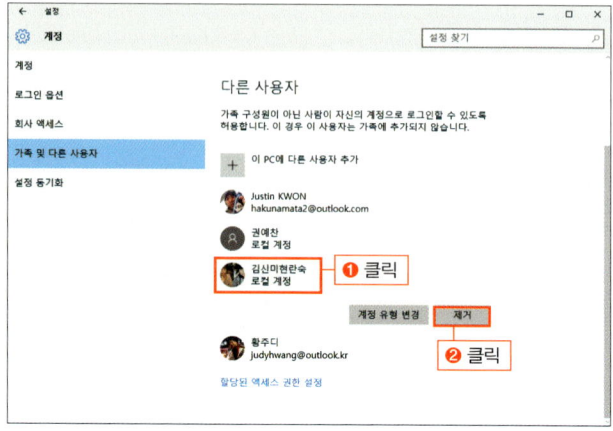

04. '계정 및 데이터를 삭제하시겠습니까?' 화면에서 [계정 및 데이터 삭제]를 클릭합니다.

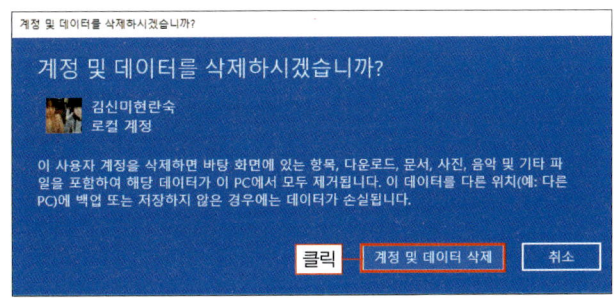

05. 계정의 데이터 삭제가 진행됩니다. 삭제 시 바탕 화면에 있는 항목, 다운로드, 문서, 사진, 음악 및 기타 파일을 포함하여 해당 데이터가 모두 삭제됩니다.

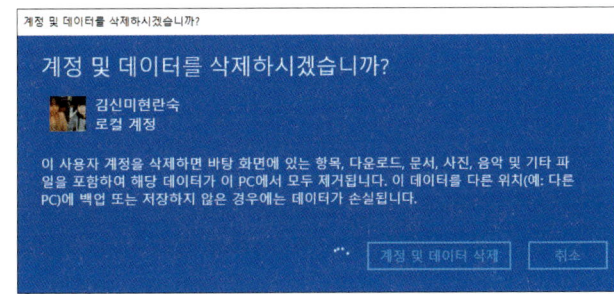

06. [가족 및 다른 사용자]의 [다른 사용자]에서 사용자 계정이 제거된 것을 확인할 수 있습니다.

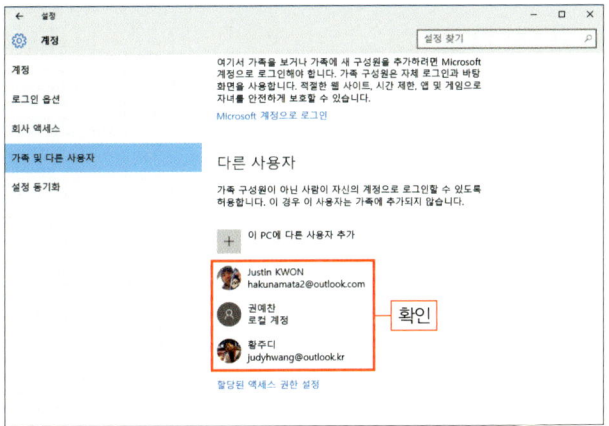

LESSON 02 데이터 암호화하기

레벨 ●●●

점점 이동성이 강조되면서 늘어나는 노트북 사용자의 경우 노트북을 분실하거나 도난당했을 경우 로그인 암호가 걸려 있다고 하더라도 하드디스크 데이터를 읽어 유출할 수 있는 일까지 생길 수 있습니다. 이와 같이 이동성이 높은 장치인 노트북, USB 플래시 메모리 등을 사용하는 사용자에게 보안을 강화할 수 있는 윈도우 10 데이터 보안 기능을 소개합니다.

STEP 01 • 하드디스크 암호화하기(Bitlocker)

윈도우 10의 BitLocker 기능을 사용하면 하드디스크를 암호화하여 분실 또는, 도난 시 데이터 정보 유출을 사전에 차단할 수 있습니다. 중요한 사항으로 BitLocker 기능을 사용하여 암호화하는 경우는 반드시 복원할 수 있는 복구 키를 별도의 공간 또는, 클라우드 서비스에 백업할 것을 권장합니다.

01. 파일 탐색기를 실행하고 [내 PC]를 클릭합니다.

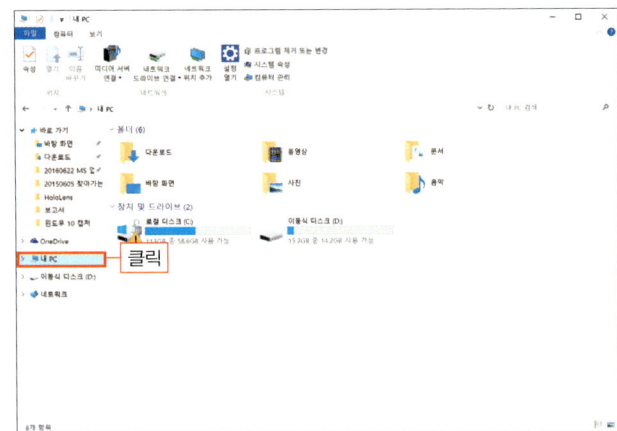

02. [장치 및 드라이브]에서 암호화를 할 드라이브를 선택하고 마우스 오른쪽 버튼을 클릭한 후 [BitLocker 켜기]를 클릭합니다.

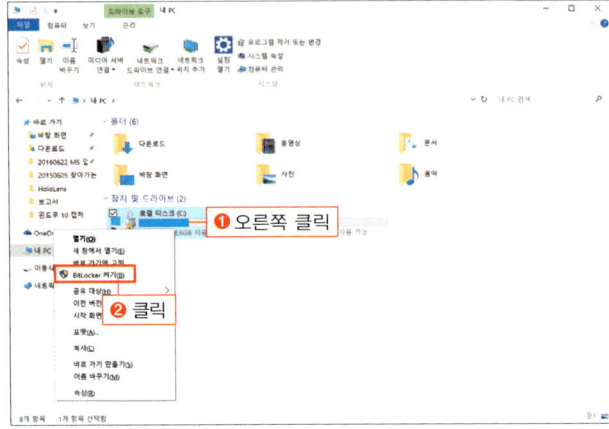

03. '복구 키를 백업할 방법 선택'하는 단계에서 [Microsoft 계정에 저장], [파일에 저장] 또는 [복구 키 인쇄]에서 선택하여 진행해야 다음 단계로 진행됩니다. 여기서는 [파일에 저장]으로 진행합니다.

04. 파일 탐색기가 나타나면 BitLocker 암호를 저장할 [파일 이름]과 [위치]를 선택한 후 [저장]을 클릭합니다.

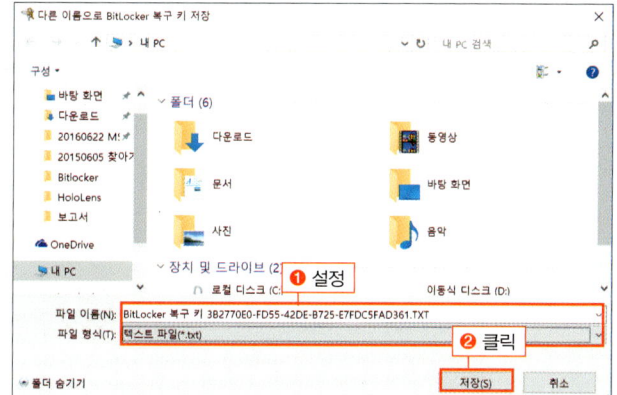

TIP : BitLocker를 설정하는 드라이브 위치에는 BitLocker 암호 저장이 불가합니다.

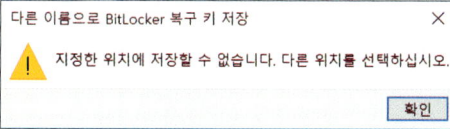

05. 암호화할 드라이브 공간 선택 단계에서 [사용 중인 디스크 공간만 암호화]를 선택한 후 [다음]을 클릭합니다. 이 옵션을 선택하여 빠르게 BitLocker 드라이브 암호화를 진행할 수 있습니다.

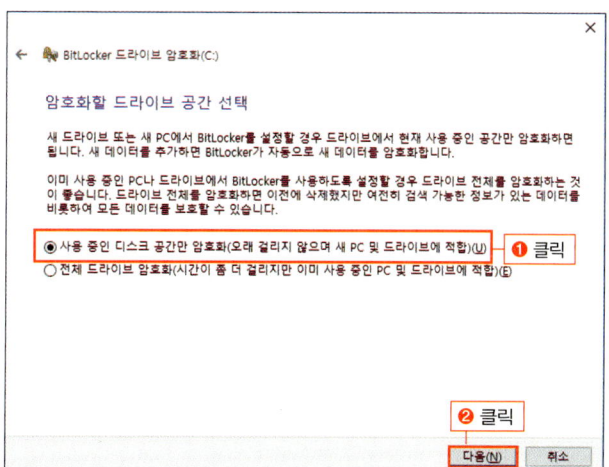

06. BitLocker 활성화 단계에서 [BitLocker 활성화]를 클릭합니다.

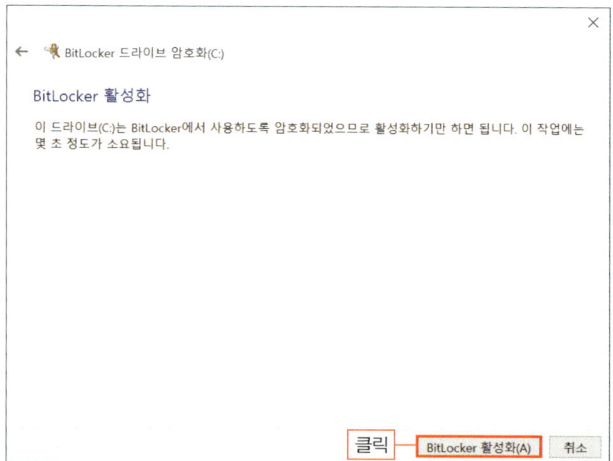

07. 컴퓨터를 다시 시작 메시지 알림을 확인한 후 컴퓨터를 재부팅합니다.

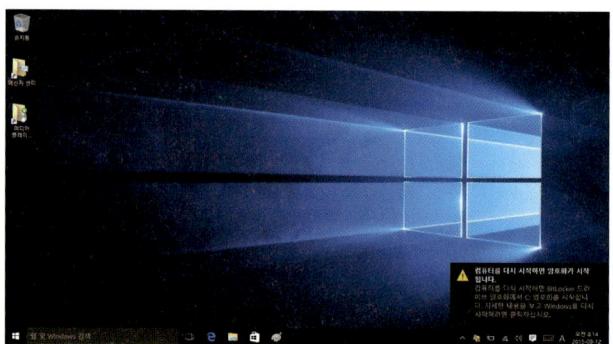

08. 컴퓨터가 재부팅되면 BitLocker 드라이브 암호화가 진행됩니다.

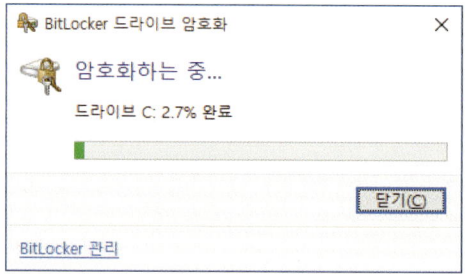

09. BitLocker 드라이브 암호화가 완료된 메시지를 확인한 후 [닫기]를 클릭합니다.

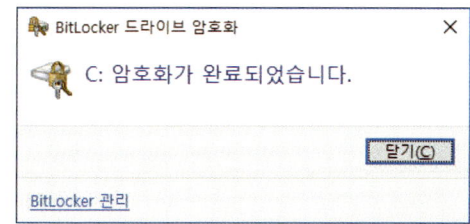

10. 파일 탐색기를 실행하여 BitLocker 드라이브 암호화한 드라이브를 확인하면 다음과 같이 자물쇠 아이콘이 추가되어 나타나는 것을 확인할 수 있습니다.

TIP : BitLocker/BitLocker to Go 기능이란?

윈도우 10이 설치된 드라이브(운영 체제 드라이브)를 암호화하는 경우 BitLocker는 고유한 암호화 및 암호 해독 키를 하드디스크와 별도의 하드웨어 장치에 저장해야 합니다. 다음 중 하나가 필요합니다.

- 고급 보안 기능을 지원하는 특수 마이크로칩인 TPM(신뢰할 수 있는 플랫폼 모듈)이 있는 컴퓨터. 컴퓨터에 TPM 버전 1.2 이상이 있으면 BitLocker는 키를 TPM에 저장합니다.
- 이동식 USB 메모리 장치(예: USB 플래시 드라이브). 컴퓨터에 TPM 버전 1.2 이상이 없으면 BitLocker는 키를 플래시 드라이브에 저장합니다. 이 옵션은 시스템 관리자가 TPM 대신 시작 키를 사용할 수 있도록 네트워크를 설정한 경우에만 사용할 수 있습니다.

운영 체제 드라이브에서 BitLocker 드라이브 암호화를 켜려면 하드디스크가 다음 조건을 충족해야 합니다.

- 컴퓨터를 시작하는 데 필요한 파일이 들어 있고 100MB 이상인 시스템 파티션과 Windows가 들어 있는 운영 체제 파티션이 있어야 합니다. 운영 체제 파티션은 암호화되지만 시스템 파티션은 컴퓨터를 시작할 수 있도록 암호화되지 않습니다. 컴퓨터에 두 개의 파티션이 없는 경우 BitLocker가 자동으로 파티션을 만듭니다. 두 파티션은 모두 NTFS 파일 시스템으로 포맷되어야 합니다.
- TPM과 호환되거나 컴퓨터 시작 중 USB 장치를 지원하는 BIOS(PC를 켤 때 운영 체제를 시작하는 기본 제공 소프트웨어)가 있어야 합니다. 그렇지 않은 경우 BitLocker를 사용하기 전에 BIOS를 업데이트해야 합니다.

BitLocker 드라이브 암호화를 사용하여 전체 드라이브의 파일을 보호할 수 있으며, BitLocker에서는 해커가 시스템 파일에 액세스하여 암호를 검색하거나 드라이브에 액세스하여 컴퓨터에서 물리적으로 제거하고 다른 컴퓨터에 설치하려는 시도를 차단할 수 있습니다.

STEP 02 • 이동식 저장 장치 암호화하기(Bitlocker to Go)

BitLocker to Go는 시스템이 설치되어 있는 하드디스크를 제외한 모든 외장형 저장 장치에 대하여 암호화할 수 있습니다. 이동식 저장 장치 중에 대표적인 USB 메모리를 사용하여 인증서 등의 개인 중요 정보를 별도로 보관하는 경우에 유용한 보안 기능이라고 할 수 있습니다.

01. 장치 및 드라이브에서 암호화를 할 드라이브를 선택하고 마우스 오른쪽 버튼을 클릭한 후 [BitLocker 켜기]를 클릭합니다.

02. '이 드라이브의 잠금을 해제할 방법 선택' 화면에서 [암호를 사용하여 드라이브 잠금 해제]를 선택하고, [암호 입력], [암호 다시 입력]을 한 후 [다음]을 클릭합니다.

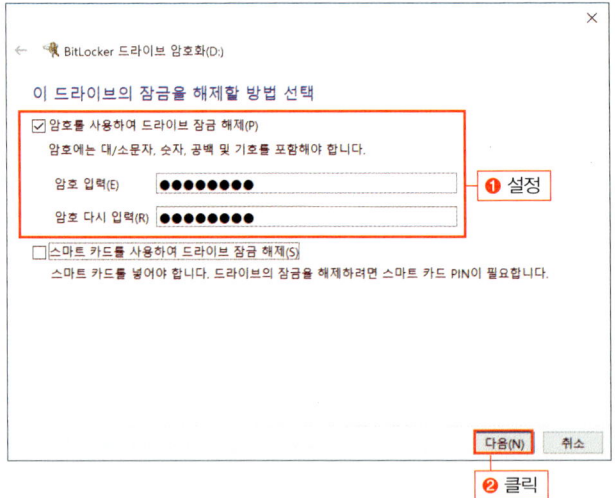

03. '복구 키를 백업할 방법 선택'하는 단계에서 [Microsoft 계정에 저장], [파일에 저장] 또는 [복구 키 인쇄]에서 선택하여 진행해야 다음 단계로 진행됩니다. 여기서는 [파일에 저장]으로 진행합니다.

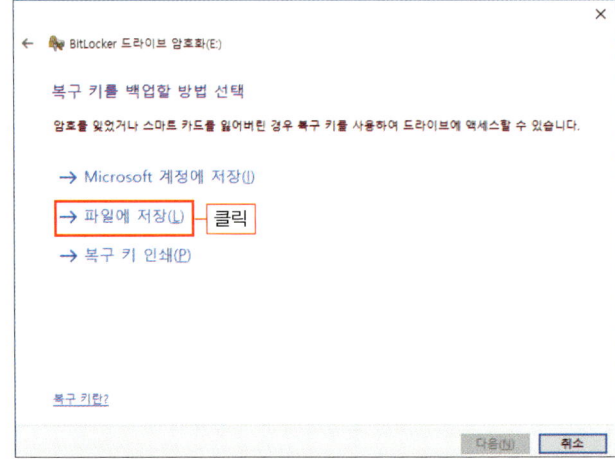

04. 파일 탐색기가 나타나면 BitLocker 암호를 저장할 [파일 이름]과 [위치]를 선택한 후 [저장]을 클릭 합니다.

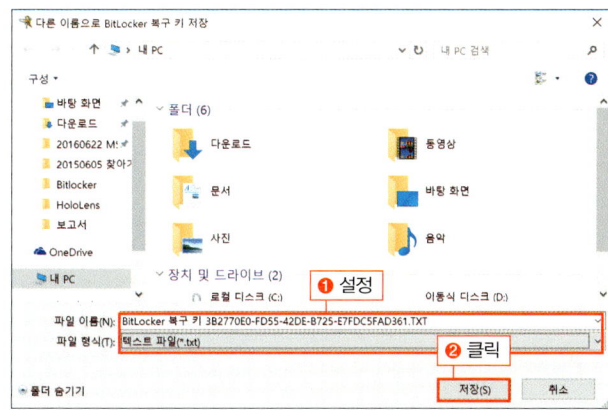

TIP : BitLocker를 설정하는 드라이브 위치에는 BitLocker 암호 저장이 불가합니다.

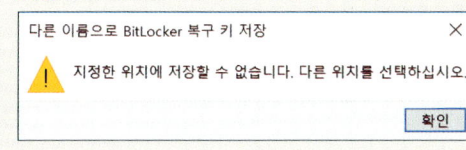

05. BitLocker 암호 백업이 완료되면 [다음]을 클릭합니다.

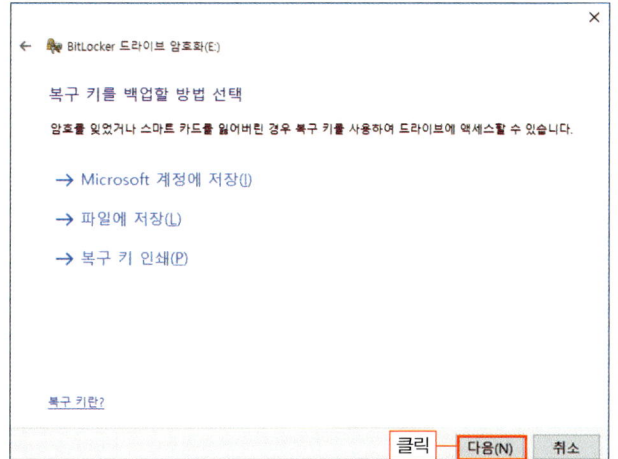

06. '암호화할 드라이브 공간 선택' 화면에서 [사용 중인 디스크 공간만 암호화]를 선택한 후 [다음]을 클릭합니다.

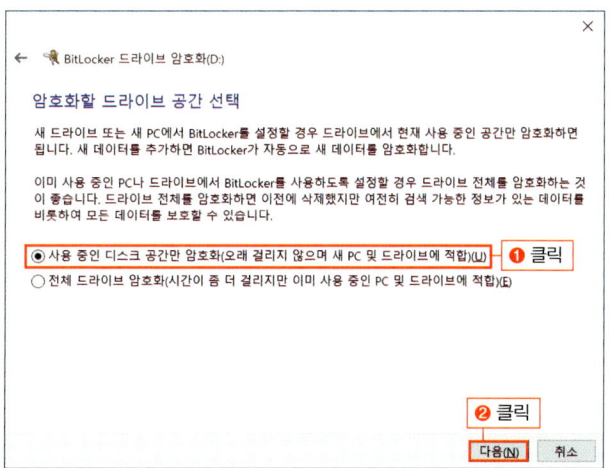

07. '이 드라이브를 암호화할 준비가 되었습니다.' 화면에서 [암호화 시작]을 클릭합니다.

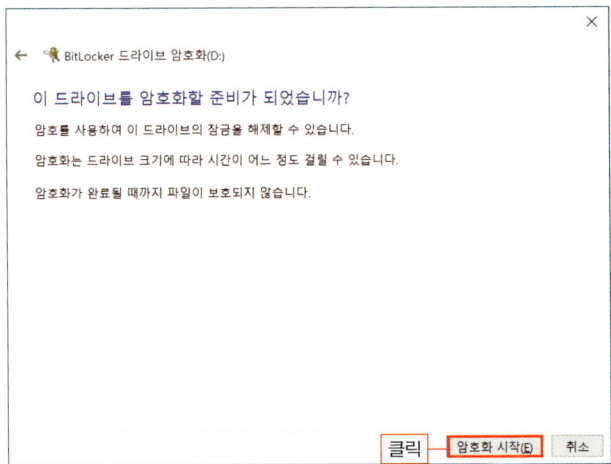

08. 선택한 이동식 저장 장치의 암호화 작업이 진행됩니다.

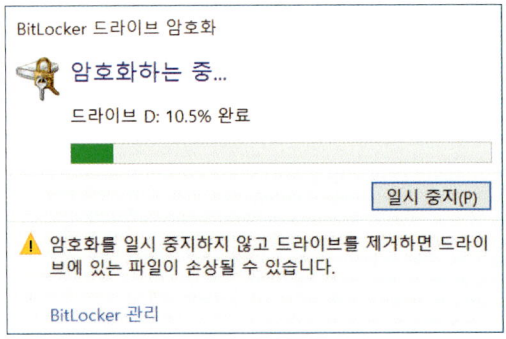

09. BitLocker 드라이브 암호화가 완료된 메시지를 확인한 후 [닫기]를 클릭합니다.

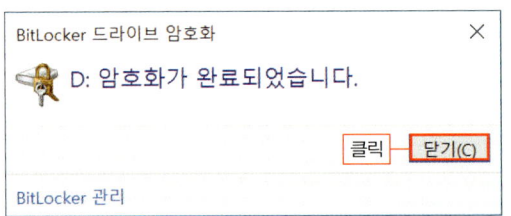

10. 파일 탐색기에서 BitLocker 암호화가 완료된 드라이브에 자물쇠 아이콘이 생성된 것을 확인할 수 있습니다.

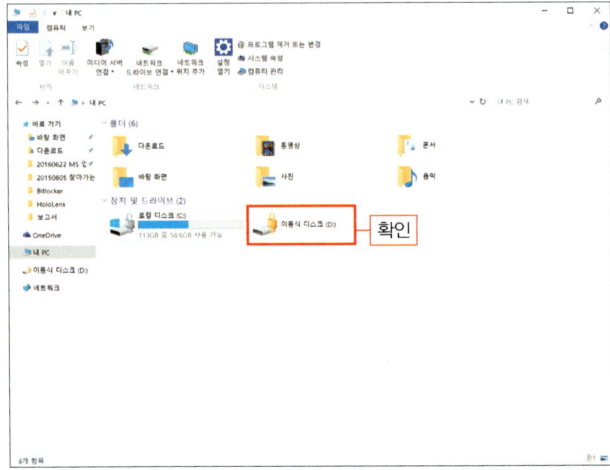

11. 암호화가 된 장치를 연결하거나 파일 탐색기에서 더블클릭하여 액세스하려는 경우는 다음과 같이 화면에서 암호 입력 메시지 창이 나타나면, 암호를 입력한 후 [잠금 해제]를 클릭합니다.

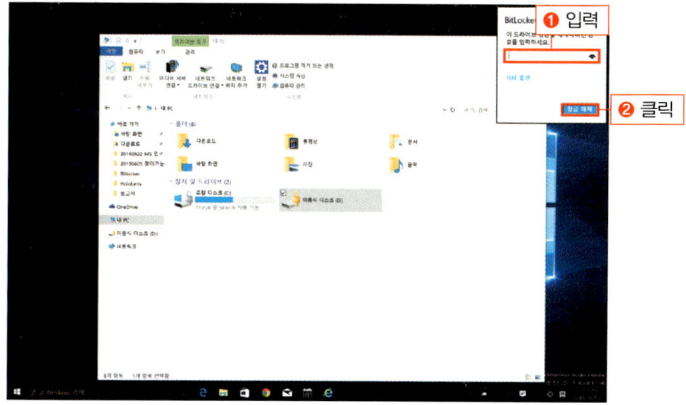

12. 파일 탐색기에서 다음과 같이 자물쇠 아이콘이 풀린 것을 확인할 수 있으면, 액세스가 가능합니다.

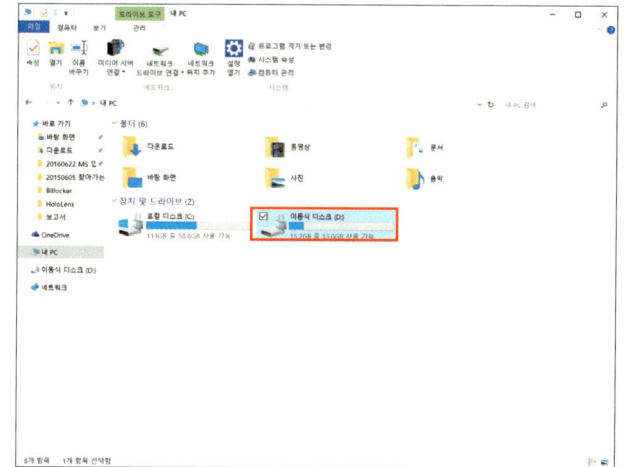

TIP : BitLocker 암호화를 사용할 수 있는 윈도우 10 에디션

윈도우 10전에는 윈도우 엔터프라이즈 에디션에만 가능했던 기능이였지만, 윈도우 10 에디션 중에서는 BitLocker 암호화를 사용할 수 있는 에디션이 다음과 같습니다. 단, BitLocker를 사용하기 위해서는 TPM 1.2 이상의 모듈이 탑재되어 있어야 합니다. 윈도우 10 홈 에디션에서는 BitLocker 암호는 불가하지만, BitLocker 암호화된 장치를 연결하여 사용할 수는 있습니다.

윈도우 10 홈	윈도우 10 프로	윈도우 10 엔터프라이즈	윈도우 10 에듀케이션
X	O	O	O

STEP 03 • 암호화 변경하기

BitLocker to Go를 사용하여 암호화한 저장 장치에 액세스하기 위하여 입력하는 암호를 변경하는 방법을 알아봅니다.

01. 파일 탐색기에서 BitLocker 암호화를 해제할 장치를 선택한 후 마우스 오른쪽 버튼을 클릭하고 [BitLocker 암호 변경]을 선택합니다.

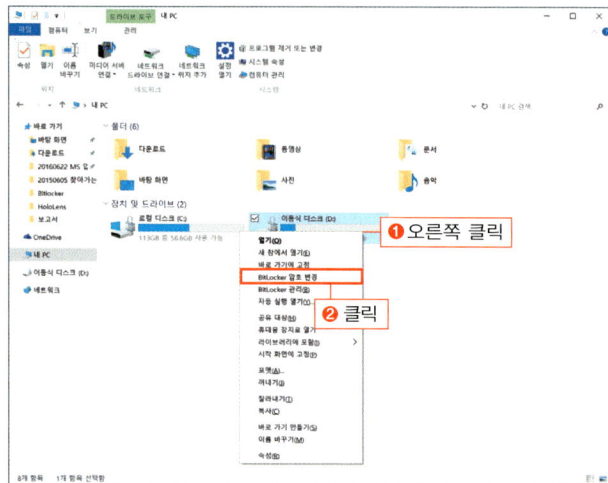

02. '암호 변경' 화면에서 [이전 암호], [새 암호] 및 [새 암호 확인]을 입력한 후 [암호 변경]을 클릭합니다.

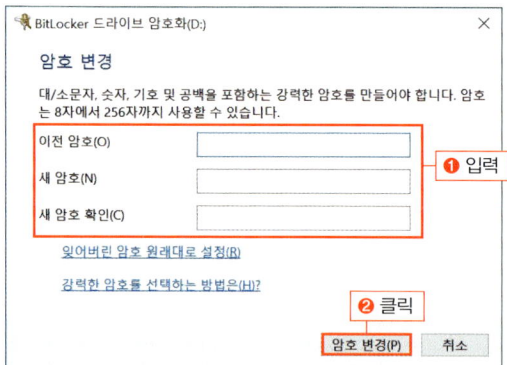

03. '암호를 변경했습니다.' 메시지를 확인한 후 [닫기]를 클릭하여 암호 변경을 완료합니다.

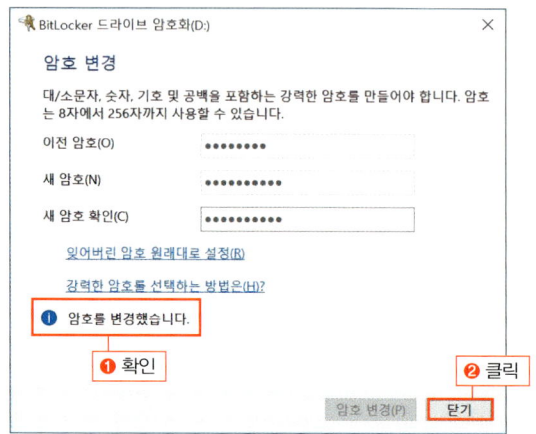

STEP 04 • 암호화 해제하기

BitLocker 또는, BitLocker to Go를 사용하여 암호화한 저장 장치를 해제하는 방법에 대하여 알아봅니다. 암호를 해제하는 경우는 암호화 시 백업한 복구 키가 필요할 수 있습니다.

01. 파일 탐색기에서 BitLocker 암호화를 해제할 장치를 선택한 후 마우스 오른쪽 버튼을 클릭하고 [BitLocker 관리]를 선택합니다.

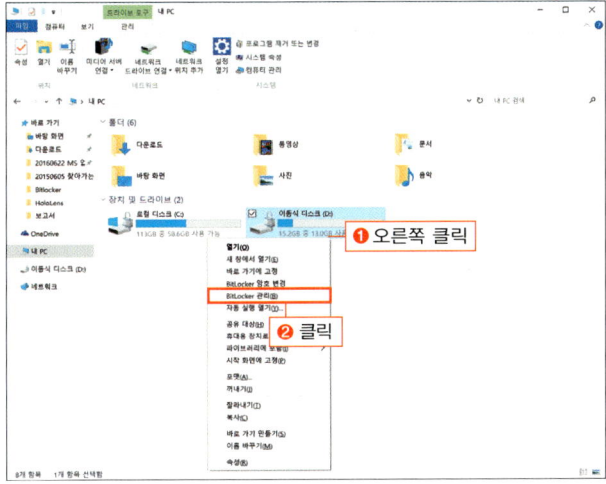

02. 'BitLocker 드라이브 암호화' 화면에서 [BitLocker 끄기]를 클릭합니다.

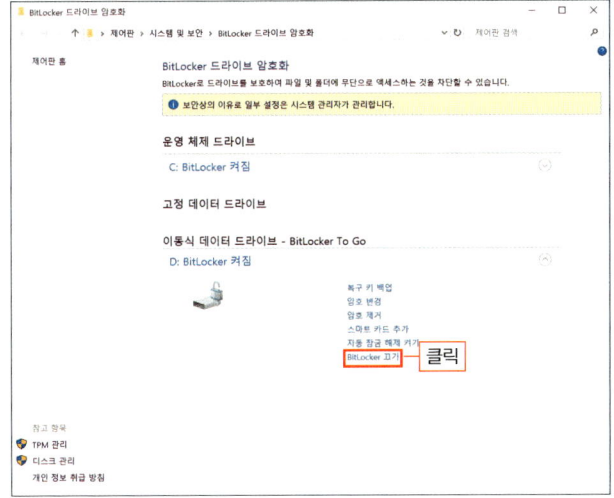

03. 'BitLocker 끄기' 화면에서 [BitLocker 끄기]를 클릭합니다.

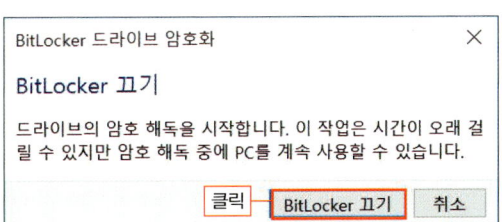

267

04. BitLocker to Go 암호 해제 작업이 진행됩니다.

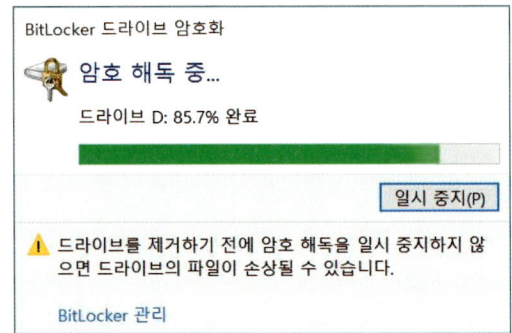

05. BitLocker to Go 암호 해독이 완료되었다는 메시지를 확인한 후 [닫기]를 클릭합니다.

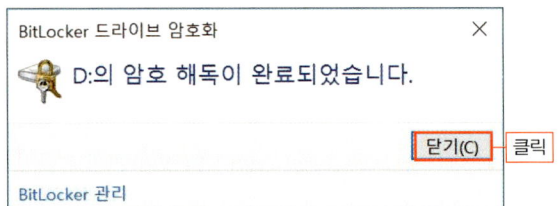

06. 파일 탐색기에서 BitLocker to Go 암호가 해제된 드라이브에 자물쇠 아이콘이 사라진 것을 확인할 수 있습니다.

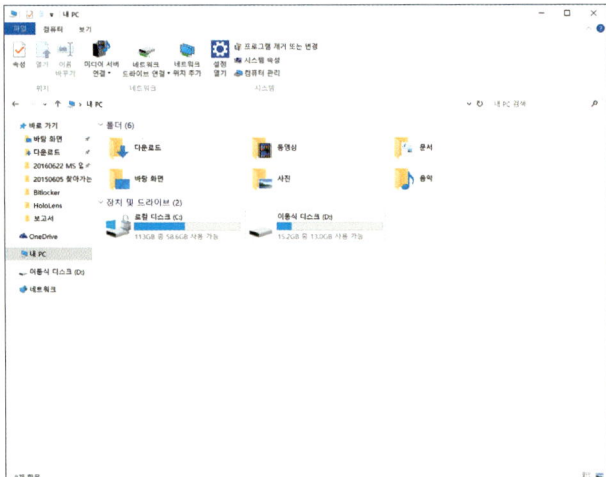

LESSON 03

Windows 방화벽을 통한 컴퓨터 보안 설정하기

레벨 ●●●

윈도우 10에서 기본적으로 제공하는 클라이언트 방화벽의 설정 및 보안 기능에 대하여 알아봅니다. Windows 방화벽을 사용하면, 네트워크를 통하여 사용자를 제한하거나, 접속을 못하게 할 수 있습니다.

STEP 01 • Windows 방화벽 상태 및 알림 설정하기

Windows 방화벽의 상태를 확인하고, 알림을 설정하여 컴퓨터의 보안 상태를 확인할 수 있습니다.

01. [시작] 단추를 클릭한 후 [설정] 또는, ⊞+I 를 눌러 '설정' 화면을 불러옵니다.

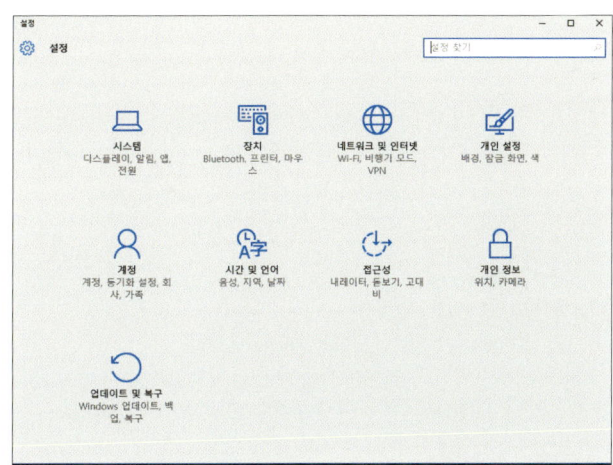

02. '설정' 화면의 [검색 상자]에 '방화벽'을 입력하면 나타나는 결과 화면에서 [Windows 방화벽]을 클릭합니다.

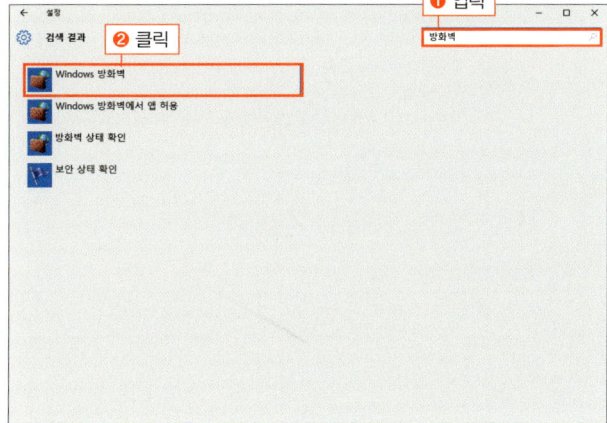

269

03. 'Windows 방화벽' 화면에서 [알림 설정 변경]을 클릭합니다.

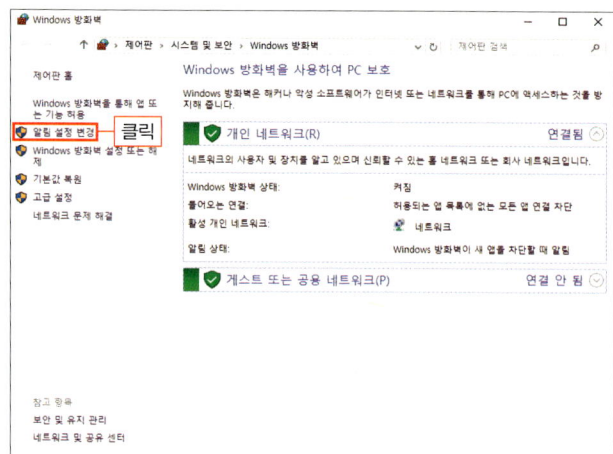

04. '각 네트워크 유형 설정의 사용자 지정' 화면에서 네트워크 환경에 따라 방화벽 사용 여부를 설정한 후 [확인]을 클릭하여 Windows 방화벽 설정을 완료합니다.

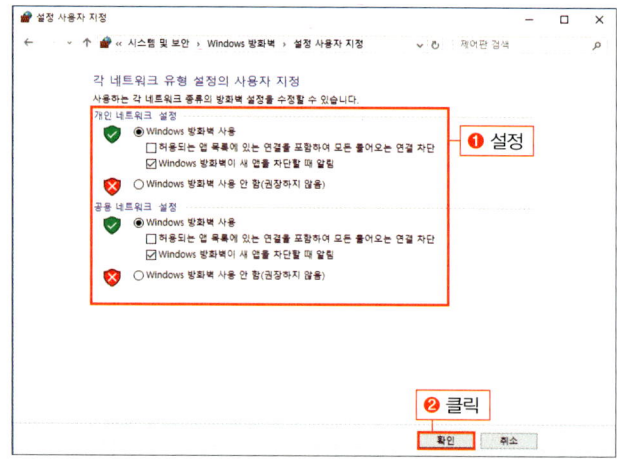

TIP : Windows 방화벽이 새 앱을 차단할 때 알림

Windows 방화벽이 새 앱을 차단할 때 알림으로 설정하면, 윈도우에 새로운 앱을 설치하고 실행 시 방화벽 예외 처리가 필요한 경우는 다음과 같은 알림 창이 나타나면서 Windows 방화벽의 예외 처리를 쉽게 설정할 수 있습니다.

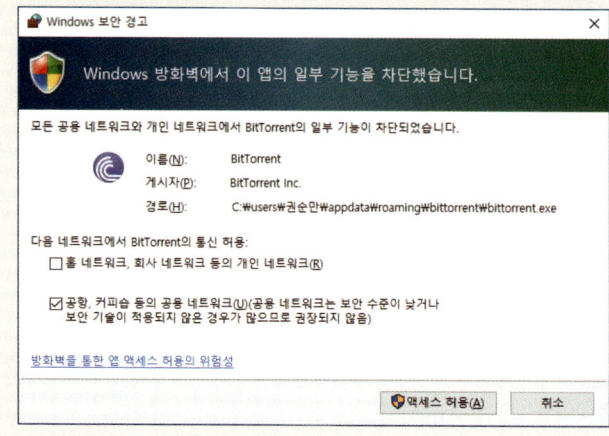

STEP 02 • Windows 방화벽 추가 및 예외 설정하기

Windows 방화벽에 실행 파일, 포트 및 프로토콜 등을 추가 설정하거나 예외 처리하는 방법에 대하여 알아봅니다.

01. 'Windows 방화벽' 화면에서 [Windows 방화벽을 통해 앱 또는 기능 허용]을 클릭합니다.

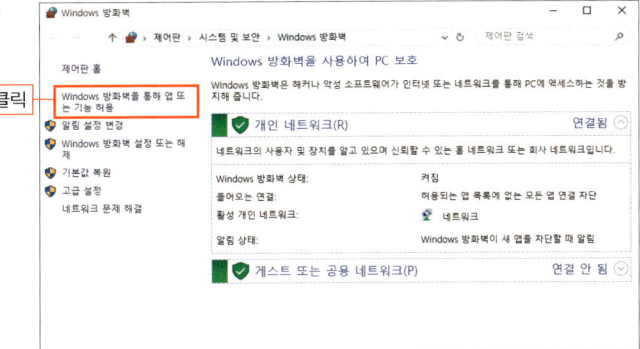

02. '앱이 Windows 방화벽을 통해 통신하도록 허용' 화면에서 허용되는 앱 및 기능이 나열됩니다. 추가적으로 다른 앱을 추가하기 위하여 [다른 앱 허용]을 클릭합니다.

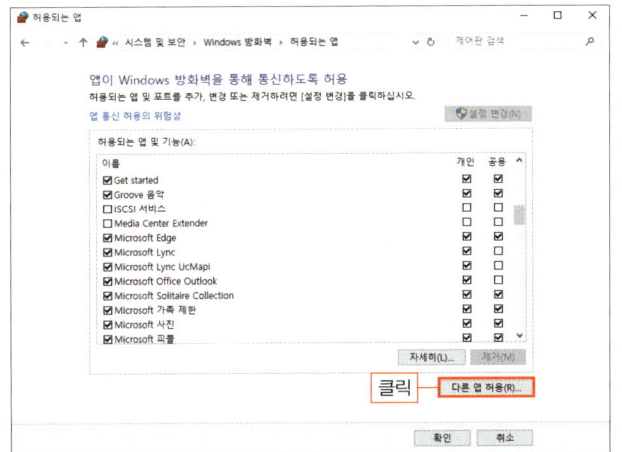

03. [찾아보기]를 사용하여 추가할 앱을 선택하면 나열된 앱을 확인한 후 [추가]를 클릭합니다.

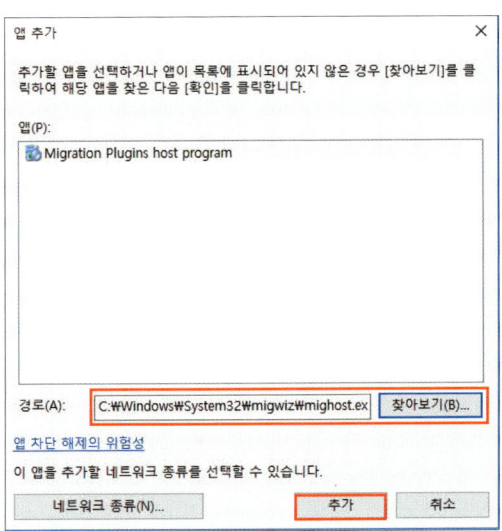

04. 허용되는 앱 및 기능 항목에 선택한 앱이 추가되며, 허용/차단을 설정할 수 있습니다.

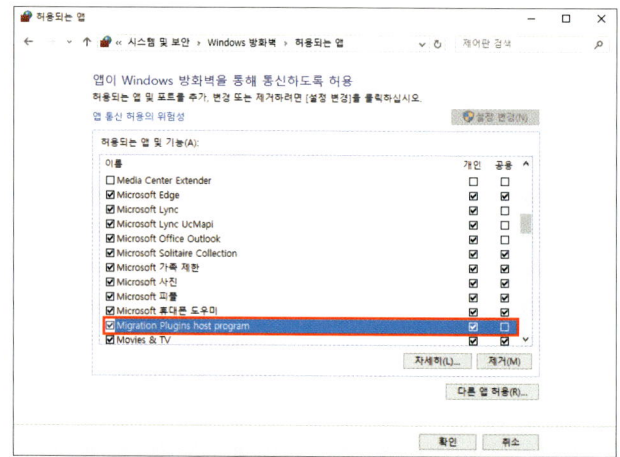

TIP : 고급 보안이 포함된 Windows 방화벽

고급 보안이 포함된 Windows 방화벽을 사용하면 네트워크의 컴퓨터를 손쉽게 보호할 수 있습니다. 고급 보안이 포함된 Windows 방화벽에는 컴퓨터와 네트워크간에 전달될 수 있는 네트워크 트래픽을 결정할 수 있게 해 주는 상태 저장 방화벽이 포함되어 있으며, 네트워크에서 트래픽이 이동할 때 IPsec(인터넷 프로토콜 보안)를 사용하여 이를 보호하는 연결 보안 규칙도 포함되어 있습니다.

고급 보안이 포함된 Windows 방화벽은 엔터프라이즈 환경에서 네트워크 트래픽의 보안을 유지해야 하는 네트워크 관리자를 위한 기능이라고 할 수 있습니다.

Windows 방화벽에서 연결 허용, IPSec(인터넷 프로토콜 보안)를 사용하여 보안된 경우에만 연결 허용 및 연결 차단에 대한 조건 등을 만들어 네트워크 연결 방화벽 규칙을 생성할 수 있습니다.

또한, 인바운드 트래픽이나 아웃바운드 트래픽에 대한 규칙을 만들어 컴퓨터나 사용자, 프로그램, 서비스 또는, 포트와 프로토콜을 지정하도록 규칙을 구성할 수 있으며, 네트워크 어댑터의 종류인 LAN, 무선, VPN에 따라 방화벽 규칙을 설정할 수도 있습니다.

고급 보안이 포함된 Windows 방화벽을 실행하는 방법은 검색 창에 '고급 보안'을 입력하면 검색되는 결과에서 [고급 보안이 포함된 Windows 방화벽]을 클릭합니다.

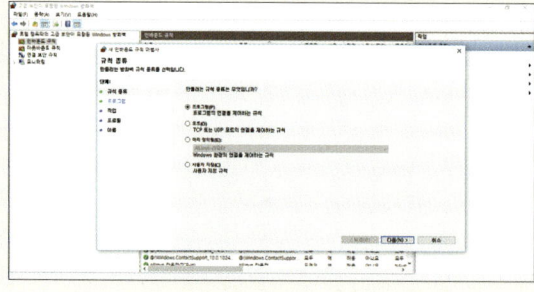

LESSON 04 최신의 보안 상태 유지하기

레벨 ●●●

윈도우 보안을 최신의 상태로 유지하기 위하여 마이크로소프트에서 제공하는 윈도우 보안 업데이트를 설치하고, 관리하는 방법에 대하여 알아봅니다. 추가적으로 윈도우 10에서 기본적으로 제공하는 맬웨어를 방지하는 기능인 Windows Defender를 최신 상태로 유지함으로써 악성 소프트웨어부터 컴퓨터를 보호할 수 있습니다.

STEP 01 ● 최신 보안 업데이트 확인 및 다운로드 설정하기

마이크로소프트에서 제공하는 최신의 보안 업데이트를 확인하는 방법과 최신의 보안 업데이트 다운로드 시 사용자 환경에 따라 옵션을 설정하는 방법에 대하여 알아봅니다.

01. [시작] 단추를 클릭한 후 [설정] 또는, ⊞+Ⅰ를 누르면 나타나는 '설정' 화면에서 [업데이트 및 복구]를 클릭합니다.

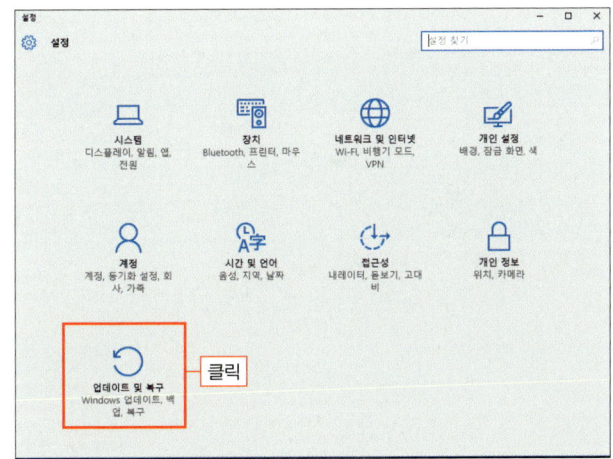

TIP : Windows as a Service

윈도우 10 출시와 함께 Windows as a Service 형태로 최신의 업데이트가 가능하게 되었습니다. 또한 일반 가정용 사용자와 기업 사용자간의 윈도우 업데이트 차별성을 두어 다음과 같이 윈도우 10 에디션에 따라 윈도우 업데이트를 관리할 수 있는 옵션도 변경되었습니다.

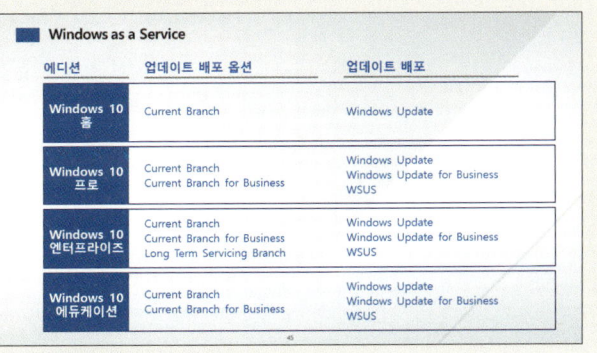

273

02. '업데이트 및 복구' 화면에서 [Windows 업데이트]를 클릭한 후 [업데이트 확인]을 클릭합니다.

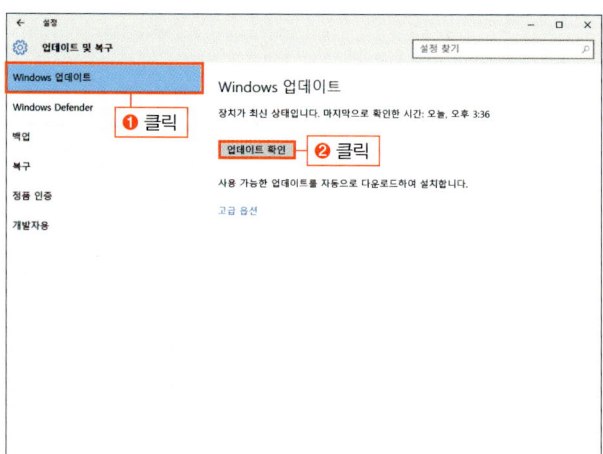

03. 최신의 Windows 업데이트를 검색합니다.

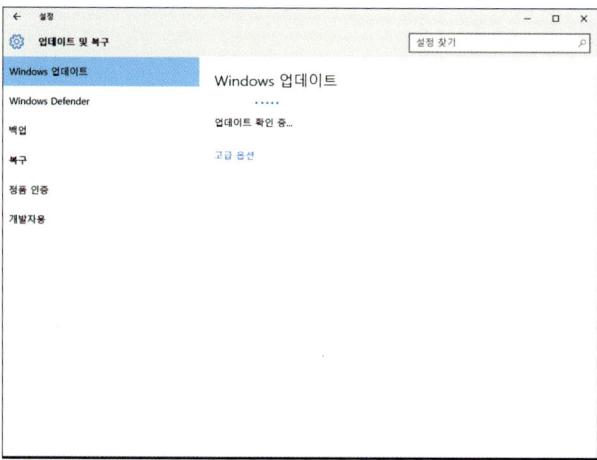

04. 최신의 Windows 업데이트가 나열되면 [지금 설치]를 클릭합니다.

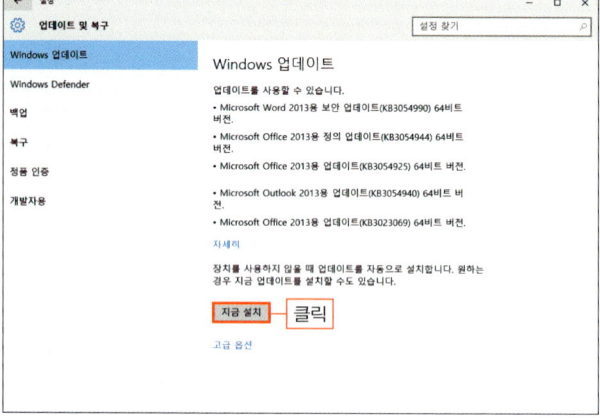

05. Windows 업데이트가 진행되는 진행 상태를 확인할 수 있습니다.

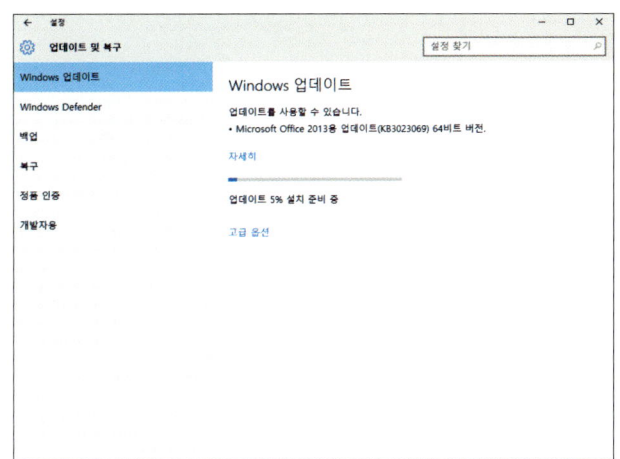

06. 05번 따라하기에서 [고급 옵션]을 클릭한 후 '업데이트 설치 방법 선택' 화면의 [업데이트 설치 방법]에서 '자동'으로 설정하고, [Windows 업데이트 시 다른 Microsoft 제품 업데이트 검색]을 체크하면, 컴퓨터에 설치되어 있는 Microsoft 제품에 대한 업데이트를 함께 확인하고, 설치할 수 있습니다.

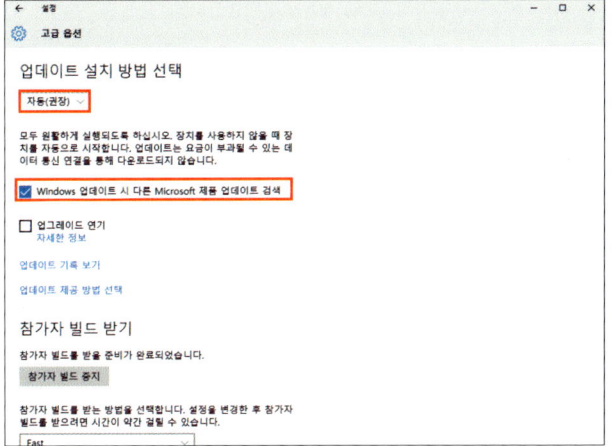

07. Windows 업데이트 설치가 완료되면 다음과 같이 다시 시작할 시간을 예약하거나 바로 [지금 다시 시작]을 클릭하여 업데이트를 적용할 수 있습니다.

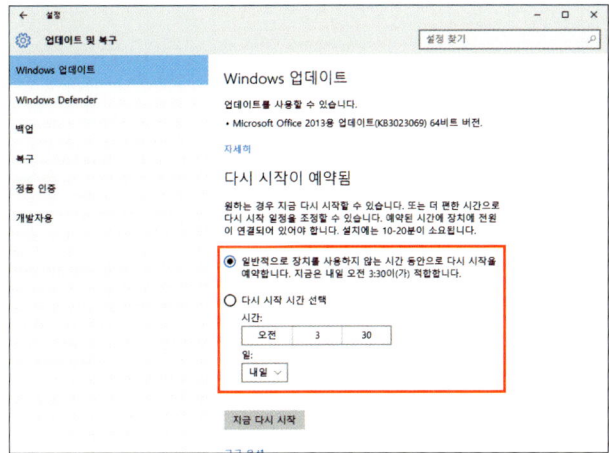

STEP 02 • 보안 업데이트 다운로드 설정하기

윈도우 10의 최신 보안 업데이트를 통하여 안전한 윈도우 환경에서 컴퓨터를 사용할 수 있습니다. 윈도우 보안 업데이트를 다운로드하기 위한 설정에 대하여 알아봅니다.

01. 'Windows 업데이트' 화면에서 [고급 옵션]을 클릭합니다.

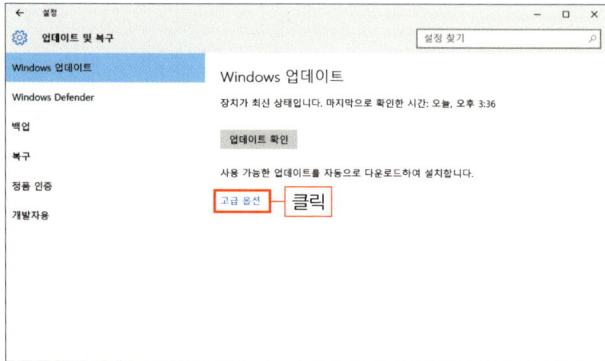

02. '업데이트 설치 방법 선택' 화면에서 [업데이트 제공 방법 선택]을 클릭합니다.

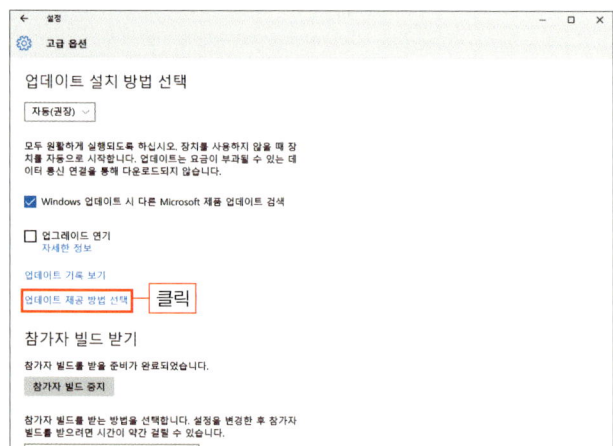

03. '두 개 이상의 위치에서 업데이트' 화면에서 Microsoft 업데이트를 다운로드 받기 위한 방법을 선택할 수 있습니다.

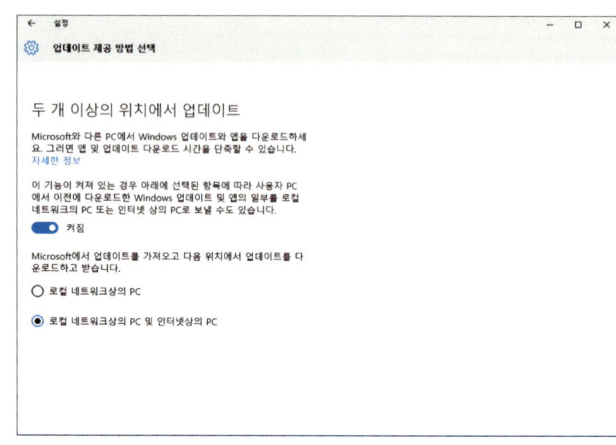

> **TIP : 윈도우 업데이트 P2P 방식 끄기**
>
> 윈도우 10에서는 새로운 윈도우 업데이트 방식을 제공합니다. 로컬 네트워크의 PC 옵션을 사용하면 업데이트를 모두 완료한 컴퓨터에서 로컬 네트워크의 다른 컴퓨터에 배포하는 방식으로 효율성이 뛰어나지만 인터넷에 연결된 불특정 다수에게도 공유하여 업데이트하기 때문에 보안 이슈가 생길 수 있습니다. 하지만, 관련 윈도우 업데이트 설정은 사용자 선택에 따라 변경할 수 있습니다. 업데이트 제공 방법에서 스위치를 [꺼짐]으로 설정하면 P2P 방식의 업데이트를 사용하지 않을 수 있습니다.

STEP 03 • 악성 소프트웨어로부터 컴퓨터 보호하기

윈도우 10에서 기본으로 제공하는 Windows Defender는 악성 소프트웨어로부터 컴퓨터를 보호하며, 마이크로소프트에서 제공하는 보안 업데이트를 통하여 최신의 상태로 유지할 수 있습니다.

01. [시작] 단추를 클릭한 후 [설정] 또는, ⊞+I 를 누르면 나타나는 '설정' 화면에서 [업데이트 및 복구]를 클릭합니다.

02. '업데이트 및 복구' 화면에서 [Windows Defender]를 클릭한 후 [실시간 보호], [클라우드 기반 보호], [샘플 전송]의 옵션을 설정하여 악성 소프트웨어부터 실시간 보호하고 피드백을 할 수 있습니다.

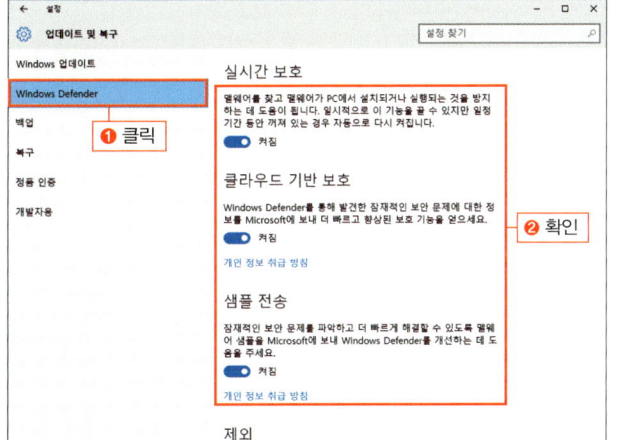

03. 추가적으로 Windows Defender에서 제외할 수 있는 폴더, 파일, 파일 형식을 설정할 수 있습니다. [제외]에서 [제외 사항 추가]를 클릭합니다

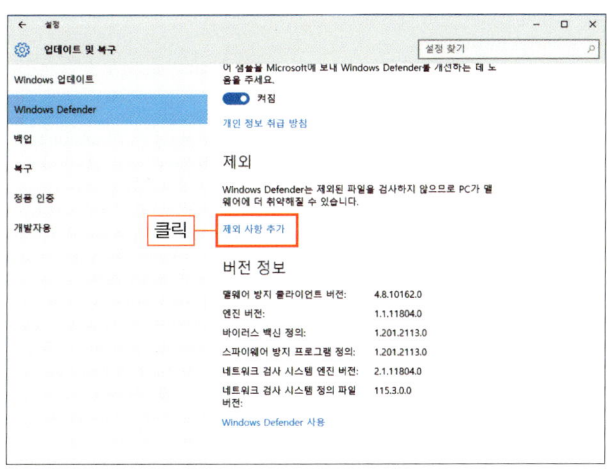

04. '제외 사항 추가' 화면에서 [파일 제외], [폴더 제외], [파일 확장명 제외]를 선택하여 제외 사항을 추가할 수 있습니다.

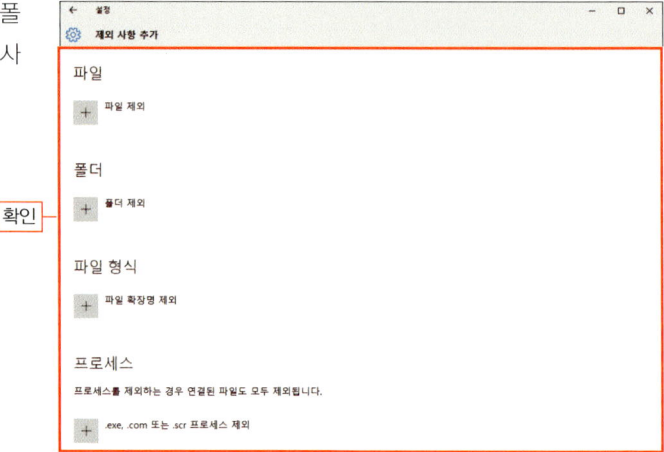

05. 폴더 및 파일 제외 시에는 파일 탐색기에서 선택한 후 [이 파일 제외]를 클릭합니다.

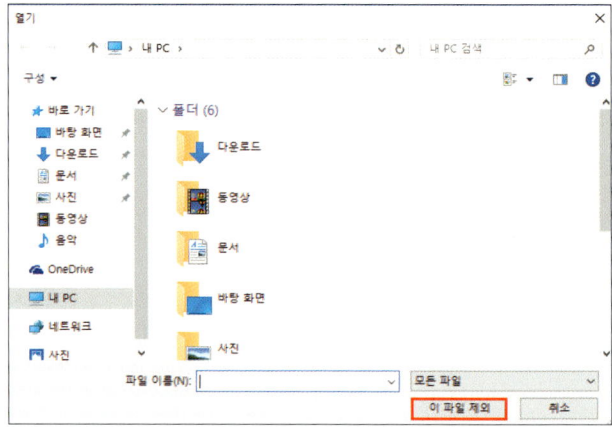

06. 제외할 파일 확장명을 입력한 후 [확인]을 클릭합니다.

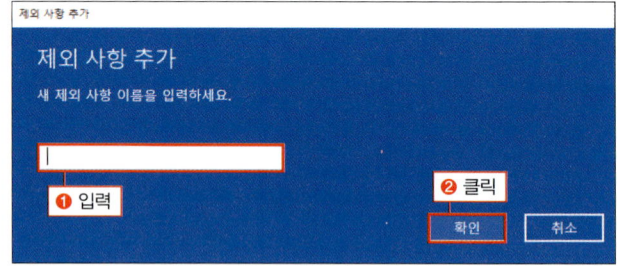

07. 제외할 항목이 추가되면 나열하여 설정을 완료합니다.

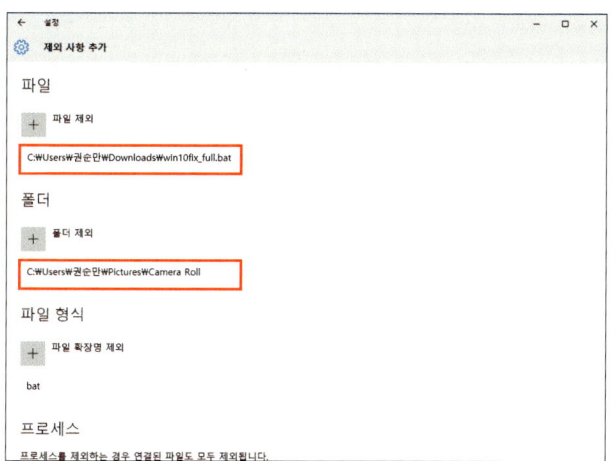

08. 제외 사항을 제거하는 경우는 나열된 항목을 선택하고 [제거]를 클릭하면 나타나는 화면에서 [확인]을 클릭하여 제외 대상을 제거할 수 있습니다.

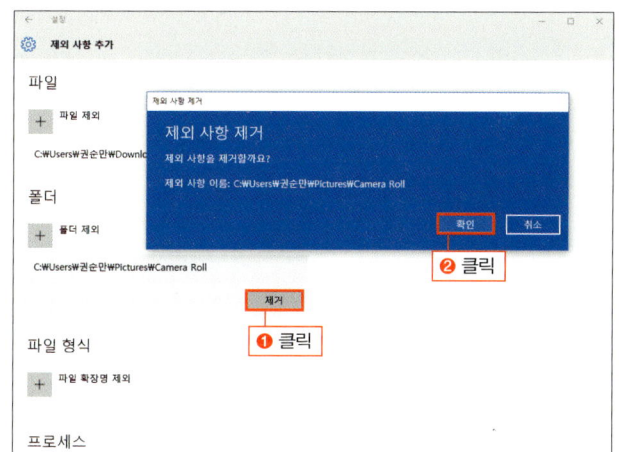

TIP : 맬웨어 확인하기

Windows Defender를 통하여 격리되었거나 허용된 악성 코드 및 맬웨어 등은 Windows Defender의 [기록] 탭에서 다음과 같이 확인할 수 있습니다. 격리되었거나 허용된 항목을 선택하면 경고 수준, 확인된 날짜 및 세부적인 내용을 확인할 수 있습니다. 또한 [제거]를 통하여 삭제하거나, 잘못 격리된 항목에 대하여 [복원]을 실행할 수 있습니다.

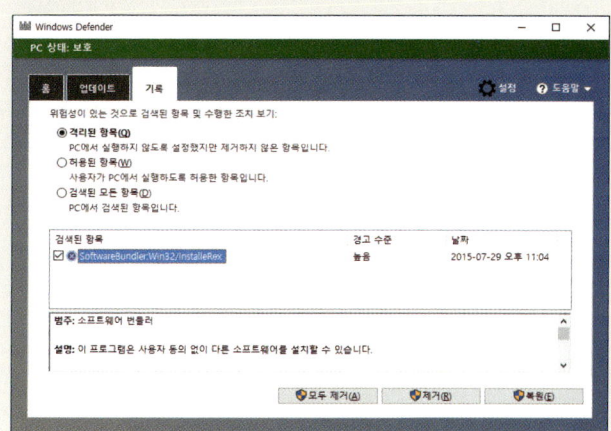

PART SUMMARY

- PART 06에서는 윈도우 10에서 제공하는 보안 기능을 사용하여 사용자 계정, 물리적인 저장 장치 및 네트워크 보안 방화벽에 대해 알아보았습니다. 또한, 안전한 윈도우 환경을 설정하는 방법에 대하여 알아보았습니다.

- 윈도우 10의 사용자는 관리자, 표준 사용자 및 게스트 계정으로 구분할 수 있으며, 권한을 분산시켜 보안을 강화할 수 있으며, 일반적인 로컬 사용자 계정 외 Microsoft 계정과 동기화함으로써 더욱 향상된 기능을 사용할 수 있게 되었습니다(Lesson 01 – Step 01~04).

- 가족 보호 모드를 사용하여 어린 자녀들을 유해한 컴퓨터 환경에서 보호할 수 있습니다(Lesson 01 – Step 06).

- 데이터를 암호화하여 컴퓨터의 콘텐츠 보안을 강화할 수 있는 기능을 윈도우 10에서 제공합니다. 하드디스크와 이동식 저장 장치를 암호화할 수 있는 기능인 BitLocker/BitLocker to Go를 사용하고 관리하는 방법에 대하여 알아보았습니다(Lesson 02 – Step 01~04).

- 인터넷 브라우저 또는, 네트워크 환경에서 유해한 맬웨어, 윈도우 보안의 취약점이나 공격으로부터 보호할 수 있는 Windows 방화벽, Windows Defender 및 윈도우 업데이트에 대하여 알아보았습니다. 특히 윈도우 10에서 변화되고 향상된 윈도우 업데이트 옵션은 마이크로소프트의 Windows as a Service 정책에 따라 윈도우 10 에디션별로 설정할 수 있는 옵션이 추가되었으며, 일반 가정 사용자와 기업 사용자는 옵션을 활용하여 보다 안전한 윈도우 환경에서 컴퓨터를 사용할 수 있게 되었습니다(Lesson 03 – Step 01~02, Lesson 04 – Step 01~03).

: 쉬어가는 페이지 :

▶ PART

07

홈 네트워크 환경 설정하기

WINDOWS · 10

사무실에서는 여러 사용자들이 협업을 위하여 공유 폴더에 자료를 공유합니다. 또한, 여러 대의 컴퓨터를 사용하는 가정에서 음악, 비디오 및 문서 등의 파일을 공유하는 경우 또는, 프린터와 같은 외부 장치를 공유하는 경우 등 윈도우 10의 네트워크 기능을 활용하기 위한 환경을 설정하는 방법에 대해 알아봅니다. 그리고, 스마트워크 환경으로 점점 변화되면서 가정 또는, 원격지에서도 작업이 필요한 경우에 네트워크를 설정하는 방법을 알아봅니다.

LESSON 01

윈도우 10 네트워크 환경 설정하기

레 벨 ● ● ● ○

컴퓨터의 유/무선 네트워크 환경을 설정하고, 네트워크에서 공유하기 위한 옵션을 설정하는 방법에 대하여 알아봅니다. 추가로 무선 네트워크를 설정할 수 있는 옵션에 대하여 알아봅니다.

STEP 01 • 기본 네트워크 환경 확인하기

유/무선으로 연결된 네트워크는 Windows 방화벽과 연동되어 안전한 네트워크 환경을 제공받을 수 있습니다.

01. 작업 표시줄의 네트워크 아이콘에서 마우스 오른쪽 버튼을 클릭한 후 [네트워크 공유 센터 열기]를 클릭합니다.

02. '기본 네트워크 정보 보기 및 연결 설정' 화면에서 현재 연결되어 있는 네트워크 환경의 상태를 확인할 수 있습니다. [고급 공유 설정 변경]을 클릭합니다.

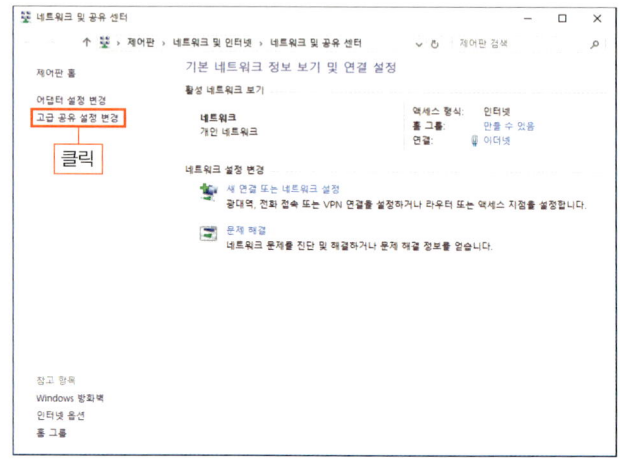

03. '다른 네트워크 프로필에 대한 공유 옵션 변경' 화면에서 각 영역별로 나열된 네트워크 프로필에 따라 공유 설정을 확인할 수 있고, 설정하여 환경에 따라 공유의 보안을 설정한 후 [변경 내용 저장]을 클릭하여 완료합니다.

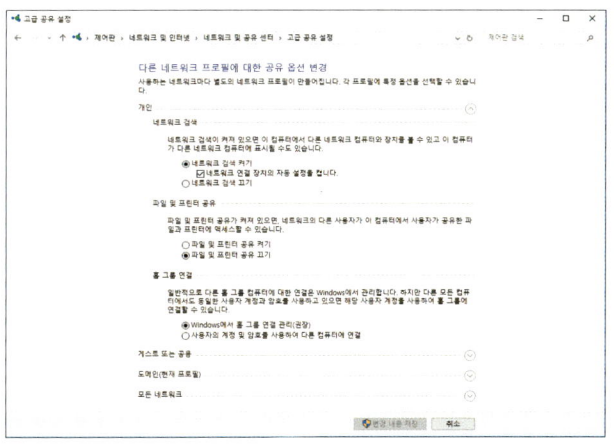

- 개인 : 인터넷으로부터 특정 수준의 보호를 받으며(예: 라우터 및 방화벽) 알려지거나 신뢰할 수 있는 컴퓨터를 포함하는 네트워크에 컴퓨터가 연결됩니다. 대부분의 홈 네트워크가 이 범주에 속합니다. 홈 네트워크 위치를 사용하는 네트워크에서는 홈 그룹을 사용할 수 있습니다.
- 게스트 또는 공유 : 가정이나 회사 네트워크가 아닌 알려지지 않은 네트워크를 연결할 때 선택합니다. 공용 네트워크 유형의 예로는 공항, 도서관 및 커피숍에 있는 네트워크와 같은 공용 인터넷 액세스 네트워크입니다.
- 도메인 : 기업 환경의 도메인 환경에서 컴퓨터가 관리되는 경우에 설정되는 네트워크 연결 상태입니다. 도메인 네트워크의 예로는 작업 공간의 네트워크가 있습니다. 이 네트워크 위치는 옵션으로 사용할 수 없으며 도메인 관리자가 설정해야 합니다.
- 모든 네트워크 : 개인, 게스트 또는 공용, 도메인 환경 모두 공통적으로 적용되는 네트워크 환경입니다.

TIP : 홈 또는, 소규모 네트워크와 같이 알려지고 신뢰할 수 있는 네트워크인 경우에만 네트워크 위치를 홈 또는, 회사로 변경해야 합니다. 공공장소의 네트워크를 홈 또는, 회사로 변경하면 네트워크에 있는 다른 사람이 사용자 컴퓨터를 볼 수 있으므로 보안상 위험할 수 있습니다.

STEP 02 • 무선 네트워크 접속하기

무선 네트워크 장치가 오픈되어 있는 무선 네트워크를 연결하는 방법과 숨겨져 있는 무선 네트워크를 연결하는 방법에 대하여 알아봅니다.

01. 작업 표시줄의 네트워크 아이콘을 클릭하면 주변의 무선 네트워크 목록이 나열됩니다.

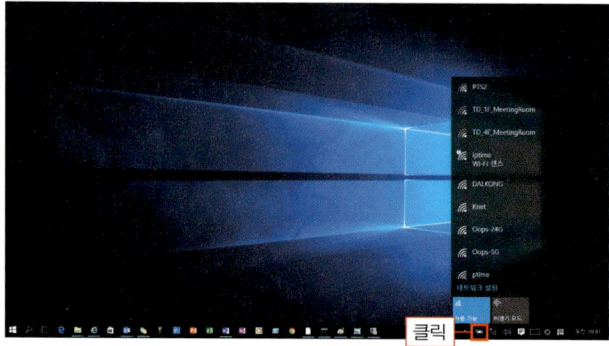

02. 접속할 무선 네트워크를 선택하면 나타나는 화면에서 [자동으로 연결]을 선택한 후 [연결]을 클릭합니다. [자동으로 연결]을 선택하면 기존에 접속되었던 정보를 가지고 있어 무선 네트워크에 자동으로 접속이 가능하게 됩니다.

03. [네트워크 보안 키 입력]이라는 암호 입력 상자에 네트워크 접속 암호를 입력한 후 [다음]을 클릭하면, 무선 네트워크에 연결이 완료됩니다.

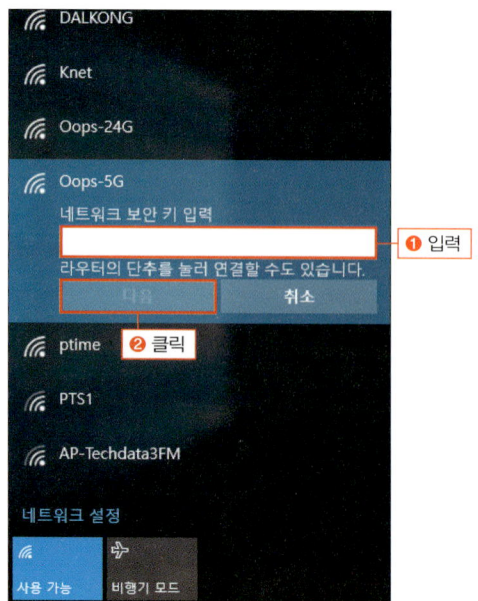

04. 만약에 숨겨놓은 무선 네트워크를 연결해야 하는 경우 [네트워크 공유 센터 열기]를 선택하면 나타나는 '기본 네트워크 정보 보기 및 연결 설정' 화면에서 [새 연결 또는 네트워크 설정]을 클릭합니다.

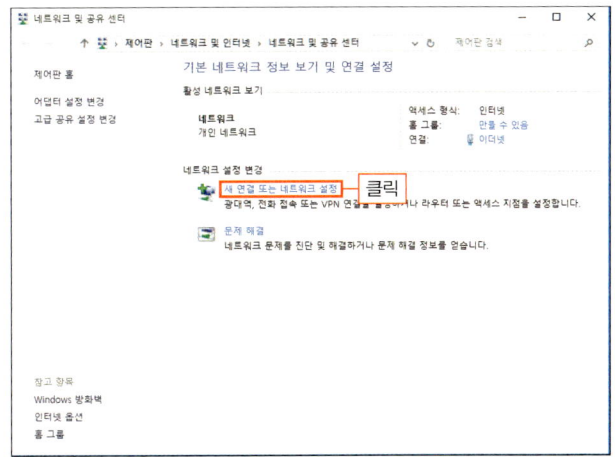

05. '연결 옵션 선택' 화면에서 [무선 네트워크에 수동으로 연결]을 선택한 후 [다음]을 클릭합니다.

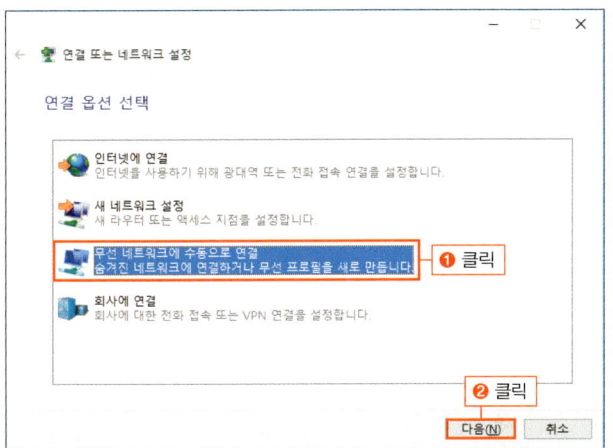

06. '추가할 무선 네트워크에 대한 정보를 입력하십시오' 화면에서 [네트워크 이름], [보안 종류], [암호화 유형], [보안 키]를 입력한 후 [다음]을 클릭합니다.

07. 무선 네트워크가 추가 완료된 메시지를 확인한 후 [닫기]를 클릭하여 숨겨져 있는 무선 네트워크 연결을 완료합니다.

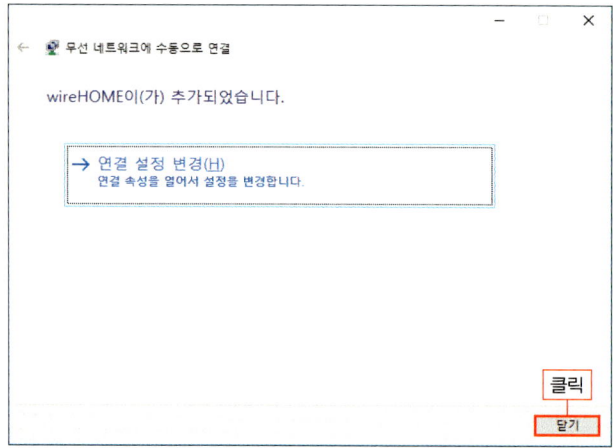

TIP : 연결된 무선 네트워크의 접속 암호 알아내기

'무선 네트워크 공유 센터' 화면 왼쪽에 위치한 [어댑터 설정 변경]을 클릭합니다. 네트워크 어댑터에서 무선 네트워크 어댑터를 더블클릭하면 나타나는 'Wi-Fi 상태' 화면에서 [무선 속성]을 클릭합니다.

선택한 '무선 네트워크 속성' 화면에서 [보안] 탭으로 이동하면, 나타나는 메뉴에서 [문자 표시]를 클릭하면 [네트워크 보안 키]에 무선 연결한 네트워크의 보안 접속 키를 확인할 수 있습니다.

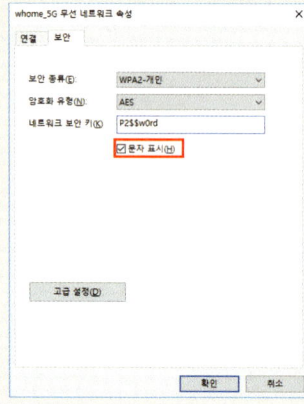

STEP 03 • 비행기 모드 설정하기

비행기 모드를 사용하면, 무선 네트워크를 사용하여 접속하거나 장치간의 연결 활동을 제한하여 배터리 사용을 절약할 수 있습니다.

01. 작업 표시줄의 네트워크 아이콘을 클릭한 후 [비행기 모드]를 선택합니다.

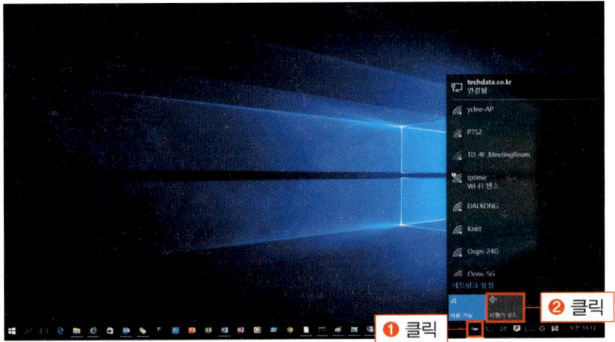

02. 비행기 모드가 설정되면, 다음과 같이 무선 네트워크가 모두 사라진 것을 확인할 수 있습니다. 또한 작업 표시줄에 📶이 나타나는 것을 확인할 수 있습니다.

TIP : 비행기 모드

스마트폰이나 장치에 배터리 또는, 무선 통신 관련 기능을 중지할 때 한 번의 설정으로 쉽게 설정할 수 있는 기능이 비행기 모드입니다. 이름에서 알 수 있듯이 이 모드는 비행기에 탑승했을 때 특히 유용합니다. 무선 통신에는 Wi-Fi, 모바일 광대역, Bluetooth, GPS 또는, GNSS, NFC(근거리 통신) 및 기타 모든 유형의 무선 통신이 포함됩니다. 윈도우 10뿐만 아니라 다른 운영 체제에도 비행기 모드를 확인할 수 있습니다. 비행기 모드가 켜져 있으면 바탕 화면의 알림 영역에 비행기 모양의 아이콘(✈)이 표시됩니다.

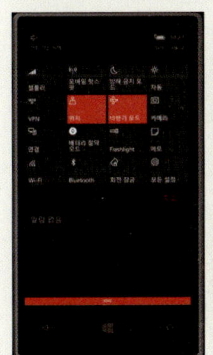  

윈도우 폰   아이폰   안드로이드 폰

LESSON 02

홈 그룹을 사용하여 파일 및 장치 공유하기

레벨 ● ● ●

홈 그룹을 사용하면, 가정에서 네트워크를 통해 여러 대의 컴퓨터나 네트워크 장비들을 손쉽게 공유하고, 제어할 수 있습니다. 홈 그룹을 사용하면 장치간의 데이터 전송 등이 용이합니다. 홈 그룹을 생성하고, 연결하고 관리하는 방법에 대하여 알아봅니다.

STEP 01 ● 홈 그룹 생성하기

홈 그룹을 생성하는 방법에 대하여 알아봅니다.

01. 검색 창에 '홈 그룹'을 입력하면 나타나는 검색 결과에서 [홈 그룹]을 클릭합니다.

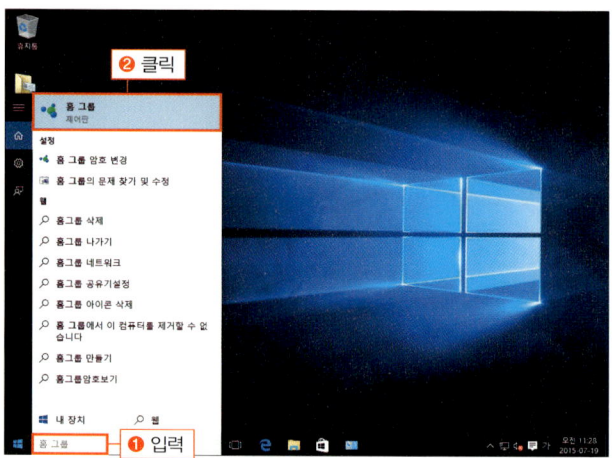

02. '다른 홈 컴퓨터와 공유' 화면에서 [홈 그룹 만들기]를 클릭합니다.

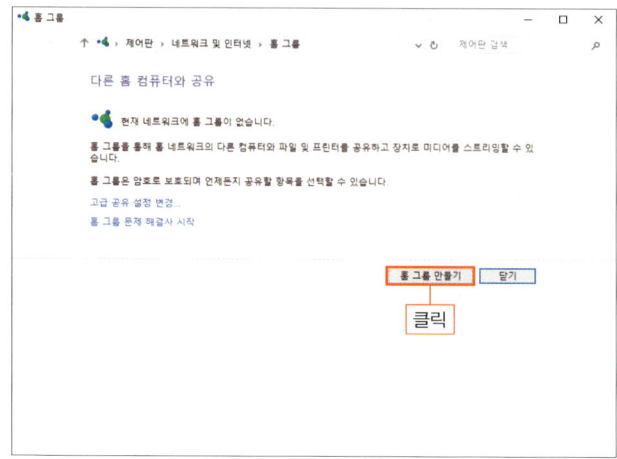

03. 홈 그룹 만들기 마법사가 실행되면 [다음]을 클릭합니다.

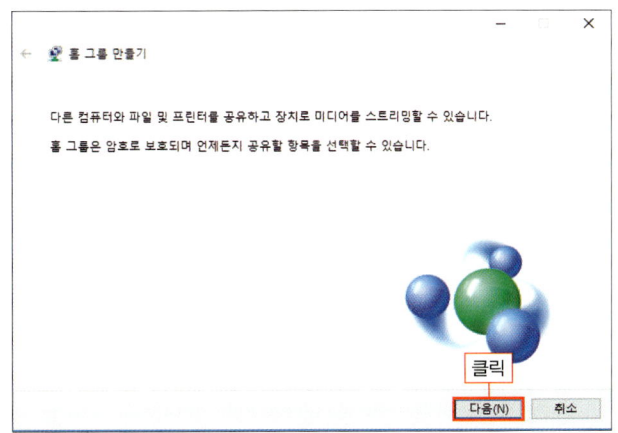

04. '다음 항목을 홈 그룹 구성원과 공유합니다.' 화면에서 공유하려는 라이브러리 또는, 폴더가 나열되고, 공유하려는 [권한]을 '공유됨/공유 안 됨'으로 설정한 후 [다음]을 클릭합니다.

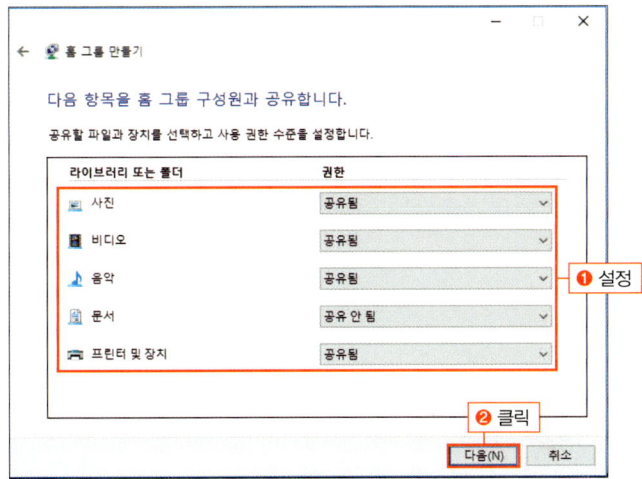

05. 홈 그룹이 생성되면서 연결할 수 있는 암호가 표시됩니다. 이 암호를 사용하여 생성된 홈 그룹으로 접속이 가능하게 됩니다. [마침]을 클릭하여 홈 그룹 생성을 완료합니다.

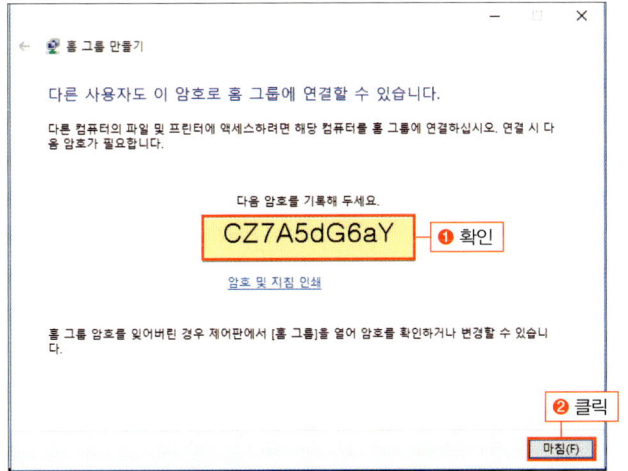

06. 생성된 홈 그룹의 상태 및 관리할 수 있는 메뉴가 나타납니다.

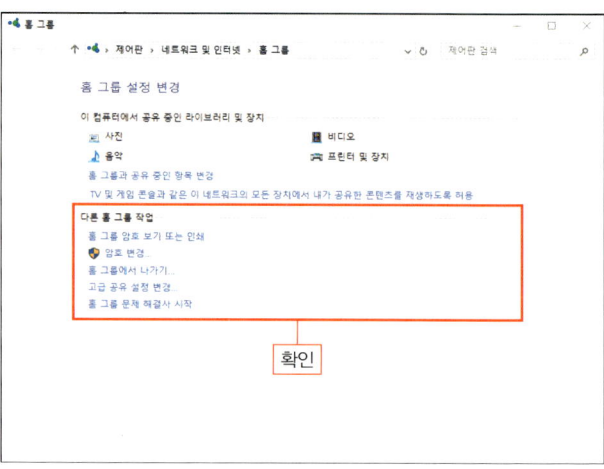

- 홈 그룹 암호 보기 또는 인쇄 : 홈 그룹에 설정되어 있는 암호를 확인하거나 프린터로 출력할 수 있습니다.
- 암호 변경 : 현재 설정되어 있는 암호를 수정하거나 잊어버린 경우에 암호를 변경할 수 있습니다.
- 홈 그룹에서 나가기 : 현재 연결되어 있는 홈 그룹을 끊을 때 실행합니다.
- 고급 공유 설정 변경 : 홈 그룹에 공유되어 있는 라이브러리 및 공유 관련 설정을 변경합니다.
- 홈 그룹 문제 해결사 시작 : 홈 그룹 접속 또는, 공유가 안 되는 등의 문제 발생 시 문제 해결 마법사를 통하여 해결할 수 있습니다.

TIP : 홈 그룹에 연결할 수 없는 경우

홈 그룹 생성하거나 이미 생성되어 있는 홈 그룹에 연결할 때 다음과 같이 홈 그룹에 연결할 수 없다는 메시지가 나타나는 경우는 현재 유선 또는, 무선 네트워크 환경의 위치가 [개인]으로 설정되어 있지 않기 때문입니다. 이러한 경우에는 [네트워크 위치 변경]을 클릭하여 변경할 수 있습니다.

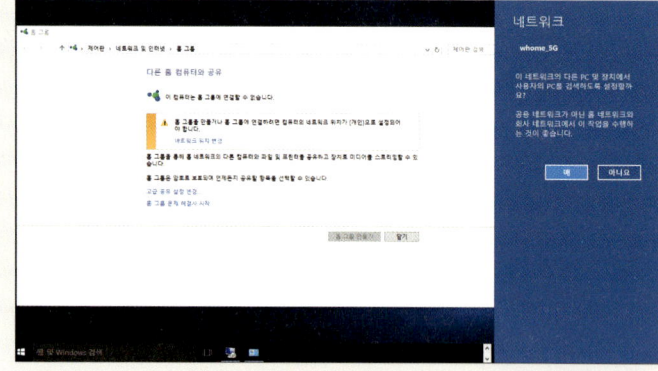

STEP 02 • 홈 그룹 공유 라이브러리 설정하기

생성된 홈 그룹에서 공유하는 라이브러리를 설정하여 콘텐츠를 관리할 수 있습니다.

01. '홈 그룹 설정 변경' 화면에서 [홈 그룹과 공유 중인 항목 변경]을 클릭합니다.

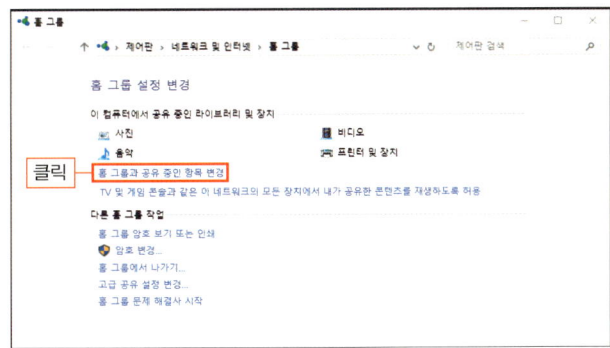

02. '다음 항목을 홈 그룹 구성원과 공유합니다.' 화면에서 나열된 라이브러리 및 폴더의 [권한]을 '공유된/공유 안됨'으로 설정한 후 [다음]을 클릭합니다.

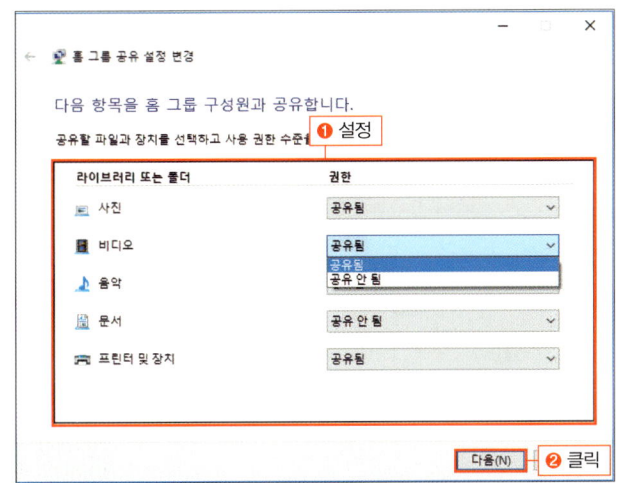

03. 공유 설정이 변경되었습니다. 메시지를 확인하고 [마침]을 클릭하여 홈 그룹 공유 설정 변경을 완료합니다.

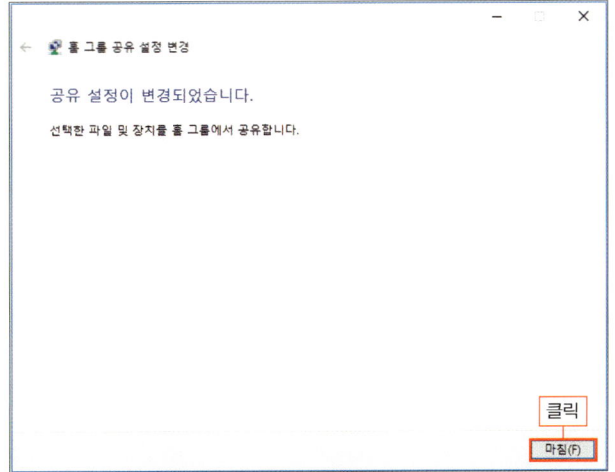

STEP 03 • 홈 그룹 연결하기

연결된 네트워크 환경에서 생성된 홈 그룹에 접속하는 방법에 대하여 알아봅니다.

01. 홈 그룹을 실행하면 나타나는 화면에서 [네트워크 위치 변경]을 클릭합니다. 만약, 현재 네트워크 환경이 개인인 경우는 03번 따라하기부터 시작합니다.

02. '네트워크' 화면에서 [예]를 클릭합니다.

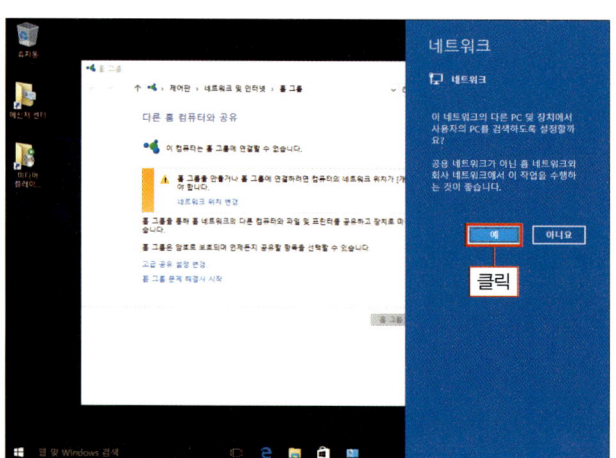

03. 현재 연결되어 있는 네트워크에서 홈 그룹 검색을 진행합니다.

04. 홈 그룹 검색이 완료되면 만들어져 있는 홈 그룹이 나타납니다. [지금 연결]을 클릭합니다.

05. 홈 그룹 연결 마법사가 나타나면 [다음]을 클릭합니다.

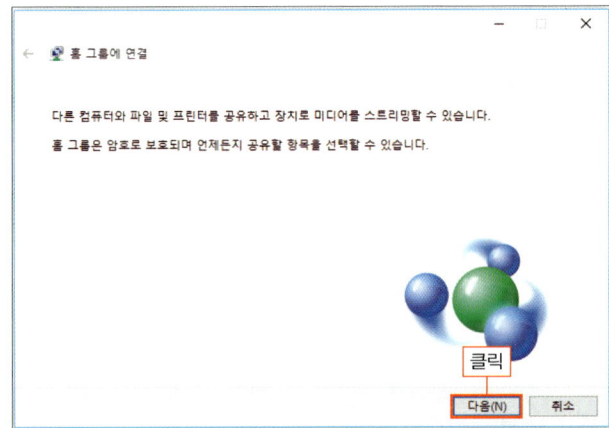

06. '다음 항목을 홈 그룹 구성원과 공유합니다.' 화면에서 공유할 라이브러리 또는, 폴더의 권한을 설정한 후 [다음]을 클릭합니다.

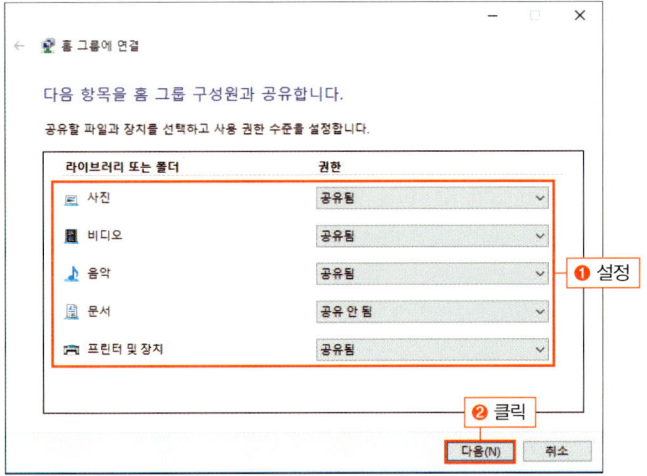

07. '홈 그룹 암호를 입력합니다.' 화면에서 [암호 입력]에 홈 그룹 접속 암호를 입력한 후 [다음]을 클릭합니다.

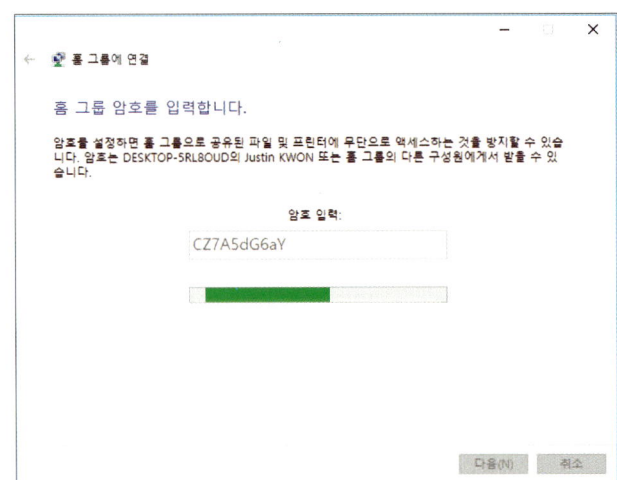

TIP : 이곳에서 입력하는 암호는 앞선 'Step 01 홈 그룹 생성하기' 단계에서 생성되는 암호를 입력하면 됩니다.

08. 홈 그룹 접속이 진행됩니다.

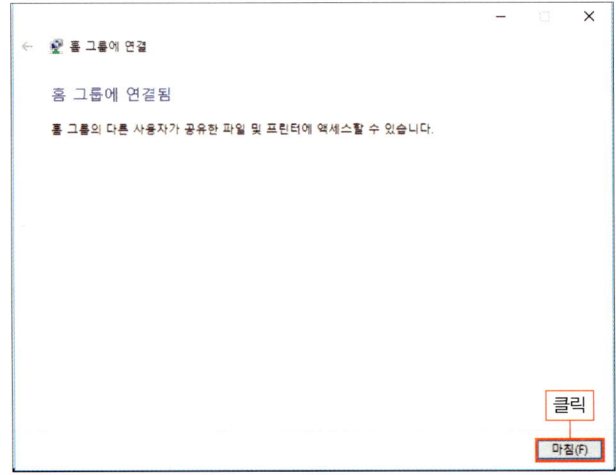

09. 홈 그룹 연결이 완료된 메시지를 확인한 후 [마침]을 클릭하면 홈 그룹 연결이 완료합니다.

10. 파일 탐색기를 실행하면 왼쪽의 폴더 트리의 홈 그룹에 연결된 장치를 확인할 수 있고, 공유된 라이브러리 및 폴더에 접근이 가능합니다.

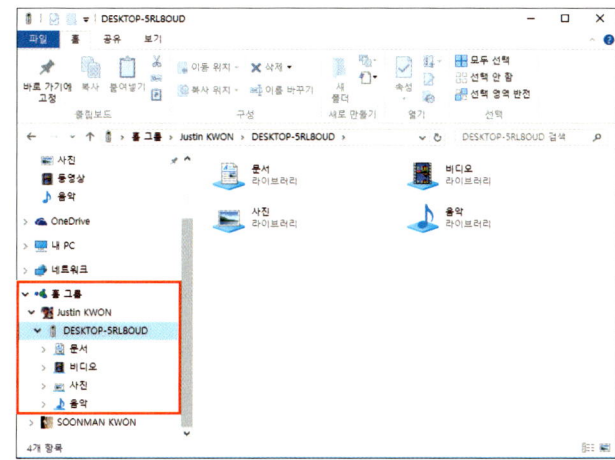

> **TIP : 홈 그룹에 있는 프린터로 인쇄가 불가능한 경우**
>
> 홈 그룹에 연결되어 있는 프린터로 인쇄가 불가능한 경우는 다음과 같이 몇 가지 이유가 있습니다.
>
> - 공유되어 있는 프린터의 전원이 꺼져 있는 경우입니다.
> - 네트워크로 바로 연결된 프린터가 아닌 컴퓨터에 연결되어 있는 경우 컴퓨터의 전원이 꺼져 있을 수 있습니다.
> - 프린터가 연결되어 있는 컴퓨터가 절전 모드 또는, 최대 절전 모드인 경우입니다. 이와 같은 경우는 전원 관리 옵션을 변경하거나 새롭게 만들어 반복되는 문제를 해결할 수 있습니다.
> - 홈 그룹의 다른 구성원이 프린터 공유를 중지한 경우입니다.
> - 네트워크 검색이 해제되어 있을 수 있습니다.
> - 잘못된 프린터 드라이버가 설치되어 있는 경우입니다. 프린터 제조사에서 최신의 프린터 드라이버를 재설치합니다.
>
> 이외에도 네트워크 환경적인 이유로 프린터 인쇄가 불가할 수 있습니다. 추가적으로 컴퓨터를 다시 시작하거나 홈 그룹을 나간 후 다시 참여할 경우 문제를 해결할 수 있습니다.

STEP 04 • 홈 그룹 암호 관리하기

홈 그룹으로 접속할 때 보안을 위하여 설정한 홈 그룹 암호를 변경하고 관리하는 방법에 대하여 알아봅니다.

01. '홈 그룹 설정 변경' 화면에서 [다른 홈 그룹 작업]의 [암호 변경]을 클릭합니다.

02. [암호 변경]을 클릭합니다. [암호 변경]을 클릭하면, 모든 사용자의 연결이 끊어집니다.

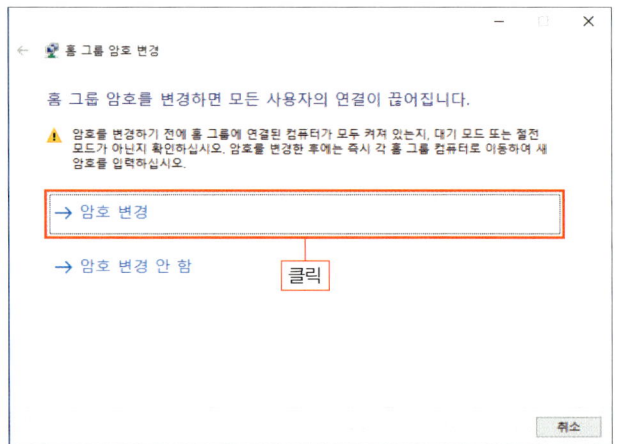

03. '홈 그룹의 새 암호 입력' 화면에서 자동적으로 나열되는 암호 또는, 사용자가 직접 암호를 입력한 후 [다음]을 클릭합니다.

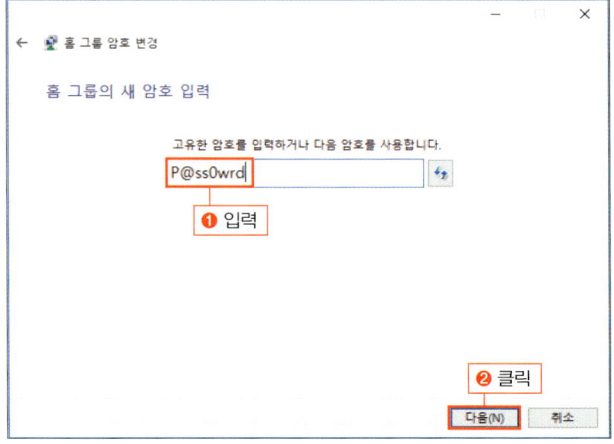

04. 홈 그룹 암호 변경 완료 메시지와 변경한 암호를 보여줍니다. [마침]을 클릭하여 홈 그룹 암호 변경을 완료합니다.

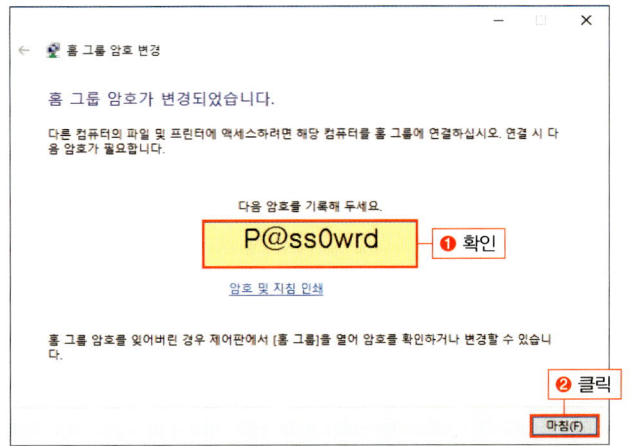

TIP : 강력한 암호 검사기

컴퓨터 계정, 온라인 계정 등에서 개인 정보 보호를 위한 암호를 강력하게 생성할 것을 권장합니다. 암호를 생성하거나 변경하려는 경우 사전에 암호의 강도를 체크할 수 있습니다.

암호 강도 체크 사이트 URL :
https://www.microsoft.com/ko-kr/security/pc-security/password-checker.aspx

암호를 입력하면 약함(Week), 중간(Medium), 강함(Strong) 및 매우 강함(Best)으로 나타납니다.

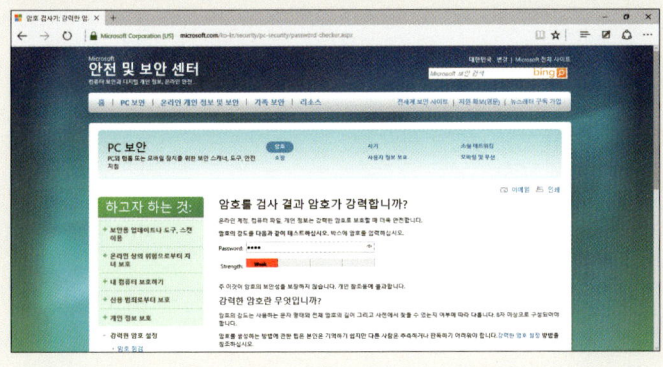

STEP 05 • 홈 그룹 나가기

연결되어 있는 홈 그룹에서 장치의 연결을 끊는 방법에 대하여 알아봅니다.

01. '홈 그룹 설정 변경' 화면에서 [다른 홈 그룹 작업]의 [홈 그룹에서 나가기]를 클릭합니다.

02. [홈 그룹에서 나갑니다]를 클릭합니다.

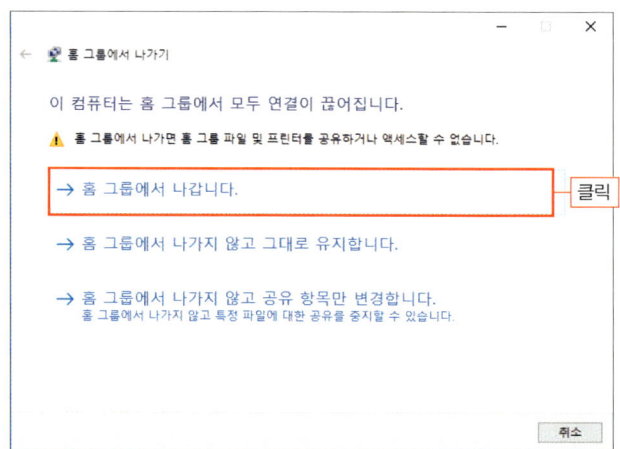

03. 홈 그룹이 끊어진 완료 메시지를 확인한 후 [마침]을 클릭하여 홈 그룹 연결 끊기를 완료합니다.

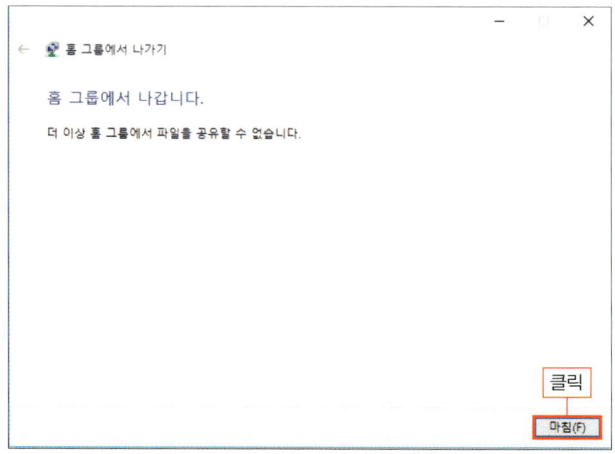

LESSON 03 네트워크 프린터 설정하기

레벨 ● ● ●

한대의 프린터를 네트워크로 공유해야 할 때 설정하는 방법과 같은 네트워크에 연결되어 있는 프린터 또는, 다른 컴퓨터에 연결되어 있는 프린터를 네트워크 공유를 통하여 연결하는 방법에 대하여 알아봅니다.

STEP 01 • 네트워크 프린터 공유 설정하기

컴퓨터에 프린터가 연결된 경우 같은 네트워크에 있는 모든 사람과 프린터를 공유할 수 있습니다. 프린터가 컴퓨터에 설치되어 있고 USB 케이블이나 다른 종류의 프린터 케이블로 직접 연결되어 있으면 프린터의 유형은 관계가 없습니다. 프린터를 공유하도록 선택한 사용자는 네트워크에서 컴퓨터를 먼저 찾은 후 해당 프린터를 사용하여 인쇄하는 방법에 대하여 알아봅니다.

01. 검색 창에 '장치 및 프린터'를 입력하면 나타나는 결과 화면에서 [장치 및 프린터]를 클릭합니다.

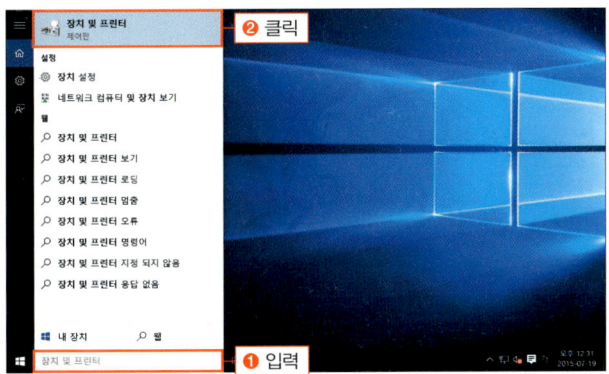

02. '장치 및 프린터' 화면에서 나열된 장치에서 프린터에서 공유하려는 프린터를 선택한 후 마우스 오른쪽 버튼을 클릭하고 [속성]을 선택합니다.

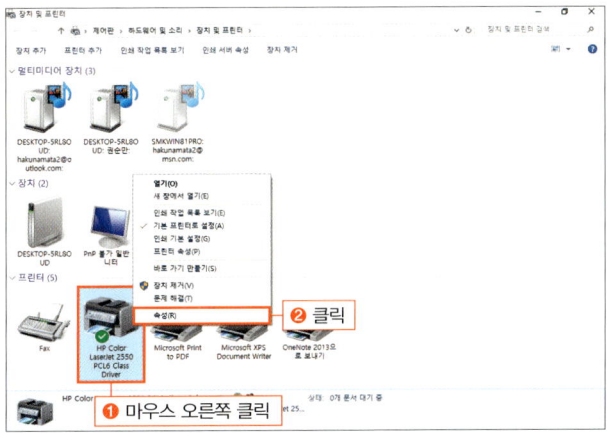

301

03. '속성' 화면의 [공유] 탭에서 [이 프린터 공유]를 선택한 후 [확인]을 클릭하여 네트워크 프린터 공유를 완료합니다.

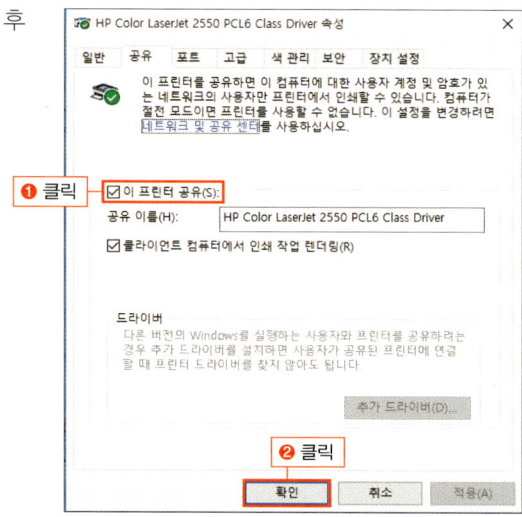

TIP : PDF 파일로 인쇄하기

윈도우 10을 설치하면 기본적으로 추가되는 프린터가 있는데 이 프린터는 Microsoft Print to PDF입니다. 이미지 또는 파일을 종이로 출력하는 것이 아닌 디지털 형태의 PDF 파일로 생성할 수 있습니다.

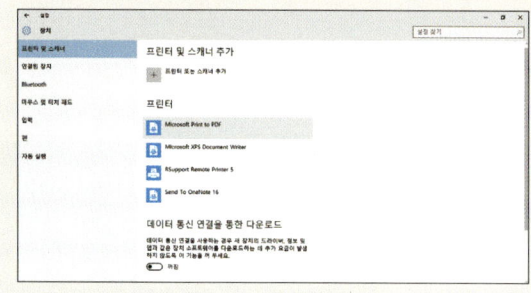 

▲ 오피스 프로그램의 인쇄에서 Microsoft Print to PDF 선택 화면

STEP 02 • 공유 프린터 연결하기

네트워크로 공유되어 있는 프린터를 연결하는 방법에 대하여 알아봅니다. 참고로 컴퓨터에 연결된 것이 아니라 네트워크에 직접 연결된 프린터는 같은 네트워크에 있는 모든 사용자가 사용할 수 있습니다. 이러한 프린터에는 네트워크에 직접 연결할 수 있도록 네트워크 포트 또는, 무선 연결 기능이 있어야 합니다.

01. [시작] 단추를 클릭한 후 [설정] 또는, ⊞+[I]를 누르면 나타나는 '설정' 화면에서 [장치]를 클릭합니다.

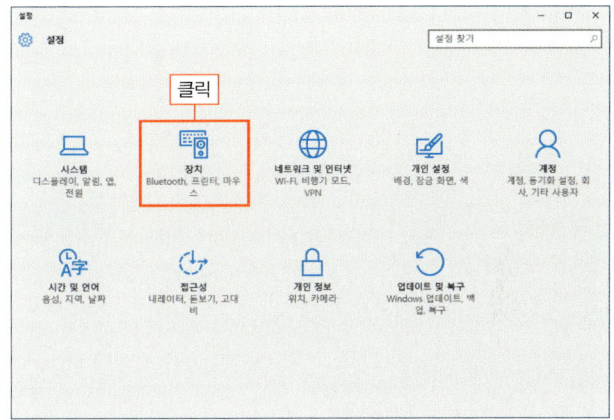

02. '장치' 화면에서 [프린터 및 스캐너]를 클릭하고 [프린터 또는 스캐너 추가]를 클릭합니다.

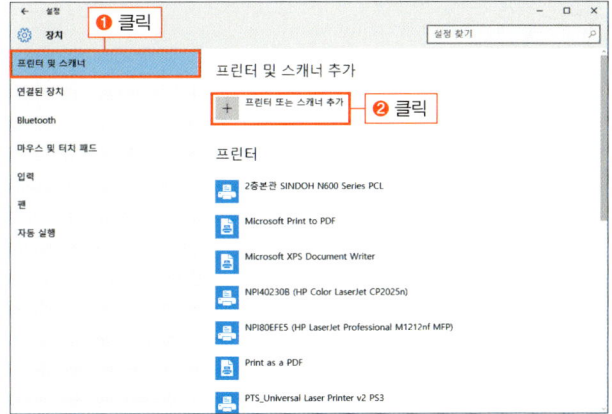

03. 검색된 프린터를 선택하면 나타나는 [장치 추가]를 클릭합니다.

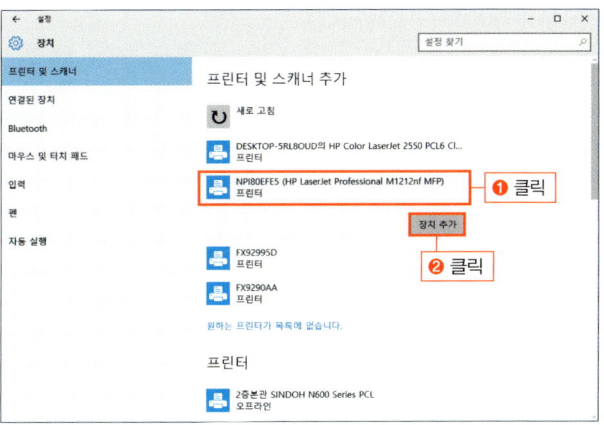

04. 선택한 프린터 드라이버 설치가 진행됩니다.

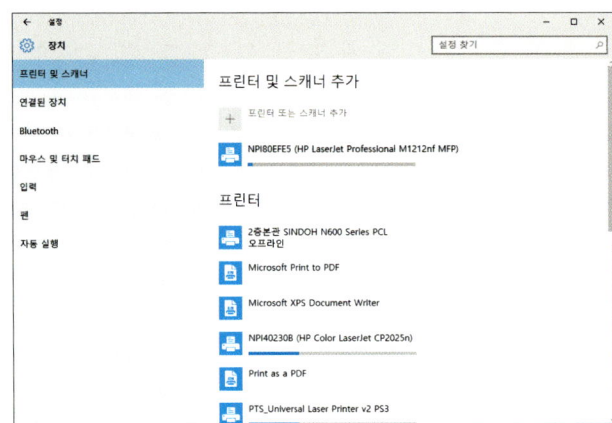

05. 프린터 드라이버 설치가 완료되면 프린터가 준비 상태로 나타납니다.

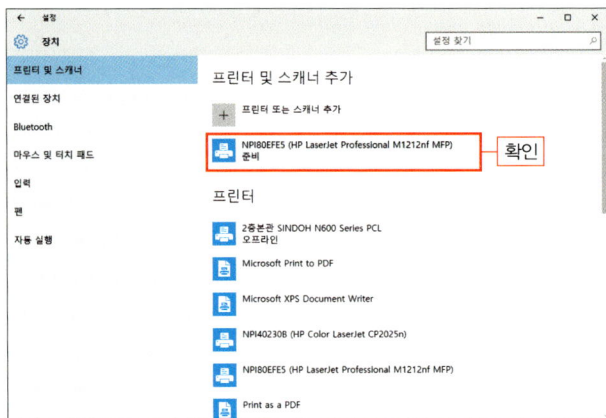

TIP : 파일 및 프린터 공유 관련 포트

Windows 방화벽을 사용하는 경우 공유하거나 네트워크 검색을 설정하면 Windows 방화벽이 파일 및 프린터 공유를 위한 올바른 포트를 자동으로 열기 때문에 이 섹션은 건너뛰어도 됩니다. 다른 방화벽을 사용하는 경우 공유하려는 파일 또는, 프린터가 있는 컴퓨터 및 장치를 사용자 컴퓨터가 찾을 수 있도록 이러한 포트를 수동으로 열어야 합니다.

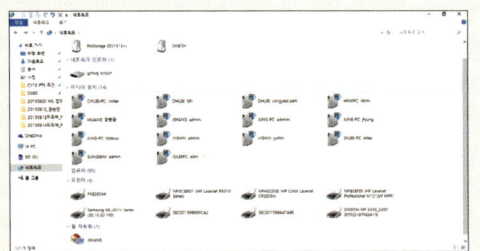

구분	포트 번호			
윈도우를 실행하는 다른 컴퓨터를 찾을 때 사용되는 포트	• UDP 3702 • UDP 3702	• UDP 5355 • UDP 5355	• TCP 5357 • TCP 5357	• TCP 5358 • TCP 5358
모든 버전의 윈도우에서 파일 및 프린터 공유 시 사용되는 포트	• UDP 137 • UDP 5355	• UDP 138	• TCP 139	• TCP 445
네트워크 장치 연결 포트	• UDP 1900 • TCP 5357 • UDP 3702	• TCP 2869 • TCP 5358 • UDP 5355	• UDP 3702 • UDP 1900 • TCP 5357	• UDP 5355 • TCP 2869 • TCP 5358
홈 그룹 연결 포트	• UDP 137 • UDP 1900 • UDP 3702 • UDP 137 • UDP 1900 • UDP 3702	• UDP 138 • TCP 2869 • UDP 5355 • UDP 138 • TCP 2869 • UDP 5355	• TCP 139 • UDP 3540 • TCP 5357 • TCP 139 • UDP 3540 • TCP 5357	• TCP 445 • TCP 3587 • TCP 5358 • TCP 445 • TCP 3587 • TCP 5358

PART SUMMARY

- PART 07에서는 홈 네트워크 환경을 설정하기 위한 윈도우 10의 기능을 살펴보았습니다. 일반 가정이나 사무실에서는 무선 또는, 유선 네트워크 환경을 통하여 여러 컴퓨터와 사람들이 협업할 수 있습니다.

- 윈도우 10 네트워크 환경 설정하기를 통하여 컴퓨터와 컴퓨터, 컴퓨터와 프린터와 같은 외부 장치간의 유/무선 네트워크 환경을 설정하고 옵션과 무선 네트워크 환경을 통합적으로 켜고 끄는 기능인 비행기 모드에 대하여 알아보았습니다(Lesson 01 - Step 01~03).

- 홈 그룹을 사용하여 파일 및 장치를 공유하는 방법으로 네트워크의 컴퓨터와 장비들을 손쉽고 빠르게 제어하는 방법에 대하여 알아보았습니다(Lesson 02 - Step 01~05).

- 컴퓨터에 연결되어 있거나, 네트워크를 통하여 연결되어 있는 프린터를 공유 및 설정하는 방법에 대하여 알아보았습니다(Lesson 03 - Step 01~02).

▶ PART

08

컴퓨터 유지 관리하기

WINDOWS · 10

컴퓨터 사용 시 발생할 수 있는 문제들을 고려하여 윈도우 10에서 기본적으로 제공하는 컴퓨터 유지 관리 도구의 사용법에 대해 알아봅니다. 또한, 시스템 문제에 대비한 기능으로 시스템 복원과 사용자의 문서, 이미지, 동영상 등의 콘텐츠 파일을 백업하고 복원하는 방법도 알아봅니다.

LESSON 01 시스템 복원 및 복구 기능 사용하기

레벨 ●●●

윈도우의 시스템 복원 기능은 시스템 드라이버 업데이트, 프로그램 설치 및 윈도우 업데이트 등으로 인하여 시스템 설정이 변경되는 경우에 이전 상태로 되돌려야 할 때 사용할 수 있습니다. 또는 초기화하여 기존에 설치된 앱이 제거된 최초의 상태로 되돌릴 수도 있습니다.

STEP 01 · 컴퓨터 복구 지점 기능 설정하기

정상적으로 부팅이 되지 않거나 문제가 발생한 경우에 윈도우 10에서 제공하는 컴퓨터 복구 기능을 사용하여 이전의 상태로 복구할 수 있습니다. 이 복구 기능을 사용하게 되면 컴퓨터에 설치된 앱 및 설정이 모두 제거되지만, 개인 파일은 유지되는 형태로 윈도우 10이 초기화 됩니다.

01. 검색 창에 '복원 지점'을 입력하면 나타나는 결과에서 [복원 지점 만들기]를 클릭합니다.

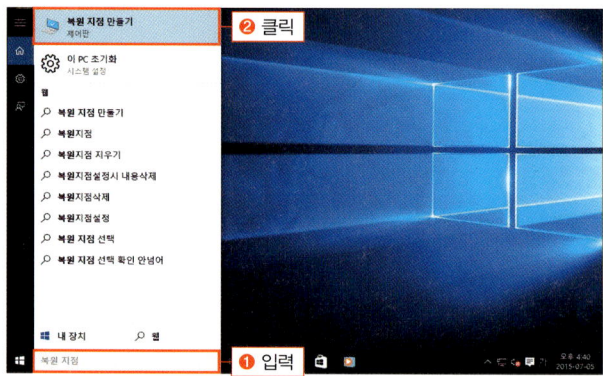

02. '시스템 속성' 화면의 [시스템 보호] 탭에서 [보호 설정]의 [구성]을 클릭합니다.

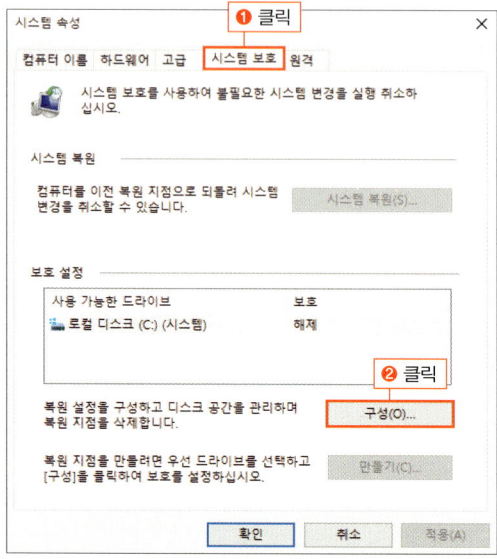

308

03. '시스템 보호 대상 로컬 디스크' 화면의 [복원 설정]에서 [시스템 보호 사용]을 선택하고, 복구 영역을 보관할 디스크 공간을 조정한 후 [확인]을 클릭합니다.

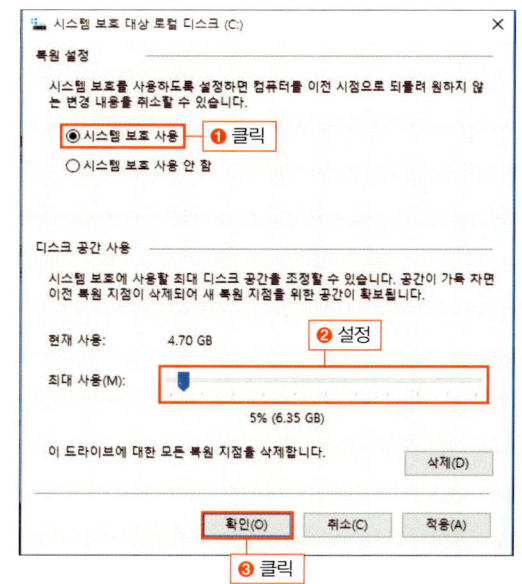

04. [보호 설정]의 [사용 가능한 드라이브에 보호] 부분이 설정된 것을 확인할 수 있습니다. 앞으로 컴퓨터의 변화되는 사항, 장치 드라이버 설치, 윈도우 업데이트 등으로 인하여 시스템 설정이 변경되면 자동적으로 복원 시점이 생성됩니다.

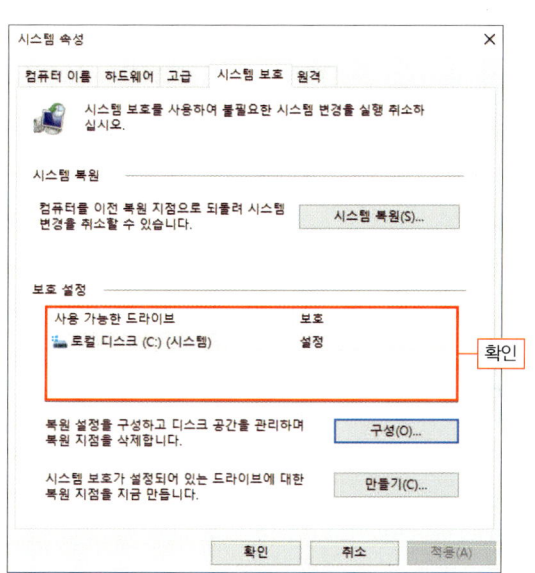

05. 사용자가 임의적으로 복원 지점을 생성하려면, 위의 04번 따라하기에서 [만들기]를 클릭하고 나타나는 '복원 지점 만들기' 화면에서 복원 지점 설명을 입력한 후 [만들기]를 클릭합니다.

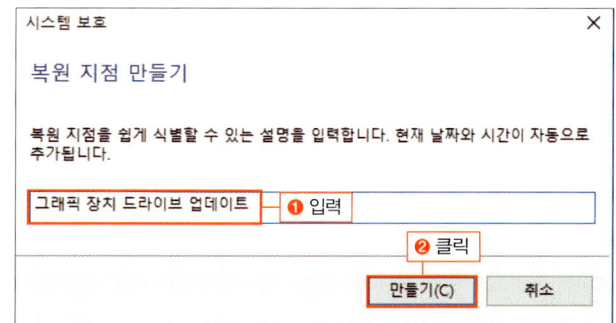

309

06. '시스템 보호' 화면이 나타나면서 복원 지점이 만들어지는 작업이 진행됩니다.

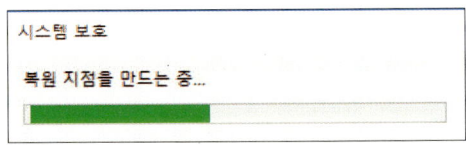

07. 복원 지점을 만들었습니다. 메시지를 확인 후 [닫기]를 클릭합니다.

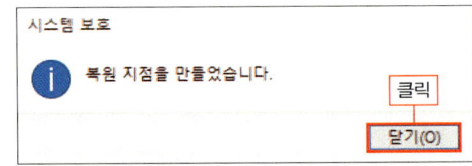

TIP : 윈도우 10 복구 모드로 재부팅하기

윈도우 10이 로그인된 상태에서 복구 모드로 재부팅하는 방법은 [시작] 단추-[전원]을 클릭한 후 Shift +[다시 시작]을 클릭하면 재부팅이 되면서 복구 모드의 화면이 나타납니다.

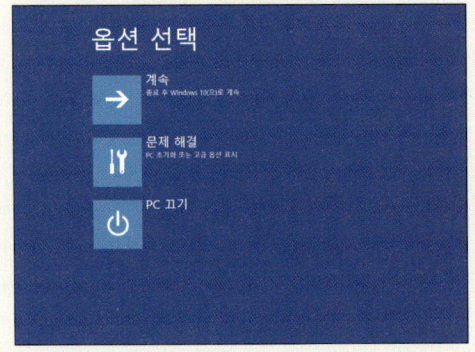

TIP : 기업 사용자를 위한 향상된 복구 툴

마이크로소프트에서는 기업 사용자를 위하여 향상된 복구 툴을 제공합니다. 마이크로소프트의 데스크톱 최적화 팩(MDOP – Microsoft Desktop Optimization Pack)에 DART(Diagnostics and Recovery Toolset)라는 툴은 윈도우 기반의 문제 해결 및 복구를 위하여 윈도우 복구 환경(Windows RE)을 확장한 툴입니다.

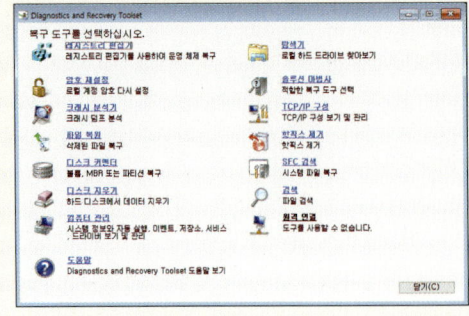

STEP 02 • 복구 지점으로 컴퓨터 복원하기

시스템에 문제가 발생한 경우 자동 또는, 수동으로 생성된 시스템 컴퓨터 복구 지점을 사용하여 복원하는 방법에 대하여 알아봅니다.

01. '시스템 속성' 화면의 [시스템 보호] 탭에서 [시스템 복원]의 [시스템 복원]을 클릭합니다.

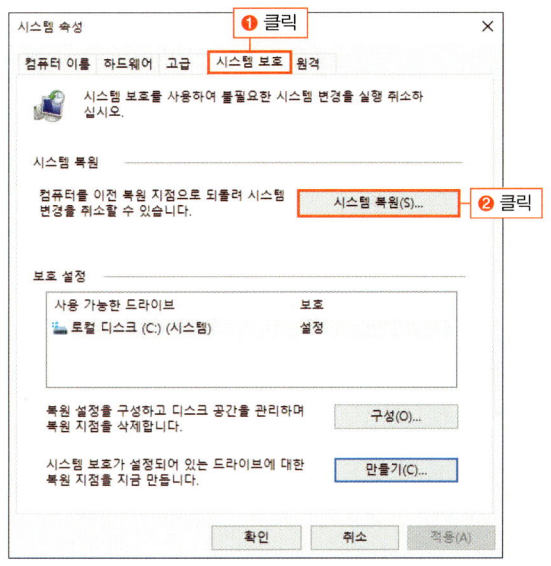

02. 시스템 복원 마법사가 실행되면 [다음]을 클릭합니다.

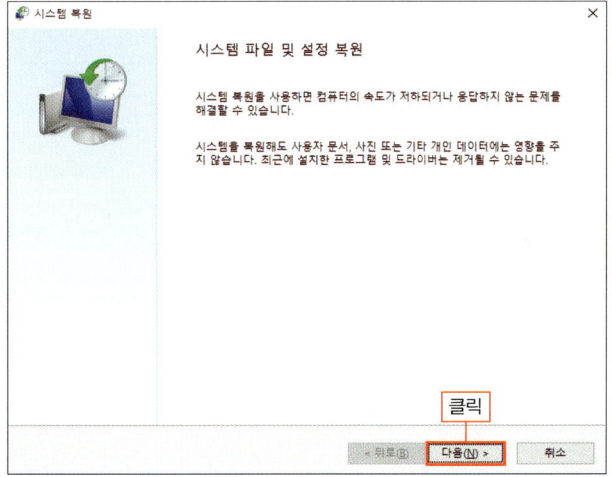

03. 생성된 복원 지점이 나열됩니다. 복원하려는 시점을 선택한 후 [다음]을 클릭합니다.

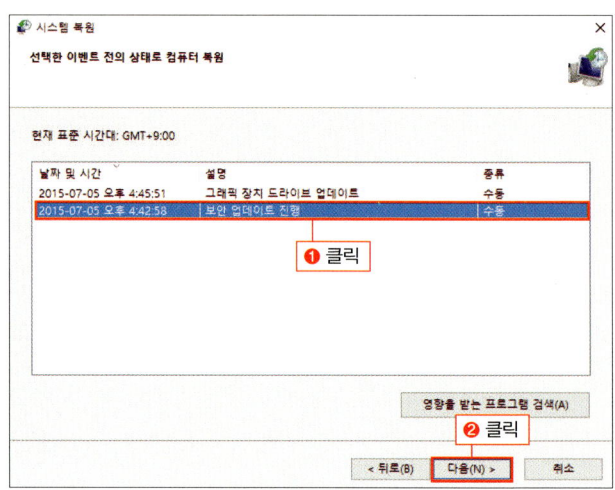

04. 복원 지점 확인 단계에서 시간, 설명, 드라이브 위치를 확인한 후 [마침]을 클릭합니다.

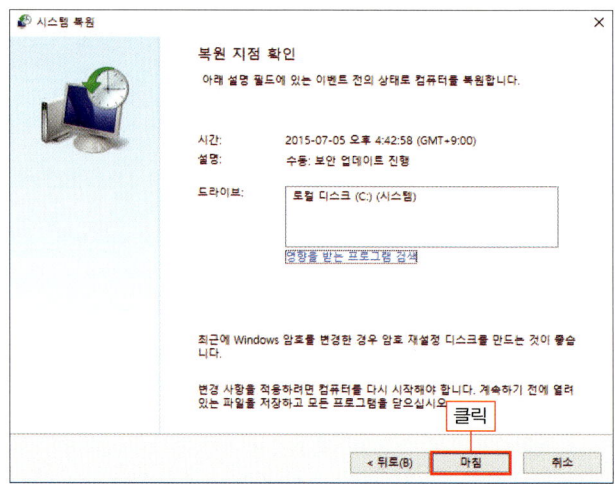

05. 시스템 복원을 일단 시작하면 중단할 수 없습니다. 계속하시겠습니까? 메시지 창에서 [예]를 클릭합니다.

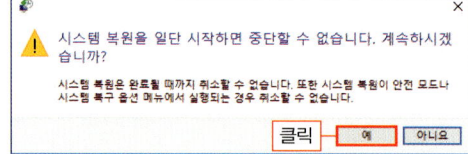

TIP : 시스템 복원의 주의 사항으로 사용자가 임의적으로 중단하는 경우에 정상적인 복원이 불가능할 수 있습니다.

06. 시스템 복원을 위한 준비 프로세스가 진행됩니다.

07. 컴퓨터가 재부팅되면서 시스템 복원 작업이 진행됩니다.

08. 시스템 복원이 완료되면, 지정한 시점으로 복원이 완료되었다는 메시지를 확인하고 [닫기]를 클릭하여 시스템 복원을 완료합니다.

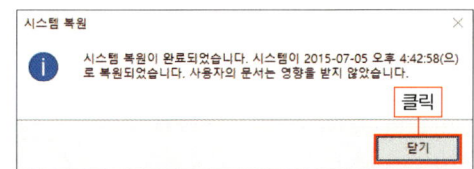

TIP : 이전 버전으로 되돌리기

윈도우 10에서는 최신 버전의 윈도우 업데이트를 제공합니다. 만약, 참가자 빌드 형태로 평가판 버전을 미리 받아 사용하면서 문제가 발생하는 경우라면 이전 빌드로 되돌리기 기능을 사용하여 설치 이전의 윈도우 환경으로 되돌릴 수 있습니다. 이전 빌드로 되돌리는 방법은 [설정]-[업데이트 및 복구]-[복구]의 [이전 빌드로 되돌리기]에서 [시작]을 클릭하여 복원할 수 있습니다.

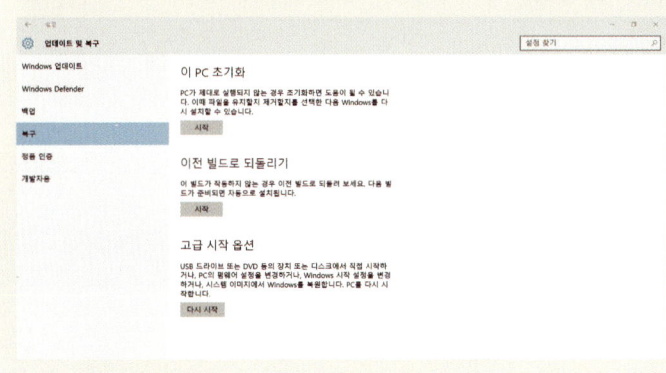

STEP 03 • 컴퓨터 초기화하기

시스템이 문제가 발생한 경우 개인의 파일은 유지한 상태 또는, 완전하게 앱과 설정을 초기화하는 방법에 대하여 알아봅니다.

01. [시작] 단추를 클릭하고 [설정]을 선택하면 나타나는 '설정' 화면에서 [업데이트 및 복구]를 클릭합니다.

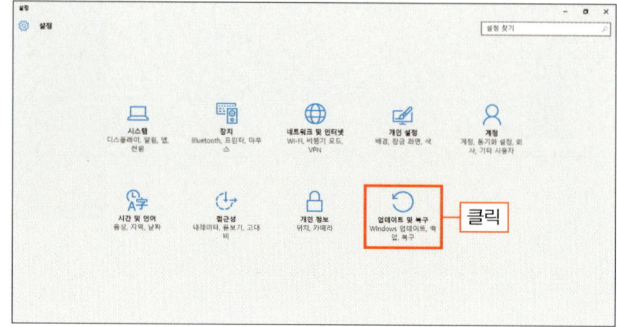

02. '업데이트 및 도구' 화면에서 [복구]를 클릭하면 나타나는 화면에서 [이 PC 초기화]의 [시작]을 클릭합니다.

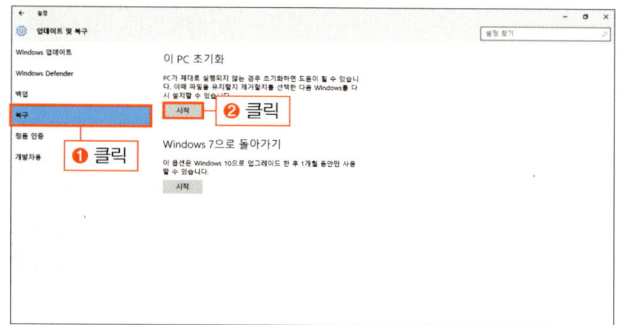

03. '옵션 선택' 화면에서 [파일 유지]을 선택합니다.

TIP : 만약에 [모든 항목 제거]를 선택한 경우에는 컴퓨터 초기화 작업을 통해 개인 파일 및 앱이 모두 제거되며, PC 설정이 기본값으로 다시 변경되기 때문에 사전에 개인적인 데이터 백업을 진행한 이후에 작업할 것을 권장합니다. 이 항목을 선택한 경우는 [07번 따라하기]부터 추가적으로 진행합니다.

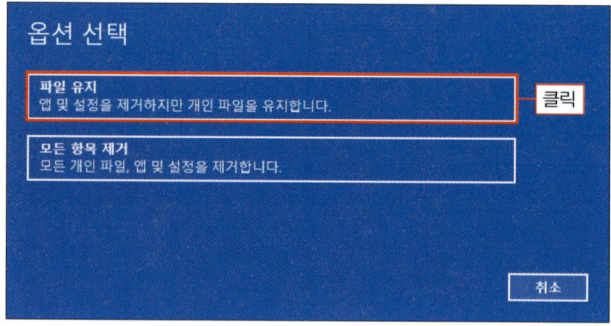

04. 경고 메시지를 확인한 후 [다음]을 클릭합니다.

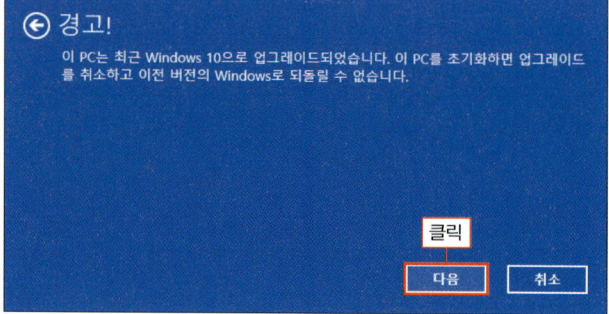

05. 이 PC를 초기화할 준비 완료 메시지를 확인한 후 [초기화]를 클릭합니다. 초기화 작업이 진행되면, '컴퓨터와 함께 제공되지 않는 모든 앱 및 프로그램 제거', '설정을 기본값으로 변경' 작업이 실행됩니다.

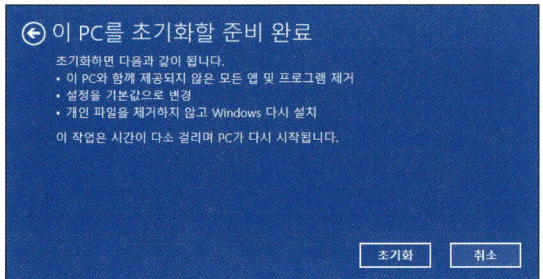

▲ 파일 유지를 선택한 경우

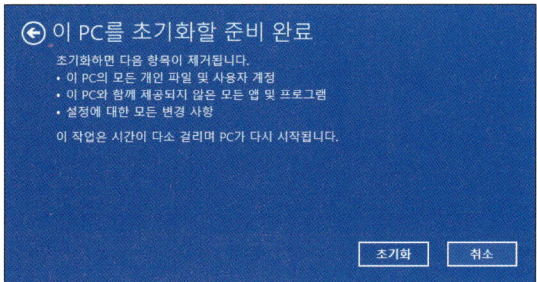

▲ 모든 항목 제거를 선택한 경우

06. 컴퓨터가 재부팅되면서 윈도우 10의 초기 상태로 윈도우 설치 작업이 진행됩니다.

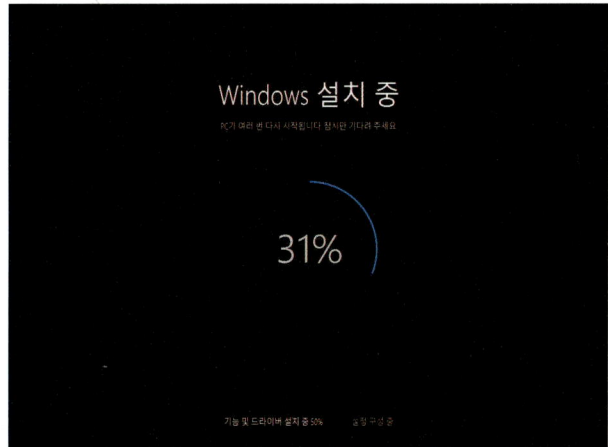

07. '안녕하세요' 화면에서 [국가/지역], [기본 앱 언어], [자판 배열], [표준 시간대] 설정을 한 후 [다음]을 클릭합니다.

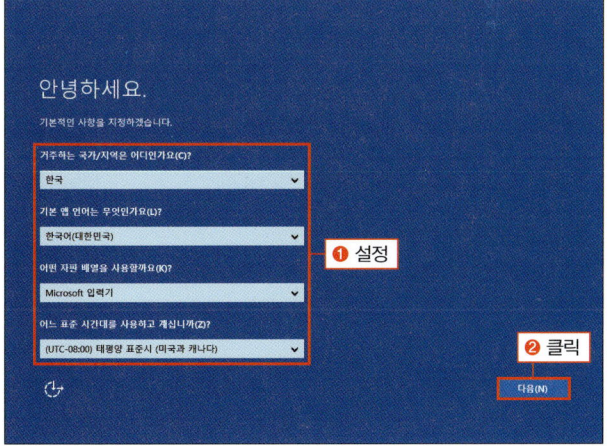

08. '법적 고지 사항' 화면의 내용을 확인한 후 [적용]을 클릭합니다.

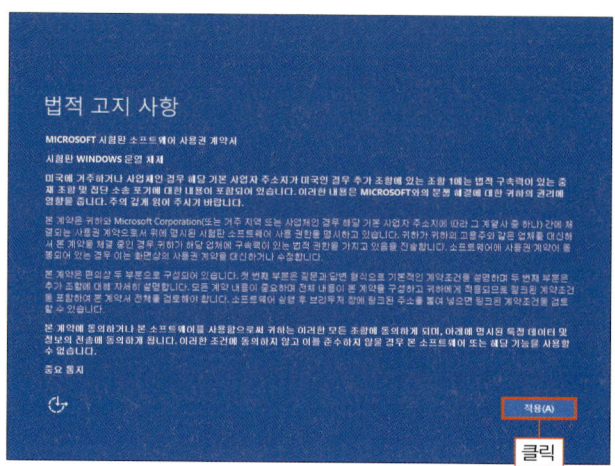

09. '빠른 시작' 화면에서 [기본 설정 사용]을 클릭합니다.

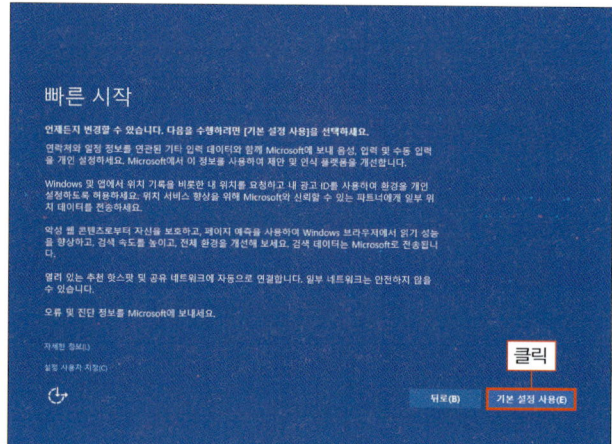

10. '내 PC용 계정 만들기' 화면에서 [계정 이름], [암호]를 입력한 후 [다음]을 클릭하면 컴퓨터 초기화 진행이 완료됩니다.

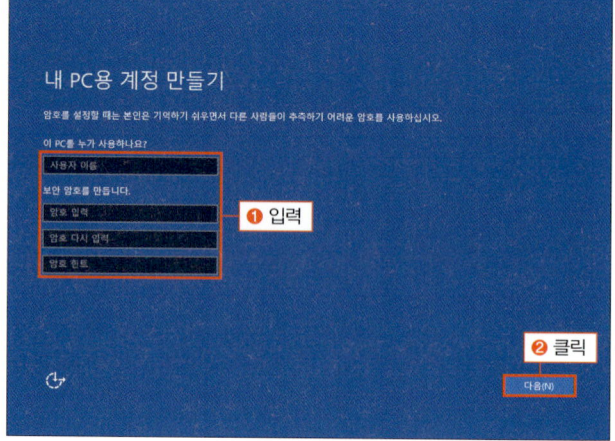

STEP 04 • 시스템 복구 드라이브 만들기

컴퓨터가 부팅조차 불가한 심각한 시스템 문제가 발생한 경우 복구를 하기 위하여 필요한 시스템 복구 드라이브 만드는 방법에 대하여 알아보겠습니다.

01. 검색 창에 '복구 드라이브'를 입력하면 나타나는 결과에서 [복구 드라이브 만들기]를 클릭합니다.

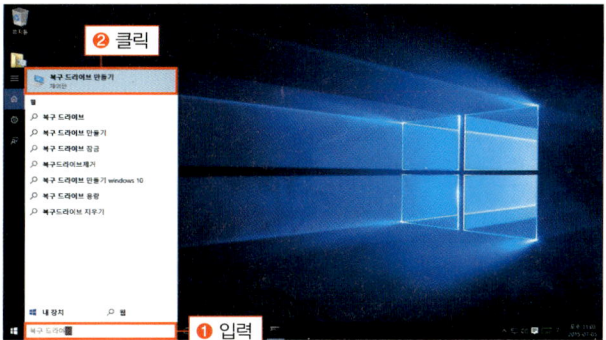

02. 복구 드라이브 만들기 마법사가 실행되면, [시스템 파일을 복구 드라이브에 백업 합니다.]를 체크한 후 [다음]을 클릭합니다.

03. 복구 드라이브를 생성하기 위한 준비 작업이 진행됩니다.

04. 'USB 플래시 드라이브 선택' 화면에서 사용 가능한 드라이브를 선택한 후 [다음]을 클릭합니다.

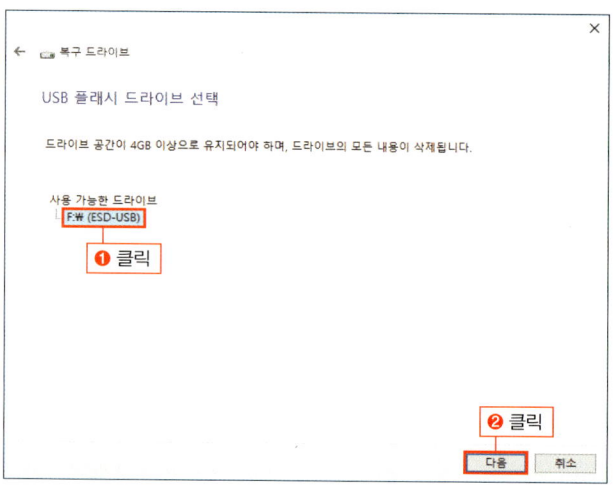

05. 복구 드라이브 만들기 단계에서 USB 플래시 메모리에 있는 모든 파일이 삭제된다는 메시지를 확인한 후 [만들기]를 클릭합니다.

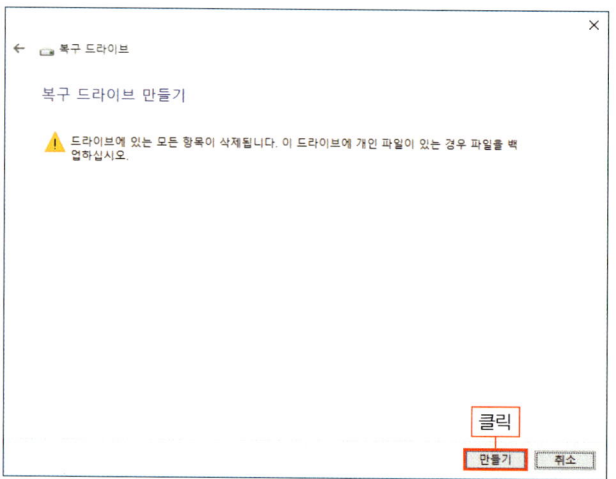

06. 복구 드라이브 만들기가 완성되면 복구 드라이브가 준비되었습니다. 메시지가 나타나고 [마침]을 클릭하여 복구 드라이브 만들기 작업을 완료합니다.

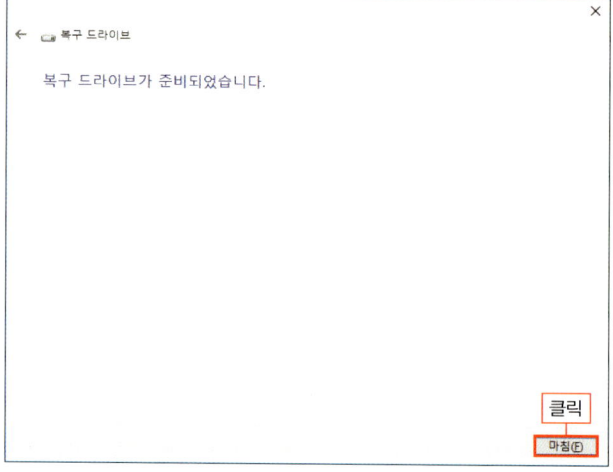

STEP 05 • 문제 해결 도구의 고급 기능 사용하기

윈도우 10에서 제공하는 문제 해결 도구의 고급 기능에 대하여 알아봅니다. 윈도우 10에서는 터치 및 GUI 환경을 제공하여 사용자에게 더욱 친숙한 화면에서 문제를 해결할 수 있습니다.

01. ⊞+I 또는, [시작] 단추─[설정]을 클릭하면 나타나는 '설정' 화면에서 [업데이트 및 복구]를 클릭합니다.

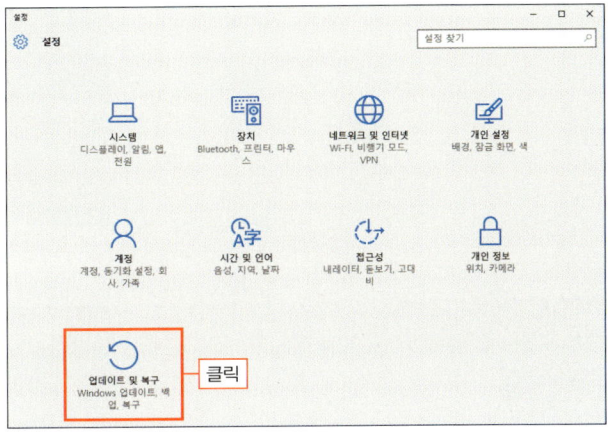

02. '업데이트 및 복구' 화면에서 [복구]를 클릭하면 나타나는 화면에서 [고급 시작 옵션]의 [다시 시작]을 클릭합니다.

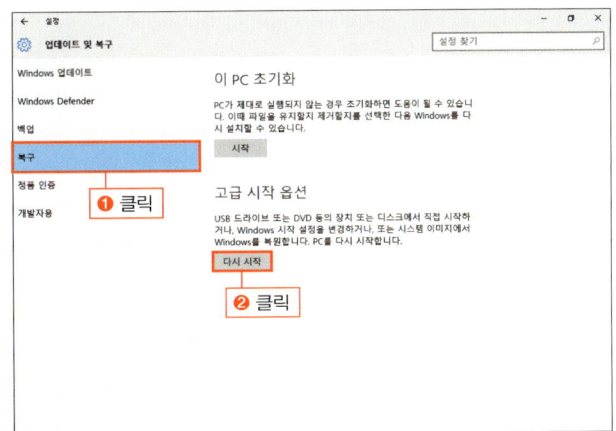

03. 컴퓨터가 재부팅된 후 '옵션 선택' 화면이 나타나면 [문제 해결]을 클릭합니다.

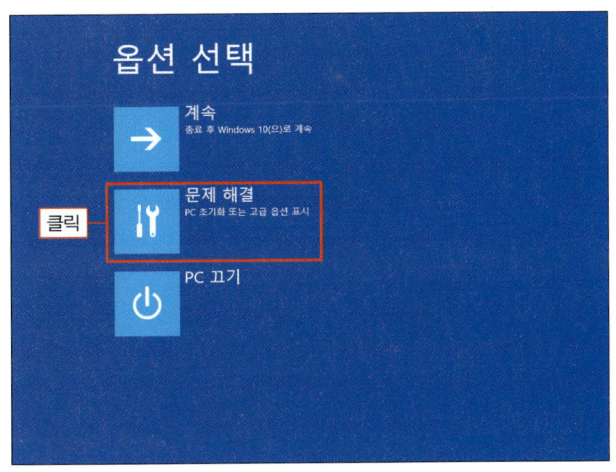

04. '문제 해결' 화면에서 [고급 옵션]을 클릭합니다. 만약, [이 PC 초기화]를 클릭한다면, [STEP 03]의 내용을 참고합니다.

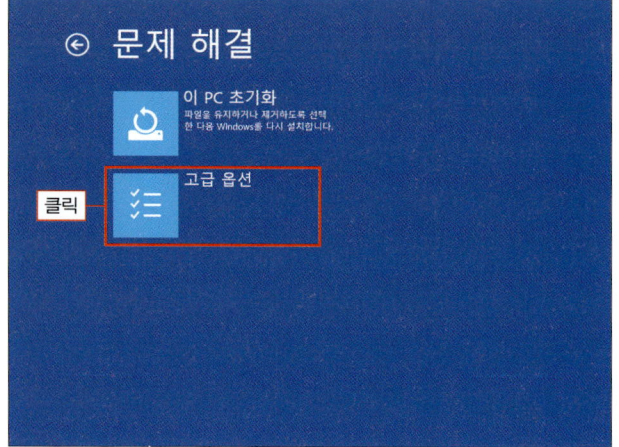

05. '고급 옵션' 화면이 나타나고 복구하기 위한 복구 툴이 나타납니다. 문제 상황에 맞춰서 진행합니다.

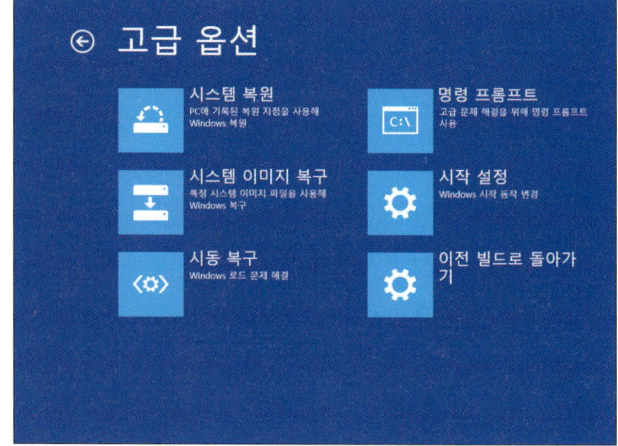

- 시스템 복원 : 컴퓨터에서 생성한 복원 시점을 선택하여 지정한 시점으로 복원합니다.
- 명령 프롬프트 : 명령어를 사용하여 복구 작업을 진행합니다.
- 시스템 이미지 복구 : 현재 컴퓨터 또는, 네트워크의 시스템 이미지를 참고하여 복구합니다.
- 시작 설정 : 재부팅이 되면, '시작 설정' 화면에서 디버깅 사용, 부팅 로깅 사용, 안전 모드 등의 여러 시작 설정 중에 하나를 선택하여 부팅할 수 있습니다.
- 시동 복구 : 컴퓨터 부팅이 안 되는 경우 시동 복구 옵션을 사용하여 복구합니다.
- 이전 빌드로 돌아가기 : 현재 설치된 윈도우 10 버전 이전의 빌드 버전으로 복구할 수 있습니다.

STEP 06 • 문제 단계 레코더 사용하기

문제 재현 레코더를 사용하면, 컴퓨터의 문제 사항을 캡처된 화면과 이벤트로 생성할 수 있기 때문에 사용자가 직접 문제 사항을 단계별로 기록할 수 있습니다. 그러면 지원자가 직접 문제를 재현하지 않아도 동일한 문제를 확인하고 해결할 수 있습니다.

01. 검색 창에 '문제 재현'을 입력하면 나타나는 결과에서 [문제 재현을 위한 단계 기록]을 클릭합니다.

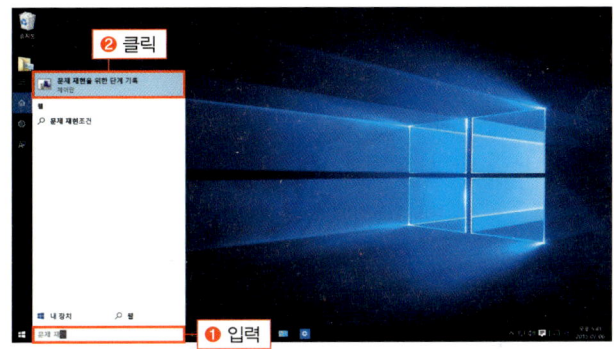

02. 실행된 단계 레코더에서 [녹화 시작]을 클릭합니다.

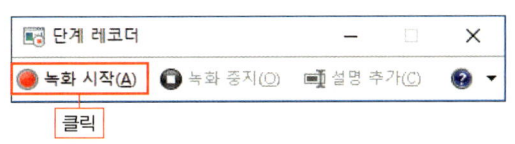

03. 문제가 발생되는 단계를 클릭하여 진행이 완료되면 [녹화 중지]를 클릭합니다.

04. 단계별로 클릭한 화면이 캡처되고 이벤트가 자동적으로 입력된 화면을 확인한 후 [저장]을 클릭합니다.

05. '다른 이름으로 저장' 화면에서 [파일 이름]을 입력한 후 [저장]을 클릭합니다.

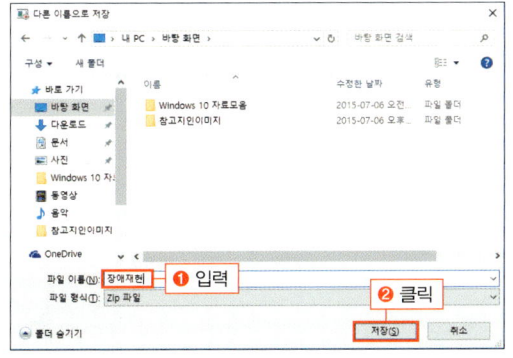

06. '파일이름.zip' 압축 파일이 생성되며, 생성된 압축 파일의 압축을 해제합니다. 실행하면, 인터넷 브라우저 화면에서 캡처된 화면과 내용을 확인할 수 있습니다. 그러면 이 문제 현상을 전달하여 지원받을 수 있습니다.

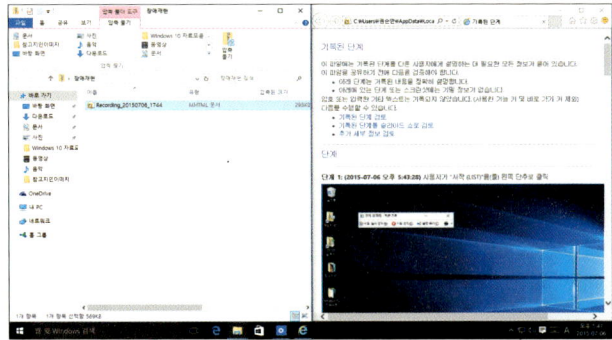

TIP : 단계 레코더 환경 설정하기

[단계 레코더] 창의 [설정]을 클릭합니다.

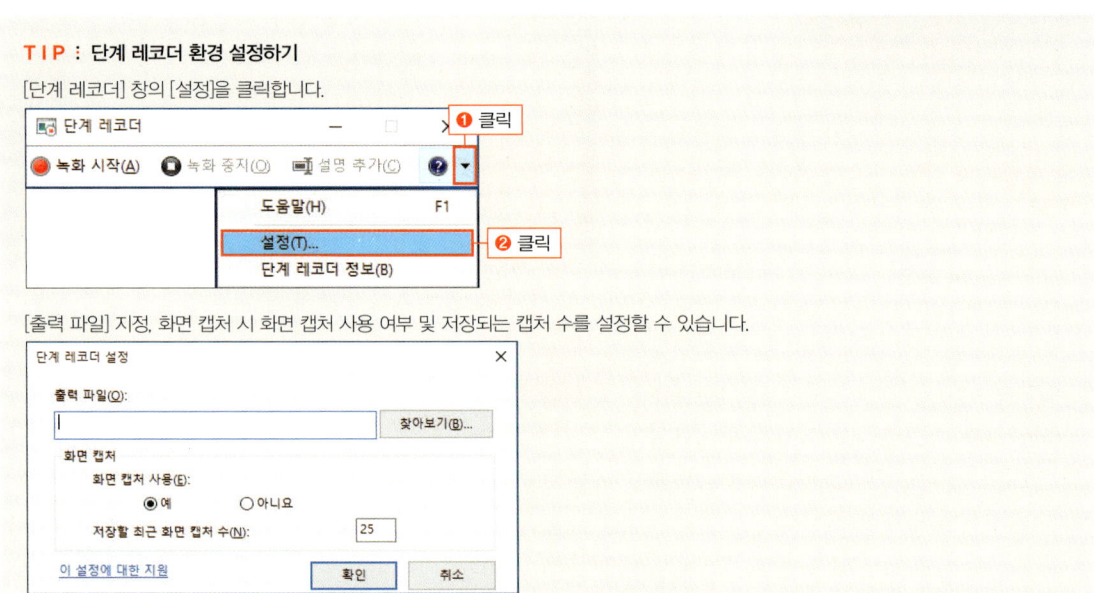

[출력 파일] 지정, 화면 캡처 시 화면 캡처 사용 여부 및 저장되는 캡처 수를 설정할 수 있습니다.

TIP : 권한 상승된 앱 캡처

단계 레코더를 실행할 때 사용자 계정 컨트롤(UAC)이 설정되어 있는 경우에 권한 상승으로 실행된 앱은 캡처가 안 될 수 있습니다. 이와 같이 권한 상승이 발생되는 앱을 실행하여 단계를 캡처하는 경우는 실행 시 마우스 오른쪽 버튼을 클릭하면 나타나는 메뉴에서 [관리자 권한으로 실행]을 선택하여 실행합니다.

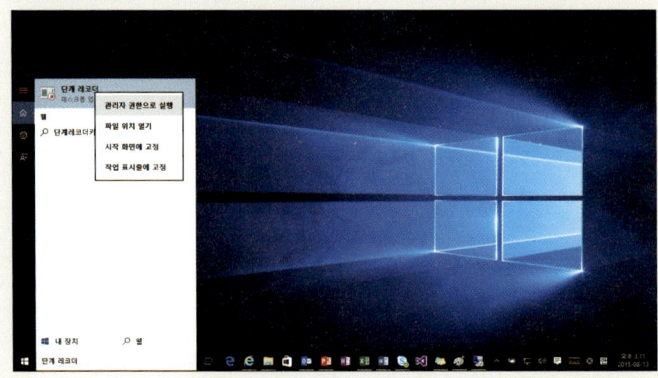

LESSON 02 데이터 백업 및 복원하기

레벨 ●●●

시스템의 구성 요소를 백업하고 복원하는 것이 아니라, 사용자의 데이터를 백업하고 복원하는 기능으로 윈도우 10의 파일 히스토리가 있습니다. 파일 히스토리 기능은 사용자 프로필 라이브러리 폴더의 파일을 지속적으로 보호하는 백업 기능으로 지정한 시간과 용량에 맞춰 변경된 파일에 대한 백업 파일을 생성합니다.

STEP 01 • 파일 히스토리 활성화하기

사용자의 라이브러리 폴더를 백업하기 위하여 파일 히스토리 기능을 활성화하는 방법에 대하여 알아봅니다.

01. 외장형 저장 장치를 사용하는 경우에는 [03번 따라하기]부터 진행합니다. 파일 탐색기를 실행하고 [컴퓨터]-[네트워크 드라이브 연결]-[네트워크 드라이브 연결]을 클릭합니다.

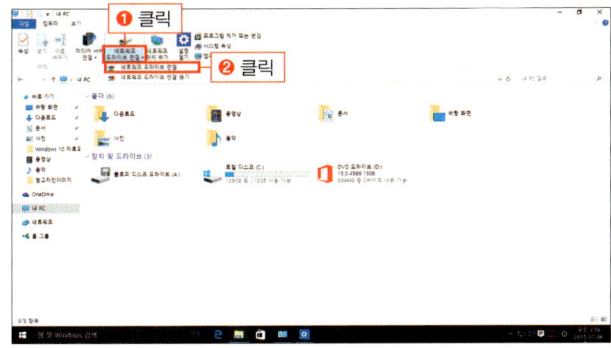

02. 네트워크 드라이브 연결 마법사가 실행됩니다. [드라이브], [폴더]를 설정한 후 [마침]을 클릭하면, 지정한 드라이브 문자로 공유 폴더가 연결됩니다.

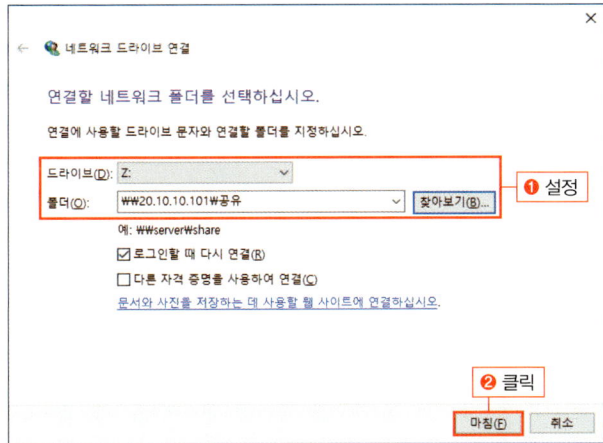

03. 검색 창에 파일 히스토리 검색어를 입력하면 나타나는 결과에서 [파일 히스토리]를 클릭합니다.

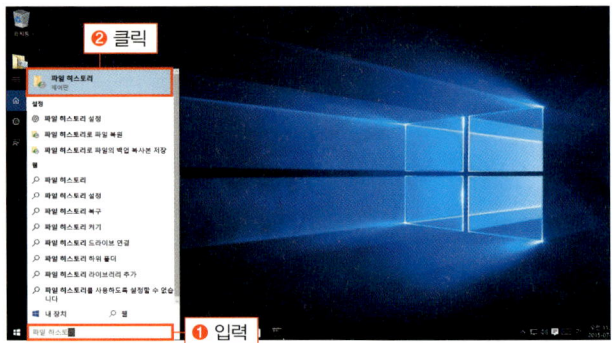

04. '파일 히스토리 설정' 화면에서 [켜기]를 클릭합니다. 여기서 기본적인 시스템의 하드디스크가 아닌 외장형으로 연결되어 있는 저장 장치 또는, 네트워크로 설정된 저장 장치가 존재해야 만이 파일 히스토리 기능을 활성화할 수 있습니다.

TIP : 파일 히스토리 기능을 사용하여 지정한 저장 공간이 부족한 경우 다음과 같은 경고 메시지가 나타납니다. 이와 같은 경고 메시지가 나타나게 되면 지정한 저장 공간을 늘리기 위하여 보관 기간을 설정하거나 다른 여유가 있는 저장 장치를 연결하여 문제를 해결할 수 있습니다.

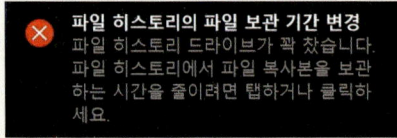

STEP 02 • 파일 히스토리 설정하기

사용자의 라이브러리 폴더를 백업하기 위하여 파일 히스토리의 세부적인 설정 방법에 대하여 알아봅니다.

01. ■+Ⅰ 또는, [시작] 단추–[설정]을 클릭하면 나타나는 '설정' 화면에서 [업데이트 및 복구]를 클릭합니다.

02. '업데이트 및 복구' 화면에서 [백업]을 클릭한 후 [기타 옵션]을 클릭합니다.

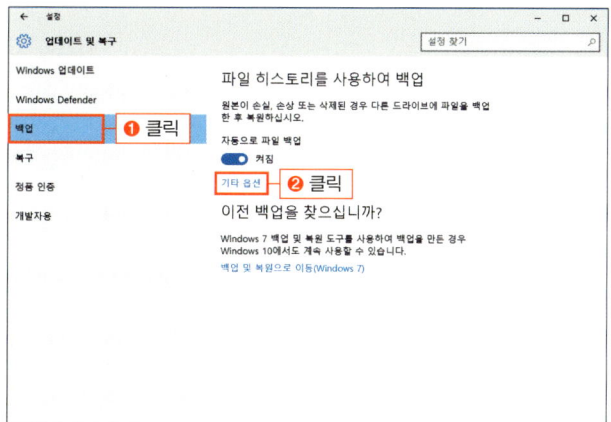

03. '백업 옵션' 화면에서 [파일 백업 빈도], [백업 유지 기간], [폴더 백업 위치 추가 및 제거]를 설정할 수 있습니다.

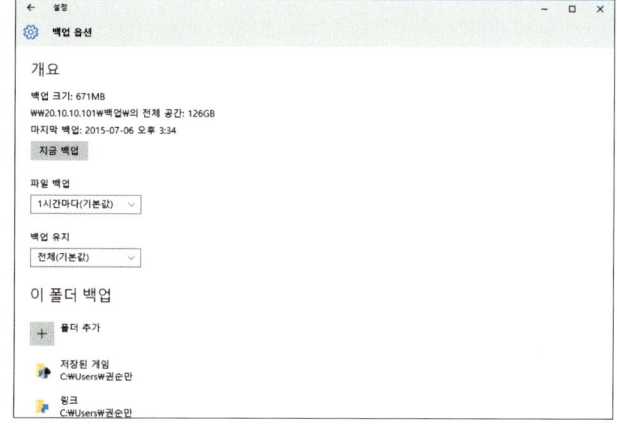

04. 10분부터 ~ 12시간 형태로 설정할 수 있고, 기본 설정은 1시간마다로 설정되어 있습니다.

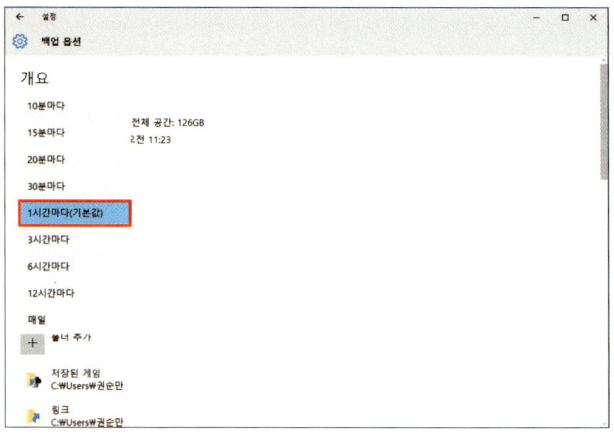

▲ 파일 백업 빈도

05. 1개월에서 공간이 허용할 때까지 설정할 수 있고, 기본 설정은 전체로 설정되어 있습니다.

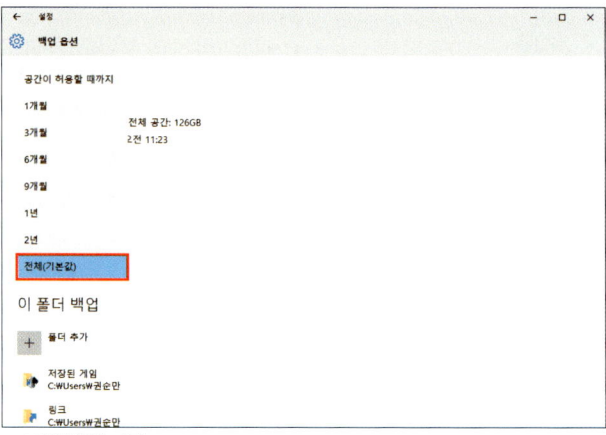

▲ 파일 백업 기간

06. 이 폴더 백업 메뉴의 [폴더 추가]를 클릭하여 파일 히스토리로 백업할 폴더를 지정할 수 있습니다.

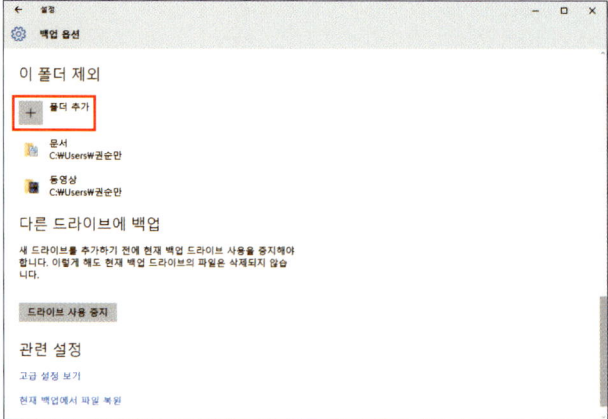

07. 이 폴더 제외 메뉴의 [폴더 추가]를 클릭하여 파일 히스토리 백업을 예외 처리할 수 있도록 지정할 수 있습니다.

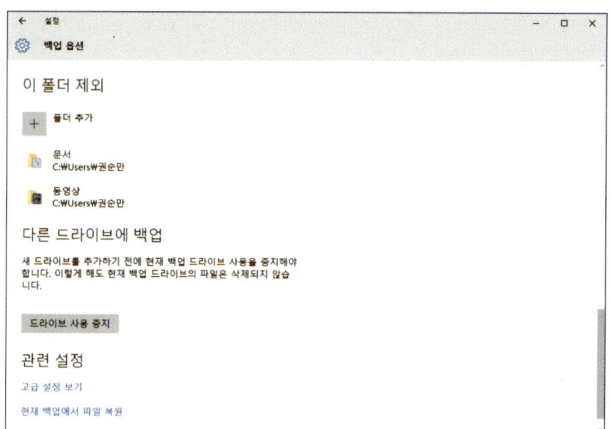

TIP : 파일 히스토리 백업 위치 변경

파일 히스토리를 저장한 장치의 공간이 부족한 경우에 새로운 저장 장치를 추가하여 원활한 백업을 진행하려는 경우는 [다른 드라이브에 백업]에서 [드라이브 사용 중지]를 클릭하여 분리하고, 새로운 백업 장치를 연결 후 드라이브 추가 작업을 진행합니다. 이 작업을 진행하더라도 기존에 백업한 파일은 삭제되지 않고 저장 장치에 존재하게 됩니다.

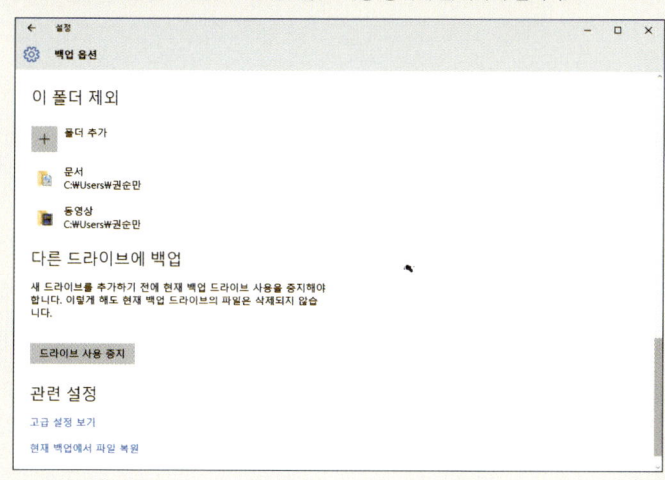

STEP 03 ● 파일 히스토리를 사용하여 파일 복원하기

파일 히스토리 기능이 설정되어 있는 경우 파일이 삭제 또는, 문제가 발생되었을 때 파일 히스토리 기능을 사용하여 복원하는 방법에 대하여 알아봅니다.

01. 파일 히스토리 기능을 사용하여 복원하려는 위치의 폴더를 파일 탐색기로 열고, [홈] 탭-[열기] 그룹에서 [히스토리]를 클릭합니다.

02. 백업된 파일 히스토리를 확인합니다. ◄ 또는, ► 를 클릭하여 저장된 시점의 폴더를 확인한 후 복원할 파일을 선택하고 ⟲를 클릭합니다.

03. 선택하여 복원한 파일이 복원된 것을 확인할 수 있습니다.

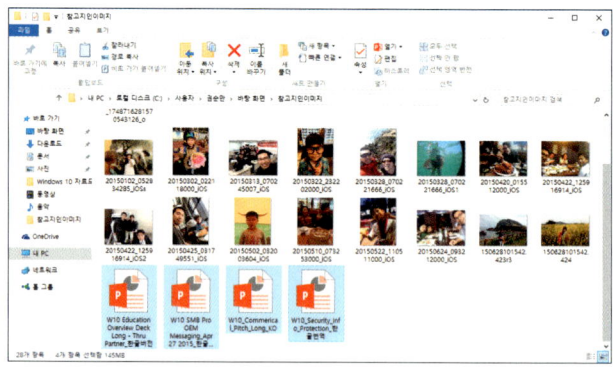

TIP : 기존에 동일한 이름을 가진 파일이 존재하는 경우는 덮어쓰거나, 다른 이름 또는, 다른 위치로 복원이 가능합니다.

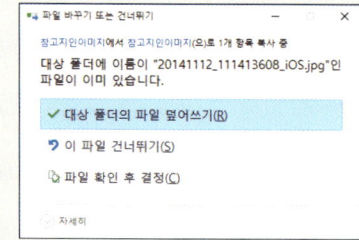

STEP 04 • 파일 히스토리 기능 끄기

파일 히스토리 기능을 사용하지 않을 경우에 기능을 비활성화하는 방법에 대해 알아봅니다.

01. ⊞+Ⅰ 또는, [시작] 단추-[설정]을 클릭하면 나타나는 '설정' 화면에서 [업데이트 및 복구]를 클릭합니다.

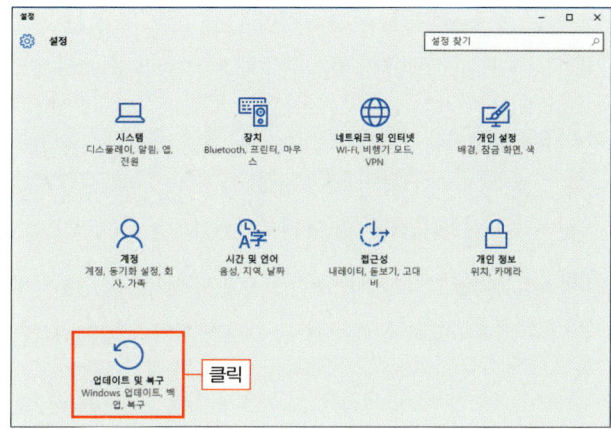

02. '업데이트 및 복구' 화면에서 [백업]을 클릭하고 [자동으로 파일 백업]을 [꺼짐]으로 설정하여 파일 히스토리 기능을 끕니다.

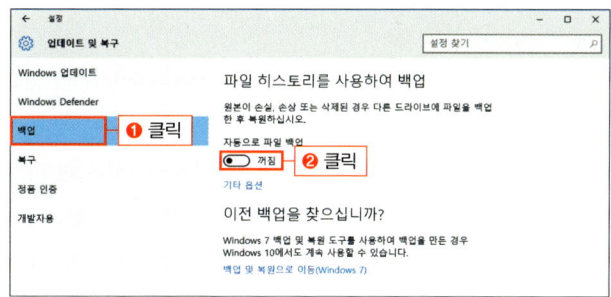

TIP : 파일 히스토리 이벤트 오류 보기

파일 히스토리 기능이 정상적으로 작동되지 않아 문제의 원인을 찾아야하는 경우에 파일 히스토리 이벤트에서 세부적인 이슈 사항을 확인할 수 있습니다. 파일 히스토리 이벤트 확인은 [제어판]-[시스템 및 보안]-[파일 히스토리]-[고급 설정 화면]에서 이벤트 로그의 [파일 히스토리 이벤트 로그를 열어 최근 이벤트 또는 오류 보기]를 클릭하면 됩니다.

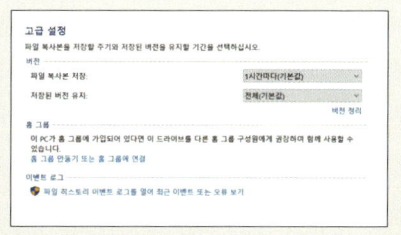

실행되는 이벤트 보기 창에서 파일 히스토리 동작이 기록된 이벤트를 확인할 수 있습니다. 이벤트는 정보, 경고, 오류로 나타나며, 경고와 오류 메시지를 확인하여 파일 히스토리 기능 문제를 빠르게 확인하고 조치할 수 있습니다.

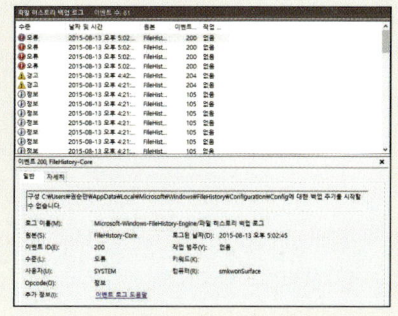

PART SUMMARY

- PART 08에서는 윈도우 10 사용 시 발생되는 문제를 쉽고 빠르고 해결할 수 있는 컴퓨터 유지 관리 도구들을 소개합니다. 컴퓨터의 문제 발생에 대한 시스템 복원 기능과 사용자의 문서, 이미지, 동영상 등의 파일을 백업하고 복원할 수 있는 방법에 대하여 알아보았습니다.

- 시스템 복원 및 복구 기능은 시스템에 장치 드라이버, 프로그램 설치 및 윈도우 업데이트 등으로 인하여 설정이나 구성이 변경되는 경우에 설치 이전의 상태로 되돌릴 수 있습니다. 추가적으로 처음 컴퓨터가 설치되었던 초기 상태로 되돌릴 수 있는 기능도 제공합니다(Lesson 01 - Step 01~03).

- 부팅조차 불가능한 시스템 문제가 발생하는 경우를 대비하여 시스템 복구 드라이브를 제공하며, 이를 사용하는 방법에 대하여 알아보았습니다(Lesson 01 - Step 04).

- 윈도우 10 복구 환경에서 시스템 문제를 해결할 수 있도록 윈도우 10에서 마법사 형태로 제공하는 문제 해결 도구에 대해 알아보았습니다(Lesson 01 - Step 05).

- 윈도우 10 사용 중에 다른 전문가에게 도움을 요청해야 하는 경우 문제가 발생하는 사항을 단계별로 캡처하고 메모를 자동적으로 저장할 수 있는 도구인 문제 단계 레코더 사용법에 대하여 알아보았습니다(Lesson 01 - Step 06).

- 윈도우 10 시스템 문제의 발생이 아니라, 사용자가 생성하고 편집하고 있는 문서, 이미지, 동영상과 같은 콘텐츠 파일에 문제가 발생할 수 있습니다. 이와 같이 문제가 발생되기 전에 파일을 일정 시간 및 기간 동안 백업할 수 있는 기능인 파일 히스토리에 대하여 알아보았습니다(Lesson 02 - Step 01~04).

■ 윈도우 10 단축키 모음

윈도우 10의 단축키를 사용하면, 빠른 명령어 사용이나 화면 전환 등이 가능합니다.

단축키	동작 내용
⊞ + →	선택한 작업 창을 왼쪽으로 이동시킵니다.
⊞ + ←	선택한 작업 창을 오른쪽으로 이동시킵니다.
⊞ + ↑	선택한 작업 창을 전체 화면으로 확장시킵니다.
⊞ + ↓	선택한 작업 창을 최소화시킵니다.
⊞ + Tab	작업 보기를 실행하여, 실행되어 있는 앱과 새 데스크톱으로 전환할 수 있는 화면을 보여줍니다.
Alt + Tab	실행되어 있는 앱을 나타나게 하며 빠르게 전환할 수 있습니다.
⊞ + Ctrl + D	새 데스크톱 화면을 추가합니다.
⊞ + Ctrl + F4	새 데스크톱 화면을 종료합니다.
⊞ + Ctrl + ←/→	실행되어 있는 데스크톱 화면을 전환 이동할 수 있습니다.
⊞ + Q	검색 창을 실행합니다(코타나 기능을 활용한 검색).
⊞ + S	검색 창을 실행합니다.
⊞ + I	'설정' 화면을 실행합니다.
⊞ + A	알림 센터를 실행합니다.
⊞ + L	윈도우 잠금을 실행합니다.
⊞ + K	무선을 통한 디스플레이 및 오디오 장치에 연결합니다.
⊞ + X	시작 단추의 속성 메뉴를 나타냅니다.
⊞ + D	바탕 화면을 나타냅니다.
⊞ + E	파일 탐색기를 실행합니다.
⊞ + Space Bar	키보드 언어를 변경합니다.
⊞ + R	실행 창을 실행합니다.
⊞ + P	듀얼 모니터 또는, 프로젝트 연결을 설정합니다.
⊞ + +/−	화면을 확대/축소할 수 있는 돋보기가 실행됩니다.

WINDOWS 10 가이드북

찾아보기

B
BitLocker · 258
BitLocker to Go · 261

H
Hyper-V · 184

I
InPrivate 기능 · 207

M
Mac OS · 36
Microsoft 계정 · 231

P
PIN 암호 · 244

W
Wi-Fi · 103
Windows as a Service · · · · · · · · · · · · · · 273
Windows Defender · · · · · · · · · · · 131, 277
Windows To Go · · · · · · · · · · · · · · · · · · · 179

X
Xbox One · 175

ㄱ
가상 스위치 · 186
가상 컴퓨터 · 188
가족 보호 모드 · · · · · · · · · · · · · · · · · · · 239
개발자용 설정 · 134
개인 설정 · 86
개인 정보 · 87
계정 · 86
계정 설정 · 12
계정 정보 설정 · 127
고대비 설정 · 121
고대비 테마 · 67
공유 탭 · 140
기본 앱 · 95
기타 장치 설정 · · · · · · · · · · · · · · · · · · · 129

ㄴ
날짜 및 시간 설정 · · · · · · · · · · · · · · · · · 116
내레이터 설정 · 119
네트워크 및 인터넷 · · · · · · · · · · · · · · · · · 86
네트워크 프린터 · · · · · · · · · · · · · · · · · · 301
네트워크 환경 · 284

ㄷ
다른 사용자 설정 · · · · · · · · · · · · · · · · · 114
데이터 백업 · 323
데이터 사용량 · 104
데이터 암호화 · 258
돋보기 · 120
디스크 정리 대화상자 · · · · · · · · · · · · · · 43
디스플레이 설정 · · · · · · · · · · · · · · · · · · · 88

ㄹ
라디오 설정 · 129
라이브 타일 · 60
로그인 옵션 · 113
로컬 사용자 계정 생성 · · · · · · · · · · · · · 228

ㅁ

마우스 및 터치 패드	99
마이크로소프트 엣지	198
맬웨어 확인	279
멀티태스킹	90
메시지 설정	128
메일	169
메일 앱	169
모든 앱	57
무선 네트워크	286
문제 단계 레코더	321
문제 해결 도구	319
미디어 생성 도구	24

ㅂ

바탕 화면 보기	56
배경 설정	108
배경 화면	63
배터리 절약 모드	92
백그라운드 앱 설정	130
백업 설정	132
보기 탭	141
보안 업데이트	273
복구 설정	133
부트캠프	36
부팅 메뉴	45
비행기 모드	104, 289
빠른 설정	56

ㅅ

사용자 계정	57
사진 암호	246
상황별 도구 모음	142
색 설정	109
색인	156
선택 캡션 설정	121
설정	57
설정 동기화	115
시간 및 언어	86
시스템	86

시스템 복구 드라이브	317
시스템 복원	308
시작 메뉴	56
시작 설정	111

ㅇ

알림 설정	70
알림 센터	56
알림 아이콘	56
앱 그룹	59
앱 및 기능	90
업데이트 및 복구	87
연락처 설정	127
오프라인 지도	94
오피스	167
온라인 테마	67
웹 메모 기능	200
웹 및 검색 창	56
위치 설정	125
윈도우 10 IoT 코어	21
윈도우 10 모바일	21
윈도우 10 모바일 엔터프라이즈	21
윈도우 10 설치	29
윈도우 10 애듀케이션	21
윈도우 10 엔터프라이즈	20
윈도우 10 프로	20
윈도우 10 홈	20
윈도우 10 화면	79
윈도우 스토어	162
윈도우 업데이트	131
유니버셜 윈도우 앱	164
음성	118
음성, 수동 입력 및 입력 설정	126
이더넷 설정	106
인터넷 익스플로러 11	215
일정 설정	128
일정 앱	173
읽기용 보기	202
입력 설정	100

ㅈ

자동 실행 설정 · 101
자주 사용되는 앱 · · · · · · · · · · · · · · · · · · · 57
작업 표시줄 · 56
잠금 화면 · 68
잠금 화면 설정 · 109
장치 · 86
저장소 · 93
전원 · 57
전화 접속 · 106
접근성 · 86
정품 인증 설정 · 133
제품 키 · 50
즐겨찾기 · 203
지문 암호 · 249
지역 및 언어 설정 · · · · · · · · · · · · · · · · · · 117

ㅊ

최근에 추가한 항목 · · · · · · · · · · · · · · · · · 57

ㅋ

카메라 설정 · 125
캡처 도구 · 177
컴퓨터 초기화 · 314
키보드 설정 · 122

ㅌ

태블릿 모드 · 91
테마 설정 · 110

ㅍ

파일 탐색기 · · · · · · · · · · · · · · · · · · · 57, 138
파일 히스토리 · 323
펜 설정 · 101
프록시 설정 · 107
피드백 및 진단 설정 · · · · · · · · · · · · · · · 130

ㅎ

허브 기능 · 204
홈 그룹 · 290
회사 액세스 설정 · · · · · · · · · · · · · · · · · · 113
휴지통 옵션 · 155
홈 탭 · 139

윈도우 10 가이드북

1판 1쇄 발행　2015년 9월 18일
1판 3쇄 발행　2018년 2월 28일

저　　자 | 권순만
발 행 인 | 김길수
발 행 처 | 영진닷컴
주　　소 | (우)08505 서울시 금천구 가산디지털2로 123
　　　　　월드메르디앙벤처센터 2차 10층 1016호
등　　록 | 2007. 4. 27. 제16-4189

©2015.,2018 (주)영진닷컴

ISBN | 978-89-314-4973-0

이 책에 실린 내용의 무단 전재 및 무단 복제를 금합니다.

YoungJin.com Y.
영진닷컴